長城学研究

CHANGCHENGXUE YANJIU 2025

第④辑

燕山大学中国长城文化研究与传播中心　主编

燕山大学出版社
·秦皇岛·

图书在版编目（CIP）数据

长城学研究. 2025 / 燕山大学中国长城文化研究与传播中心主编. -- 秦皇岛 : 燕山大学出版社, 2025. 9.
ISBN 978-7-5761-0936-8

Ⅰ. K928.77-53

中国国家版本馆 CIP 数据核字第 20253S3Y31 号

长城学研究 2025

燕山大学中国长城文化研究与传播中心 主编

出 版 人：	陈 玉		
责任编辑：	张岳洪		
责任印制：	吴 波	**封面设计：**	刘韦希
出版发行：	燕山大学出版社	**电 话：**	0335-8387555
地 址：	河北省秦皇岛市河北大街西段 438 号	**邮政编码：**	066004
印 刷：	秦皇岛墨缘彩印有限公司	**经 销：**	全国新华书店

开 本：	787 mm×1092 mm 1/16	**印 张：**	17.75
版 次：	2025 年 9 月第 1 版	**印 次：**	2025 年 9 月第 1 次印刷
书 号：	ISBN 978-7-5761-0936-8	**字 数：**	330 千字
定 价：	98.00 元		

卷首语

《长城学研究》的第 4 辑即将出版，嘱为序，不胜惶恐。但总想说几句，就借此机会述说一二。燕山大学中国长城文化研究与传播中心成立于 2020 年 10 月，在很艰难的时候，陈玉老师带领大家勇往直前，到长城沿线各地开展长城文化学术交流，并很快确定了长城学学科建设和长城文化传播的主题与方向。几年间，围绕长城学研究和长城文化传播，中心成绩斐然，已经成为长城学界翘楚。《长城学研究》的这四本集刊就是中心在长城学研究方面的开拓之作。

对于不同学科背景出身的我们，如何做好长城学研究往往见仁见智，但长城文化价值的发掘与传播刻不容缓，长城遗产的科学保护利用更是迫在眉睫，时不我待，长城研究必须快马加鞭，但从什么方向着力呢？陈玉老师其实一开始就定下了长城多学科发展的路径。2023 年燕山大学召开第一届长城学论坛时，初识陈玉老师，但尚未能深谈。随着当年陆续在一起参加了几次会议，我和陈玉老师就长城学怎么做越聊越多，达成了很多共识，尤其是长城的多学科发展势所必然。因此在后来燕山大学主办或山西大学主办的会议上，我们都坚持吸纳更广泛学科背景的学者参与到长城学术研究中来，无论是燕山大学的四辑《长城学研究》，还是山西大学即将出版的三届会议的论文集，都是这个理念的集中反映。论文所涉领域除传统的史地考古、建筑材料、长城文学、长城抗战等外，还有管理保护、长城旅游、民俗非遗、艺术体育、社会法制以及长城国家文化公园建设等等。今年燕山大学陈国强教授主持的国家艺术基金项目“长城文化与文创产品设计人才培训”已于 6 月开班，这是长城遗产保护利用走向更加广泛与活化境界的标志性事件。总而言之，燕山大学这五年的工作推动了长城学术研究和文化传播的步伐，功莫大焉！

我们的研究队伍日益壮大，尤其是更多的硕士生、博士生开始广泛地参与到长城研究中来，并以长城为题撰写学位论文。本辑《长城学研究》有博士生吴琼、岳兆慧、樊璐，硕士生李之钊、王慧、张璐、冯俊波、李世琦、李奥成、卢金玉、沈煊等后起之辈著文立说，后生可畏！专门的长城研究机构也日渐增多，中国文化遗产研究院国家文化公园保护研究所（中国长城保护研究中心）是长城研究的国家队，除此之外，成立长城研究机构的高校和科研院所还有燕山大学中国长城文化研究与传播中心、山西大学长城文化生态研究院、北京建筑大学北京长城文化研究院、河北地质大学长城研究院、河北经贸大学长城文化经济带绿色发展研究中心、莱芜职业技术学院齐长城文化研究院和嘉峪关长城研究院（甘肃省长城保护研究中心）、武威市长城文化保护研究中心、河南省文物考古研究院长城考古研究中心、榆林市长城保护中心等等，刚刚过去的6月，天津大学长城研究中心成立。研究机构和研究队伍的壮大是长城研究走向深入的基石。相信各研究机构的合作必将持续广泛深入地开展起来，共同推动长城学研究发展，并促进长城文化更广泛深入的传播。

从20世纪80年代罗哲文老师、董耀会老师等前辈开始酝酿并提出长城学以来，长城学科的建设步履维艰。而目前正是开展长城学术研究的最好时期，无论是各学科参与的程度与广度，还是学术队伍、人才梯队、研究机构的持续完善，尤其是全社会对长城遗产保护利用的高涨热情，都催促着我们应尽快建设长城学科的理论与方法体系，为长城学科的建立奠定最为坚实的基础。祈望吾辈接续努力，为保护好、传承好、利用好长城文化遗产作出贡献。

是为序！

趙杰

目 录
CONTENTS

长城历史与地理研究

长城建筑与文物研究

长城文化传播研究

长城保护与文旅融合研究

长城学学科建构研究

长城历史与地理研究

汉辽东长城“郡县三城模式”考古发现与玄菟郡“五迁六治”考析*

李树林**

摘要：公元前109年汉武帝灭“卫氏朝鲜”后，于前108年在其故地设真番、乐浪和临屯三郡，前107年再设玄菟，史称辽东“汉四郡”。限于文献所载和田野考古发现，数百年来中外史家就玄菟郡史迁次数和迁治地点问题研究众说纷纭，分歧极大。近年来笔者在主持国家社科基金项目“燕秦汉辽东长城田野考古调查研究”课题期间，首次在辽阳—沈阳—抚顺—新宾—通化—集安—白山之“真番障塞”线区段上，发现六组汉代“郡县三城模式”，极具规律性，这是我国秦汉考古史上的一项重大发现。结合《史记》《汉书》《后汉书》等史籍所载，采取二重证据法、逻辑分析法等研究方法，考订此模式与玄菟郡及所属“初四县”“前三县”和“后三县”错综复杂的始置、撤并、合治、迁徙、调划、焚毁、复置息息相关。确认两汉玄菟郡为“五迁六治”，而非以往中外学界所说的“两迁三治”或“三迁四治”，处于中心位置的大城即为郡治所在。

关键词：辽东故塞；郡县三城模式；玄菟郡；五迁六治；考古新发现

据《汉书·朝鲜传》载：“元封二年……天子募罪人击朝鲜……元封三年夏

* 课题项目：本文为国家社会科学基金一般项目“燕秦汉辽东长城田野考古调查研究”（项目批准号：13BKG020），河北省历史文化研究工程“河北长城遗产研究集成”重大项目（序号：2024Z04）阶段性研究成果。

** 作者简介：李树林，燕山大学中国长城文化研究与传播中心特聘研究员，主要从事长城、战国秦汉东北史研究。

……故遂定朝鲜为真番、临屯、乐浪、玄菟四郡”，史称辽东“汉四郡”。其中，玄菟郡在两汉历史上因“夷貊所侵”，不断内迁。关于玄菟郡首治所在、内迁次数和迁治地点，数百年来，中外史家们根据有限且零散的文献史料和田野考古发现成果，提出了“一迁二治”“两迁三治”或“三迁四治”等诸说，治城地点各异，分歧极大，至今未有定论，成为秦汉东北史地研究亟待破解的历史性“悬案”。

近年来，笔者在主持国家社科基金项目“燕秦汉辽东长城田野考古调查研究”课题期间，在辽阳—沈阳—抚顺—新宾—通化—集安—白山间“真番障塞”区段线上，首次发现六组汉代“郡县三城模式”，极具规律性，这为玄菟郡历迁历治考证提供了有力的考古学依据。本文通过对《史记》《汉书》等史籍中有关玄菟郡首治、历迁历治具体年代和地点的文献重新梳理与解读，采取二重证据法、逻辑分析法等研究方法，考证此种特定模式与玄菟郡及所属“初四县”“前三县”和“后三县”错综复杂的始置、撤并、合治、频迁、调划、焚毁、复置息息相关，从而得出两汉玄菟郡为“五迁六治”，而非以往中外学界所说的“两迁三治”或“三迁四治”之结论。

一、中外学界有关玄菟郡迁徙次数与迁治地点的见解

两汉玄菟郡，是武帝所设辽东“汉四郡”中迁徙次数最频繁、迁治地点最复杂、考证难度最大的一个边郡，为秦汉边郡史研究所罕见。自清初以降近四百余年间，中外学界依据中国史籍有限且零散的文献记载和田野考古发现资料，就其内迁次数和治城所在，提出了诸多不同的学术见解。

（一）中国学界

1. 徙郡次数

“两迁三治说”。1980 年张博泉先生在《汉玄菟郡考》中提出：两汉玄菟郡治共有三处，一处是沃沮城（前 108—前 82 年）；二处是高句丽城（玄菟故府，前 82—汉末）；三处是辽东北二百里的玄菟城（汉末—晋末）。[1] 1981 年陈连开先生发表《唐代辽东若干地名考释》一文，也认为玄菟郡治有三：其一沃沮故地，谓之东玄菟；其二在高句丽故地，谓之北玄菟；其三在辽河东岸，谓之西玄菟。所谓西玄菟即东汉时建置的第三玄菟郡治，也就是《三国志・吴书》所谓“玄菟郡在辽东北，相去二百里”者。[2]

“三迁四治说”。1994 年王绵厚先生所著《秦汉东北史》中认为：玄菟郡首治沃沮城在今朝鲜咸镜南道之咸兴古城；一迁二治址为辽宁省新宾县永陵南苏子河畔汉

城；二迁三治址为今抚顺劳动公园汉城；三迁四治址为沈阳东上伯官屯汉城无疑。[3]

“五迁六治说”。2019 年笔者在《燕秦汉东北长城（上）：改写东北亚历史的新发现》一文中提出：“在辽阳—沈阳—抚顺—新宾—通化—集安—白山间燕秦汉辽东长城‘真番障塞’线区段上，首次发现存有六组汉代‘郡县三城模式’，经考证为两汉玄菟郡及‘初四县’和‘原三县’‘后三县’治城所在，证明玄菟郡五迁六治。”[4]但限于文字，没有展开细论。

2. 迁治地点

（1）关于玄菟郡首治“沃沮城”地望，学界主要有“三说”

“朝鲜咸兴说”。清初史地大家顾祖禹于顺治十六年（1659 年）撰写的《读史方舆纪要》中提到，“今考咸兴府在朝鲜东北境，又东迫于海，在咸兴东北者当是故沃沮城”。[5]谭其骧主编的《中国历史地图集》亦认同“沃沮城”在今朝鲜咸镜南道之咸兴古城。[6]此见解对后世学界影响较大，成为学界主流观点。

“朝鲜镜城说”。1941 年金毓黻所著《东北通史》认为玄菟郡“沃沮城”于朝鲜咸镜北道镜城。[7]

“鸭绿江中游说”。2024 年笔者在《汉乐浪郡“岭东七县”治地考——老岭以东鸭绿江中上游长城线上七座汉城考古新证》一文中提出：“根据《汉书·地理志》玄菟郡条所载‘马訾水……过郡二’分析，玄菟与真番二郡是近邻，同设于鸭绿江沿岸。”“汉武帝在灭亡‘卫氏朝鲜’后，于前 108 年始设真番、乐浪和临屯三郡，后考虑到真番郡辖境过于广远，遂于前 107 年将真番郡西部辖区即鸭绿江中游地区析出增设玄菟郡。所以玄菟郡首治只能设于鸭绿江中游地带，今集安良民汉城址。”[8]

（2）关于玄菟郡二治暨高句丽县首治地望，学界至今已形成了“五说”

“朝鲜咸兴说”。顾祖禹在《读史方舆纪要》中认为：“高句骊城在咸兴府东北。”[9]

“东辽河赫尔苏驿说”。根据《三国志·东夷传·夫余》载“夫余本属玄菟”，1980 年张博泉先生提出：汉玄菟郡二治处是高句丽城（玄菟故府，前 82—汉末），位于吉林省东辽县东辽河赫尔苏驿附近；[10]1981 年陈连开先生亦定此玄菟郡二治在高句丽故地；[11]1989 年薛虹、李树田主编的《中国东北通史》采纳此说。[12]

“新宾永陵说”。1989 年徐家国先生在《辽宁新宾永陵镇汉城址调查》报告中认为：“玄菟郡二治为今新宾县永陵镇南二道河子城址，其北即苏子河畔略小的汉城址当是高句丽县（首）治所在。”[13]谭其骧先生在其主编的《中国历史地图集》中明确标注并说明：“（前汉）高句骊县今辽宁省新宾县兴京老城附近”；[14]2008 年金辉先生认为新宾永陵汉城址为历史上玄菟郡西迁后的第二郡治址。[15]2017 年出版的《永陵南城址发掘报告》提出：“可以初步确定该城址（即苏子河畔汉城址）是汉武帝置四郡时玄菟郡所属的高句骊县治址。”[16]

“集安市国内城说”。1993 年出版的《中国文物地图集 · 吉林分册》概述中称：“发掘者倾向此城（国内城下土城）即汉玄菟郡的高句骊县。”[17]2008 年金旭东先生从考古学维度认定了这一推测的可能性：“公元前 108 年（元封三年），汉武帝在东北部分区域和朝鲜半岛北部设立汉四郡，汉代政治势力直达吉林，对这里的土著文化产生了强烈而深刻的影响，其最鲜明的标志是铁器很快得到普及。这一点在吉林各地发现的该阶段考古遗存中有相当清楚的反映。吉林省哈达岭以南的吉南地区属汉玄菟郡辖地，通化县赤柏松古城、集安国内城等西汉城址就发现于这一区域。有学者认为国内城为玄菟郡高句骊县治所。”[18]

“通化市平岗山城说”。2010 年王志敏先生提出新发现的通化市平岗山汉城为第二玄菟郡治高句丽县。[19]

（3）关于玄菟郡三治地点，学界存有“三说”

“沈阳市上伯官汉魏古城说”。1981 年陈连开先生考证，汉时的一尺等于今七寸左右，故二百里相当今一百三四十里，沈阳市东陵区汪家乡上伯官屯古城址正符合这个地理位置。[20]《中国历史地图集 · 说明书》亦把上伯官屯古城址标定为第三玄菟郡址；[21]1990 年版的《沈阳市志》也认为：“上伯官屯古城址是第三玄菟郡治无疑。”[22]

“抚顺市劳动公园汉魏城址说”。1962 年辽宁省博物馆编纂的《辽宁史迹资料》云：“第三玄菟郡址，在劳动公园北部新宾馆附近。”[23] 辽宁省博物馆李文信也一直认为此城为玄菟郡第三城址。[24]

“抚顺市小甲邦汉魏城址说”。2008 年金辉先生认为玄菟郡第三郡治，应为小甲邦汉城址。[25]

（二）朝韩学界

1．徙郡次数

“一迁二治说”。1979 年版《朝鲜全史》提出：“汉朝……设置了乐浪（今日辽东半岛千山山脉以西的辽河下游流域）、真番、临屯、玄菟四郡，并向四郡派遣官吏直接统治郡县。”“公元前 82 年弃除了四郡中的真番、临屯二郡，玄菟郡……从鸭绿江流域迁至高句丽的西北（今日兴京老城附近）。”“汉朝……于公元前 75 年筑辽东城（今辽阳地方）和玄菟城……”[26]

“两迁三治说”。1930 年日本殖民统治时期朝鲜著名学者李丙焘，在《玄菟郡和临屯郡考（一）（二）》[27] 中主张玄菟郡为“三治说”（即“两迁三治说”），提出设在卫氏朝鲜领域内的只有乐浪、真番、临屯三郡，而玄菟郡则设在卫氏朝鲜领域之外，即设在秽貉之地。“后来的丸都一名，是原来的玄菟一词之转讹”，并赞成白鸟库吉提出的这里是苍海郡的遗迹。《史记·匈奴传》所说“是时，汉东拔秽貉、朝鲜以为郡”，这里所说的“郡”，只是便于修史的笼统说法。

2. 始治地望

“佟佳江流域首治说”。李丙焘认为：“玄菟郡曾设置于鸭绿江上游佟佳江（今通化浑江）流域。”“在玄菟郡的三县中，高句丽县与西盖马县分别设在高句丽和小水貊地方，剩下的上殷台一县则设在夫余地方。”[28]

“辽河之西说”。尹乃铉通过对《汉书》《三国史记》等文献记载的片面考证，得出“汉四郡设立后，古朝鲜与前汉的国境成为今日的辽河，玄菟郡则位于它的西部流域”之结论。[29]

（三）日本学界

1. 徙郡次数

关于玄菟郡迁治次数，日本史学界最早提出玄菟郡为“两迁三治”观点：首治鸭绿江沃沮地，二治新宾永陵，三治抚顺永安台（即劳动公园汉城）。代表性学者和论著有：樋口隆次郎的《朝鲜半岛的汉四郡疆域及考（第一回—第五回）》[30]、那珂通世的《朝鲜乐浪玄菟带方考》[31]、稻叶岩吉的《汉四郡问题考察》[32]、和田清的《玄菟郡考》[33] 等。

2. 迁治地望

“首治沃沮说”。根据《三国志·东夷传·沃沮》“汉武帝元封二年，伐朝鲜，杀满孙右渠，分其地为四郡，以沃沮城为玄菟郡”的记载，那珂通世、白鸟库吉、樋口隆次郎、津田左右吉、大原利武、池内宏、青山公亮等学者，主张玄菟郡首治设于沃沮地（县）。和田清认为玄菟郡初设时为三县以上。[34]

“首治辑安说”。和田清在《玄菟郡考》中则认为：“最初的玄菟郡治确是置于辑安的高句丽之地。佟佳江（今浑江）与丸都都是同一个地方，汉初的高句丽部族的中心在丸都即在玄菟郡方面。”[35]

“首治永陵说”。三上次男推测《汉书·地理志》最早记载的玄菟郡治即高句丽县城，“有可能构筑于永陵附近”（发现大小两座汉式土城）。[36] 首藤丸毛也认为：“只有第二玄菟郡（高句丽县）才可能是最初的玄菟郡。”[37]

“三治抚顺说”。1933 年，日本东京帝国大学教授池内宏博士对抚顺劳动公园汉城进行调查，并以《抚顺史迹》为题，在 1940 年 7 月《考古学杂志》上发表了论文，认为它是一向不清的玄菟郡第三郡址，[38] 该说得到那珂通世、樋口隆次郎、稻叶岩吉、池内宏、和田清等学者和中国学界的普遍认同。

二、近年来汉辽东长城“真番障塞”线六组“郡县三城模式”的考古发现

研究两汉玄菟郡，必须准确定位燕秦汉辽东长城地理走向的考古坐标，才能有的放矢。

据《史记·朝鲜列传》载：“自始全燕时，尝略属真番、朝鲜，为置吏，筑障塞。秦灭燕，属辽东外徼。汉兴，为其远，难守，复修辽东故塞，至浿水为界。”这段话明确表述汉辽东长城是在燕秦故塞的基础上，重新修筑起来的集军事防御、行政统辖等多功能于一体的线型障塞体，是构成汉“自敦煌至辽东一万一千五百余里”[39] 长城的最东段（即“真番障塞”线）和最南段（即“朝鲜障塞”线）。《汉书·地理志》载：“玄菟郡，武帝元封四年开……属幽州……县三：高句骊，辽山，辽水所出，西南至辽队入大辽水，又有南苏水，西北经塞外。上殷台，莽曰下殷。西盖马，马訾水西北入盐难水，西南至西安平入海，过郡二，行二千一百里。莽曰玄菟亭。”明确西汉在鸭绿江中上游设有两郡，其一为玄菟郡，另一郡只能是真番郡（笔者考为今吉林省长白县长白大城址，另有专论，这里不再赘述）。另在大量的中国边塞诗词中，亦有许多关于汉代长城修筑至鸭绿江的重要信息。如唐代诗人王建《辽东行》诗句“辽东万里辽水曲，古戍无城复无屋。黄云盖地雪作山，不惜黄金买衣服。战回各自收弓箭，正西回面家乡远”，写的是 668 年作者随唐军征讨辽东高句丽，由“鸭绿栅”（唐军沿用鸭绿江长城增木栅墙为营）返回中原沿途所见“辽东故塞”长城废墟；宋代诗人兼史学家陆游《书事》中，就有“鸭绿桑乾尽汉天，传烽自合过祁连”[40] 诗句等。因此，燕秦汉辽东长城的东段即“真番障塞”线，修筑至今鸭绿江中上游地带无疑，且已被考古发现所证实。[41]

近年来，笔者在承担国家社科基金项目“燕秦汉辽东长城田野考古调查研究”课题任务中，首次发现燕秦汉辽东长城“真番障塞”线辽阳—沈阳—抚顺—新宾—通化—集安—白山区段间（考辽阳襄平城—长白长城遗迹为“真番障塞”线）不同地段，分布着六组皆由汉代大中型城址（部分城址叠压在战国城址上）构成的“郡县三城模式”，三城必两近一远，形制特定，在年代上自东向西由西汉中期向汉魏时期逐渐过渡，规律性强，为重新研究考定长期困扰中外史学界的汉玄菟郡及其所

属的“初四县”“前三县”与“后三县”诸城治地问题，提供了确凿有力的地理考古学参考依据。

A 组：鸭绿江中游右岸障塞线上的三城布局

三道沟城址（编号 A1） 位于白山市浑江区三道沟镇三道沟河口北侧平原上，现淹没于云峰水库下。从已露出水面及淤泥的城垣看，城址呈方形，圆角，外为石墙，内为土石混筑。垣外筑有护城壕。西墙露出水面长 180 米，南有宽 6 米城门；北墙露出水面长 220 米，未见城门；东墙被晚期房址所压；南墙被三道沟河水冲毁。城墙结构与砌筑风格均有别于高句丽，应筑于汉代。[42] 推测城址周长不足千米，筑有角台、瓮门、护城壕。城东临江台地上当筑有防御性长垣结构的石筑墙体。城址西侧约百米处新确认一座周长约 250 ～ 300 米的方形卫城，附近滴台、二道沟、三道沟等地发现大量积石墓群。[43]

良民城址（编号 A2）位于集安市青石镇良民（良茂）村北侧台地上，城垣夯土筑，呈长方形，南北长 350 ～ 400 米，东西宽约 300 米，周长约 1300 米。四面设城门，南、北两垣外有护城壕。在城北侧和东侧，从北砬子开始向南筑有一道石墙，长约 550 ～ 600 米，[44] 笔者考其性质与所发现的鸭绿江岸长城江塞墙体性质一致，长度当为 2 千米左右，且出土有大量泥质绳纹板瓦、红色格纹瓦，为西汉古城无疑，后被高句丽沿用。在城址所在的云峰水库淹没区内共发现良民、石湖、秋皮等 9 处墓群，总数达 2780 余座。其中，规模最大的古墓群就在良民附近，数量为 1073 座。墓葬分为积石墓和封土墓两类，积石墓的年代自前 1 世纪前后延续到 5 世纪。[45] 此城东北距三道沟城址约 25 千米。

集安市区土城址（编号 A3） 位于市区高句丽国内城石城下，方形，石城周长 2686 米，设有角台、护城壕、马面、排水涵洞等，有瓮门址 6 处。经 1975 年、1977 年两次试掘，从不同地方的 10 条探沟所挖掘出来的遗迹情况断定，石墙下都包含一个夯土墙。根据土垣中出土的石刀、石斧、环状石器、青铜器、铜铃、铁锤等遗物判断，最初的夯土墙应为战国晚期始筑、汉代沿用。[46] 有学者提出，在城内外出土的赵国“七年相邦阳安君”青铜短剑、燕国货币，汉代“军司马印”、白玉耳杯、铜釜、铁铧、铁镰、凹形锸和“半两”“五铢”钱等遗物，说明国内城始建于战国晚期燕国辽东郡塞外的一个据点上。[47] 笔者考证，1918 年在旧城基出土的“军司马印”，[48] 与位于长城线上的内蒙古奈曼旗西土城子出土的“军司马印”“骑部曲督印”，皆为典型的西汉边塞军官印信，[49]《汉书 · 地理志》所载的“乐鲜亭”“有云鄣”“玄菟亭”“令氏亭”等，均为汉辽东诸郡设有障塞长城的地方性军事机构别称。《汉书 · 王莽传》云“有障徼者曰边郡”；《后汉书》云：“唯边郡往往置都尉”（又称“司马”，居于边城要塞）、“边县有障塞尉”等记载为证。由于笔者在集安域内及对岸的朝鲜两江道渭源—楚山—雩时—碧潼郡鸭绿江左岸地带，发现了以国内城为中心的长城墙体及大量障塞设施，有力地印证了集安市区土城址为燕秦汉辽东长城线上一座边县。2009、2011 年《集安国内城东、南垣考古清理收获》[50] 仅能证明国内城东、南垣的土筑墙蕊年代较晚，可能为 4 世纪初高句丽人对此城进行扩建后所致。此城东北距良民城址约 45 千米。

B 组：浑江中游障塞线上的三城布局

治安山城址（编号 B1）位于通化市江东乡治安村东山上，筑于四壁凸起的山顶，东西两侧为浑江及支流哈泥河所夹，平面呈不规则长方形，周长 2753.58 米，有门址 5 处，墙垣为土石混筑（局部夯筑）。在 1 号城门西外侧，筑有两个对称的圆形夯土城门阙，直径 22 米、存高 7 米。山城内北区地势平坦，分布数量不等的础石，存有建筑遗迹；城内有居住址、井、蓄水池、排水涵洞等遗迹。城内局部发掘下层为西汉、上层为东汉至魏晋时期文化堆积。城内外发现有大量战国素面夹砂陶片、汉代泥质灰陶片、高句丽瓦片、金代铜钱和装饰片等，说明历代多有沿用。[51] 城址南距集安市区土城址约 120 千米。

平岗山城址（编号 B2）位于通化市新站东岭街东北侧的平岗山上，城址所在应包括两个连体的平岗，西部已被现代民居所覆盖。早年曾见有土城墙，周长不详，东部保存较好，地表散布大量夹砂陶片及泥质灰陶绳纹瓦片，还发现少量泥质绳纹灰陶片。台地上有几个略隆起的土石包，看似排列有序，绳纹瓦多集中于此，应存在古代建筑址。在南北数千米二级阶地上，近年调查发现均有大量汉代遗存。[52] 笔者认为，此城应是民国编撰《通化县志》所载的“石头城（指治安山城）…… 对山系山城子以土筑城”[53] 之土城，北隔浑江距治安山城址约 1.5 千米。

赤柏松城址（编号 B3）位于通化县快大茂镇赤柏松村北，1960 年调查发现。城墙依台地边缘夯筑，北高南低，平面呈不规则五角形，周长 1051 米，有角台 3 墩、马面 6 处、门址 4 处、烽堠 1 墩。2009—2011 年主动性考古发掘中，揭露出汉代官衙建筑、冶铁作坊、古井等遗迹，出土了汉代铁器、陶器近千件，有大量绳纹、布纹板瓦和筒瓦等建筑构件，镢、锸、镰、矛、镞、甲片等铁兵器，马衔、车辖等车马具和日常生活所用的杈、环、钉等铁器。日用陶甑、壶、盆、豆等器皿有两种风格，其一为当地土著居民所用的素面夹砂红褐陶，其二为施以菱形纹、绳纹、弦纹的汉式风格泥质灰陶。城南山下发现平面呈瓢形陶窑址一处，东门解剖发现为石基土筑。推断此城年代为西汉中晚期至东汉早中期，既具有军事要塞之功能，同时也达到了东北地区县级城市的规模。[54] 城址东北距治安山城址约 30 千米。

C 组：苏子河中上游障塞线上的三城布局

白旗堡城址（编号 C1） 位于新宾县红升乡白旗堡村西苏子河南岸，1978 年 6 月发现。20 世纪 60 年代尚存高约 3 米的土墙残迹，今皆无。城址筑在高出地面 1 米余台地上，平面略呈方形，南北向。经实测城址东西残长 118 米，南北残长 110 米。城址上散布汉式绳纹红筒瓦、灰板瓦残片、完整的卷云纹灰瓦当、陶器残片、柱础石、陶质水管残片、红烧土、木炭、汉“五铢”钱及汉代铜镜。铁器残段遍地皆是，汉代文化层堆积厚 40 余厘米。[55] 此城东距赤柏松城址约 75 千米。

二道河城址（编号 C2） 位于新宾县永陵镇南约 1.3 千米的二道河西侧平原上。由于近邻砖厂取土烧砖，致使城址遭受严重破坏，经钻探与实测得知东墙残长 345 米，西墙残长 75 米，北墙残长 315 米，南墙遭破坏长度不详。城址平面略呈长方形，南北向。城址上遍布汉式绳纹筒瓦、板瓦、卷云纹瓦当残片，汉陶器残片，汉“五铢”钱，铁器残段，建筑卵石、红烧土等，并采集到一件长 38 厘米、完整无缺的汉式绳纹筒瓦。[56] 此城东距白旗堡城址约 25 千米。

苏子河城址（编号 C3） 位于二道河子城址北 210 米处平原上，北临苏子河，又称南汉城。城址平面呈长方形，夯土城墙，南北残长 166 米，东西宽 136 米（其中东墙残长 80 米，南墙长 136 米，西墙残长 166 米，北墙已经被水冲毁无存）。城内散布有灰陶罐、盆、甑、鼎、豆、残片和“五铢”钱、铁器及绳纹板瓦、筒瓦、云纹半瓦当、圆瓦当、文字瓦当、莲瓣纹瓦当、红烧土、建筑用卵石等。[57] 2004—2008 年考古发掘主要收获：经测绘，城址平面呈长方形，东西宽 136 米、南北残长 166 米，夯土城墙，方向北偏东 5°。从 2 号大型建筑遗迹夯土台上发现排列整齐的柱础石和用河卵石铺成的甬路以及建筑周围散落的大量板瓦和筒瓦，[58] 有“千秋万岁”文字瓦当和卷云纹半瓦当、“五铢”钱母范，说明早期此城建筑等级较高。[59] 出土遗物有犁铧、锛、锸、镰及铁梃铜镞、铜镜残片、西汉“五铢”钱和王莽时期的货币等，还出有一件残损封泥文字推测可能是“高句骊丞”。该城始建于西汉，补筑于东汉高句丽或以后。[60]

D 组：浑河中上游障塞线上的三城布局

东洲小甲邦城址（编号 D1） 位于抚顺市碾盘乡东洲村小甲邦屯浑河南岸一块高地上。1988 年发现，1989 年，发掘了东洲城址的遗址区和墓葬区，清理了房址、灰坑和瓦棺、砖室墓等遗迹。遗址东西 700 米、南北 400 米。地表遗存有大量灰绳纹板瓦、筒瓦、陶罐、釜、盘等，出土篆书“千秋万岁”瓦当 20 余块、“货泉”“五铢”钱、铜镜范等，并有高句丽时代的红色陶片。在东区发现大片碎瓦、一处房址及一道石墙、一道砖墙。距地表 1 米以下有较高的土台，应是建筑基址。确定为一座汉代城址，年代为西汉中晚期至东汉、魏晋时期。城址西南部为墓葬区，南部为儿童墓葬区。[61] 城址东距永陵南汉城约 80 千米。

劳动公园城址（编号 D2） 位于抚顺市劳动公园山上，1933 年发现，北隔浑河，与高尔山西城遥遥相对，东距东洲古城约 10 千米。平面呈方形，面积约 6.2 万平方米。1985 年夏发现夯土墙基，存长 872 米。城内发现有砖筑居住址，出土陶罐等残片、铜镞、铁刀、铁斧、铁铲、绳纹砖、灰瓦、“千秋万岁”瓦当和云纹瓦当等，还曾出土过很多石斧、石刀、石杵、石凿等，[62] 属于汉魏时期。2013 年 10 月笔者在对此城进行调查时，在公园西侧山岗台地上发现一处文化层剖面，黑色腐殖土下面为一厚约 30 厘米左右的魏晋文化层，全部为红烧土，夹杂着大量的橘红色绳纹板瓦、筒瓦残片，下面叠压着厚 20 厘米左右的灰、红色汉代文化层，内有灰色绳纹板瓦残片，证明此城曾遭到数度焚毁。此城北距高尔山城址约 3 千米。

高尔山城西城址（编号 D3） 位于抚顺市高尔山上，依山势而筑，包括东城、西城、南卫城、北卫城和东南三个环状小城，城墙土石混筑，周长 4060 米，其中西城周长约 1400 米。西城北端为海拔 230 米的“将军峰”，系一汉代烽墩，[63] 是当时指挥或瞭望所在。从将军峰向东南有逐渐低下的自然山脊，形成了东西城的界墙。历年来在城内调查发掘，出土了许多汉代、高句丽时期的文化遗物，有近百件完整的陶器，镐、锄、斧等石器，近 500 件铁器，还有高句丽特有的橘红色绳纹瓦片、莲纹瓦当等。发掘者提出：“在高尔山城西城西壁墙的瞭望台上，我们曾从断壁上采集到西汉时期的陶片，显然在当时已有与长城相关联的防御设施，为高句丽沿用重新修筑的。”[64] 此城东距小甲邦城址约 13 千米。

E 组：浑河中游障塞线上的三城布局

青桩子城址（编号 E1） 位于沈阳市东陵街道上伯官村东北浑河南岸，东与抚顺市刘尔屯交界。城墙已湮没，平面近方形，边长约 500 米。[65]2013 年 4 月王绵厚、张福有、肖景全先生实地调查，在南北通长几百米的路沟断面、距地表以下约 50 厘米的文化层中，发现有战国至两汉时期（主要是西汉时期）的泥质灰陶，包括外施绳纹内压网格纹和菱格纹的板瓦，绳纹加弦纹的陶瓮、罐、盆等，突显该城址内曾存在过高等级的建筑。另外，在城址的边缘和南部，也发现散布稍晚于城内遗存的汉墓砖。由此进一步判断，这是一处战国秦汉时期的重要城邑。[66] 此城址地处辽东长城障塞线上的“十字路口”——北有浑河燕秦汉列隧线，在上伯官村西北丘陵地带向北与铁岭障塞线连接；东侧有向南延伸至拉古、海浪（终达辽阳）的列燧线。此城东距抚顺市劳动公园城址约 20 千米。

上伯官城址（编号 E2） 位于沈阳市东陵区东陵街道上伯官村内，北为浑河，平面呈东西略长的长方形，周长约 2500 米。土筑，仅存部分东、北墙基，经实测，南垣残长 326 米、东墙址残长 537 米，应有四门，东西南三门遗址较明显。城内文化层厚约 1.5 米。出土有大量绳纹灰陶罐、瓮、壶、豆、盆、瓶、灶、耳杯、案等残片，其中出土于城燧遗址的细泥灰陶量口沿阴刻篆书秦“廿六年”字样；还有绳纹筒瓦、板瓦、残砖。城址周围分布有上百座西汉至魏晋墓，围绕古城址的周围排列，多数葬于古城的东、西、南三侧。[67] 此城东北距青桩子城址约 400 米。

宫后里城址（编号 E3） 位于沈阳市沈河区清故宫及沈河公安分局院内。1971 年和 1975 年连续发掘，发现汉文化层中有夯土台基，断面呈“凸”形。面积约 5000 平方米。经局部清理，文化层厚约 5 米。发现有战国至汉代夯土台基，南北长 10 米，东西宽 8 米，最厚处 3 米，以及砖筑井和陶圈井 2 口；还有战国绳纹大板瓦、汉代“千秋万岁”瓦当、板瓦、筒瓦，大量绳纹和素面灰陶盆、罐、瓮残片，“一刀”“五铢”“半两”“货泉”等铜钱。[68] 1993 年宫后里东亚商业广场施工工地发现一处古城墙遗址，发掘中地层堆积可分为五层，其中四层为汉魏文化层，内含汉魏时期绳纹瓦、“五铢”钱等，夯土墙厚 1.5 ～ 2 米，残高 2.3 米，东西长约 173 米，推算城墙周长约为 1100 米；第五层为战国文化层，厚约 20 厘米，包含战国时期板瓦、筒瓦、瓦当和日用陶器残片以及铜镞等物，在城址北侧发现了当年的护城河遗迹。[69] 此城东距上伯官城址约 17 千米。

F 组：浑河中游左岸障塞线上的三城布局

双树子城址（编号 F1） 位于沈阳市东陵区深井子镇双树村北的磨齿地，1981 年 2 月 4 日调查发现，遗址现状为土台，面积 200 ～ 250 米。出土陶器、铜器，还发现子母口砖。墓葬群从后堡至龙头寺、从龙头寺到房身地，长约 1200 米、宽 300 米的区域内均有发现。在古城子地区也发现了一批墓葬，从分布区域应属于这座城址的范围内。[70] 此城东北距上伯官城址约 9 千米。

珠山子城址（编号 F2） 位于沈阳市东陵区五三乡营城子村北部珠山上，西距沈丹公路 120 米，北依白塔铺河，南靠沈祝公路。此地原有一个南北狭长的小山脊，其东西宽约 25 米，南北长 250 米，在这条小山脊的上面残留有夯土墙遗存。最北侧最高，残高 2.8 米。山脊的东部为一南高北低的扇形台地，外围高差 1.5 ～ 2 米。1987 年 8 月全国第二次文物普查时发现了这一城址，分布面积约 5 万平方米。文化层堆积甚厚，可分四层，其中第三层为汉魏晋及高句丽时期的文化层，厚 0.6 ～ 1 米，在文化层内还存有较多的汉式方格绳纹砖、菱格纹灰瓦、细泥质灰陶的陶器残片等；战国至汉魏，已为古城，其城址西侧的夯土墙可证明这一点。调查发现，在城址的北、东北一线，沿白塔堡河两岸的桑林子、王宝石寨、王起寨、施家寨东西 4 千米的范围内，多有汉魏时期的砖室墓，进一步证明了这个城址是以汉魏时期为主的古城址。[71] 需要注意的是，该城址筑有烽燧设施，并采集有战国“一刀”圜钱、绳纹板瓦、筒瓦和陶片等遗物，[72] 证明此城址设在燕辽东长城障塞线上。此城东北距双树子城址约 16 千米。

魏家楼城址（编号 F3） 位于苏家屯区沙河铺镇魏家楼村西北侧，城址位于平地上，平面略呈正方形，南北长 105 米，东西宽 101 米。城墙夯土筑，墙基宽 3 ～ 5 米，存高 3 米，夯层厚 0.1 米。城内文化层厚 1.8 米，下层发现战国和两汉绳纹灰陶片、辽金瓦、筒瓦。采集有汉“千秋万岁”圆瓦当、灰绳纹筒瓦片、灰陶片、陶骰子、骨印章等。有学者认为是西汉高显县城。[73] 笔者调查，城内存一墩烽燧址。在城址周边，发现有同时期的墓葬群分布，如沙河子镇后长岗子、前桑村北、韩城子村等地，都属于这座城址的墓葬群。[74] 此城北偏东距珠山子城址约 16 千米。

在辽阳—沈阳—抚顺—新宾—通化—集安—白山三道沟汉长城障塞线上，分布两汉时期行政类城址六组共 18 座，列城之间已发现列燧、列障、列堡、墙堑体和列隘等军事防御设施 150 余处（墩、座、道、段）。这些城址均关系紧密地设置在同一条障塞线上某一江河地段，三城中往往设有一中心性大城（郡城），大城与另两城空间设置必一近一远，周边存有同期汉代墓群，体现了《史记 · 朝鲜列传》所载“为置吏，筑障塞”“其远，难守，故复修辽东故塞”的军事目的。

三、运用二重证据法考据六组“郡县三城模式”为两汉玄菟郡“五迁六治”所在

上述汉辽东长城“真番障塞”线上六组“郡县三城模式”的考古发现，绝非偶然现象，而是两汉历史发展的必然反映。下面我们运用二重证据法、[75] 逻辑分析法等研究方法，来进行玄菟郡历迁历治问题的首次统考。限于文字，这里不展开详细论证，仅陈述主要观点。

1. 首治址——前 107 年始置“马訾水……过郡二”之“沃沮城”

《汉书 · 地理志》载，武帝元封四年开玄菟郡，设高句丽、上殷台、西盖马三县。“马訾水西北入盐难水，至西安平入海，过郡二，行二千一百里。莽曰玄菟亭。”马訾水，即今鸭绿江，明确武帝在鸭绿江中上游设有两郡，其一即为玄菟郡首治之“沃沮城”。《后汉书 · 东夷列传》和《三国志 · 东夷传》载“以沃沮地为玄菟郡”或“以沃沮城为玄菟郡”，从中得知玄菟郡始置时还应包括沃沮城在内的“初四县”。《后汉书 · 东夷列传》记载：“元封三年，灭朝鲜，分置乐浪、临屯、玄菟、真番四郡。

至昭帝始元五年，罢临屯、真番，以并乐浪、玄菟。……自单单大岭已东，沃沮、濊貊悉属乐浪。后以境土广远，复分岭东七县，置乐浪东部都尉。”在这次行政建置调整中，真番并于玄菟，临屯并于乐浪。由于玄菟郡西迁，将设于长城线上的原玄菟郡所属的沃沮城、上殷台和西盖马属县（三县原属真番郡）与真番郡所属的鸭绿江障塞线上四属县，改设乐浪郡东部都尉治所属“岭东七县”，余考“单单大岭”为今白山临江延伸至通化集安间的老岭山脉；玄菟郡首治“沃沮城”为今鸭绿江中游集安市鸭绿江沿岸的良民土城址，玄菟郡属县上殷台为今集安市区的国内城下汉代土城址，西盖马县为今白山市浑江区三道沟镇三道沟河城址，[76]而高句丽属县首治必设置于高句丽民族发祥地“小水貊”（今通化浑江）“玄菟亭”地带，以利于行政管辖和军事防御。

2. 一迁二治址——前 82 年“复徙玄菟郡于句丽县”之玄菟郡

据《后汉书·东夷列传·东沃沮》载：“昭帝始元五年，罢临屯、真番，以并乐浪、玄菟。玄菟复徙居句骊（县）。”玄菟郡第一次西迁至高句丽县首治，郡县暂时合治一城，直至迁入新筑的玄菟城。《后汉书·东夷列传·北沃沮》则云：“武帝灭朝鲜，以沃沮地为玄菟郡。后为夷貊所侵，徙郡于高句骊西北，更以沃沮为县，属乐浪东部都尉。”玄菟郡因“后为夷貊所侵”，再“徙郡于高句骊（县）西北”与《三国志·沃沮传》所载的 107 年“徙郡于高句骊（县）西北”“徙郡句丽（县）西北”，明显是两个时空不一的迁治地，必须加以甄别。以往中外学者相关考证，都是将其混为一谈，是错误解读，应当纠正。此玄菟郡一迁之高句丽县（首治）址，当为设于“玄菟亭”之今吉林省通化县赤柏松城址。只有该城地处高句丽民族发祥地的“小水貊”，西南距前 37 年建立的高句丽少数民族政权都城（今辽宁省桓仁市区）直线距离约 60 千米，随迁的上殷台和西盖马属县分置于治安山城或平岗山城。

3. 二迁三治址——约前 73 年“募郡国徒筑辽东玄菟城”

继“复徙玄菟郡于句丽县”“玄菟复徙居句骊”之后的玄菟郡又迁向了哪里？《汉书·昭帝纪》记载了两条重要信息：元凤五年（前 76 年）“六月，发三辅及郡国恶少年吏有告劾亡者，屯辽东”。“六年春正月，募郡国徒筑辽东玄菟城。”笔者理解，元凤五年六月征发郡国刑徒劳役，是在为新筑玄菟城和随迁的属县做前期人力准备；次年正式开工大规模修筑玄菟新城。除了赤柏松城址之外，目前在浑江中游燕秦汉障塞长城线上还发现筑有通化市治安山城和平岗山山城两座汉城，根据城址规模和所处中心位置，不难推断被浑江与支流哈泥河所夹的治安山城应是新筑的玄菟新城。虽然史籍没有明确记载此城修筑了几年、玄菟郡何时迁入，但可以明确的是治安山城早在战国晚期的前 226 年，就已是燕国太子丹“匿于衍水中”抗秦军事要塞，亦可能是前 225—前 222 年燕王喜“东保辽东”的都城所在。因此推测，修筑新的玄菟城工程量并不算十分庞大，估计有两三年工夫就可筑成，即很可能在宣帝即位元年（前 73 年）秋全面完工，玄菟郡由高句丽县城迁至新城，与某属县共治一城。此玄菟新城确定为今通化市浑江及支流哈泥河所夹的治安山城，平岗山城亦同时筑就完工。

4．三迁四治址——107 年“徙郡于高句丽西北”之“玄菟故府”

9 年王莽篡汉后实行民族歧视与高压政策，破坏了以往东北边夷与中原王朝良好的藩属关系政治格局，迫使前 37 年建国于辽东汉玄菟郡域内的高句丽地方性少数民族政权反莽。《汉书·王莽传》云：“先是，莽发高句骊兵，当伐胡，不欲行，郡强迫之，皆亡出塞，因犯法为寇。辽西大尹田谭追击之，为所杀。……尤诱高句骊侯驺至而斩焉。传首长安。莽大说，下书曰：‘……其更名高句骊为下句骊，布告天下，令咸知焉。’于是貉人愈犯边，东北与西南夷皆乱云。”从《三国史记·琉璃明王》所载的高句丽政权于 14 年“进兵袭取汉高句丽县”始，至《资治通鉴·汉纪·孝和》所载的元兴元年（105 年）春“高句丽王宫入辽东塞，寇略六县”，近百年间，玄菟郡始终处于高句丽的军事侵攻之下，被迫于安帝永初元年（107 年）第三次西迁。《三国志·东夷传·高句丽传》曰：“至殇安之间，句丽王宫数寇辽东，更属玄菟。”《后汉书·东夷列传·东沃沮》亦载：“后为夷貊所侵，徙郡高句骊西北，今所谓玄菟故府是也。”此“后”字是为与前“为夷貊所侵”玄菟郡一迁址相区别。中央政府为弥补玄菟郡西迁后辖区真空的情况，将辽东郡中部都尉治所属的高显、候城、辽阳三县划归玄菟郡，使玄菟郡属县增至六县。《后汉书·郡国志·玄菟郡》载：“高句骊（辽山，辽水出），西盖马，上殷台，高显（故属辽东），候城（故属辽东），辽阳（故属辽东）。”唐李贤注：“东观书，安帝即位之年分三县来属。”可以断定此“玄菟故府”位于高句丽县首治西北“辽山辽水所出”之上游地、今新宾县永陵南二道河城址（与上殷台或西盖马县合治一城），并将随迁的高句丽县二治设于郡治北侧的苏子河畔（对原有小城进行扩建补筑），即今南汉城。其东部的白旗堡城址为上殷台或西盖马属县治城所在。

5．四迁五治址——132 年“复置玄菟郡屯田六部（县）”

在玄菟郡三迁“辽山辽水所出”之地仅数年后的永初五年，高句丽王一方面遣使贡献方物“求属玄菟”，[77] 要求保持臣属关系；另一方面却加强了军事侵略玄菟郡及六属县的攻势，达到了历史高峰。《资治通鉴·汉纪·孝安》载，永初五年三月，“夫余王寇乐浪，高句丽王宫与秽貊寇玄菟”；《后汉书·安帝纪》云，元初五年（118 年）“夏六月，高句丽与秽貊寇玄菟”。在安帝建光元年（121 年）春、夏、秋、冬四季，玄菟郡连续受到高句丽等诸族的多次突袭，《后汉书·东夷列传·高句骊传》载：“建光元年春，幽州刺史冯焕、玄菟太守姚光、辽东太守蔡讽等将兵出塞击之……宫乃遣嗣子遂成将二千余人逆光等……而潜遣三千人攻玄菟、辽东、焚城郭，杀伤二千余人。……夏，复与辽东鲜卑八千余人攻辽队……秋，宫遂率马韩、秽貊数千骑围玄菟。”《后汉书·安帝纪》载：建光元年十一月，“鲜卑寇玄菟……冬十二月，高句丽、马韩、秽貊围玄菟城”。《三国志·东夷传·高句丽传》云：“宫密遣军攻玄菟，焚烧候城，入辽隧，杀吏民。”这四次大规模侵袭造成玄菟郡及部分属县城郭焚毁，十年后才重建玄菟郡城。《后汉书·顺帝纪》载：“阳嘉元年……复置玄菟郡屯田六部（县）。”推测第五次迁治的玄菟郡城，当为浑河中游的今抚顺市劳动公园城址，六县原有治城地点不变。

6. 五迁六治址——189 年“复置玄菟郡于辽东北”

东汉晚期，军阀割据，内忧外患，江河日下。辽东因高句丽、夫余、鲜卑等军队连年侵攻，玄菟郡及部分属县已处于废置状态。《资治通鉴·汉纪》云：“孝桓帝永康元年……夫余王夫台寇玄菟，玄菟太守公孙域击破之。”“孝灵帝建宁二年十一月，高句丽王伯固寇辽东，玄菟太守耿临讨降之。”《三国志·东夷传》载：“桓、灵之末，韩濊强盛，郡县不能制。”190 年公孙度自立“平州牧”“辽东侯”割据称王，拓复汉玄菟边郡故地。《三国志·魏书·公孙度传》载：“东伐高句丽，西击乌丸……自立为辽东侯、平州牧，追封父延为建义侯。……始度以中平六年据辽东，至渊三世，凡五十年而灭。……（孙）权……立渊为燕王。……明帝于是拜渊大司马，封乐浪公，持节、领郡如故。”《三国志·吴书》曰：“玄菟郡在辽东北，相去二百里，太守王赞领户二百。”《三国志·东夷传》条载：“夫余本属玄菟。……汉时，夫余王葬用玉匣，常豫以付玄菟郡，王死则迎取以葬。公孙渊伏诛，玄菟库犹有玉匣一具。”清代学者杨守敬《三国郡县表附考证》亦云：“公孙度徙郡于辽东北二百里，侨治句丽县为郡治，魏因之。”可以肯定，公孙度“复置玄菟郡”治，为今沈阳市上伯官村城址。同时复置内迁的玄菟郡三属县，为双树子城址、珠山子城址和魏家楼汉魏城址的可能极大（目前难以确指各城对应属县名称）。

结论

燕秦汉辽东长城“真番障塞”线上六组汉代“郡县三城模式”，为我国秦汉考古史上的一项重大发现，具有一定的学术价值和历史意义。

（1）玄菟郡的史治考证问题一直是东北亚上古史研究中的焦点，之所以中外学界观点各异，各家争论不休，其中一个根本原因，是由于《汉书·地理志》所载“汉四郡”存在诸如失载、漏载、错载、误读等现象，而难以作出准确性的分析和判断。笔者针对《汉书·地理志》所载“汉四郡”中缺失真番、临屯二郡，而二郡中又出现“东暆”重名等现象，加之玄菟郡条存有漏载、错载等问题，认为《汉书·地理志》中对“汉四郡”的记载是不完整、有些地方甚至是不准确的。这些现象的出现，是由于班固去世后班昭或马续补作所致，因为此前刚经历了王莽新朝改制，造成了西汉诸郡更名混乱，加之三朝更替，所载必然会存在一些问题。因此，对相关文献的深度解读与研究，须去伪存真，条别源流，以甄论得失，正本清源。

（2）以往中外学界对两汉玄菟郡历迁历治的考证研究，因受限于燕秦汉辽东长城的考古发现，难免出现顾此失彼甚至自相矛盾的问题，以致数百年来中外学界难以定论。因此，燕秦汉辽东长城“真番障塞”线上六组“郡县三城模式”的考古发现，为研究两汉玄菟郡历迁历治次数和具体地点，提供了极其准确的地理坐标与确凿的考古依据。研究表明，两汉玄菟郡是沿着汉长城线由东向西逐渐内迁，从未脱离“辽东塞”范围，以往中外学界臆测的玄菟郡治远离长城线地望诸说，缺乏实据，故不可取。

（3）本文通过上述二重证据法的初步考证，首次提出两汉玄菟郡不是中外学界认为的“一迁两治”“两迁三治”或“三迁四治”，而应是“五迁六治”。即：首治，治地沃沮城（前 107—前 82 年），今吉林省集安市良民城址，为郡时间 25 年；一迁二治，治地高句丽县首治（前 82—约前 73 年），今吉林省通化县赤柏松城址，为郡时间约 10 年；二迁三治，治地玄菟新城（约前 73—107 年），今吉林省通化市治安山城址，为郡时间约 180 年；三迁四治，治“玄菟故府”（107—122 年），今辽宁省新宾县永陵镇二道河子城址，为郡时间 15 年；122—132 年因遭高句丽侵袭被焚毁而一度弃置；四迁五治，治地“复置玄菟郡”之城（132—约 180 年），今辽宁省抚顺市劳动公园城址，为郡时间约 48 年；五迁六治，治地“公孙度徙郡于辽东北二百里”之城（190—220 年汉灭），今辽宁省沈阳市上伯官城址，为郡时间 30 年。

注释

[1] 张博泉：《汉玄菟郡考》，《吉林大学社会科学学报》1980 年第 6 期。

[2] 陈连开：《唐代辽东若干地名考释》，《社会科学辑刊》1981 年第 3 期。

[3] 王绵厚：《秦汉东北史》，辽宁人民出版社，1994 年版，第 78—82 页。

[4] 李树林：《燕秦汉东北长城（上）：改写东北亚历史的新发现》，《中国国家地理》2019 年第 9 期。

[5] [清] 顾祖禹：《读史方舆纪要》卷三十八。

[6] 谭其骧主编：《中国历史地图集》第二册《秦、西汉、东汉时期》“西汉幽州刺史”部分图，中国地图出版社，1982 年版，第 27—28 页。

[7] 金毓黻：《东北通史》上编，《社会科学战线》杂志社翻印本，1980 年版。

[8] 赵春兰、李树林：《“岭东七县”与乐浪郡东部都尉治考》，《中州学刊》2023 年第 12 期，被中国人民大学《先秦、秦汉史文摘》2014 年第 2 期全文转载；李树林：《汉乐浪郡“岭东七县”治地考——老岭以东鸭绿江中上游长城线上七座汉城考古新证》，燕山大学中国长城文化研究与传播中心主编：《长城学研究》第 3 辑，2023 年版。

[9] [清] 顾祖禹：《读史方舆纪要》卷三十八。

[10]张博泉：《汉玄菟郡考》，《吉林大学社会科学学报》1980 年第 6 期。

[11]陈连开：《唐代辽东若干地名考释》，《社会科学辑刊》1981 年第 3 期。

[12]薛虹、李树田主编：《中国东北通史》，吉林文史出版社，1991 年版，第 89 页。

[13]徐家国：《辽宁新宾永陵镇汉城址调查》，《考古》1989 年第 11 期；王绵厚：《秦汉东北史》，辽宁人民出版社，1994 年版，第 79 页。

[14]谭其骧主编：《中国历史地图集释文汇编·东北卷》，中央民族学院出版社，1988 年版；谭其骧主编：《中国历史地图集》第二册《秦、西汉、东汉时期》“西汉幽州刺史”部分图（第 27—28 页）、“东汉幽州刺史”部分图（第 61—62 页），中国地图出版社，1982 年版。

[15]金辉：《抚顺汉城与玄菟郡西迁》，《东北史地》2008 年第 6 期。

[16]辽宁省文物考古研究所编撰：《永陵南城址发掘报告》（上），文物出版社，2017 年版，第 512—519 页。

[17]国家文物局主编：《中国文物地图集·吉林分册》概述五，中国地图出版社，1993 年版。

[18]金旭东：《吉林省文物考古的世纪回顾与展望》，吉林省文物考古研究所编：《田野考古集粹——吉林省文物考古研究所成立二十五周年纪念》，文物出版社，2008 年版。

[19]王志敏：《高句丽故地与第二玄菟郡考》，《东北史地》2010 年第 5 期。

[20]陈连开：《唐代辽东若干地名考释》，《社会科学辑刊》1981 年第 3 期。

[21]谭其骧主编：《中国历史地图集》第二册《秦、西汉、东汉时期》“东汉幽州刺史”部分图，中国地图出版社，1982 年版，第 61—62 页。

[22]沈阳市人民政府地方志编纂办公室：《沈阳市志·城址》，沈阳出版社，1990 年版，第 433 页。

[23] [24] 转引史然：《劳动公园山上的汉代城址》，抚顺社会科学研究所、抚顺地方史研究会编：《抚顺名胜古迹考》，抚顺社会科学研究所，1984 年版。

[25]金辉：《抚顺汉城与玄菟郡西迁》，《东北史地》2008 年第 6 期。

[26]朝鲜社会科学院历史研究所著，李云铎译、顾铭学校：《朝鲜全史》卷二，平壤，1979 年。载《东北亚历史与考古信息》1994 年第 1 期，第 65—66 页。

[27] [28] [韩] 李丙焘：《韩国古代史》（上），六兴出版，1979 年版；李丙焘：《玄菟郡和临

屯郡考（一）（二）》，载《史学杂志》1930 年，第 96—100 页。

[29][韩] 尹乃铉著，顾铭学译：《民族的故乡古朝鲜巡礼——追寻檀君史》之“‘平壤附近为乐浪郡’说乃殖民史学”，《朝鲜日报》1986 年 11 月 29 日；《东北亚历史与考古信息》1997 年第 1 期，第 65—66 页。

[30][日] 樋口隆次郎：《朝鲜半岛的汉四郡疆域及考（第一回——第五回）》，载《史学杂志》，1911—1912 年。

[31][日] 那珂通世：《朝鲜乐浪玄菟带方考》，载《那珂通世遗书》，大日本图书，1915 年。

[32][日] 稻叶岩吉：《汉四郡问题考察》，载《朝鲜》，1928 年。

[33][35][日] 和田清：《玄菟郡考》，凌水南译自和田清著《东亚史研究》（满洲篇），东洋文库，1959 年。见《东北亚历史与考古信息》2005 年第 1 期。

[34][37][日] 首藤丸毛：《玄菟临屯真番三郡之我见》，《朝鲜学报》（第 93 辑），朝鲜学会，1980 年版。

[36][日] 三上次男：《桓仁调查行记民族学研究》，1946 年。

[38][日] 池内宏：《抚顺史迹》，载《考古学杂志》，1940 年 7 月。

[39][东汉] 班固撰：《汉书 · 赵充国传》，中华书局，2007 年版。

[40]张福有辑：《长白山诗词选》，时代文艺出版社，1998 年版，第 156 页。

[41]李树林、李妍：《吉林省燕秦汉辽东长城障塞群考古调查概述》，《社会科学战线》2011 年第 10 期；李树林：《鸭绿江中上游长城遗迹考古调查研究》，教育部人文社会科学重点研究基地、吉林大学边疆考古研究中心编：《边疆考古研究》第 20 辑，科学出版社，2016 年版；李树林：《燕秦汉东北长城（下）：两千多年前中华文明就已跨过鸭绿江》，《中国国家地理》2019 年第 11 期。

[42] 马扬：《吉林省白山市一座汉代古城浮出水面》，新华社 2006 年 5 月 11 日电。

[43]孙仁杰、迟勇：《集安良民高句丽遗迹调查》，《东北史地》2004 年第 4 期。

[44]张福有、孙仁杰、迟勇：《良民：高句丽的平壤城与国之东北大镇之新城》，通化市政协文史委编著：《古城沧桑》，吉林摄影出版社，2006 年版。

[45]张福有、孙仁杰、迟勇：《五年间高句丽遗迹调查与文献研究中的新收获》，《东北史地》2009 年第 2 期。集安市文物局网站：《文物保护单位——云峰水库淹没区墓群》，通化城库网，www.thck.cn。

[46]吉林省文物志编委会：《集安县文物志》（内部资料），1984 年版，第 61 页；国家文物局主编：《中国文物地图集 · 吉林分册 · 集安市》，中国地图出版社，1993 年版，第 117 页。

[47]李殿福：《国内城始建于战国晚期燕国辽东郡塞外的一个据点上》，《东北史地》2006 年第 3 期。

[48]孙炜冉，李乐营：《金毓黼撰写〈东北通史〉及考察高句丽遗址的过程与影响》，《东北史地》2015 年第 6 期。

[49]王绵厚：《辽宁省博物馆藏历代官印考录》，《辽海文物学刊》1989 年第 2 期。

[50]吉林省文物考古研究所、集安市博物馆：《集安国内城东、南垣考古清理收获》，《边疆考

古研究》2012 年第 2 期。

[51]国家文物局主编：《中国文物地图集・吉林分册・通化市》，中国地图出版社，1993 年版，第 113 页；王志敏：《吉林省通化市治安山城调查报告》，《北方文物》2010 年第 3 期；柳岚、邵春华：《吉林通化市汉代自安山城调查与考证》，《博物馆研究》1991 年第 3 期。

[52]王志敏：《高句丽故地与第二玄菟郡考》，《东北史地》2010 年第 5 期。

[53]李春雨：《通化县志》，中华民国十六年（1928 年）铅印体，1935 年增修。

[54]国家文物局主编：《中国文物地图集・吉林分册・通化县》，中国地图出版社，1993 年版，第 127 页；赵海龙：《2011 年吉林通化赤柏松汉代古城考古新发现——为我国汉代东北史地研究提供了新材料》，《中国文物报》2012 年 4 月 27 日 8 版“文物考古周刊”；吉林文物考古研究所、通化市文管办、通化县文管所：《通化县赤柏松汉代古城》，《中国考古年鉴》2009 年第 169 页，2012 年第 185 页。

[55][56] 徐家国：《辽宁新宾苏子河汉城调查》，《社科通讯》1983 年第 10 期；徐家国：《汉玄菟郡二迁址考略》，《社会科学辑刊》1984 年第 3 期；国家文物局主编：《中国文物地图集・辽宁分册・新宾县》，地图出版社，2009 年版，第 133 页。

[57]李新全、李龙彬：《新宾县永陵汉代城址》，《中国考古学年鉴 2006》，文物出版社，2007 年版，第 161—163 页。

[58]熊增珑：《新宾永陵南城址》，《中国考古学年鉴 2007》，文物出版社，2008 年版，第 185—187 页。

[59]李新全、苏鹏力：《抚顺市新宾永陵南城址》，《中国考古学年鉴 2009》，文物出版社，2010 年版，第 163 页。

[60]吕学明：《新宾县永陵汉代城址》，《中国考古学年鉴 2005》，文物出版社，2006 年版，第 157—158 页。

[61]国家文物局主编：《中国文物地图集・辽宁分册・东洲区》，地图出版社，2009 年版，第 123 页；武家昌：《抚顺市小甲邦汉代遗址》，中国考古学会编：《中国考古学年鉴 1990》，文物出版社，1991 年版，第 186—187 页。

[62]国家文物局主编：《中国文物地图集・辽宁分册・新抚区》，地图出版社，2009 年版，第 122 页。

[63]引自《中国长城建筑与地理信息数据库分地区索引》资料，辽宁省文物局，2012 年 6 月。

[64]徐家国、孙力：《辽宁抚顺高尔山城发掘简报》，《辽海文物学刊》1987 年第 2 期。

[65]李晓钟：《沈阳地区战国秦汉考古初步研究》，沈阳市文物考古研究所编：《沈阳考古文集》（第 1 集），科学出版社，2007 年版，第 244 页。

[66]王绵厚：《沈抚交界处青桩子古城的新发现及考古学意义——兼论秦汉辽东郡“中部都尉”与“候城县”的关系》，《东北史地》2004 年第 1 期。

[67]国家文物局主编：《中国文物地图集・辽宁分册・东陵区》，地图出版社，2009 年版，第 21 页；佡俊岩：《沈阳上伯官城址和墓葬的调查及其研究》，辽宁省文物考古研究所编：《辽宁考古文集》（二），科学出版社，第 193—197 页。

[68]李晓钟：《沈阳地区战国秦汉考古初步研究》，沈阳市文物考古研究所编：《沈阳考古文集》（第

1 集），科学出版社，2007 年版，第 235 页；沈阳市文物管理办公室编纂：《沈阳市文物志》，沈阳出版社，1993 年版。

[69] 刘长江：《沈阳宫后里遗址及相关发现》，辽宁省文物考古研究所编：《辽宁省考古文集》（二），科学出版社，2010 年版，第 57—65 页。

[70] 李晓钟：《沈阳地区战国秦汉考古初步研究》，沈阳市文物考古研究所编：《沈阳考古文集》（第 1 集），科学出版社，2007 年版，第 245 页。

[71] 李晓钟：《沈阳地区战国秦汉考古初步研究》，沈阳市文物考古研究所编：《沈阳考古文集》（第 1 集），科学出版社，2007 年版，第 246 页。

[72] [73] 沈阳市文物管理办公室编纂：《沈阳市文物志》，沈阳出版社，1993 年版。

[74] 李晓钟：《沈阳地区战国秦汉考古初步研究》，沈阳市文物考古研究所编：《沈阳考古文集》（第 1 集），科学出版社，2007 年版，第 245 页。

[75] 王国维：《古史新证——王国维最后的讲义》，清华大学出版社，1974 年版，第 1—3 页。

[76] 赵春兰、李树林：《"岭东七县"与乐浪郡东部都尉治考》，《中州学刊》2023 年第 12 期；李树林：《汉乐浪郡"岭东七县"治地考——老岭以东鸭绿江中上游长城线上七座汉城考古新证》，燕山大学中国长城文化研究与传播中心主编：《长城学研究》第 3 辑，2023 年版。

[77]《后汉书·高句骊传》《三国史记·高句丽本纪》《后汉书·光武帝（下）》载："建武八年十二月，高句丽王遣使朝贡。"

明长城的防御与沟通

——以鲍崇德和高山城为中心

荣晓玲 *

摘要：明朝中叶疆土内缩，大同成为直面蒙古的边关要镇，连年烽火不休，威胁京师。明穆宗时期，以把汉那吉降明事件为契机的隆庆和议，为当时的宣、大、山西带来了70余年的平静安宁。和议谈判屡遭挫折，大同镇督抚委派习蒙俗、通蒙语的百户鲍崇德与蒙古右翼俺答汗磋商，历经艰难后达成封贡。鲍崇德凭借协商送归把汉那吉、执送叛人、封贡授职以及后期维护大同互市的功勋屡获升迁。云冈区高山村现存的“靖宁门”石匾清楚地昭示万历五年（1577年），鲍崇德以都指挥佥事衔任高山城守备。此后，明朝政府和蒙古右翼以大同得胜口为中心展开相对和平友好的政治、经济、社会往来，汉蒙民族间的交流交往交融进入新的时期。

关键词：明蒙关系；隆庆和议；明长城；鲍崇德；高山城

明朝嘉靖时期，蒙古右翼土默特万户首领俺答实际控制了右翼三万户，雄踞漠南，其驻牧之地紧邻明朝九边的中三边，大同镇首当其冲，屡遭入寇，岁无宁日。“大同地参胡境，长沙漫碛，群山星聚，势不联络”，[1] 防守主要依靠筑墙摆边，十分艰难，明蒙双方的对峙局面一直持续到隆庆四年（1570年）。明穆宗时，明蒙达成隆庆和议，明朝和蒙古的关系缓和，开展了封贡、互市等一系列政治、经济交

* 作者简介：荣晓玲，山西省大同市云冈区信访局，一级主任科员。

流。隆庆和议为明朝边境，尤其为宣、大、山西带来70余年的和平局面，直至明末，大同镇再未发生大规模兵祸。

在讨论隆庆和议中的个人时，学者通常把目光集中在枢臣高拱、张居正，或督抚王崇古、方逢时身上。其实，还有一些职级较低但功绩卓著的“小人物”，例如临危受命与俺答汗谈判的鲍崇德、以自身父子兄弟为质取信蒙古的苑宗儒等，他们虽然稍获关注，但缺乏全面细致的研究。对这些人物的深入研究，有助于全面立体地理解明蒙关系发展进程。

本文将深入挖掘史料，辅以文物证据，尝试完整地梳理出鲍崇德在“把汉那吉降明”“俺答封贡”和大同互市等一系列影响明蒙关系的历史事件中的作用与地位，并对明代高山城稍作研究，释读城门匾额。

一、鲍崇德其人

隆庆四年九月，俺答亲孙把汉那吉携妻子与亲信十余人在大同镇败胡堡叩关降明，起因是祖父为平息夺妻引起的纷争，将他聘定之女让给其他部落贵族。大同督抚敏锐地意识到这是一次可以把握的机会，他们妥善安置把汉那吉一行人，详加审议后驰书上报朝廷，内阁辅臣同样认为此事可作文章。他们详加区划，决定抓住契机，令俺答执送叛人、不再犯边。[2]

《明史》和《明穆宗实录》记载了把汉那吉降明之后，明廷和蒙古右翼俺答汗谈判协商以蒙古执送叛人赵全等为条件送还把汉那吉的过程。据《明穆宗实录》：

> 总督王崇古遣译者鲍崇德偕其使入俺答营，言朝廷待把汉那吉不薄，若赵全等旦致（至），那吉夕返矣。俺答大喜屏人语曰，我不为乱，乱由全等。吾孙降汉此天遣合华夷之好也，若天子幸封我为王，借威灵长北方诸酋谁敢不听，誓永守北边毋敢为患。即不幸死，吾孙当袭封，彼衣食中国其忍背德乎。遂益发使五人与崇德来乞封。[3]

大同镇派出鲍崇德与使者进入俺答汗大营，告知其孙把汉那吉在明境内安全无虞，且“丰馆饩，饰舆马”[4]，备受优待。明廷开出条件，只要俺答能够将逃亡蒙古、为祸宣、大、山西边境的汉人赵全等人执送入边，明廷便可送归把汉那吉。俺答表示，其连年入犯中国，都是受赵全等人唆使，愿意接受明朝的交换条件。但随即又提出，明朝要封俺答为王，且王号可世袭。至此，谈判基本达成一致，俺答汗派出五名使者随鲍崇德入边面见大同督抚。

只看实录记载，谈判似乎顺利平静，其实不然。瞿九思在《万历武功录》中收录了更多细节，使今人能够一窥当年的腥风血雨：

> （俺答）乃遣黄台吉九合兀慎、摆腰入弘赐堡，直薄城，索那吉不可得，召赵全等计事。全曰："欲得那吉，须厚贿赎之。不则，必挟以兵。试发万人临城，中国将帅必悉出战，吾因据其城而索之，亦一快也。"俺答深然之，居四五日，率众万余入云中，直走上谷，既欲捕一偏将军，而与汉请易。时冬寒，草枯马饥，俺答众惮寇，指全等怨詈甚。于是，制置使移上谷帅赵苛引兵带刀岭，逢虏战，败其前锋，而斩其骁虏之首，虏惮之。遂转兵从故道至镇羌堡而出，自是稍稍有内属意矣。[5]

俺答得知亲孙降明后，最初并没有谈判之意，而是直接令子侄众人分三路入边围城，欲以武力威逼，迫使明廷归还那吉。一计不成，又亲率大军入大同、宣府，在宣府遭阻击，遂转兵大同出边。俺答的这次出征加剧了右翼部落首领与赵全等人的矛盾，为随后执送叛人的顺利进行埋下伏笔。至此，俺答也意识到武力逼索行不通，开始有了和谈之意。

然而，俺答扎营大同镇平虏城边外，仍试图振耀边吏，索回把汉那吉：

> （俺答）营平虏外边，树杂色帜，……佯以振耀我边吏，然后请把汉。……（方）逢时曰，彼幸索我急，此天所以赞我也。乃遣使金国，赍传贴往，杀之。已遣侯金往，又杀之。已，遣鲍崇德往。崇德，故役胡中，与虏狎。[6]

大同巡抚方逢时认为这正是谈判的时机，于是派出使者携书信入俺答大营。但是，前后两任使者金国、侯金都被俺答杀害。第三次，方逢时派出鲍崇德，因为鲍崇德曾在蒙古生活，与蒙古人甚至与俺答本人有不错的关系。那么，鲍崇德是何许人也，又为何"役胡中"呢？时任阳和兵备使的刘应箕亲身参与了隆庆和议，他在《款塞始末》中说："崇德，小字官保，旧役虏中，与虏最狎。是以毅然请往，遂定其事。"[7]照此说法，鲍崇德是自请出塞，更见其胆识过人。

关于鲍崇德的身份，在明朝史料中暂未发现对其籍贯的记载，从清代《大同府志》中可知，鲍崇德是大同应州籍。[8]又据《清史列传·鲍承先传》："鲍承先，山西应州人，原任明朝武官。"[9]鲍承先是鲍崇德之子，曾任明朝武将，天命七年（1622年）投降后金。[10]把汉那吉降明时，鲍崇德是大同镇的一名百户，这在《明史》的《王崇古传》和《方逢时传》中都有明确说明，"巡抚逢时遣百户鲍崇德入其营"[11]，"（方逢时）遣百户鲍崇德出云石堡语俺答部下五奴柱曰：'欲还把汉则速纳款，若以兵来，是趣之死矣'"[12]。嘉隆间，蒙古频繁入寇大同，掳掠人口，大同军兵亦因兵变、克扣、占役逃亡甚众，[13]“大同自兵变以来，壮士多逃漠北为寇用”[14]。经历任宣大总督杨博、王崇古等人励精图治，招徕降人，“归者接踵”，且得以妥善安置[15]。鲍崇德极有可能也是因此“役虏中”，又回到大同镇。

这里还有两个问题需稍加辨析，一是派遣鲍崇德出边谈判的是宣大总督王崇古还是大同巡抚方逢时，二是《明穆宗实录》为何又有“通事鲍崇德”“译者鲍崇德”的说法。[16]《明史》和《万历武功录》中都记载了方逢时指派鲍崇德，至于《明穆宗实录》所称“总督王崇古遣译者鲍崇德偕其使入俺答营”，可能由于实录依据的是宣大总督王崇古所上奏疏，所以作如此记述。那么“通事”和“译者”是什么呢？“通事”一词最早指掌握邦国之间交流往来事务的官名，后逐渐演变为指代官方或民间语言交流中担任翻译工作的官员或人员。[17]明代中央设大、小通事，大通事负责中央译书事务，小通事主要职责是口译，但具备笔译能力，后裁革大通事，只保留小通事。[18]明朝中央也向边方派遣译字生，帮助边镇翻译番表文书。在协商封贡期间，王崇古也曾向朝廷请求派遣译字生帮助大同镇翻译俺答汗进献的表文，“且发译字生一人赴臣所，俟其表至译之无触忌讳乃敢奏”。[19]译字生派自提督四夷馆，《明史·职官志》记载“提督四夷馆，……掌译书之事，……特设蒙古、……八馆，置译字生、通事，通译语言文字”，四夷馆的译字生最初从国子监生中选拔，后来略有放宽，兼选官民子弟。[20]而鲍崇德曾流亡蒙古，又是边镇武官，显然不可能是朝廷派出的官方通事。综合来看，鲍崇德应该是曾在边外生活而熟悉蒙古土默特地区的风俗，能够说蒙古语，因此在大同镇兼做译审的武官。

二、鲍崇德在隆庆和议中的贡献

鲍崇德加入谈判后，几乎全程参与了执送叛人、送还那吉、封贡授职、开展互市等重要事件的协商，功绩显著。《万历武功录》对明蒙双方谈判的过程有详细记录，多为他书所不载：

> （崇德）让俺答：“而欲得把汉急，胡乱乎？”俺答曰：“以太师之灵，我何敢凭陵？不胜舐犊爱耳，愿移珍赎焉。”崇德曰：“中国重译纳赆，方输错出，谁利是？吾为若谋，可不废一缗。”俺答曰：“唯使者命。”曰：“而不欲得把汉则已，必欲得把汉，非以赵全、李自馨等生献可者。”先是，使者言把汉已部送长安，俺答故惶惧，计画无所复之。闻崇德言，欢甚。亟引兵却出塞，而遣使持番文旨崇古，请称臣奉职贡，祈那吉还。崇古要以执诸逃人为主画、为羽翼爪牙者以来，庶得遣。大略如画策。[21]

鲍崇德第一次进入蒙古大营面见俺答汗，对他晓以利害，直言以重金赎回把汉的想法行不通，非擒拿赵全等叛人不可。又告知其孙把汉那吉在边内安全无虞，俺答这才引兵出塞，并遣使者携带请和文书面见宣大总督王崇古，表示愿意称臣纳贡，换回把汉那吉。王崇古再次强调，想要接回把汉，只有遣返叛逃汉人。但是，俺答此时并没有下定决心。于是，王崇古第二次派出鲍崇德，这次谈判，俺答又提出封王、互市的条件：

> 俺答曰："吾欲以牲赎纳吉。"崇德因言："中国牛羊被野，财物腐朽，王府金币珠玉委积无所用之，安用汝牛羊马？吾来欲为若谋得孙耳，若不可不遣赵全等，亟诣幕府请那吉，不然，旦夕断那吉首矣。"于是俺答悔用赵全谋，仰天叹曰："始吾欲降旗奔天朝请封，赵全等谓我有天分，数道我兴兵，南北疲于战斗。今父子妻孥且不保，皆诸酋罪也。吾奈何爱诸酋头而不以易一孙乎？若为我请太师，幸怜我北番爨无釜、衣无帛，既款之后，请得岁给我金绣及釜爨以为生，我当以旧釜还汉。且微独是，我胡中人至亡赖，诚非假汉爵，必不奉约束。以太师之重，请皇帝陛下，有如授我王封，剖符通使，得乐太平，圣制足矣，愿太师勿过疑。"于是别崇德，因使其部夷火力赤，上书请，约麾骑避一舍。[22]

蒙古常以"太师"称呼明朝边方总督。这次，俺答同意以执送叛人作为交换把汉那吉的条件，且提出要王崇古代为请求授王封，每年给布帛、锅釜。但是，俺答对明政府并未完全信任，他又令长子黄台吉兵临大同镇城，侄子永邵卜逼近威远城。方逢时击退黄台吉，不久后再次派出鲍崇德。第三次谈判的争议焦点是蒙古先交还掳掠汉人，还是明边镇先送归把汉那吉。最终，蒙古先"献被虏男妇八十余人"，未得把汉那吉，急怒之下寇抄云石堡。为取得俺答信任，王崇古令云石堡守备苑宗儒将一子二弟三人留在俺答大营作人质。隆庆四年十一月十九日，俺答遣旗下首领五奴柱收捕赵全、李自馨、猛谷王、赵龙、刘四、马西川、吕西川、吕小老，鲍崇德随同大同副总兵麻锦将八人押解入大同左卫城。另有张彦文，系大同镇叛亡军士，谈判伊始被羁押。[23]这些人多是白莲教逃犯，在嘉靖年间入蒙古，吸引边内流民、逃亡军士、亡命之徒在土默特丰州一带群聚而居，所居之地名"板升"，号称"地万顷，连村数百"。他们架屋舍、开耕田，以粮食供应俺答，又以熟悉边镇关口的优势侦查明朝边墙险隘，教导蒙古人攻城掩袭，使俺答部落从最初"入塞止盗村落"发展到攻城袭堡，声势日益壮大，"诸镇疲于奔命"。[24]至此，为祸边境数十年的叛人头目被缉拿。

执送叛人的同一天，大同兵备道参议崔镛设宴为把汉那吉等人饯行，五名蒙古使者、麻锦、鲍崇德等一同出席。席间，“众意恐俺答背约，将把汉手下随来人到彼杀害，令打儿汉钻刀说誓”，要求蒙古使臣保证把汉那吉随行阿力哥等人的安全。二十日，明朝官员送把汉那吉夫妇出城，“仍拨兵马令鲍崇德同诸夷使随送”，鲍崇德等人护送把汉那吉回到俺答大营。[25]

隆庆四年十二月乙卯（二十二日），穆宗遣大臣分告郊庙，又“御午门楼，受赵全等俘”，当日将赵全等叛人斩首于市，“传首九边”。鲍崇德与督抚总兵等众臣皆受封赏，崇德升“副千户，赏银五十两”。[26]

就在执送叛人之际，又有明朝大同镇守将与蒙古首领相互勾连，欲做私下交易。板升汉人头领赵全等虽被执，仍有余党 70 余人在蒙古溃逃。大同镇“分守威远管参将事副总兵牛相闻知俺答许送妖犯，欲希功赏”，遣子牛伯杰随那吉至蒙古大营，“闻酋首哈（恰）台吉将执叛人刘五等来献，乃还白相，欲买以邀功”。牛相与恰台吉一拍即合，牛相赠以袭衣布帛等物，约定执献赵全余党，各取其利。“既而哈台吉至塞下索相千金，相不能应，计剥诸军粮银足之，诸军怨望”，恰台吉索要太多，牛相无力支应，欲克扣军饷，于是事发。明政府派使者珊瑚和鲍崇德携总督王崇古的信出边，指责俺答“既获妖逆不行献送，纵令部落私通边将”，俺答复信称“太师差来李宁、鲍崇德、珊瑚、赵锦敖等拿去逆贼四名……我方知中国仁德，欲要求和两国久远，乞望早行方便……”，希望尽快达成封贡。[27] 争端得以解决，未影响明蒙交涉大局。

俺答要求明朝封给他王号，又要求给蒙古右翼各部落首领们封爵授职，因为“我胡中人至亡赖，诚非假汉爵，必不奉约束”，授职封爵才能使蒙古部落首领“奉约束”。明朝廷同意这个条件，于是俺答汗拟定一个“各部落花名”交给明朝。王崇古认为这份名单“中间虽未尽真，抑或别有遗漏”，需得经过明朝的调查审核，随后“复差通事官鲍崇德并旗牌李宁等前去俺答、老把都、黄台吉、永邵卜、哆罗土蛮等各营内宣谕朝廷赐官之恩，除幼小别族不许滥报之外，其余果系亲枝，方令逐一开报去后，今据夷使打儿汉等通鲍崇德等复查明的，开报前来”。[28] 鲍崇德同蒙古使臣共同审核商定授职名单，隆庆五年四月，明朝政府为蒙古部落首领昆都力哈、黄台吉等 63 人授予官职，职衔从都督同知到百户不等。[29]

隆庆五年五月二十一日，明朝在大同镇得胜口边外举行封贡大典，蒙古右翼俺答汗受封顺义王，俺答向大明皇帝进表贡马，明朝赏以金银、丝绸等物。明蒙和议达成，史称“俺答封贡”或“隆庆和议”。[30] 总督王崇古上奏朝廷，为“摅谋宣力官员”叙功，盛赞鲍崇德与戴罪原副总兵田世威为“首入虏营奉词告谕克收成功官二员”，“鲍崇德通达虏情，往来劳瘁，功居第一”。[31]

三、鲍崇德在明蒙互市中的贡献

遵照明蒙谈判时形成的协议，顺义王进表贡马后，明朝在边镇开设互市，大同镇开得胜口和新平堡市口。官市由蒙古大部落与明朝边镇用马匹交易衣物、布匹、粮食，私市由小部落和牧民以马驴骡牛羊、马尾、皮张等交易各种生活用品。互市之初，明蒙双方协定商品物价，鲍崇德发挥了重要作用，“与虏争定物贾，力抗虏索，虽致忤虏王而不惧者，是时通事副千户鲍崇德功。乃与百户李宁，竟得升一级，世袭”，[32] 这次受赏应当是隆庆五年九月，穆宗为“北虏互市事竣”封赏有功众人，[33]“通事官鲍崇德出入虎穴四次，反覆执议百言，激怒老酋而不惧，力拒众虏而无怯，功当首论”，“诏授以都指挥佥事，世袭指挥同知，量赏田宅数百两，以酬其输死效忠之劳”。[34]

万历六年，鲍崇德由大同守备升任福山港都指挥同知。[35] 现大同市高山镇仍存一座明代高山城砖石牌匾，上刻“靖宁门”字样，题款中有“山西行都司管高山城守备事都指挥佥事鲍崇德”，可见，万历六年之前，鲍崇德曾以都指挥佥事衔任高山城守备。《明神宗实录》万历七年九月辛酉有这样一条记载，“以大同入卫游击鲍宗德改充宣大游击”，“鲍宗德”在《实录》其他地方并未出现过，“宗”与“崇”字音、字形都相近，再结合时间与“宣大游击”武职，这条记载应该是鲍崇德的讹误。但是，福山港远在常熟沿海之地，[36] 不到两年间从大同转任福山港，再转回大同，似乎不符合常理，或许鲍崇德并未去福山港任职，而是一直留在大同镇。万历十年，鲍崇德又以宣大游击升任大同北西路左参将，[37] 此后，明朝史料似再无鲍崇德踪迹，他在明朝与蒙古的对峙和沟通中挺身而出，穿针引线，勾勒出一生的功绩。

山西省大同市高山镇现存的明代砖石牌匾，上书“靖宁门”，为明代高山城东门匾额。匾额左右侧均有题款，写明建立时间和大同镇各级官员名衔。“靖宁门”字样右侧书上款，“钦差总督宣大山西等处地方太子少保兵部侍郎方，钦差巡抚大同地方赞理军务都察院右副都御史郑，钦差征西前将军镇守大同等处地方总兵官郭”，左侧书下款“钦差山西等处提刑按察司整饬大同左卫等处兵备佥事韩，钦差协同镇守大同等处地方左副总兵官右军都督佥事麻，山西行都司管高山城守备事都指挥佥事鲍崇德。万历五年岁次丁丑仲夏下旬吉旦包立”。查阅相关记载，题款中所列官员为宣大总督方逢时、大同巡抚郑洛、大同镇守总兵官郭琥、大同协守副总兵官麻贵、[38] 高山城守备鲍崇德，兵备佥事未见载。匾额立于万历五年五月下旬某个吉日，可能是重建或整修高山城东门后立此匾额。鲍崇德此时驻守高山城，直到万历六年一月升任福山港都指挥同知。

明代高山城图

左图为《宣大山西三镇图说》绘制的高山城图。[39]高山城始建于天顺六年（1462年），嘉靖十四年（1535年）改建，最初应是土筑，万历十年砖包。万历三十六年，朝廷再次下旨整修高山城。[40]高山城“东至云冈堡三十里，南至小村儿十五里，西至云西堡三十里，北至破鲁堡三十五里”，城“周四里三分，高连女墙四丈二尺”。城内设守备官一员，至万历三十一年《宣大山西三镇图说》成书之时，高山城有“见在官军七百二十三员名，马骡二百四十一匹头”。高山城虽不临边墙（即长城），但“密迩镇城”，与聚落城为左右两翼，专责镇守“仓廒积贮”，地位特殊，故由镇城直接管辖，“属镇不属路”。又因地处出入镇城的咽喉要地，守卫之责等同于大同左、右卫，且需供应来往镇城的人员，“应付烦难”。[41]

早在嘉靖时期修建高山城之初，时任宣大总督许论就曾评价“高山、聚乐二城堡，盖在镇城两掖间，募军分驻，则按伏之费省，犄角之势成”。[42]隆庆、万历以降，明朝和蒙古建立起以大同得胜口为中心的交流孔道，互市贸易的兴盛使大同镇商旅辐辏，来往人员川流不息，高山城地处交通要道，以致“应付烦难”。互市伊始，宣大总督王崇古“广召商贩，听令贸易。布帛、菽粟、皮革远自江淮、湖广辐辏塞下，因收其税以充犒赏”[43]，松江梭布、潞绸、湖丝、改机缎等物由松江、潞州、湖州、福建等地运抵临清、张家湾、河西务等商品集散的大商埠，再由专门人员采购运赴大同。

互市为长城南北的汉蒙人民都带来和平和便利，顺应时势与民意，因此得以长久延续。万历九年十二月，顺义王俺答物故，长子黄台吉在万历十一年闰二月承袭王号。[44]黄台吉死后，其子扯力克于万历十五年袭爵，同时，一直辅佐顺义王管理贡市的三娘子被明廷封为“忠顺夫人”[45]。万历三十五年扯力克薨，其子卜失兔经历多年部落斗争后，于万历四十一年嗣封。[46]历任顺义王都十分重视互市。俺答为约束部族，避免发生抢盗等事影响贡市，特对天叫誓，立下规矩条约十三件，万历五年又“重立规矩，增法度五件”。扯力克嗣封时申明前条约法度，万历三十一年再次增添四件。万历四十一年卜失兔袭封时亦曾讲添事件。[47]这些条约也并非具文，如有蒙古部落抢掠边堡，顺义王便依条约惩治。[48] 明朝和蒙古以封贡互市为基础的长久稳定政治经济往来，也为汉族和蒙古族人民的社会交往建立了通道，汉蒙民族间的沟通理解逐渐加深。

结语

明朝隆庆之前，明蒙关系时好时坏，到嘉靖时期，边境更是岁无宁日，大同镇一年数次遭侵扰。嘉靖中期，俺答汗多次向明朝求贡都遭拒绝，俺答遂借武力威逼以战迫和，纵兵直逼京城，至有“庚戌之变”。明廷被迫同意在大同开放马市，但仅持续数月即罢，蒙古入寇抄掠更加频繁，边镇军民苦不堪言，明廷也深受其扰。隆庆中，内阁辅臣留心边事，致力推进军事和吏治改革，边镇督抚将领得人任事，修城缮堡，边备稍见整饬。在这种形势下，把汉那吉降明，辅臣与镇臣和边吏通力合作，使这一事件成为明蒙关系缓和的良机，实现隆庆和议，展开了明朝和蒙古和平友好政治经济往来的良好局面。隆庆朝之后，互市为明朝边镇和商民、蒙古贵族和牧民提供了解决生存困难、满足生活需要的平等途径。明蒙以大同得胜口为中心的商贸活动较稳定地持续，直至明末。长城的职能在防御之外更重沟通，汉蒙民族间的交流交往交融进入新的时期，为清朝及近代长城南北商贸往来和社会互通奠定了坚实的基础。

在和平的契机出现之时，鲍崇德以自己通达蒙情的优势，凭借过人的胆识和能力，穿梭于长城南北。他在谈判中极力守住国家底线，争取民族利益，即使触怒俺答、斧钺加身而不畏惧，最终为改善明蒙关系立下汗马功劳。鲍崇德这样职级身份难以载入史册的“小人物”，同样奋力推动历史的车轮向前滚动，在北方民族关系史中留下不可磨灭的印记。

注释

[1]《明神宗实录》卷三十三，万历二年闰十二月戊寅，“中央研究院”历史语言研究所校印本，1962 年版，第 771 页。

[2]《明穆宗实录》卷五十，隆庆四年十月丁未，第 1255 页；[明] 瞿九思撰：《足本万历武功录·俺答列传下》，《续修四库全书》（第 739 册），上海古籍出版社，1995 年版，第 727 页。关于把汉那吉家庭纠纷的细节和所争夺女子的身份，史籍记载有出入，薄音湖先生对此有较详细的辨析，详见薄音湖：《三娘子在明代蒙汉关系中的作用》，《学习与思考》1981 年第

4 期，第 66—70 页；薄音湖：《把汉那吉的家庭纠纷》，《内蒙古大学学报（人文社会科学版）》2001 年第 4 期，第 27—31 页。

[3]《明穆宗实录》卷五十一，隆庆四年十一月丁丑，第 1276 页。

[4][明]瞿九思撰：《足本万历武功录·俺答列传下》，第 728 页上。

[5][明]瞿九思撰：《足本万历武功录·俺答列传下》，第 728 页下。

[6][明]瞿九思撰：《足本万历武功录·俺答列传下》，第 729 页上。

[7][明]刘应箕：《款塞始末》，薄音湖，王雄编：《明代蒙古汉籍史料汇编》，内蒙古大学出版社，2006 年版。

[8][清]吴辅宏：《大同府志·职官下》，大同市地方志编纂委员会办公室整理重印，2007 年版，第 200 页。

[9]刘建新：《鲍承先》，载《清代人物传稿》上编第 3 卷，中华书局，1986 年版，第 150—155 页。

[10]"鲍承先升蓟镇德州游击鲍承先为京城东二营参将。"见《明神宗实录》卷五百六十，万历四十五年八月丁巳，第 10570 页。《清史列传·鲍承先传》，第 6466 页。

[11]《明史·列传第一百十·王崇古传》，中华书局，1974 年版，第 5840 页。

[12]《明史·列传第一百十·方逢时传》，第 5844 页。

[13]孙丽华：《明代卫所制衰落原因初探》，《学术交流》2017 年第 8 期，第 198—203 页。

[14]《明史·列传第九十·胡松》，第 5346 页。

[15]"（杨博）议筑故总督翁万达所创边墙，召还内地民为寇掠者千六百余人"，见《明史·列传第一百二·杨博传》，第 5657 页；"（王崇古）檄劳番、汉陷寇军民，率众降及自拔者，悉存抚之。归者接踵"，见《明史·列传第一百十·王崇古传》，第 5839 页。

[16]《明穆宗实录》卷五十二，隆庆四年十二月丁巳，有"升通事鲍崇德副千户"的记录，第 1306 页。

[17]索音布：《族际互动视野下的清代蒙古通事群体初探》，《北疆文化研究》2024 年第 6 期，第 71—77 页。

[18]孙虎：《明代通事笔译考》，《元史及民族与边疆研究集刊》2019 年第 1 期，第 152—159 页。

[19]《明穆宗实录》卷五十二，隆庆四年十二月甲寅，第 1302 页。

[20]《明史·志第五十·职官三》，第 1797 页。

[21][明]瞿九思撰：《足本万历武功录·俺答列传下》，第 729 页下。

[22][明]瞿九思撰：《足本万历武功录·俺答列传下》，第 730 页上。

[23][明]郭乾、潘晟等：《兵部奏疏》第一册，全国图书馆文献缩微复制中心，2009 年版，第 40 页。

[24][明]瞿九思撰：《足本万历武功录·俺答列传下》，第 731—732 页。

[25][明]郭乾，潘晟等：《兵部奏疏》第一册，第 40—42 页。

[26]《明穆宗实录》卷五十二，隆庆四年十二月乙卯，第 1303 页。《明穆宗实录》卷五十二，隆庆四年十二月丁巳，第 1306 页。

[27]《明穆宗实录》卷五十六，隆庆五年四月辛亥，第 1389 页；[明]瞿九思撰：《足本万历武功

录·俺答列传下》，第 733 页；郭乾、潘晟等：《兵部奏疏》第四册，第 4 页。

[28] [明] 郭乾、潘晟等：《兵部奏疏》第三册，第 56 页。

[29]《明穆宗实录》卷五十六，隆庆五年四月辛亥，第 1389 页。

[30] 参见瞿九思：《足本万历武功录·俺答列传下》，第 751—752 页；《明穆宗实录》卷五十九，隆庆五年七月壬申，第 1442 页；《明史·穆宗本纪》，中华书局，1974 年版，第 258 页。

[31] [明] 郭乾、潘晟等：《兵部奏疏》第一册，第 76 页。

[32] [明] 瞿九思撰：《足本万历武功录·俺答列传下》，第 759 页下。

[33]"宣大总督王崇古报北虏互市事竣。大同得胜堡自五月二十八日至六月十四日，官市顺义王俺答部马千三百七十匹，价万五百四十五两，私市马骡驴牛羊六千，抚赏费九百八十一两……千户鲍崇德等各升赏有差。"《明穆宗实录》卷六十一，隆庆五年九月癸未，第 1492 页。

[34] [明] 郭乾、潘晟等：《兵部奏疏》第一册，第 83 页。

[35]《明神宗实录》卷七十一，六年一月壬申，第 1529 页。

[36]《明史·志第六十七·兵三》，有"复令置吴淞江、刘家河、福山港、镇江、圌山五总添设游兵，听金山副总兵调度"，第 2245 页。

[37]《明神宗实录》卷一百二十二，万历十年三月丁丑，第 2284 页。

[38]《明神宗实录》卷四十五，万历三年十二月乙酉，第 1016 页；《明神宗实录》卷六十一，万历五年四月丁亥，第 1391 页。

[39] [明] 杨时宁：《宣大山西三镇图说·大同镇图说》，《续修四库全书》（第 739 册），上海古籍出版社，1995 年版，第 195 页。

[40]《明神宗实录》卷四百四十七，万历三十六年六月壬申，第 8474 页。

[41] [明] 杨时宁：《宣大山西三镇图说·大同镇图说》，第 195 页。王士琦的《三云筹俎考》对高山城的记载与《宣大山西三镇图说》重合度较高，可能是参考了此书，或者二书同出于当时的官方口径。

[42] [清] 吴辅宏：《大同府志·形胜》，第 103 页。

[43]《明史·王崇古传》，第 5840 页。

[44]《明神宗实录》卷一百三十四，万历十一年闰二月甲子，第 2497 页。

[45]《明神宗实录》卷一百八十四，万历十五年三月乙卯，第 3453 页。

[46]《明神宗实录》卷五百零九，万历四十一年六月甲辰，第 9642 页。

[47] [明] 王士琦：《三云筹俎考·封贡》，《续修四库全书》（第 739 册），上海古籍出版社，1995 年版，第 35—38 页。

[48] 这种情形在明实录中多有记载，如《明神宗实录》卷五十七，万历四年十二月癸未，第 1321 页，银定台吉部落掳去官军索赏，俺答"擒前夷，治以夷法，罚羊一千头、马二百七匹、驼三只，进边伏关请罪，送还被虏人"。

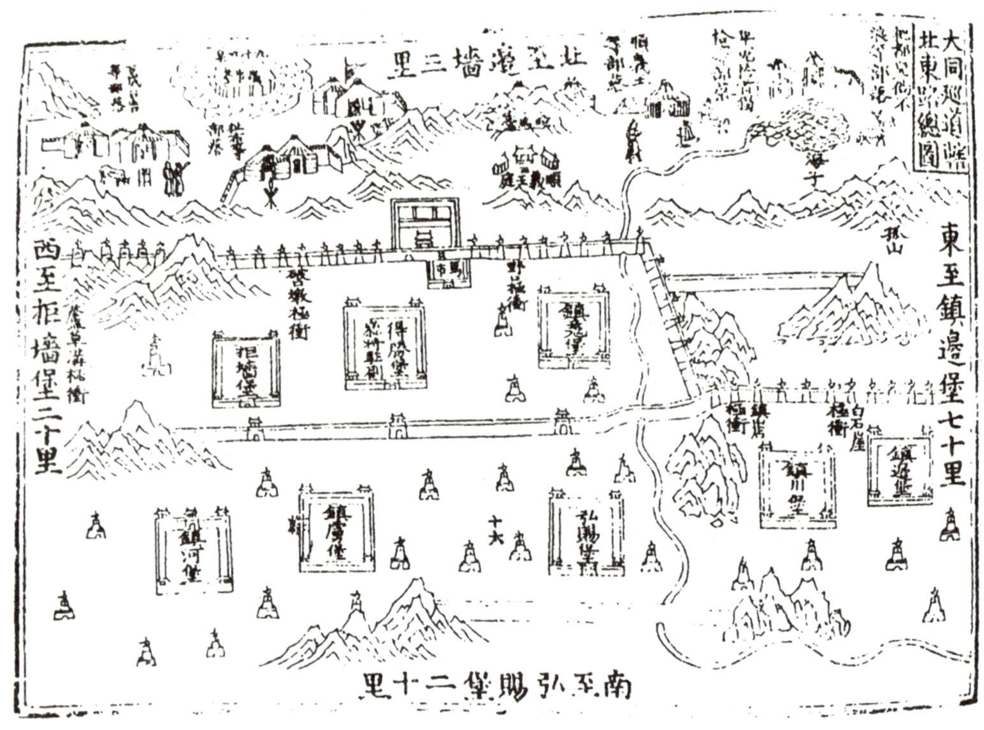

附图 1 《宣大山西三镇图说》所绘得胜堡位置

附图 2 现存得胜口遗迹远景（王泽民先生提供）

附图 3　高山城靖宁门匾额（王泽民先生提供）

欧阳修在忻州宋辽边界的防务策略

杨峻峰 *

摘要： 宋辽对峙时期，河东大地北部即现在忻州域内，为汉民族和契丹民族冲突最激烈的地区，以雁门关为中心，发生过腥风血雨的战争，发生过摩擦谈判的划界。宋廷多次委派重臣来此镇守或视察，欧阳修是其中最为重要者。庆历四年（1044年），他在河东奔波四个多月，将现在忻州大地上的代州军、宁化军、岢岚军、火山军、保德军的整体防线悉数走完，写了25道奏折，这些奏折占出使整个河东所写奏折的66%，可证欧阳修对此防御线十分关注。奏折内容有三方面，一是举荐贤士良将，夯实强军根基；二是提倡筑城掘堑，助推工事防御；三是深切体恤民情，稳定边地生活。其中慧眼识人举荐人才、心底无私弹劾不才最为感人。肯定修筑防御工事，如挖掘宋辽界壕，成为当今研究宋辽长城修筑史的珍贵文献。他的奏折得到宋廷认可，对维护边地的安定具有重要意义。

关键词： 欧阳修；岢岚军；米光浚；草城川；宋辽界壕；西北事宜

在北宋时期，忻州大地上经历了宋和北汉的对峙、宋辽的对峙、宋辽和平共处三个时期，在这三个时期，忻州大地从东边的太行山到西边的黄河畔，从恒山、吕梁山一线，筑有战国赵、东魏、北齐、隋朝等朝代的古长城。这一长城防线，历史地成为宋辽的交界，而河东大地即现在的山西域内，宋辽的边防就在这条长城线上。在这条边防线上，以雁门关为中心，发生过腥风血雨的战争，发生过摩擦谈判的划界，发生过通婚经商的交融，更有甚者，宋廷曾委派许多重要人物来此镇守或视察，桩桩件件载入史册，在《宋史》《续资治通鉴长编》《历代名臣奏议》等历史文献

---

* 作者简介：杨峻峰，山西省《忻州日报》高级编辑、忻州市长城学会会长。

中，皆有详细的记载，因而有“半部宋史写在雁门关”之说。其中北宋时期的政治家、文学家、史学家欧阳修出使视察河东大地特别是现在的忻州域内的事迹，是北宋历史文献中最厚重的章节之一。

一、从政无愧一生，挺节强毅不挠

欧阳修（1007—1072），字永叔，号醉翁，晚号六一居士，今江西省吉安市永丰县人。他四岁丧父，虽家贫而好学。宋仁宗天圣八年（1030 年）进士及第，随即进入官场。景祐元年（1034 年）年仅 28 岁的欧阳修就任了馆阁校勘。宋仁宗宝元二年（1039 年），欧阳修年仅 33 岁，就被任命为镇南军节度掌书记、宣德郎、试大理评事、兼监察御史、充馆阁校勘等要职。康定元年（1040 年），又被任命为文臣寄禄官的太子中允。庆历二年（1042 年）九月，任滑州通判。庆历三年，欧阳修 37 岁，宋仁宗广开言路，修政事，欧阳修被人推荐，从滑州召回朝中，任太常丞、知谏院。

庆历四年三月庚午，年仅 38 岁的欧阳修正处在年轻有为、春风得意之时，兼任了登闻检院的要职，类似现在的信访局局长兼纪检书记，受理文武官员及士民投书上告被阻抑者，处理并向上禀报尚书省、御史台处理不当之事。四月己亥，欧阳修受皇帝命令，来到山西视察工作，“命公使河东”，农历七月，回到京师。

至和元年（1054 年）欧阳修升迁翰林学士。嘉祐五年（1060 年）升任枢密副使，嘉祐六年拜参知政事。嘉祐七年又赠朝散大夫、守尚书礼部侍郎、参知政事、护军、乐安郡开国公等职。嘉祐八年时年 57 岁，转户部侍郎，进阶金紫光禄大夫。英宗治平元年（1064 年），转吏部侍郎。治平二年，被授光禄大夫，又任尚书吏部侍郎、参知政事，加上柱国。治平四年宋神宗即位，又被任命为尚书左丞、光禄大夫、行尚书吏部侍郎、参知政事、上柱国、乐安郡开国公等职。神宗熙宁元年（1068 年），被授兵部尚书，还有观文殿学士、知青州军州事、兼管内劝农使，充京东东路安抚使等职。 熙宁三年，欧阳修已是 64 岁的高龄，皇帝让其到山西上任，其敕文是：“惟尔同寅之德，体予注意之隆，亟即新州，毋辞远略。可特授检校太保、宣徽南院使，判太原府，河东路经略安抚使，兼并、代、泽、潞、麟、府、岚、石路兵马都总管，功臣、散官、勋、封如故。”可是欧阳修拒绝上任。七月改任为蔡州知州。这一年更号为“六一居士”。熙宁四年，屡次上奏，要求告老还乡，六月甲子，被任命为观文殿学士、太子少师等虚职，“功臣、散官、勋、封、食实封如故”。熙宁五年闰七月，欧阳修辞世，享年 66 岁，死后受赠太子太师、楚国公，谥号“文忠”，世称“欧阳文忠”。皇帝在敕文中，对欧阳修的评价甚高：“矧当参决大政，有两朝定策援立之勋，德甚盛而弗居，年未至而辞位，遽兹长逝，宜厚追褒。”“以文章革浮靡之风，以道德镇流竞之俗，挺节强毅而不挠，当官明辨而莫夺，三世宠荣，一德端亮。”

可以说，欧阳修是北宋时期伟大的文学家、史学家、政治家。我们抛开他的文学、史学方面的成就不讲，就讲他在政治生涯中，一生官场奔波，虽有升降起伏，但不挫志气，为官一时，奉献一时。胸怀坦荡，心系社稷，拔擢人才，堪称伯乐，无怨无悔，感昭后世。正如王安石在《祭欧阳文忠公文》中评价的：“公仕宦四十年，上下往复，感世路之崎岖；虽屯邅困踬，窜斥流离，而终不可掩者，以其公议之是非。既压复起，遂显于世；果敢之气，刚正之节，至晚而不衰。方仁宗皇帝临朝之末年，顾念后事，谓如公者，可寄以社稷之安危；及夫发谋决策，从容指顾，立定大计，谓千载而一时。功名成就，不居而去，其出处进退，又庶乎英魄灵气，不随异物腐散，而长在乎箕山之侧与颍水之湄。”

二、心系河东边防，篇篇奏折做证

欧阳修一生任过朝廷的要职，在他的一生中，河东地区即山西域内在其政治和文学生涯中占有重要地位。他来山西视察工作或途经山西的具体次数暂未查清，但起码在庆历四年，受宋仁宗赵祯的指派，他和范仲淹来到山西视察，前后时长达四个多月。至和二年七月戊午，复任龙图阁直学士、朝散大夫、尚书吏部郎中、轻车都尉、信都县开国伯旧职，八月，以右谏议大夫充贺契丹国母生辰使的临时职务，奉命出使辽国，同时还携带着宋仁宗的画像赠送辽国。到辽国后，可巧碰上辽国第七位皇帝辽兴宗耶律宗真去世，欧阳修又改任了充贺登位国信使，参加耶律宗真的殡葬仪式，在今内蒙古赤峰市松山区住宿。这次出使辽国途经山西，留下了相关诗文。

欧阳修在庆历四年四月至七月出使河东大地期间，深入一线调查，详细考察了河东地区的实际情况，提出了多项利国惠民的措施。他体恤民情，收集民意，建言修改法规，为民解忧。主要表现在了洋洋十余万字的38道奏折上，其中最有意义的是他来到忻州大地视察，期间走过大宋边防的所有军州，以现在的行政区划看，起码到过忻州、代州、宁化军（宁武）、岢岚军，火山军（河曲）、保德军等地，以及沿途的宪州（静乐）、崞县等地，将当时从东到西的代州军、宁化军、岢岚军、火山军、保德军的整体防务全部视察过了。他走军营，察民情，针对性地写了25道奏折，这些奏折占出使河东所写奏折的66%，对忻州大地加强边防、保证边地安定、稳定生活秩序具有重要意义。我们就从欧阳修针对河东大地忻州片边防事宜的奏折分析，主要有三方面的贡献。

（一）举荐贤士良将，夯实强军根基

在举荐贤士良将方面，最为典型的是对岢岚军米光浚的举荐。米光浚世家代州，熟知河东路的边界兵事，他出身将门，从小练习兵机的运用，有胆有勇，拉得好弓，骑得好马。欧阳修出使河东期间，米光浚40余岁，任西头供奉官、阁门祇候、岢岚军使。当时河东大地的代州、宁化等地，所派驻守将不具备领兵镇边的才能，契丹军争相入侵疆界。唯有岢岚军的草城川，地势平缓，正当北界要害之地，庆历三年契丹军入侵岢岚，米光浚带兵应机拒守，未让契丹军侵到岢岚，但米光浚没有声张报功。欧阳修在岢岚军亲自询问军民，得知米光浚的事迹。但是不知何故，彼时皇上降旨宣命，让米光浚离任，差派一个叫李伟的接替。欧阳修得悉如此实情，觉得岢岚军地处边防，非常重要，随便更换军使是不对的，何况米光浚是有战功的人，不但不嘉奖，反而免职定是不妥。于是接连为了推荐米光浚上了三道奏折：《举米光浚状》《再举米光浚状》《米光浚斩决逃军乞免勘状》，反复强调米光浚的功绩，陈述岢岚军如何需要米光浚。如在《举米光浚状》中，“所过州军，遍见文武官吏不少，其间临民治军可称边任者，绝难得人”，并讲明当地军民的留人心情：“兼自有移替宣命，军民并各众状举留。”特别是欧阳修能以自己的官职担保：“其米光浚，臣今同罪保举再任岢岚。如再任后犯入己赃，及边防军政但有一事败误，并甘连坐。”其爱惜人才的大义和决心委实感人。

在欧阳修给皇帝上了奏折后，朝廷认为米光浚患病，不宜担任领军的将领。欧阳修亲自到米光浚家中查明情况，再次上札，“亲见光浚绝无病状，体问得去年偶因饮酒，暂曾不安”，陈述了米光浚只是喝醉了酒，暂时不舒服，不是有病，于是再次汇报其人的才能：“有心力，会弓马，谙熟边事，善抚军民。”“尝见朝廷选择边将，比及于武臣中求得一人，常患难得，而任使俟其知次第，亦须年岁之间。其米光浚于武臣之中不易多得。”欧阳修再次以本人的官职担保：“伏望圣慈特加奖擢，与优转一官，且令再任，以防缓急可以使唤。如朝廷迁官及再任后，犯入己赃，及边事有所败误，臣并甘同罪。”

米光浚在欧阳修的力荐之下，恢复了岢岚军使的职位。由于此人治军严格，赏罚严明。有三个禁兵逃到契丹，被人捉回，米光浚下令斩首。汇报皇上后，皇上认为执罚过严，决定免去米光浚军使职务，让岚州团练判官刘述接替。欧阳修得悉此事，赶忙向皇上呈递《米光浚斩决逃军乞免勘状》，请求免去米光浚的罪名，不要免职。

欧阳修在忻州大地举荐守边将才，不仅是岢岚一处，还在代州推荐平定军和乐平县事、著作佐郎孙直方充代州通判，认为此人为性明敏，有吏材。于是上了《举孙直方奏状》。此奏状上报朝廷，未见动静，于是欧阳修再上《论举官未行札子》，再次请求朝廷重用孙直方，让其任代州通判，同时还推荐了河东路提点刑狱张旨，让其任麟府路军马公事。就在河东视察期间，有西头供奉官、并代州驻泊都监米光浚，西京作坊使、并代州钤辖王凯，四方馆使、并代州钤辖张亢，内殿承制、并代州都监郝质，供备库使、并代州都监田朏，崇仪副使、麟府路都监王吉六人给欧阳修上状，举荐久在边防守卫的陆询武，让皇上重用。欧阳修见状，给皇上呈递《举陆询武札子》，讲述了陆询武的才能："曾应进士举，熟知边事，通习兵书，善弓马，有胆勇。伏乞朝廷特赐收录。"推荐完还以自己的职务担保："如后本人犯入己赃及不如举状，臣并甘同罪。"

在举荐守边将才方面，力度最大的是给皇帝上了一本《条列文武官材能札子》，这篇札子，将河东路边防一线的官员进行了详细的调查和评价，真如当今组织部门的干部考察。他在奏折中说："臣昨奉敕差往河东，体量得一路官吏才能善恶。其间文武官共二十五人，各有所长，堪备任使，今具姓名，条列如后。"他将所考察的认为可以重用的 27 人归为四类：一是战将 8 人，缓急可以使唤；二是武臣中才干者 4 人；三是通判中 5 人，可以升陟差使；四是知县令、州县职官中，才干可用者 10 人。在这 27 人当中，与忻州大地边防有关者有 8 人，分别是武臣中有才干者 3 人：岢岚军使米光浚、知保德军刘承嗣、岢岚军五谷巡检夏侯合。通判中 3 人：岚州通判、殿中丞董沔，原因是清洁、勤于吏事；宁化军通判、大理寺丞武陶，原因是勤干；保德军通判、赞善大夫吴中，原因是廉干。知县令、州县职官中，才干可用者有 2 人：代州崞县令王旭、岢岚军岚谷县尉安吉。此奏折送到中书枢密院记录姓名，在结尾处反复乞求强调要"伏乞圣旨"。由此可见欧阳修深入调查研究、心系边防安危、珍惜领军人才的优秀品质。

欧阳修为了加强河东大地的边防，一是慧眼识人举荐人才，二是心底无私弹劾不才，对老朽无能的官员勇敢地向朝廷提出更换的建议。如《论不才官吏状》，专门对宪州通判、国子博士刘与提出更换的建议："年及七十，行步艰难，精神昏昧。虽已得替，伏乞特与一致仕官。"在《论举官未行札子》中，在推荐孙直方堪充代州通判的同时，明确提出原任李舜元"不晓边郡事体"，且在《举孙直方奏状》中提出其"到任已及二年三个月有余。见今北面事宜，代州最为要地，尤借得人"。在推荐米光浚的几个奏状中，对即将接任米光浚的李伟提出怀疑："切以边鄙常患难材，苟得其人，岂宜屡易？""若李伟乍到，恐处事未尽合宜，又伟必非岢岚久住之人。”

欧阳修百倍关注岢岚，但是也着急代州，对代州不作为的大小官员进行大面积的否定，如在《论西北事宜札子》中，首先提到“代州知州康德舆，老懦不济事。臣方欲到京奏乞替却，近知已差张亢”，否定康德舆时，没有把他一棍子打死，而是给其想个合适的出路：“然德舆却充并、代钤辖。只此职，亦非德舆所堪，乞与一近里小处知州，钤辖别选差人。”意思给一个小点的知州算了，康担当不起钤辖一职。另外，对代州的其他无能的小官也提出更换的建议：“代州诸寨主、监押三十余员，内无三四人能干而晓事者，伏乞早行替换。仍乞于近日臣寮准密院札子举到堪充将领人内，差充寨主、监押。”

（二）提倡筑城掘堑，助推工事防御

在欧阳修给皇帝上的奏札行状中，强调了在忻州大地上的几军利用长城、堑壕等工事的防御作用。如《再举米光浚状》中，讲道“况岢岚当草城川一路，地形平坦，与北虏止隔界壕，不比代州尚有险固，捍御控扼，尤借得人”，向皇帝汇报了此地有界壕防御。在《论西北事宜札子》中，也讲道：“臣昨在河东，闻北虏事宜，说者多端而少实。其役兵动众，修城掘壕，凡所兴为，则有踪迹。”“岢岚军地接草城川口，无险可恃，而城小壕浅，须合增城浚壕。乞降指挥下河东，那打白草厢军及本军系役兵士，早并力修葺。”在《论代州开壕事宜札子》中，对代州的掘壕防御予以肯定，同时要求引水防御，奏章写道：“臣昨到代州，见其城壁甚坚，壕虽三重，而地高无水，惟一面有城中弃水停聚。其壕不足恃以为固，然尚为三重，高下相连，犹可以隔奔突。近年有臣寮擘画，欲掘出重岸，通为一壕。以臣相度，若壕无水而通为一，则坦为平地，不异无壕。”

欧阳修是庆历四年来到河东大地视察工作的，回到京城后，仍关心这一带的兵防。庆历五年二月，身在京城的欧阳修上了《请耕禁地札子》，其中讲道：“代州、岢岚、宁化、火山四州军，沿边地既不耕，荒无定主，虏人得以侵占。往时代州阳武寨为苏直等争界，讼久不决，卒侵却二三十里。见今宁化军天池之侧，杜思荣等又来争侵，经年未决。岢岚军争掘界壕，赖米光浚多方力拒而定。”

欧阳修对河东大地劳心费神，其中费心最大的是岢岚军，除推荐将才之外，还对岢岚修筑城池进行了推进。他一连上了《乞免差人往岢岚军筑城》《再奏乞免差人往岢岚军筑城》两道奏折，反映出岢岚曾经在欧阳修的上奏下，“令于河北差兵士二千人往岢岚军修城”，“令本路差兵士一千人往岢岚军修城”，说明来岢岚县修筑军城者有河北的 2000 人，有本地的 1000 人。奏折中讲明由河北到岢岚筑城的

辛苦和困难："今纵河北差一千人往彼，远涉一千五百里山险到彼，卒未了当，将来冬月，岢岚苦寒，役兵各须归营歇泊，令一千人往来三千里苦寒山路，必致大段逃亡作贼。"同时以全局观念出发，讲明河北的筑城防御是同等重要，不要到岢岚筑城延误了河北的边防："臣非不知河东、河北俱系边防路分，若本路实有兵数不少，臣亦岂敢自私一路，妄有占留？只缘本路实为阙人处多，今若朝廷须令差拨，即将辖下见役处罢役那往岢岚，纵河北事有阙误，缘臣已有奏请，朝廷必未深罪。"建议岢岚筑城根据边防与自然地理情况，循序渐进，修筑人员本地解决为宜："今岢岚修城功限比定州全小，路分事宜紧慢又与河北不同，亦未销得远涉三千里于紧切处抽人。""须至烦朝廷乞人外，所有诸处修城功役虽见阙人，本司亦当斟量事体紧慢，只于本路渐次修葺。惟乞朝廷体恤，更不抽拨往别路，庶免本路阙误。"

（三）深切体恤民情，稳定边地生活

欧阳修作为一名朝中高官，到河东地区视察军防，他在官员考核方面，建议调整守边将领，罢废无能军官，在防御设施方面，肯定筑壕掘堑，加强城池建设。在这与兵防直接方略之外，他找到了国防的根本——民众的防御。因而他关心边民的生活，体恤民众的疾苦，将边民的生活困难，用奏札的形式向朝廷汇报，同时用点点滴滴的具体事实，针对性地向皇上提出轻徭薄赋的建议，充分反映出欧阳修高尚的民本思想和深厚的爱民情怀。

他来到忻州，发现"转运司将十五年积压损烂酒糟俵配与人户，要清醋价钱"，即将变质的酒糟摊派卖给忻州及周边诸县的坊郭乡村的酿酒户，价钱较高，增加民众负担，于是他写了《乞不配卖醋糟与人户札子》，提出："臣欲乞特降朝旨下转运司，今后醋糟只许官务造醋沽买，及令百姓取便买糟酝醋，不得抑配人户。"

他在黄河两岸，本以为发现河西的麟、府二州缺少军粮，让河东的二十州军递相支配。经过体访一路百姓贫弊劳扰，发现河西不缺军粮，麟州的在编兵马粮可支三年，府州存有粮米一十三万石，其他河东诸州"减放和籴，可以不支过河"。

他在代州崞县等地，发现给百姓摊派的税赋过高，许多百姓为躲税赋逃离本土，可是人走了，税赋的总数仍留在当地，扩大摊派，于是他写了《乞减放逃户和籴札子》，汇报了百姓的疾苦："科配最重者，额定和籴粮草五百万石。往时所籴之物，官支价直不亏，百姓尽得茶、丝、见钱。自兵兴数年，粮草之价数倍踊贵，而官支价直十分无二三。百姓每于边上纳米一斗，用钱三百文，而官支价钱三十，内二十折得朽恶下色茶。草价大约类此。遂致百姓贫困逃移，而州县例不申举""累据百姓陈状，其一村有逃及一半人户者，尚纳全村和籴旧额，均配与见在人"。于是建议“所贵重困之民，免此重叠科配”。就税赋方面，他还写了《乞免浮客及下等人户差科札子》，要求减免贫困户“下等人户”的税赋，举例说：“岚、宪等州，岢岚、宁化等军，并系僻小凋残之处，其十等人户，内有卖水卖柴及孤老妇人不能自存者，并一例科配”，建议：“特降朝旨下河东路，一概将贫民下户减放差配。”

欧阳修在宋辽边境调查中，发现宋辽边界两边各留下一定距离的禁地，不让宋辽两边的居民在禁地耕种。可是边界外的辽国常有越过边界来宋地耕种的，宋辽两地民众常常发生争斗，欧阳修将不让耕种禁地列为四大害。于是他在庆历五年二月写了《请耕禁地札子》，乞请朝廷恩准，放开禁地，让百姓在禁地耕种，将四大害变为四大利。

在欧阳修的所有奏折中，颇有意思的还有一项是关心河东地区的酿酒，当时酿酒只能是官家酿，“元是百姓沽酒自经事宜，后来转运司擘画，官自开沽”。他在《乞放麟州百姓沽酒札子》中上奏建议：“乞令百姓依旧开沽。所贵存养一州人户，渐成生业。”他到了忻州，发现酿酒户的税赋特别高，百姓因酒税过高而破产：“有开沽五七年、十年以上者，家业已破，酒务不开，而空纳课利，民间谓之蒿头供输。”“更有边远折纳陪填之费，兑欠课额，破家业，被鞭扑，不堪其苦。”于是上奏《乞免蒿头酒户课利札子》，出于当地的粮食较多，足够酿酒，“况今沿边粮储，不至阙少”，建议“特与权免支移边上三二年。所贵利薄酒户，稍获宽舒”，最后得到皇帝的批准。

长城和平理念与长城文化外交

彭运辉 *

摘要：中国长城的发展史蕴含了深厚而丰富的和平理念，体现了古代东方独特的政治智慧。本文结合古代中国治国理念、封贡制度，对长城和平理念及当代长城文化外交进行探索研究，旨在为长城学理论研究探寻有价值的新路径，为当代国家文化外交提供有益的实施策略。

关键词：长城；和平理念；长城文化；文化外交；和平文化

长城的修建体现了中国古代诸多王朝的和平治国理念，蕴含了丰富而深厚的和平文化内容。长城和平文化是中华优秀传统文化中的重要组成部分，也是东方和平思想的核心。在古代中国各个王朝，最高决策层的君臣团队对于战争的态度和策略，是努力化解、有效控制战争的风险，或以文武并用的手段实现最终的和平。在这种东方和平文化背景下，中国历代王朝坚持不断地修建长城，最大限度地遏制和化解冲突。因此，在长城相关的外交的理论与今后具体实践中，需要重点研究与传播其和平内涵与和平价值取向，或者说东方国家治理过程中所共同遵循的和平治理之理念。同时还需要明确一点，即这个理念并非某一个王朝独有，而是从春秋战国开始直至明清时期，基本贯穿中国古代历史的全过程。以和平文化为核心进行国际化传播，这是长城文化外交的一个重要原则。

* 作者简介：彭运辉，河北地质大学长城研究院执行院长、教授。

一、长城和平治国理念的全面研究与国际传播

在长城长达 2000 多年的漫长历史发展过程中，诸多王朝都秉承了传统的和平治国理念。例如，长城诞生后，始终作为国家战略层面的第一号军事防御工程，在多数王朝得到持续修建和利用，并发挥了重要的防御作用，保护了国家整体安全。有的时期，决策朝臣们对是否修筑长城展开了非常激烈的论争，但是最终的策略都归于修筑长城。虽然考虑了修建长城的成本与发兵征讨的成本的对比，属于国家物力财力方面的因素，但最根本的、最终发挥作用的依然是和平治国的理念。

中国古代王朝的和平治国理念，主要来自儒家、道家和墨家。儒家是秩序的和平论，道家是取法自然的和平论，墨家是行动的和平论。儒道墨三家的思想，共同构成中国古代思想文化的核心和主体，更是中国和平文化的精髓内容。包括儒家、道家和墨家在内的中国先秦诸子，他们对待战争的态度是非常理性的，具有公正性，但并非消极反战。孔子"慎战"、孟子"非战"、墨子"非攻"、老子"无兵"、孙子"不战"等学说，都具有明显反战特点，对和平的崇尚是一致的。

中国和平文化提倡和平共处、共生共存，是世界和平文化的发祥地之一。英国哲学家罗素对此高度评价："中国人统治别人的欲望明显地要比白人弱得多，如果在这个世界上有骄傲到不屑于打仗的民族，那就是中国。中国人天生的态度就是宽容和友好，以礼待人，并希望得到回报。尽管中国发生过很多战争，但中国人天生是爱好和平的。"[1]

在传统和平文化的背景和直接影响下，长城被视为和平的防御策略，中原王朝对北方游牧民族的策略基本遵守了"弭兵""怀柔""和亲""互市""朝贡"等众多的和平形式。因此，东方的中华民族史和长城史都证明，中华民族是一个崇尚和平、反对战争的民族，一个没有侵略基因、始终维护和平的伟大民族。

对于长城的和平文化内涵，目前的学界研究关注极少，还需要更多的学者参与，更需要全面深入的学理研究和创新理论探索。这方面的研究，不仅要结合中国古代的和平思想，更需要结合国外的和平学理论，并借鉴建构主义等当代西方学说的合理理论观点，共同对长城和平文化进行国际化视野、全球化治理高度的战略型研究，使之尽早发挥国家外交智库的作用，为构建人类命运共同体国家外交战略提供更新颖、更为国际社会欢迎和接受的前沿理论支持。

同时，还需要超越一般国际政治学与国际关系的研究范式，真正从人类文明史与当代全球化治理高度展开国际化的协作性研究，倡导和吸引更多国外学者参与长城和平文化国际化的研究，使长城和平文化真正走向国际，真正成为国际和平学研

究的一个新领域。在普遍研究与创新成果的基础上，再结合国际传播学的理论与策略方法，探索并提出长城文化外交的策略方法，从而被国际社会所认同，使长城和平文化的国际传播获得良好的效果，为新型国际秩序的重建和全球化治理提供国际智库型的良策和东方智慧。这是长城在当代国际关系与化解人类族群之间矛盾纠纷中应当发挥的作用，也是长城在 21 世纪的世界和平秩序构建中的重大历史责任与使命。

二、和平之盾与东方朝贡体系

在中国古代社会，延续 2000 多年的封建王朝政权对长城的修建采取的是一致的策略。究其原因，其目的都是防御北方游牧民族侵扰，而且与战争相比，修建长城属于成本较低的选项。历史证实，长城 2000 多年的发展历史中，确实发挥了巨大的威慑作用，遏制和化解了无数次冲突，可以称之为东方“和平之盾”。中外著名学者对长城的和平特性高度认同，思想家韦伯称赞长城的和平意蕴，认为东方的长城是和平的象征，中国人没有征服世界的贪欲，满足于守卫自己的家园。日中友好协会会长平山郁夫认为，中华民族不属于进攻性民族，他们始终保留着防守的特征。

在古代的东亚地区，在长城维持农耕与游牧政权双方和平秩序的大背景下，中国长期保持着东亚国际关系的主导性地位，这种地位实现的方式是朝贡体系，或称朝贡制度。朝贡体系是前 3 世纪到 19 世纪末，东亚、东南亚和中亚地区以中国中原王朝为核心的政治秩序体系，与条约体系、殖民体系并称，是世界主要的国际关系模式之一。

明朝初期，明太祖朱元璋确定“守在四夷”的边防主导思想。在明朝初期的洪武二年（1369 年），朱元璋命大臣主持编纂《皇明祖训》，其中将朝鲜和日本等 15 个海外国列为“不征之国”，并告诫子孙不得随意征讨：“海外蛮夷之国，有为患于中国者，不可不讨；不为中国患者，不可辄自兴兵。”[2] 15 个“不征之国”的宣布标志着明朝和平外交政策的确立，在此后给各国的诏谕中一再表明“共享太平之福”立场。朱元璋明确了中国主导下的东亚秩序，确定“厚往薄来”的朝贡原则。15 世纪前期，随着郑和下西洋和永乐帝朱棣对北方蒙古势力的反击，朝贡体系达到了巅峰，向中国朝贡的国家和部族最多的时候有 65 个。

朱元璋之后的明朝诸帝，均奉“守在四夷”的治边思想为圭臬。例如宣德七年（1432 年），贵州总兵官肖授建议招抚安隆的反夷，宣宗批示说：“蛮夷当宽以抚之，但得其安则已，不足深究也。”[3] 成化十一年（1475 年），因为镇压蛮夷失败，湖广总兵官李震曾建议，援引王骥征麓川前例发兵进剿，宪宗则下诏驳回：“蛮夷华夏，自古有之，要在边将羁縻得宜，使不敢越境为乱而已，曷尝以殄灭为快。”[4] 可见，明朝诸帝确实在遵循并实践朱元璋的御边主张。对于“守在四夷”策略的长期坚持，其结果就是明长城九边防御体系的逐步成型。

中国在东亚的长期治理实践，为古代全球治理贡献了历史性的东方经验和中国智慧。汉唐时期，与以中国为中心的东亚外交圈相对应的西方外交圈，先后有以安息帝国、萨珊波斯帝国、阿拉伯帝国等为代表的西亚北非外交圈，以孔雀王朝、笈多王朝为代表的南亚外交中心，以罗马帝国、拜占庭帝国、法兰克国家等为代表的欧洲外交中心。而以中国为中心的东亚外交圈，是世界上最稳定、持续时间最悠久的外交圈。这是西方外交圈难以比拟和超越的。南亚外交中心从印度孔雀王朝到笈多王朝，呈现时断时续的特点，还曾被中亚地区盛极一时的贵霜帝国取代。只有东亚外交圈长期稳定，以中国中原王朝为核心存在和延续，即使中原王朝的区域进入分裂时期也没有改变。

东亚地区古代社会的朝贡体系，以长城和平之盾为秩序依托和保证，以政治高于经济的特殊朝贡贸易为核心，维持了古代东亚的长期稳定的国际关系。其间，因为某个朝贡国不遵守既定规则或者挑战中原王朝的地位，受到中原王朝的讨伐，这与西方基于宗教的征伐与侵略具有本质性的区别。事实证明，此类讨伐具有显著的惩戒特点，而非占领对方领土归己所有的殖民侵略。对此，必须有清晰的认识。

古代的朝贡制度，维护了东亚的长期和平。今天的全球化时代，我们对外传播长城和平文化，对于朝贡制度文化的继承与弘扬，必须遵循现代主权国家的法治与平等理念，对于朝贡制度中包含的一定程度的等级制与不平等内容，需要完全摒弃。今天研究和传播的核心与重点，是长城和平文化与朝贡制度蕴含的和睦关系，这是必须坚持的核心要素。只有这样，才能真正让国际社会正确理解长城的和平文化内涵，以及长城保护下的朝贡制度蕴含的和睦文化。这种和睦与平等，正是今天我们倡导的人类命运共同体的核心理念。

三、长城文化与民族和解宽容精神

各地的考古发现证明了长城区域农业与游牧民族交流融合的关系。长城区域的历代王朝包括少数民族政权，都以和解和宽容精神为准则，实施了很多协调民族关系的国家策略。在政治方面，主要的措施是和亲。和亲的主体不仅有汉朝，也有很多的游牧民族。和亲有双边关系，也有多边关系，甚至多边交叉关系，说明和亲得到了长城区域各时期、各民族的高度认同，为政权之间、族群之间化解矛盾纠纷、维护和睦和平提供了一种有效的策略。同时，在经济方面主要采取茶马互市的具体措施，包括兼有政治与经济属性的朝贡、馈遗、封赏等形式，对于协调与化解双方的矛盾都发挥了历史性的重要作用。

长城作为一道横贯东亚北方区域的万里防线，是中华民族形成的核心地带，也是中华民族的摇篮。在这里，形成了中华民族的实体部分。前 51 年，南匈奴归附汉朝之后，中原地区的汉族和北方的匈奴族开始走向深度融合，这可以视为中华民族形成的重要开端。魏晋时期，有的地区戎狄游牧民族人口比例有一半左右，同时大批汉族民众迁移到大漠南北、河西走廊和西域，在经济、文化、服饰和生活习俗方面都融为一体。

长城区域如同一个民族大熔炉，每一个游牧民族都和农耕汉民族发生接触和碰撞，进而融入其文化体系中。长城区域从秦汉时期开始，匈奴、东胡、氐、羌、乌桓、鲜卑等民族先后和这里的汉族杂居生活。长城区域的民族融合表现了鲜明而突出的宽容特点，即使战争之后，即使采取了国家强制手段，也没有出现种族屠杀与灭绝的事例，而是以和平共存的方式为民族融合创造了各种主客观条件。不论农耕还是游牧政权统治长城区域，都认同于传统的儒家和平治国理念，这是长城区域民族大融合并塑造中华民族雏形的深层原因。

在中国古代 2000 多年的长城发展历程中，长城区域各民族之间的文化交流与融合，促成了中华文化的发展与成熟，使之具有了包容性和多元化的鲜明特征。中华文化的融合性与西方文化的单一性有着显著的区别，这是中西文化的重要不同之处。

东方特色的民族融合文化，虽然对西方来说难以复制和全面接受，但其中所蕴含的包容、共存与和平内涵，可以作为优秀的人类文化遗产为西方社会与国际矛盾的化解提供有价值的东方解决方案。长城区域长达 2000 年所不断积淀和发展的和平文化，可在“一带一路”的共建国家，以及欧美国家中实现有序而长期的传播。在民族共存、信仰共生，以及矛盾化解、冲突协调等方面，为当代全球化治理和新世界秩序的构建提供一个可供参考的良好案例。相比于西方文化背景下的民族与族群观念，东方民族融合文化中的包容性、多元化特点，以及小聚居大杂居的和平共处模式，有利于世界不同信仰民族间实现和平共存和交融发展。

当代西方社会的单一性民族聚居与单一民族国家的理念，逐步被多民族、多信仰族群聚居和混居所取代，但是宗教信仰、民俗风俗的不同，仍然是族群差异、对立、矛盾、冲突的重要内因，导致社会危机、族群冲突与仇杀等。因此，中国古代的国家治理方案，多民族聚居、多信仰并存的民族“互融”与“互容”，是可以作为化解族群矛盾与冲突的重要参考的。例如山西的大同市，今天仍然有各类型宗教信仰的寺庙共存于一个城市，向世界展示了一个古代和平文化城市的典型东方案例。

在中国悠久的长城发展史中，中华文明创造出了宝贵的以非暴力手段化解民族矛盾的特殊方法，形成了独特的民族融合文化。在中国积极参与全球治理体系改革与建设的过程中，长城区域自古形成的民族融合文化，可以协助中国积极发挥负责任大国的作用，更多地贡献中国智慧。今天，在联合国等国际组织和多边机制框架内，中国对于全球治理、国际秩序、国际安全合作、热点问题解决等方面都提出了一系列新主张、新方案，在机制创新、规则制定、议程设置、规划实施等方面也作出了重要贡献，体现了中国方案对于世界和平、发展与稳定的积极推动作用。

长城区域形成的民族融合文化，属于一种典型的“软文化”。“软文化”的对外传播，旨在增进世界各国民众对中华民族精神、伦理道德、核心价值观、思维方式的更多更深刻的理解。软文化的传播，需要更多创新的方式方法。例如国外的孔子学院在开设的课程中，可以纳入更多、更全面的长城文化知识，特别是体现中国传统和平文化内容的长城知识，通过长城历史的史实与实例，将软文化所蕴含的东方和平理念与和平治理方式，向西方大众进行有效的、深入的传播，使长城的和平形象对国外大众产生更深远的吸引力，让各国大众真正体会、了解、理解、认同长城代表的谦和、包容、开放、和平的文化魅力，进而认同中华文化，认同东方大国“和平的狮子”真实形象。

四、丝绸之路促进经济文化交流，长期维护区域和平

长城区域的经济贸易交流，在内外两个方面都有突出的表现。内部经济贸易交流的方式是互市或马市贸易，客观上发挥了化解双方矛盾、推动双方经济社会发展的历史作用。外部经济贸易交流的方式，就是著名的丝绸之路。互市或者马市贸易，属于政治高于经济的特色形式，其首要目的是以贸易实现政治羁縻之策，预防边患，维护王朝边疆的稳定。例如汉朝时，以互市、和亲作为服务政治的羁縻策略。汉宣帝时，实现了长城区域的和平安定。内蒙古阴山汉代城堡遗址的考古发现证明，汉与匈奴的和平交流，并没有因为长城和沿线军事堡寨而被切断，说明长城并非封闭式、单纯的军事防线，也是具有开放性的一种贸易秩序的保护线。明朝时，经历了“封锁—反封锁—互市”的曲折发展过程。汉蒙之间的马市贸易始终是双方和睦关系的对症良策，特别是隆庆和议之后，开启了直至明末的长期和平贸易局面，从根本上促进了民族交流与融合。

相对于内部的互市贸易，具有对外交流属性的丝绸之路，在今天更具有时代意义和国际经贸交流价值。汉代张骞两次出使西域之后，成功开辟了连接欧亚的丝绸之路，这个中西方之间的经贸文化走廊，让西亚以及欧洲更多的国家越来越深入地了解中国。2013年9月，习近平访问中亚四国时第一次提出共建“丝绸之路经济带”，为建设共同繁荣的世界提供了东方新思路[5]。

丝绸之路，是一条具有中国特色的和平之路、合作之路与共赢之路。源于中国的陆上丝绸之路和海上丝绸之路，为促进中外经贸往来和文化交流发挥了纽带作用。丝绸之路的重要历史价值，在于通过和平的方式实现并扩大跨国贸易和跨种族文化的广泛深入交流。历史的发展特别是长城区域的发展历史证明，自古至今中国都没有领土扩张和霸权的诉求与行动，与西方通过贸易实现殖民统治有着本质的区别。

今天，中国提出的“一带一路”倡议是落实人类命运共同体的具体措施，也是向世界传播、展示中国和平理念的重要载体和郑重承诺。通过弘扬丝绸之路精神，深度加强对外合作交流，中国向世界积极宣传和平理念，向世界展示构建地区和平发展的愿景目标。丝绸之路经济带和21世纪海上丝绸之路，在本质上是一条中国在21世纪努力追求和建设的和平之路。同时，“一带一路”也是一条共赢共享之路。在具体的推进实施过程中，倡导坚持开放、包容和自愿原则，坚持不干涉内政、不排斥现有合作机制，不搞封闭和排他性合作集团等，体现了和平合作、互学互鉴、互利共赢的东方精神。即使不属于古丝绸之路沿线国家，如果有意合作，也可以公平、自愿地加入丝绸之路经济带的建设中，成为享有平等权益的参与方和受益方。

中国明确表示，作为丝绸之路经济带的倡议者，从不向各国要求拥有主导权，并且欢迎各国提出建设性的策略建议，丰富丝绸之路经济带的理念、构想和规划，使之成为各国共建共享的经济利益共同体。丝绸之路经济带建设在推进的同时，也有利于参与国家和地区的和平稳定。丝绸之路经济带，超越了地缘战略和地缘政治，是真正以合作共赢为主要特征的命运共同体。丝绸之路经济带，倡导共同摒弃冷战思维，反对“欧亚地缘重心论”“零和理论”，从多边合作高度实施总体设计，最终实现共同发展、持续繁荣的理想目标。

和平的经济交流替代混乱的冲突和战争，这是当代世界国际关系中的共同愿望和美好理想，在这方面，长城发展史上的经济交流与和平共处可以提供有价值的参考，丝绸之路的历史经验就是一个典型的范例。当代新型国际关系的构建，需要各国共同参与，遵循互利共赢的准则，而不是单边主义和极端利己主义，特别是应当反对和消除贸易战。

五、长城是中国文化外交的“金名片”

文化外交是促进国际友好交流的重要外交方式，通过对外传播本国文化，可以实现输出价值观、实现文化战略的目标。“文化外交”一词最早出现于 1934 年《牛津英语大词典》，“英国议会创造了一种新的文化外交手段，就是致力于海外英语教学”。美国外交史学家拉尔夫·特纳（Larf Turner）在 20 世纪 40 年代丰富了这个概念，从文化服务政治的视角予以解读，而系统阐述并发展这个概念的是美国外交史学家弗兰克·宁科维奇（Frank Ninkovich），并将文化行为正式纳入美国外交活动之中。1961 年的《维也纳外交关系公约》规定，各国使馆职责之一是“促进派遣国与接受国间之友好关系，以及发展两国间之经济、文化与科学关系”，从此文化外交正式获得国际法认可，成为国家外交的重要组成部分。

文化外交最突出的特点是和平性和柔软性，和传统的政治、经济、军事外交不同的是，文化外交的最大特征是代表一个国家的文化软实力。文化外交被更多地纳入国家对外政策中，和传统的政治、经济紧密结合，承担起了国家外交的重任。文化外交还被欧洲国家称为“第三外交”，即将文化外交关系作为政治和经济对外政策之外的“第三根支柱”。文化外交的实施，取得了重要的外交成果。例如，英国莎士比亚、美国迪士尼、日本机器猫和德国歌德学院，作为文化外交的核心载体，不仅成功传播了本国文化内涵，而且推动了本国和其他国家的经济、文化等合作，效果显著。

从新中国成立至今，中国文化外交经历了初创奠基、缓慢探索、全面创新三个不同的发展阶段，以中国独有的和平友好理念，发展了中国特色的文化外交，取得了历史性的成就。从新中国成立到“文革”前，文化外交主要对象是社会主义国家和发展中国家。第一个专项文化交流协议，是 1951 年中国和波兰签订的《中波文化协定》。在这个时期，中国与各国共签订 400 多项文化合作协议。“文革”特殊时期，受到国内政局动乱的严重影响，对外文化外交几乎停顿，效果甚微。1971 年，中国在联合国的合法席位得到恢复后，文化外交出现新的转机。最突出的成就是中美两国通过“乒乓外交”独特的体育文化交流方式，彻底打破两国政治关系的长期僵局，开启两国关系正常化的历程。在和美国关系缓和之后，中国与日本也加强了民间文化交流，两国关系走向缓和，并最终正式建立外交关系。“文革”结束特别是 1978 年十一届三中全会开启全面改革开放时代之后，文化外交又跨入一个全面发展的新时期。不仅和更多的国家签订了文化协议，还在近百个国家使领馆设立文化处，建设中国文化中心。在很多国家，每年还举办春节品牌的文化交流宣传活动。通过举办“中国文化节”“中国文化年”等国际文化交流活动，以及国际文化高层论坛等，文化外交受到各国的欢迎，提升了中国在国际社会的美誉度。

对于中国来说，熊猫和长城都是闻名世界的国家级名片。熊猫外交取得了较好的成效，长城作为中国的第一名片，以长城文化元素为主题的文化外交潜力巨大，应当高度重视。电影《长城》的拍摄和上映，并没有获得预期的国际文化传播效果。这种结果的出现，从根本上说还是对长城文化的理解过于粗浅，没有通过影视传播进一步提升国外受众对长城的和平印象。长城文化外交作为一个重要的国家外交课题，真正实现让西方受众追捧的热点效果，还需要更多更扎实的工作，特别是相关的外交理论研究。

长城文化元素可以为中国文化外交的进一步创新和提升提供丰富的文化内涵。第一，弘扬传统文化，创造新文化，需要更加重视并支持长城和平文化的研究和宣传。第二，赋予长城民间机构更多的发挥空间。策划并常年举办“长城国际和平大会”“长城国际超级越野赛”等面向国内外普通民众的文化交流活动。第三，重视长城文化产品的创作与输出。在西方媒体播放表面化、形式化特征明显的宣传片的效果并不理想，而文化产品可以很好地消除国外消费者的戒心。因此，长城文化产品可以作为重要的文化产品类别进行重点开发，通过多元化的文化产品载体实现文化传播的实际效果。当今备受西方人青睐的长城，可以在文化外交方面充当美丽大使的时代新角色，创新更多更好的产品，采取更亲民化的传播手段，让长城和平文化融入西方民众的日常生活中，通过长城助力国家文化外交取得新的成果。

注释

[1] 罗素：《中国问题》，学林出版社，1996年版，第154页。

[2]《明太祖洪武实录》卷六十八。

[3]《明宣宗宣德实录》卷八十七。

[4]《明宪宗成化实录》卷一百四十二。

[5] https：//www.gov.cn/ldhd/2013-09/13/content_2487564.htm，中央政府门户网站，2013年9月13日。

时空视阈下的“榆关抗战”

苏君礼*

摘要：榆关，是山海关的旧称，“榆关抗战”亦即1933年1月1日爆发的“山海关抗战”。在时空视阈下，它是“长城抗战”的重要组成部分和逻辑上的起始点，正是“榆关抗战”中长城守军对日军的顽强抵抗，打响了中国“长城抗战”的第一枪。但百度上对“长城抗战”的介绍和说明，把战役发生时间划定为1933年3月5日—1933年5月25日，地点限定为义院口、冷口、喜峰口、古北口等地，从而把“榆关抗战”排除在外，这值得商榷并补正。“榆关抗战”与长城沿线义院口、喜峰口、古北口等抗战事例，具有时间上的延续性、地点上的相似性以及目的、性质、影响上的一致性，唤起了中华民族的精神觉醒，激发出空前强烈而持久的抗日爱国热情。

关键词：时空视阈；“榆关抗战”；“长城抗战”；起始点

榆关，是山海关的旧称，“榆关抗战”亦即1933年1月1日爆发的“山海关抗战”。在时空视阈下，“榆关抗战”是中国战争史、军事史上著名的“长城抗战”的自然组成部分，是它重要的逻辑起始点，正是“榆关抗战”中山海关长城守军对日军的顽强抵抗，打响了中国“长城抗战”的第一枪。但百度上对“长城抗战”的介绍和说明，却依据惯常的思维习惯把“榆关抗战”排除在战役发生的时间、空间范围之外，有失客观，值得商榷。以下是百度上对“长城抗战”的解说内容：“抗日战争中的战役之一。长城抗战是中国抗日军民在长城沿线抗击日本侵略者的斗争，是中国人民早期抗日斗争的重要组成部分。1933年（中华民国二十二年）3月—5月，中国国民政府指挥下的国民革命军（东北军、西北军、中央军等），在长城的义院

* 作者简介：苏君礼，河北科技师范学院教授，燕山大学中国长城文化研究与传播中心特聘研究员。

口、冷口、喜峰口、古北口等地，抗击侵华日军进攻的作战。守军顽强抵抗、浴血奋战，但日军装备精良训练有素，长城沿线仍失守，平津危急。之后成立驻北平政务整理委员会，被迫由参谋部作战厅厅长熊斌与日本代表冈村宁次签订《塘沽停战协定》，划定冀东二十二县为非武装区，军队不得进入，而日军退回长城以北。”[1]由此，“伪满洲国更于长城各地树立‘王道乐土大满洲国’的界碑”。[2]百度词条在名称为“长城战役”后列出的其他相关信息主要有：发生时间为 1933 年 3 月 5 日—1933 年 5 月 25 日；地点为义院口、冷口、喜峰口、古北口等地；结果是国军参战约 25 万，伤亡 4 万；日军参战 4 万加伪军 3 万，伤亡 2600 人；日军获胜后，中方主力部队转移至后方。可见百度对“长城抗战”的解说虽然比较客观、公正，但是在战役发生时间的上限划定以及空间地点的解释、说明上并不完善，值得商榷，有待补正。相关历史文献说明，“长城抗战”时空上的起始点应该是 1933 年 1 月 1 日发生在山海关的“榆关抗战”，因为无论从战争发生的背景、条件、时间、地点，还是动机、性质、规模、过程与结果，乃至从战役的连续性以及影响度来看，“榆关抗战”在时空逻辑上应该是反击侵略、保家卫国的“长城抗战”的起始点，它不仅打响了中国“长城抗战”的第一枪，而且更以山海关中国守军的顽强抵抗行为和奋勇牺牲精神，激发了全国人民的爱国情感，奏响了“长城抗战”的壮丽篇章。

一、“长城抗战”发生的历史背景、条件及目的和缘起

回望历史，“长城抗战”的发生有其特定的历史背景和条件，其时空缘起都与在山海关爆发的“榆关抗战”密切相关。1900 年 5 月 28 日，英、美、日、俄、德、意、法、奥等八国联军侵入中国后，翌年清政府被迫与英、美、俄、法、德、意、日、奥、比、西、荷十一国签订了不平等的《辛丑条约》(亦称“辛丑各国和约”或“北京议定书”)。虽然慈禧太后亲自认定该条约“不侵我主权，不割我土地”，所以要“量中华之物力，结与国之欢心”，但是实际上却标志着帝国主义国家进一步加强了对中国的蚕食、掠夺和控制。《条约》规定英、美、日、法、德、俄等国有权在秦皇岛、山海关等战略要地驻兵，进而使各外国势力在中国不断扩充地盘的行径合法化。一段时间里，仅在铁路沿线就有 11 个国家在 12 个地方驻军，由此，山海关逐渐弱化并失去了军事防御的战略作用。1902 年，各侵华外军在山海关修建了永久性的驻军营盘——因为只有英、法、德、意、日、俄六个国家的军营，故简称“六国营盘”。1914 年 9 月—11 月，被晚清李鸿章评价为“贫而贪婪，诈而无信”的日本，乘第一次世界大战爆发之机，借口对德宣战派兵占领了德国在中国山东的租借地胶州湾。翌年 1 月，

又逼迫袁世凯政府接受旨在灭亡中国的“二十一条”，虽然其中明确写有“切实保中国领土之目的”，但是本质上还是丧权辱国，臭名昭著。与此同时，国际上“法西斯主义”的兴起也刺激着日本对华侵略的野心不断膨胀。“法西斯”（Fascism），意为“束棒”，源于拉丁语 fasces，是一种刑具，一把斧头、几根木棍捆扎在一起，象征着权力。众所周知，“法西斯主义”以极端民族主义为特征，对内实行独裁统治，对外进行武力侵略。1919 年 3 月，墨索里尼在意大利建立了“战斗的法西斯党”，同年，希特勒加入“德意志工人党”并在党内大力推行“法西斯主义”，即“纳粹主义”。巧合的是，也是在 1919 年，住在上海名叫北一辉的日本人苦心炮制的《日本改造法案大纲》，虽然狂热鼓吹侵略理论和“法西斯”政纲，但是却能堂而皇之地进入日本皇宫的“大学寮”，足见东、西方“法西斯”的邪恶轴心勾连形成，不断为侵略扩张找寻借口。如影随形，日本在中国国内的政治干涉和经济扩张日益加深。在一段时间里，日本不断借机或找碴儿制造事端，以打压中国民众的反帝热情，镇压人民的爱国运动。据史料记载，这一阶段先后发生了“郑家屯事件”、“长春事件”、“五卅惨案”（1925 年）等。但此阶段，据《中华民国外交史资料选编》（北京大学出版社，1985 年版）上记载，日本的对华政策在表面上还如《日本外相币原对华政策演说》对外所宣称的：尊重保全中国之主权及领土，对于中国之内乱，严守绝对不干涉主义等等，这在习惯上也被称作所谓的“协调外交”，但日本的这种外交政策并未持久。1927 年 4 月，日本由田中义一出任内阁总理大臣后，便撕破并抛弃了“币原外交”的“协和与忍耐”的伪装面纱，采取了公开干涉中国内政的强硬外交政策。1927 年 6 月 27 日—7 月 7 日，在中国国内各种矛盾尖锐化的形势下，田中内阁在东京召开了策划侵华的“东方会议”。其会后发表的《对华政策纲领》宣称，中国的动乱万一“波及满蒙”，“不问来自何方”，日本“均将予以防护”。“东方会议”的目的在于加紧阻止中国可能出现的派系间的和解与统一局面，从而巧妙地利用当时南、北政府割据、分裂的状态，实现把满、蒙从中国本土分裂出去的图谋，彰显了日本通过征服中国东北进而征服中国，再进一步控制世界的“法西斯”侵略野心，是典型的“自供状”。1927 年 8 月 15 日，日本外务次官森恪又召开了“大连会议”，并根据谋划已久的“大陆政策”精神，讨论“解决”中国东北问题的具体措施。1928 年“大连农事株式会社”成立，推进、实施与抢占领土、掠夺资源同步开展的向中国东北“移民”的步伐。同年 5 月，日本悍然出兵山东济南，明目张胆地阻止南京国民政府的北伐，并肆意炮击、枪杀中国军民。5 月 3 日，日军残杀了中国外交特派交涉员蔡公时等 17 人，制造了震惊中外的“济南惨案”。1928 年 6 月 4 日，日本关东军通过预埋炸弹的方式制造了“皇姑屯事件”，炸死了与蒋介石作战失败后返回东北的奉系军阀张作霖，具体策划、加速实施东北脱离中国而独立的进程。张学良（1901—2001）在民族大义感召下，不顾日本的威胁，于12月29日毅然宣布改易旗帜，服从南京国民政府，才使日本的阴谋诡计未能得逞。

1929年，世界资本主义经济危机波及日本，其国内阶级矛盾日趋激烈。为了转嫁危机，摆脱困境，日本加快实施了武装侵占中国东北的实际步骤。1931年3月，时任日本关东军高级参谋的板垣征四郎公然宣称“满蒙对帝国的国防和国民经济生活有着很深的特殊关系”。[3] 同年6、7月间，日本陆军总部制定了《解决满洲问题方案》，具体部署并推进侵华步骤。日本关东军在获取和分析各类情报后，表示在军事计划与方案上日本已做好武装占领中国东北的准备。梳理史料可知，到九一八事变前，日本在山海关已驻有步兵守备队和宪兵分遣所，兵力多至210余名，且分属日本在天津的中国驻屯军司令部指挥及天津日本宪兵队管辖。正是在这种大环境和大背景下，经日方精心策划的“万宝山事件”和“中村事件”接连发生了。日本方面不仅要激化矛盾、挑动对抗、制造摩擦，也要寻找口实、创造条件、升级事态。

万宝山是个小地方，位于长春北郊。1931年7月，日本浪人乔扮成朝鲜人强占了当地中国百姓的民田，开渠筑坝，从而挑起中、朝农民间的争水殴斗。日本警察则借机开枪杀伤中国农民数十人。同时，又在其占领下的朝鲜境内别有用心地煽动反华情绪，制造大规模的反华事件，仅一周之内华人在殴斗中死伤达200余人。正当“万宝山事件”鼎沸之时，日本参谋本部情报科中村震太郎大尉及其随从4人，携带军用地图、测绘仪器、武器等擅自进入中国东北兴安岭地区的军事禁区，窃取情报，结果行动暴露，被当地驻军逮捕处死。日本关东军借此大做文章，在其国内制造侵华热论，挑拨民族矛盾，进一步为侵华战争张本。这就是所谓的“万宝山事件”和“中村事件”，在日方有意渲染和夸张下，它加剧了中、日之间矛盾的尖锐程度。1931年8月下旬，日本参谋部已起草好“应付万一的用兵计划”。[4] 可见，与舆论声张相配合，日本武装侵华的动机、目的愈发明显，步骤日趋加快。

1931年9月18日晚10时许，日本关东军按预谋计划，派铁路守备队自行炸毁了沈阳北郊柳条湖附近南满铁路的一段铁轨，然后诬称是中国东北军所为。当夜，日本关东军司令本庄繁下令向沈阳北大营中国驻军和沈阳城发动进攻，爆发了举世震惊的九一八事变，由此拉开了中国近、现代史上第二次中日战争的序幕。“长城抗战”爆发的历史节点在多重因素的酝酿、累积中正渐渐临近，而南京国民政府对日本咄咄逼人的侵略行径，视而不见，听而不闻，采取了媚外苟安的不抵抗政策。九一八事变发生后，蒋介石立即电令张学良“力避冲突，以免事态扩大”。[5] 其时，他正调动各方武装，倾力对中央苏区进行第三次反“围剿”，竭尽所能推行“攘外必先安内”的政策。据当时《中央周报》报道：9 月 22 日，主政南京政府的蒋介石发表演说、电告全国，说什么此时世界舆论，已共认日本为无理，我国民此刻必须上下一致，先以公理对强权，以和平对野蛮，忍痛含愤，暂取逆来顺受之态度，以待国际公法之判断，等等。南京国民政府幻想由西方国家出面干涉、阻止日本的具体侵华行动。正是由于南京国民政府的不抵抗指令，导致 10 余万东北军不战而退。9 月 19 日晨，日军占领沈阳全城，同日又侵占了长春、营口、鞍山、安东等 20 座城市。到 21 日，驻朝鲜的日军也渡过鸭绿江，分头向辽宁、吉林两省进击，仅仅一周时间，辽宁、吉林两省大部分领土沦陷敌手。随后不久，日军又于 1932 年 1 月 3 日攻陷东北重要城市锦州，2 月 5 日继续占领黑龙江省哈尔滨，使得东北三省在短短 5 个月之内全部沦丧。全国军民义愤难平，爱国热情逐渐升温，而连接东北与华北的咽喉要塞山海关自然成为一个军事上需要特别关注的节点。

与此同时，1932 年初，日军又有步骤地故伎重施，开始在中国东南的上海寻衅挑战、煽风点火、制造舆论。1 月 18 日，5 名日本和尚被日方买通的地痞、流氓故意殴伤，制造了所谓“日本和尚事件”。1 月 20 日，日侨 2000 人相继向日本驻沪领事及海军陆战队方面发起“请愿”，并在行动中蓄意纵火、捣毁中国的商店，先后击伤、杀死中国警察 3 人。日本总领事松井苍松借机向上海市政府致书面“抗议”，蛮横无理地提出道歉、惩凶、赔款和取缔排日活动等多项过分要求。与之相配合，日本海军陆战队也兵临海上耀武扬威，气焰十分嚣张。1 月 28 日，日方得寸进尺地要求中国军队退出闸北，在尚未得到答复的情况下，日军即向闸北的中国驻军发起进攻。驻守上海的第十九路军 3 万余人在蒋光鼐、蔡廷锴、戴戟的指挥下， 不顾南京国民政府下达的撤退命令，奋起自卫、顽强抵抗。在奋战中的十九路军将领们同时通电全国：就是牺牲至一人一弹，也绝不退缩！受此感染和激励，由张治中率领的第五路军也奉命以十九路军的名义赶赴前线，机智而有力地配合并支援了“淞沪抗战”。

上海“淞沪抗战”历时 33 天，恰如后来发生的“榆关抗战”的预演，牵动着全国人民的心。战争中各地民众及海外侨胞捐款、捐物，大力支援，爱国官兵殊死奋战，迫使日军三易主帅，并不断增兵。然而，南京国民政府并无抗战到底的勇气和决心，1 月 30 日，便仓促宣布将国民政府机关迁到河南洛阳办公。军政部长何应钦更是多次电令，要求上海战事要“适可而止”。蒋介石也拒绝了蔡廷锴求援的要求。外长罗文干则寻机妥协，乞请英、美和“国联”等能出面制止日军的继续进攻。3 月初，日本的援军在七丫口强行登陆后，战事再度趋紧，中国守军在后无援兵、腹背受敌的险境下，被迫放弃了庙行、江湾及闸北阵地，退出上海。

到5月5日，在英国公使兰普森的斡旋下，中、日双方签订了屈辱的《淞沪停战协定》。该协议规定：双方停战，日军撤至公共租界及虹口一带，但可在上述地区附近驻守“若干”部队，而中国军队则必须留驻在退守上海时到达的地点。所以，实际上上海停战区的划定是承认上海至昆山地区中国无驻兵权。无疑，这一事件和协定把日本侵略者的战火从东北又引向了东南，足见其全面侵华是蓄谋已久、步步推进的。中国军民抗日卫国的情绪在“黑云压城”的氛围下继续潜隐着、蔓延着、聚积着，日本军国主义武装侵略中国的阴谋、阳谋也在紧锣密鼓地实施、推进中。1932 年 3 月 1 日，日本侵略者乘上海战事紧张、局势混乱之机，精心网罗拼凑了郑孝胥等一些中华民族的败类，抬出前清废帝溥仪做儿皇帝，在长春炮制了傀儡政权伪满洲国，从而彻底暴露出它分离中国东北三省，进而将中国东北永远置于其殖民统治之下的狂妄野心。

二、“榆关抗战”发生的必然、过程、结果与影响

南京国民政府持续奉行的对日妥协政策，不仅导致了九一八事变后东北三省的沦陷，也使日本关东军继续肆意地将侵略势力伸向毗邻东北的热河省及长城要塞，情势危急，山雨欲来，“榆关抗战”一触即发。并非巧合的是继 1932 年 3 月 1 日扶持伪满洲国成立后，日本军方少壮强硬派又于 5 月 15 日在国内杀了首相犬养毅，而扶持斋藤实上台主政，从而确立了“国防国家体制”。这一举措极大地刺激了日本军方的狂妄野心，也使得日本关东军总部欣喜若狂，借此，他们急向内阁建议：要调头把所谓“圣战”指向热河省。此时，关东军以秦皇岛和山海关的老龙头、天下第一关等明长城为重要点位，开始陆续增兵并划定所谓的出入国境的“国境线”。

山海关，旧称临榆关、榆关，是扼辽、冀交通的咽喉，为控制热河省之锁钥，乃兵家必争之地，在长城线上有着“天下第一关”的盛誉。当山海关成为重要的进出关的“出入境”关口，日军守备队经过几次换防，驻山海关、秦皇岛的兵力已达到 300 名，附有炮兵、工兵，且在兵营附近四周筑有永久性坚固工事，储运了大批军械弹药。在山海关城南门外、火车站、城东门外、威远楼至吴家岭一带均有日军驻扎、控制。之后，日军更是有计划、分步骤地往山海关正面方向，北宁铁路锦州至绥中地区增兵。到 1932 年 11 月—12 月，日军先后在北宁铁路线皇姑屯至山海关各站均派驻相当数量的兵力，为进一步入侵平津、华北做前期准备。据当时临永警备司令部的“锦县绥中一带日军兵力调查表”（1932 年 11 月）显示，日本关东军第 8 师团进驻锦州，而驻旅顺的津田第 2 舰队也派出 10 余艘驱逐舰抵达山海

关、秦皇岛水域，总兵力多达 4000 人。加之山海关城内大批特务伪装成开洋行、开药店的等进行多方渗透、刺探情报，关内与关外的日军事实上已结合成一体，相互配合行动、沆瀣一气。短时间内先后制造了“义勇军事件”“抢登第一关城墙事件”“炮击榆关（山海关）事件”等，有预谋地寻衅、制造事端，既为试探中国方面的反应，也为日军发动侵华战争制造更多借口。5 月初，何柱国（1898—1985，广西容县人，东北军中唯一南方人，被喻为“华夏一柱”）及中国驻军对日军强迫临榆县长将东北义勇军赵国恩交给日军宪兵队的无理要求“断然予以拒绝”后，[6] 10 日上午，伪满洲国山海关警察队长衫山虎雄等 20 余人，到山海关火车站故意寻衅，占领了车站电报公寓及电报房，直至下午 5 时后，经中国驻军交涉才不得不退走。之后，15 日深夜，日军在演习中又肆意向山海关城东南角的中国军人监视哨射击。仅隔一天，17 日，伪满警察数人，又到临榆县东八里外的乐善堡村，围困中国保安团住所，掳走 4 人并抢走枪支、服装等物品。面对日军的恶意挑衅，当临榆县政府向日本宪兵队交涉时，日方宪兵队长竟回复称：“长城以外皆属（“满洲国”）国境，故有赴该村缴械之举。”[7] 狂妄、贪婪的野心毕现。随后，日军为进一步迫使中方将二里店驻军及其操场撤至长城以内，使山海关受战略要地五眼城日军之瞰制，又于 6 月 24 日，指派伪满武装警察 40 余人强行从长城要隘九门口入关，武力强迫、驱离乐善堡村居民向关内迁移。其时，蒋介石虽然对山海关所处战略位置的重要性也有一定认识，但本质上还是要推行不抵抗政策。文献资料显示，从 1932 年 7 月开始，蒋介石曾连续 3 次致电北平军事委员会分会代理委员长张学良，让他派 3 ～ 5 个旅到热河并特别要求在“榆关”（山海关）派驻重兵，以免“又使国人误以为不抵抗”。面对当时民众的抗日声浪和学生的请愿活动，他只能装腔作势，故作“强硬”的语气说：“今日之事，惟有决战，可以挽救民心，虽败犹可图存，否则必为民族千古之罪人”等，这说明蒋介石等人对当时山海关“山雨欲来”的危急形势虽然也有预感，但为了推行“攘外必先安内”的反动政策，还是大力呼吁对日要避免冲突、镇静。

1932 年 10 月 1 日，发生了伪满警察 10 余人非法进入山海关东罗城并与东北军士兵发生冲突的第一次“山海关事件”。事件过程中，当伪满警察被中方哨所闭门禁阻后，竟混入南门并打开东罗城城门，使得城外伪满警察一拥而入，占据了中国警察分驻所，随后其中一人竟登上“天下第一关”城墙挑衅，迫使中国警察开枪自卫还击。该事件造成中、日双方各一名士兵死亡的后果。事后，经中国军方何柱国与日军落合正次郎交涉，于次日达成协议：双方事出“误会”，互相对死者抚恤。而据日方资料显示，此协议后，伪满洲国武装警察人员不得进入山海关城内，而中国军队则更换城内驻军，并对死者支付赔偿费，保证今后不再发生类似事件。[8] 该事件中日军耀武扬威、不可一世的嘴脸暴露无遗。之后，又发生了以炮击山海关城为标志、造成城内军民更加恐慌的第二次“山海关事件”。1932年12月8日晚10时，驻锦州的日本关东军步兵第5联队，打着追击“义勇军”的借口，把第9装甲列车开进山海关车站，又西进至石河桥西端，然后借口遭袭，出兵行至山海关东长城缺口附近，从装甲列车上无缘无故向城内守军司令部、公安局等目标射击，发射了38枚炮弹，爆发了第二次“山海关事件”。随后，日军第8师团长下令第4旅团长准备出击，其不可一世的嘴脸令人震惊，随时准备全面侵华的野心越发明确、张狂。当时，日军第8师团长是西义一，第4旅团长是铃木美通，而驻山海关的守备队长是落合正次郎。12月9日早6点，两架日军战机在山海关城上空低空盘旋，威吓城内军民，晚7时许，300余日军进驻道台坟，向中国守备军挑衅、射击。战斗爆发，日军投入300多人，并配备8架飞机、2艘军舰、3列铁甲车、20辆坦克、40门野山炮等，可谓装备精良，敌我双方力量悬殊。面临日军的逼迫和挑衅，当时军委会北平分会和临永警备司令部着手进行滦榆地区军情调查和部署。时任国民革命军北平军分会副委员长（代行委员长职权）的张学良与独立步兵旅旅长、时任临永警备司令部司令的何柱国对日军的军事动态有所警觉亦有所应对和布置。何柱国1932年7月兼任刚成立的临永警备司令部司令，管辖区域包括临榆、抚宁、昌黎、卢龙、迁安和都山设治局（今青龙满族自治县大部）。兵力上：有独立步兵9旅、第12旅、骑兵3旅、炮兵7旅13团的山炮1营和工兵7营，分驻于西起滦河、北至长城各关口、南至沿海的防区内。到1932年底，何柱国已改任国民革命军第57军军长，他将军队分别从北戴河部署至长城界岭口一线。当时驻守山海关（榆关）城的为第626团，团长是石世安。12月9日、10日，何柱国与日军守备队、关东军及中国驻屯军的代表先后就炮击“山海关事件”会谈，不得不忍辱以私人名义与日方签订协议，以中方有关方面赔礼道歉，答应取缔一切抗日行为，并取缔“义勇军”结束。[9] 虽然以炮击为标志的第二次“山海关事件”告一段落了，但山海关上空已然战云密布，形势愈发危急，真正处于“危疑震撼之中，陷于不战、不和、不走之状态”。[10] 到了1932年12月24日，何柱国军长赶赴北平向张学良报告“榆关（山海关）事件”处置情况及结果，特别强调说：“事情已到图穷匕见的最后时刻。”听闻之后，意图洗刷九一八事变以来“不抵抗”恶名的张学良，沉默半晌后说出那么咱们拼了吧，流露出被逼无奈的情绪并做出相应的军事部署：商震第32军开赴滦河（后转冷口）支援何柱国部；宋哲元部29军开赴喜峰口；王以哲部开赴古北口（后改换徐廷部的中央军）；万福麟、缪澄流部推进到何柱国的右翼界岭口以北地区。12月29日，何柱国接到前方紧急报告：“谓日方表示，鉴于东北军数个旅之开入热河，足征华北当局仍无采取和平解决之诚意，关东军极为愤慨，缓冲案之进行为时已晚。”[11] 足见，日军在多次挑衅、节节进逼并设法策动所谓“自治”阴谋未果后，已急不可耐地要发动山海关之战了。他们处心积虑地谋求占领并控扼住山海关这个辽西进入华北的战略要道，进而以少数兵力掩护关东军大规模进攻热河的侧背安全，这不仅可以防止东北军出关进击辽西威胁日军后方，而且可以用滦东战事威胁平津，进而达到牵制中国军队增援热河的目的。针对当时的军事发展态势，此前，何柱国已根据山海关一带的地形、地貌特点及其他战争要素，决定了一个滦榆地区防御计划：把主力配备在北戴河至界岭口东侧大山易守难攻的一线，准备与敌展开决战，而在山海关及秦皇岛只配置两个团兵力，用以阻击敌人[12]。

此时，日本天津驻屯军山海关守备队长落合正次郎，早就预谋以既成事实抢在关东军行动之前侵占山海关，以获得天皇的赏识与军部的褒奖。据何柱国后来回忆：从 1932 年 11 月底开始，日方就以确保伪满洲国安全及取缔“义勇军”等各种借口要求他配合日方创立所谓“自治”的缓冲区，并由日方提供帮助，在冀东滦榆地区“实行独立自治”进而“进取平津”。否则，日军即以武力占领长城各关口，入关攻取平津。[13]12 月 8 日，日本关东军铁甲车炮击山海关事件发生后，由于山海关系落合正次郎的防地，而“该铁甲车未得落合之同意，遽欲挑战，落合颇不赞成，遂出面调和”，致使短时间内关东军的“挑战目的未能实现”[14]。出于不战而取山海关的目的考量，落合正次郎单独约见何柱国，要求其“立即在滦东和热河地区成立独立自治区”，公然威胁说：“如果这一方案不成，日本只能采取直接行动，届时不但占领长城各口，如有必要即使进取平津也无所顾惜。”[15] 真是“山雨欲来风满楼”，日本关东军蠢蠢欲动，陈兵于热、辽边境，而日军守备队也跃跃欲试，觊觎山海关多时，他们都急不可耐地企图先机攻占山海关这个军事要地。

1933 年 1 月 1 日，日军驻山海关（榆关）守备队长落合正次郎别有用心地带人到城内警备司令部“拜年”，他是日军上将落合的儿子，曾任日本士官学校中华学生队的战术教官，是个“中国通”，在得知何柱国并未在防区司令部后便匆匆离开。临近中午，侵华日军宪兵队通知驻山海关的日本侨民，即刻迁往日本驻军营盘所在地——南海兵营内避难，而驻守绥中的关东军也开始向山海关进发。下午，日军守备队开始在南门外鸣枪挑衅、制造事端。当晚 9 时许，日军又炮制了“假手榴弹事件”，即向守备队儿玉中尉率兵驻守地车站分驻所及伪满洲国警察厅（国境）各扔假手榴弹一枚，故意制造混乱和借口。当时《新闻报》在标题为“榆关陷落华北紧张”的报道中这样写道：“一日夜九时，日军突向榆关南门哨兵开枪，日（铁）甲车继向城内炮击，我第九旅士兵闭城不理。”[16] 明明是日军开枪在先，反而诬陷中国军队挑衅并提出警告。自此，山海关保卫战——“榆关抗战”爆发，“长城抗战”拉开序幕。当夜，日本关东军第 5 联队 1 个中队抵达山海关南关外，由绥中开来增援的车队也到达山海关车站附近待命。临永警备司令部第 9 旅的外事科秘书陈瑞明一面开展问询，一面按计划急调滦州、迁安、卢龙等处兵力向山海关、北戴河一带集结。日军山海关守备队长落合正次郎则不顾双方正在交涉，迫不及待地派兵强行占领了山海关火车站等。随后，大批日军在南关和城东南角的城墙外民房上架起机枪发起对中国军队的进攻，开进火车站的铁甲车和南关日军兵营的炮兵等也先后向城内开炮。自 1 月 1 日晚 10 时 50 分起，山海关中国守军击退了日军多次进攻。当时，日军参与攻击山海关的兵力，除守备队和伪满警察外，还有由关外绥中增援的步兵约 3000 余人，并配备野炮、重炮 40 多门，装甲车 3 列，坦克 20 余辆，飞机 8 架，军舰 2 艘，可谓陆、海、空兵种齐全，足见攻击行为目的明确，战争计划组织周密。而临永警备司令部部署在山海关城内的兵力以第 626 团两个营为主力，其中第 1 营守南门，第 3 营守东门，团长石世安率领少数兵力在西门应援，第 626 团第 2 营则分布在山海关城近邻的孟家店、角山寺等处策应守城部队。双方交战至半夜稍有停歇，但 1 月 2 日凌晨 1 时许，战事又升级。凌晨 2 时，日军向临永警备司令部提出撤退南关中国守军、警察及保安队，撤退城上中国守军，南关改由日方警戒等多项无理要求。在双方交涉解决过程中，日军更是无理提出：中方开放南门，门内及城上均归日军警戒。可谓强硬、蛮横、无理至极。当最后通牒遭到中方拒绝后，日军更是蛮横地扣押了南关警察分局局长马鸿儒，缴去了中国警察的枪械。9 时，日军儿玉中尉率 70 余人在山海关城下架设木梯强行登城，爬至中间即向城内投掷手榴弹，遭到中国守军的顽强反击，造成敌、我双方官兵互有伤亡。10 时，日军第 8 师团由锦州、绥中、兴城调集兵车 4 列、铁甲车 3 辆、飞机 5 架增援，从石河铁桥、南关、二里店、五眼城、吴家岭一线大举进攻，日军兵力在炮火掩护下，不断向山海关南门（望洋）、东门（镇东）发起攻击。守军第 9 旅第 626 团在团长石世安率领下，1346 名官兵（总辖兵力 2257 人）奋起抗击，激战至下午 5 时日军退去。

不可理喻的是，日军在发起攻击后，竟继续反诬是中国军队挑衅，故意扩大事端。日本驻北平使馆代办中山、天津驻屯军司令官中村孝太郎于 2 日先后致电张学良，向我方提出“警告”，声称山海关战事系由中国进攻热河、宣扬抗日所致。2 日傍晚，关东军第 8 师团长西义一下令给第 4 旅团长铃木：“应一并指挥随着事件发生而准备出动中的各部队及由步兵第 16 旅团增派的部队，与山海关守备队协力夺取该地。”[17] 日军在铃木少将指挥下，各部增援兵力相继在次日晨到达山海关车站，一场精心策划的更大规模的进攻开始展开。1 月 3 日上午，日军第 8 师团铃木旅团等向山海关发起进攻，海军驱逐舰只也向城内开炮助攻，空军飞行第 10 大队 1 中队全力在山海关上空轰炸，野蛮侵略的气焰空前嚣张。在日军海、陆、空军的协同配合下，中国守军构筑的各种工事大部分毁于战火，南门及城东南角被炮火炸坏。日军在突入山海关南门及东南角后，中国守军预备队由西门开始向南门增援，激战至下午 2 时，日军全面发起总攻，南门及东南城角均被日军坦克及步兵突破。我军第 1 营营长安德馨（1893—1933，回族，保定人）及第 2、3、4、5 连连长刘虞宸、关景泉、王宏元、谢振藩等 412 名官兵先后战死，174 名官兵负伤，终因敌我力量悬殊，又无援兵支援，山海关北门及东北陷入无险可守之险境。城外二里店、馒首山的日军攻陷东北城，中国守军顽强抵抗、展开巷战，至下午 3 时，陆续撤出北水（关）门，向西退到石河西岸，第 626 团第 2 营官兵转移到南孟店、王庄之线继续抗击日军。素有"天下第一关"之称的山海关——榆关就此落入日本侵略军手里。

"榆关抗战"日军侵略动机、目的明确，行动有组织、有计划，且投入兵力、火力可观，双方交锋激烈、强度较大、过程较长、影响深远。我军死伤共 586 人，城内平民伤亡 1000 余人，商号被毁 500 余户，日军死亡官兵 80 余人，伤 200 余人。[18] 日军武力占领山海关后，企图继续把战火向石河西岸扩展。4 日，先攻占了山海关附近的五里台，10 日，又攻占了距离山海关不远的长城九门口，为实现日后攻取热河和滦东地区打下前进阵地。针对日军不可一世的狂妄企图，临永警备司令部决定："以骑兵旅全力，附步兵团 1 团及 1 营，固守石河之线，拒敌继续西进，以掩护我军主力占领阵地。"[19] 1933 年 1 月 25 日—2 月 5 日，东北义勇军独立第 8 梯队王慎庐部和东北民众义勇军第 5 路军郑桂林部，在军事要隘九门口一带多次与日军激战，并突入日军占领的九门口内，牵制了侵华日军力量，为滦东地区部署长城防御赢得了喘息时间。之后，日军并未按谈判约定的"在山海关的兵备维持现状"，而是继续采取一贯的欺骗伎俩，陆续在山海关增兵 6000 余人，并继续沿长城线西侵，增加、扩充作战点位。日军先后向义院口、界岭口、冷口、喜峰口、古北口等长城关口进犯，逼近北平、天津，于是，在长城重要关口、不同地点接连发生了系列性的不同规模和强度的"长城抗战"。而在时空视阈下纵观该战役时间、地点的发展线和前后关联程度，1933 年 1 月 1 日在山海关爆发的"榆关抗战"无疑是整个"长城抗战"的前奏、序幕或起始点。因为无论从作战的地点、动机、目的、手段，还是作战的性质、过程、规模、强度及影响等多方面来看，"榆关抗战"本然地具有反侵略的保家卫国的性质与特点，在时空逻辑上自然是中国战争史、军事史上"长城抗战"的重要组成部分，其与义院口、界岭口、冷口、喜峰口、古北口的抗战事例具有时间上的延续性、地点上的相似性以及目的、性质和影响上的一致性。所以说正是山海关长城中国守军的顽强抵抗，打响了中国“长城抗战”的第一枪。“榆关抗战”发生后，虽经历多层面的交涉，但日军旨在长期占领山海关，并准备以后继续向华北用兵以扩大侵略势力和范围的野心并未收敛。当年，丰子恺曾作《关山月》漫画在1933年2月1日的《东方杂志》上发表，以“榆关抗战”发生地“天下第一关”及流泪的月亮意象，表现民众对关隘失守、国土沦陷的忧愤，震撼人心。而当时各类报刊上的宣传画及新闻也刊发与抗日内容相关的图文，同声表达同仇敌忾的爱国情感。“榆关抗战”后的事态发展进一步证明，武力侵占山海关（榆关）仅仅是日军攫取热河省进而全面侵占中国华北的第一步，后续的侵略行径如影随形。

据相关史料显示，1933年1月28日，日军下达了攻占热河的预先命令。2月10日，日本关东军司令部又向有关作战兵团下达了新的作战意图。据日本参谋本部编撰的《满洲事变作战经过概要》显示，日军已明确表示要使“热河省真正成为满洲国的领域”。1933年2月17日，日本关东军司令武藤信义正式下达进攻热河的命令，日本继续侵占中国领土进而占领华北的狂妄野心尽管多加掩饰，也终于昭然若揭了。不过让人颇为费解的是，时任热河省主席兼第5军团总指挥的汤玉麟在军情危急、大敌当前之际，不仅不理战备，导致军队纪律废弛，而且贪图私欲，唯求搜刮民脂民膏，随时准备携带财宝溜之大吉。2月22日，日本外务省又有预谋、有步骤地向中国提出“备忘录”，明确要求划定明长城线以外区域为所谓的“中立区”，中国军队必须从热河省撤离。随之（2月23日），日军调集重兵在通辽、锦州方向，分三路向热河省进犯。由于国民党军队派系杂多，各级将领各存异己之心，部署的军队交叉且杂乱，整体上纪律败坏、素养低下、士气不振。于是日军乘势、借机、利用中国防线的缺口，以优势兵力分头突破，导致中国守军防御全线发生动摇。在凌源方向，守军万福麟部虽一度进行顽强的抵抗，但终因军力有限，加之腹背受敌，于3月2日退守至长城喜峰口。这样，日军铁蹄纵横热河省如入无人之境。到3月4日，畏缩不前的汤玉麟不战而放弃了承德。其中更为诡异不解的是日军初入承德的兵力居然仅有128人，却能轻而易举地进占热河省省会。随后，形势的发展更快，山海关至北平的明长城沿线发生了多点位、多次数而规模和强度不一的战斗，到3月下旬，热河省全域几乎完全被日军所控制。“长城抗战”继“榆关抗战”开始后主要的系列性战事有：冷口防御战和界岭口、义院口之战等。1933年3月4日，日军侵占迁安冷口，7日，中国守军商震率部向冷口发起进攻，防御战打响。9日，日军到达长城喜峰口，3月12日—3月24日，宋哲元率国民革命军第29军在武器装备落后、弹药不足的条件下，凭借高昂的爱国士气顽强阻击日军。赵登禹更是率部绕到日军后方，挥舞大刀奇袭，夺回高地并俘获日军坦克等军需物资，创造了惨烈且鼓舞人心的战争奇迹，也成为人们熟知的《大刀进行曲》的创作背景和素材。第 29 军官兵在前沿阵地、工事被轰塌后，依然在冰天雪地中不怕牺牲、沉着应战，精神和气魄惊天地而泣鬼神。与此同时，长城罗文峪方面也发生了用血肉之躯与敌拼搏的激烈战斗，使日军溃不成军。这一系列的战事，令日军将领也哀叹：丧尽“皇军的名誉”。3 月 11 日，长城古北口被日军突破，第 25 师师长关麟征率兵奋起抗击，他本人带伤指挥，经过一昼夜紧张激烈的战斗，给敌人以重创，但日军火力猛烈、不断增援，我军伤亡惨重，只得退往南天门附近。这时界岭口、冷口方面的战事也正异常激烈地进行着，中国守军打得十分艰苦，广大官兵在造成敌军大量死伤后，一度追击敌人至潮河关一带。3 月 11 日，日军由辽宁绥中南下，向关内的义院口、界岭口进犯。负责界岭口、义院口防务的守军缪澄流部多次击溃入侵日军。3 月 19 日—25 日撤退的商震部林作祯团，又分别在青龙以南的土石门和肖营子与日军激战，毙敌甚众。日军对此报道说：中国军队构筑有极其坚固的阵地，而且纵深相当大，其抵抗出乎意料的顽强。4 月 10 日，日军第三次进攻界岭口，中国守军顽强抵抗，但在日军以优势火力攻陷、占领迁安后，我军由于失去战略纵深，缺乏兵力支援，只能被迫转移，次日到 12 日，义院口、界岭口经激战后也相继沦陷，重演了“榆关抗战”的一幕。自 4 月 12 日起，日军开始向潮河右岸、南天门长城沿线进攻。至 4 月中旬，长城冷口中国守军在日军飞机、大炮的狂轰滥炸之下，浴血奋战，造成敌军尸积如山，我军于左右受敌的险境中，奉命弃阵。4 月下旬，日军又不断增派精锐部队，伺机反扑，中国军队撤守至南天门一带。这样，自“榆关抗战”爆发不到四个月时间，不仅热河全域被占，华北滦东屏障也尽失。在以上冀东长城各关口包括山海关、喜峰口、古北口等在内的一系列抗日争夺战中，我军顽强抵抗、浴血奋战，重创了日军的锐气，也打破了日军的不败神话。事后，日军不得不感叹：此战（冷口战役）为讨伐热河以来最激烈之战也。

需要补充说明的是，此时，国民党整编东北军、西北军（冯玉祥部）驻守关内的部队，其一部分已改编为第 57 军，下辖第 108、109、112、116 师共 4 个师，军长何柱国，参谋长俞建章，参谋处处长何竞华，司令部设在今秦皇岛市的海阳镇。面对日军的侵华行径，张学良下达的榆关前线及滦东驻军作战方针是：“滦东驻军，以掩护华北集中之目的，对滦东地区，务努力保持，以迟滞敌之西侵。”何柱国下令进行坚决抵抗，并向全军发布了《告士兵书》：“愿与我忠勇将士，共洒此最后一滴之血，于渤海湾头，长城窟里，为人类张正义，为民族争生存，为国家雪奇耻，为军人树人格，上以慰我炎黄祖宗在天之灵，下以救我东北民众沦亡之惨。”

（节录自山海关中国长城博物馆）所以，当时与“长城抗战”几乎同步发生的还有“滦东之战”。迁安、建昌营以南、滦河以东、东南至沿海口一带三角地区，包括临榆、抚宁、昌黎、卢龙及迁安一部，为平榆大道，北宁铁路要冲。从 1933 年 3 月下旬始，侵华日军节节进逼，何柱国部守军至 4 月 17 日退至滦河西岸。“滦东之战”中在昌黎安山击毁日军 1025 号侦察机。至 1933 年 5 月 3 日，日军向长城南、东起北戴河、西到迁安出兵，全线攻击，兵锋甚锐，唐山、遵化先后失守后，22 日中国军队接受了日方的停战条件，继九一八事变后，全面抗战爆发前，以“榆关抗战”为时空起点的中国军队最大规模的抗日战役，于 5 月 25 日停战。这也是百度对“长城抗战”结束时间下限的认定依据。实际上中国方面参谋部作战厅厅长熊斌与日本代表冈村宁次，于 1933 年 5 月 31 日在南京最后签订《塘沽停战协定》标志着中国“长城抗战”的失败和结束。协议规定：此后冀东 22 个县的中国领土成为中国军队不能驻守的“特殊地区”，日本侵略军明目张胆也“名正言顺”地在长城沿线竖起了“王道乐土大满洲国”的界碑，加紧了分化、分割中国领土进而侵占华北乃至全中国的阴谋和步伐。

三、“榆关抗战”是“长城抗战”的时空组合、逻辑起点

由上可知，反击日本有预谋的军事侵略且明显带有自卫性质的“长城抗战”，其时空上的爆发点、起始点是 1933 年 1 月 1 日开始的山海关——“榆关抗战”，因为山海关的点位优势十分关键。事件发生 30 年后，时任中国军队临永警备司令的何柱国对于当时的军事态势作过这样的回忆：山海关（榆关）“这样重要的关口，如在通常的国家，无疑要划为军事禁区，不容外人窥视。可是由于庚子八国联军之役，《辛丑条约》的签订，北京经天津直到山海关，沿路战略要地如廊坊、天津、塘沽、滦州、秦皇岛和山海关等，都曾经驻有英、法、意、日、俄等外国军队。我当时的司令部所在地临榆县城，南门外车站就驻有日本的守备队，车站南不远则是日本兵营，东门外距前俄国兵营不远又是关东军，因此榆关的南门和东门都在日本驻军的监视下，我们只有北门和西门可以自由出入”。“榆关既在沿海日本海军的大炮射程之内，西南不远又有秦皇岛的日本驻军可以随时切断我们的后路。同时，榆关东北有五眼城至吴家岭之线掌握在关东军手中，这一线地形高于长城之线，居高临下可以控制榆关。我就是把守这样一个关口，所带部队初期仅有一个旅，而且不能不分兵九门口和秦皇岛等处，榆关城内实际只有两个营。这就是我在榆关防御日本在任何时候可能突然发动的海陆空军联合进攻的军事形势。”[20] 在时空视阈下，从“长

城抗战”战役的发展线索来看，时空上属于局部的“榆关抗战”发生之后，接连发生了长城沿线九门口、义院口、喜峰口、界岭口、冷口、古北口等大小不同的争夺战，共同组成了集合概念“长城抗战”。虽然长城各个关口和点位发生的战争规模大小不一、强度大小有别，但是从逻辑角度来看，这一系列“长城抗战”的内在关联十分密切，而结果和影响上的广泛程度、深远意义则完全一致，那就是迟滞了日本军国主义对华北平津的全面侵略，在民族危亡之际唤起了中华民族的精神觉醒，激发出空前强烈而持久的抗日爱国热情。

注释

[1][2] 长城抗战（抗日战争中的战役之一），百度百科，http：//baike.baidu.com/item / 。

[3] [日]《满洲事变》，《现代史资料》（7），1964 年日文版，第 139 页。

[4] 复旦大学历史系编：《日本帝国主义对外侵略史料选编》，上海人民出版社，1983 年版，第 30 页。

[5]《蒋介石给张学良的不抵抗电令》（1931 年 9 月），载《西安事变资料》第 1 辑，第 1 页。

[6]《张学良致罗文干电》，1932 年 5 月 9 日，载《革命文献》第 38 辑，“中央”文献供应社，1968 年版，第 1057 页。

[7]《张学良致罗文干电》，1932 年 5 月 17 日，载《革命文献》第 38 辑，“中央”文献供应社，1968 年版，第 2059 页。

[8] [日] 参谋本部：《满洲事变作战经过概要》第二卷，中华书局，1982 年中文版，第 64 页。

[9] [日] 参谋本部：《满洲事变作战经过概要》第二卷，中华书局，1982 年中文版，第 64—65 页；军事科学院历史研究部：《中国抗日战争史》上卷，解放军出版社，1991 年版，第 245 页。

[10]《榆关抗日战役经过详报》，转引自余子道：《长城风云录——从榆关事变到七七抗战》，上海书店出版社，1993 年版，第 15 页。

[11] 临永警备司令部：《榆关抗日战役经过详报》，载中国国际宣传社：《榆关抗日战史》，1934 年版，第 85 页。

[12][13] 何柱国：《山海关防御战》，载《从九一八到七七》，中国文史出版社，1987 年版，第 407 页。

[14]《大公报》，1933 年 1 月 5 日。

[15] 何柱国：《山海关防御战》，原载《从九一八到七七》，中国文史出版社，1987 年版，第 407 页。

[16]《新闻报》，1933 年 1 月 7 日（中华民国二十二年一月七日）第 2 张。

[17] [日] 参谋本部：《满洲事变作战经过概要》第二卷，中华书局，1982 年中文版，第 65 页。

[18] 中国社会科学院近代史研究所中华民国史研究室：《中华民国史资料丛稿 · 大事记》（第 19 辑），中华书局，1981 年版，第 2 页；何柱国：《山海关防御战》，载《从九一八到七七》，中国文史出版社，1987 年版，第 409—410 页。

[19]临永警备司令部：《榆关抗日战役经过详报》，载中国国际宣传社：《榆关抗日战史》，1934 年版，第 98 页。

[20]何柱国：《榆关失陷前后》，载全国政协文史资料委员会编：《文史资料选编》第 37 辑，文史资料出版社，1980 年版，第 51—52 页。

京津冀晋长城沿线八路军战役战斗时空分布研究*

刘伟国　樊璐　李奥成　卢金玉　沈煊**

摘要：长城抗战作为学术研究领域中的重要议题，中国共产党和八路军在长城沿线所作出的突出贡献不容忽视。本研究依托于京津冀晋长城沿线地区的历史文献资料，对八路军在该区域的战役战斗进行了全面的时空分布分析。通过对战役战斗的起始时间、地理位置及其空间关联性的深入分析，从而揭示八路军在抗日战争中的战略地位及其作战特征。研究结果表明，八路军在京津冀晋长城沿线地区的战役战斗具有持续时间长、规模宏大、战果显著的特点，并且形成了具有中国特色的战略战术。对京津冀晋长城沿线八路军战役战斗的时空分布研究，不仅有助于从宏观角度重新阐释长城抗战的内涵，而且为当前的爱国主义教育提供了丰富的历史资源和实地教学案例。

关键词：长城；八路军；战役战斗；时空分布；京津冀晋

引言

长城抗战，一般是指 1933 年 3 月至 5 月，中国国民政府指挥下的国民革命军

---

* 课题项目：本文为国家文物局革命文物专项“八路军抗战文物主题游径建设研究”（编号：2024-316），八路军太行纪念馆·山西大学国家革命文物协同研究中心革命文物专项课题“八路军总部旧址调查研究”（编号：GMWW2023001）阶段性研究成果。

** 作者简介：刘伟国，山西大学历史文化学院副教授，八路军太行纪念馆·山西大学国家革命文物协同研究中心副主任；樊璐，山西大学历史文化学院博士研究生；李奥成，八路军太行纪念馆·山西大学国家革命文物协同研究中心硕士研究生；卢金玉，八路军太行纪念馆·山西大学国家革命文物协同研究中心硕士研究生；沈煊，山西大学历史文化学院硕士研究生。

（东北军、西北军、中央军等）在长城的义院口、冷口、喜峰口、古北口等地抗击侵华日军进攻的作战。长城抗战作为中国军队抵抗日军侵略的典型战役，“它上承九一八事变为开端的日本武装侵占中国的新阶段，下接长达八年之久的全国抗日战争，是一个充满着一系列重大事变的历史转折时期”。[1] 长城抗战在中日战争史上具有重要地位。

然而，除国民政府领导的国民革命军抗击日军外，中共也在长城沿线领导八路军持续对日作战，并组织多场著名战斗，如平型关战役、雁门关战斗、百团大战、宁武—阳方口战斗、忻口—雁门关破袭战、柴沟堡战斗、龙门所战斗、山海关战斗等，对日军形成了有效的打击和牵制。这些战役战斗也应该是长城抗战的重要组成部分。当前学界多针对国民政府领导的长城抗战进行深入研究[2]，或者聚焦于中共对日作战的单体战役研究[3]，忽略了从整体上看待中共在长城抗战中的重要作用。基于此，本文系统梳理北京、天津、河北、山西长城沿线的八路军战役战斗，探究其时空分布特征，明确中共在长城抗战中的重要作用，进而为学界从广义上理解长城抗战提供借鉴。

一、研究区域及研究数据

（一）研究区域概况

为了数据统计方便，本文所指的长城沿线以现行行政区划的行政边界确定，包括山西省忻州市、朔州市、大同市，河北省保定市、张家口市、承德市、唐山市、秦皇岛市，内蒙古自治区呼和浩特市、乌兰察布市，北京市门头沟区、昌平区、延庆区、平谷区、密云区、怀柔区，天津市蓟州区。

本研究区域横跨第二、第三级地形阶梯，包含内蒙古高原南部、燕山—太行山山地、华北平原西北部等。西段（忻州至乌兰察布）以高原、山地为主，东段（密云至秦皇岛）多丘陵海岸地貌，中部（张家口至承德）为山间盆地。雁门关、平型关等均依托断裂构造而形成。桑干河、永定河等外流河与内陆河分水岭贯穿长城沿线，老牛湾为黄河与长城唯一交汇点。依托得天独厚的自然地形，该区域作为华北抗日前沿，既是抵抗日军进犯西北的屏障，也是连接东北和华北的枢纽。尤其是山地地形为中共的游击战术的施展提供天然依托。1937 年全面抗战爆发后，中共依托山地地形和群众基础，建立了多个抗日根据地。长城沿线西部属于晋绥抗日根据地，中部和东部属于晋察冀抗日根据地。依托长城沿线，中国共产党带领根据地军民施展交通破袭战、山地游击战和平原游击战等，有效打击和牵制了日军，为中国抗日战争的胜利作出突出贡献。

（二）数据来源及处理

本文的研究对象是全面抗战时期八路军在京津冀晋明长城沿线所发起的重要战役战斗。本文的数据来源主要是根据《中国抗日战争军事史料丛书·八路军·表册》第 2 册中的《八路军重要战役战斗一览表》[4] 以及《中国人民解放军战史·抗日战争时期》中的附表《八路军重要战役战斗一览表》[5]，共统计出全面抗战时期八路军所发动的重要战役战斗 1097 次。其中，京津冀晋长城沿线重要战役战斗 326 次，占八路军所有重要战役战斗总数的 29.72%。

需要指出的是，本文统计出的战役战斗数量要超过战役战斗的实际数量。原因在于部分战役战斗涉及多个时段、多处地点，为充分体现战役战斗的时空特点，某一个战役在时段和地点有重复统计的情况。具体统计方式如下：

战役战斗发生的时间以年、月为单位进行统计。作战时间跨年、跨月的战役战斗均会重复统计，如冀中反敌第 2 次围攻战役，作战时间为 1938 年 2 月 21 日—1939 年 1 月 24 日，按年份统计时，1938 年和 1939 年均会计入；如发生在 1941 年 11 月 14 日—1942 年 2 月 5 日的冀东反击伪治安军战役，其战斗时间跨 4 个月，即 1941 年 11 月、12 月，1942 年 1 月、2 月，那么这 4 个月都会统计此次战役。

战役战斗发生的地点以县为单位进行统计，作战区域跨县的战役战斗会重复统计。如发生于 1945 年 6 月中旬—7 月 5 日的平北战役，作战区域包括察哈尔省赤城县（今河北省张家口市赤城县）、龙关县（今河北省张家口市赤城县）、崇礼县（今河北省张家口市崇礼区）、延庆县（今北京市延庆区）、河北省昌平县（今北京市昌平区），在统计地域时，平北战役会被以今天行政区划为范围统计 4 次，即在今河北省张家口市赤城县、崇礼区，北京市延庆区、昌平区同时统计平北战役。此外，作战地域较大的战役战斗共有 17 次，未在上述统计之内，单独阐述。

二、研究结果

（一）战役战斗的时空特征

1. 时间特征

（1）年度特征

1937 年 7 月 7 日，全面抗战爆发。1937 年 7 月—1938 年 10 月为战略防御阶段，

1938 年 10 月—1943 年 7 月为战略相持阶段，1943 年 7 月—1945 年 9 月为战略反攻阶段。在全面抗战的宏观背景下，长城沿线八路军战役战斗的年度特征与全面抗战的阶段特征有些类似，可进一步细分为抗日战争全面爆发初期与交通线破袭阶段（1937—1939 年）、反“扫荡”与攻势作战阶段（1940—1943 年）、局部反攻与战略反攻阶段（1944—1945 年）。

第一，抗日战争全面爆发初期与交通线破袭阶段（1937—1939 年）。1937 年 7 月 7 日卢沟桥事变标志着中国全面抗战的开始。同年 8 月 25 日，中共中央革命军事委员会颁布命令，宣告红军改编为国民革命军第八路军，并迅速挺进山西前线，开启了中国共产党领导下的八路军长达八年的艰苦抗战历程。在这一时期，八路军共发起战役战斗 116 次，具体分布为 1937 年 19 次、1938 年 67 次、1939 年 30 次。数据表明，在全面抗战的初期阶段，八路军在长城沿线的抗战活动逐步增加，特别是在 1938 年达到了顶峰。在这一年，八路军不仅在多个战略要地对日军实施了有效的打击，还通过破坏交通线的战术，成功切断了日军的后勤补给线，对其战略部署造成了重大干扰。其中，八路军第一一五师在平型关战役中取得首次胜利，打破了日军不可战胜的神话。为了支援国民党军在忻口的防御作战，八路军在雁门关、阳明堡等地展开战斗，有效地支援了国民党军的正面战场。

第二，反“扫荡”与攻势作战阶段（1940—1943 年）。在此期间，日本帝国主义在对国民党政府实施政治诱降的同时，将军事进攻的重点转向八路军，并大力推行“囚笼政策”。在这一阶段，八路军共发起战役战斗 156 次，具体分布为 1940 年 52 次、1941 年 45 次、1942 年 36 次、1943 年 23 次。尽管日军在军事和政治上占据优势，八路军却依托长城沿线的山地地形，运用游击战术，成功地瓦解了日军的“囚笼政策”，有效地保卫了抗日根据地，并为后续反攻阶段奠定了坚实基础。特别值得指出的是，1940 年的百团大战是八路军在抗日战争期间主动进攻日军的一次规模最大的战役，它不仅提升了敌后抗日军民的声望，也极大地鼓舞了全国人民争取抗战胜利的信心，在战略上为国民党正面战场提供了有力支持。从年度特征分析，八路军在长城沿线的抗战活动在不同阶段表现出不同的特点，但总体上呈现出逐渐增强和深入的趋势。

第三，局部反攻与战略反攻阶段（1944—1945 年）。在此期间，日军在太平洋战场遭遇连续挫败，美军逐步向日本本土推进，导致日军面临双线作战的严峻局面。在中国战场，由于兵力与资源的分散，日军逐渐失去了战略上的主导地位，其军事行动的频次与效能均出现下降。在此阶段，八路军共发起战役战斗 41 次，其中 1944 年为 12 次、1945 年为 29 次。尽管战役战斗的总次数有所减少，但每次战役的规模与影响力均显著增强。1944 年，八路军在长城沿线有选择性地发起了多次局部反攻战役，有效削弱了日军的战斗力。至 1945 年，随着世界反法西斯战争逐渐走向胜利，八路军在长城沿线的战略反攻全面展开，发动了多次大规模战役，对日军构成了强大的攻势。这些战役不仅加速了日军的败退，也为中国人民抗日战争的最终胜利奠定了坚实基础。

综上所述，京津冀晋长城沿线八路军在不同抗战阶段的战役战斗年度特征，清晰地反映了中共领导的八路军在抗日战争中的坚韧不拔和战略智慧。1937—1945 年，随着战争形势的发展，八路军的战役战斗从初创时期的交通线破袭，到相持阶段的反“扫荡”与攻势作战，再到反攻阶段的局部反攻与战略反攻，不仅体现了中共军事策略的调整与升级，也彰显了中国人民不屈不挠的民族精神。

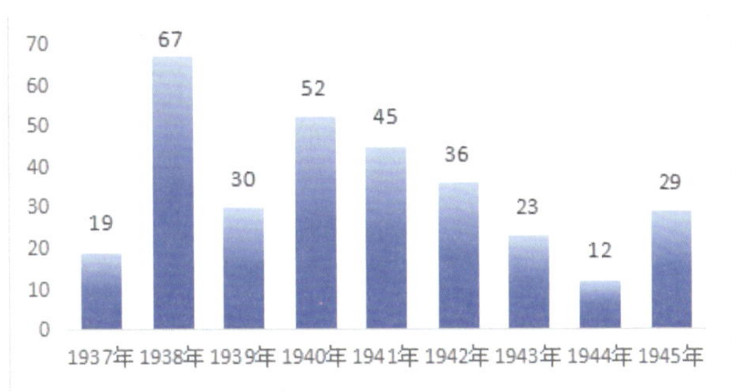

图 1　1937—1945 年各年份战役发生数量统计

（2）月度特征

据统计，1937—1945 年，平均每月发生的战斗数量可以达到 29.83 次。从月度特征来看，战斗的发生频次呈现出一定的季节性规律。在春季（3—5 月）和夏季（6—8 月），战斗的发生频次相对较高，尤其是 3 月、5 月和 6 月，分别达到每月 34 次、42 次和 39 次。这可能与当时的气候条件、农作物生长周期以及日军的军事行动计划有关。在春季，随着天气转暖，日军可能加大了对根据地的“扫荡”力度，而八路军则利用地形优势进行反击。同时，春季也是农作物播种和生长的关键时期，保护根据地的农业生产也是八路军的重要任务之一。在夏季，随着白天时间增长，双方可利用更长的日照时间进行行军、侦察和攻击。且夏季是小麦、水稻等主要粮食作物的收获季节，随着农作物成熟，日军可能试图通过抢收粮食来削弱根据地的经济基础，而八路军则通过战斗来保卫夏收成果。

相比之下，在冬季（12—2 月），战斗的发生频次相对较低，尤其是 12 月，仅有 13 次。这可能是由于冬季天气寒冷，不利于户外军事行动，加之日军在冬季可能更加注重防御和休整，减少了主动进攻的次数。然而，即使在冬季，八路军也并未放松警惕，仍然保持着一定的战斗频次，以确保根据地的安全和稳定。

总之，从月度特征的分析中，我们可以看出，八路军在长城沿线的抗战活动不仅受到战争总体形势的影响，还与当地的自然条件、农业生产周期以及日军的行动计划密切相关。春季和夏季作为战斗发生频次较高的时期，八路军在这两个季节中不仅面临着日军的军事压力，还需要兼顾保护根据地的农业生产，确保军民的基本生活需求。这种兼顾军事与民生的战略部署，体现了中共在抗战中的全面考虑和灵活应对。总之，通过对月度特征的分析，我们可以更加深入地了解八路军在长城沿线抗战中的战斗策略和重点，以及他们如何根据季节变化灵活应对日军的进攻。

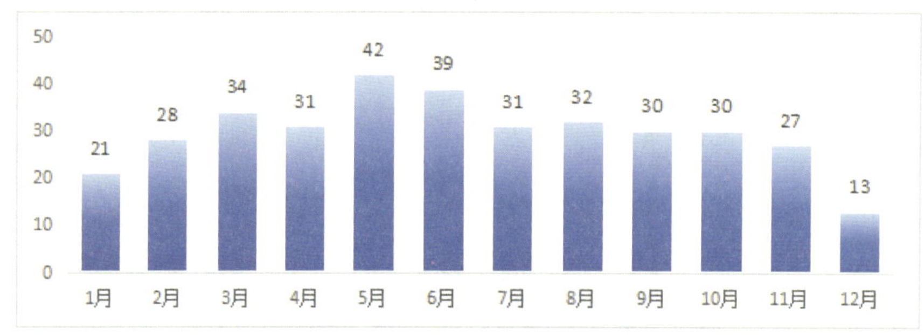

图 2　1937—1945 年各月份战役发生数量统计

2. 空间特征

在全面抗战时期，八路军的作战地域分布广泛，具体而言，北京市发生 30 次，天津市 9 次，保定市 135 次，秦皇岛市 7 次，张家口市 46 次，唐山市 89 次，承德市 5 次，朔州市 14 次，大同市 37 次，忻州市 97 次，呼和浩特市 3 次，乌兰察布市 2 次。这一数据揭示了八路军在京津冀晋长城沿线的抗战活动具有显著的地理分布特征。特别是保定、唐山、忻州等地区，作为抗战的关键战场，其战役战斗频发，远超其他地区。这些地区地形复杂，山地、丘陵与平原交错，为八路军的游击战术提供了天然的地理优势。同时，由于其地理位置的重要性，这些区域成为日军的主要进攻目标和八路军的重点防御地带。

保定市地处华北平原，毗邻北京，是南北交通的枢纽。八路军在此地多次发起战役，有效阻断了日军的交通线，支援了其他战场的抗战。唐山市和秦皇岛市位于长城东段，濒临渤海，八路军在这些地区的抗战活动不仅牵制了日军的兵力，还对日军的海上补给线构成了威胁。忻州市位于山西省北部，是晋绥抗日根据地的重要组成部分，八路军依托山地地形，多次成功抵御了日军的进攻。此外，张家口市、大同市等地也是八路军抗战的重要战场。张家口市位于河北省西北部，是华北的交通枢纽，八路军在此地多次与日军展开激战，为保卫抗日根据地作出了巨大贡献。大同市位于山西省北部，是晋察冀抗日根据地的重要门户，八路军依托长城防线，成功抵御了日军的多次进攻。尽管呼和浩特市、乌兰察布市等地的战役战斗次数相对较少，但这些地区作为抗日根据地的重要组成部分，为八路军提供了重要的物资补给和兵员补充，对抗战的胜利起到了不可或缺的作用。同时，这些地区也是八路军向周边战场转移和机动的重要通道，为八路军的战略部署提供了重要支撑。

总之，京津冀晋长城沿线八路军抗战战役战斗的空间分布特征，既反映了当时抗战形势的严峻性和复杂性，也彰显了中共领导的八路军在抗战中的英勇顽强和战略智慧。

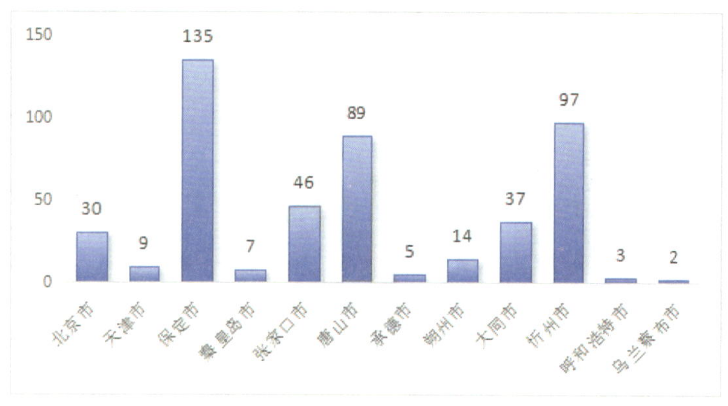

图 3　京津冀晋长城沿线各地市八路军抗战战役战斗数量

3. 时空关系

长城沿线八路军的抗战战役战斗呈现出随时间自西向东的演变特征。大同、朔州、忻州、保定、乌兰察布等的战役战斗大多发生于 1940 年以前，唐山、张家口、秦皇岛、呼和浩特、北京、天津的战役战斗大多发生于 1940 年以后。在抗战初期，八路军主要依托山西的山地地形，创建了晋绥、晋察冀抗日根据地，开展游击战争，打击日本侵略者。1937 年 11 月 7 日成立了晋察冀军区，初步形成了以五台山为中心的晋察冀抗日根据地。1938 年 10 月 13 日，彭真在《解放》杂志第 55 期发表《论晋察冀边区抗日根据地的政权》，介绍了边区政权一年来不断壮大发展的过程："（晋察冀边区）已经由原来五台、阜平、灵丘等县的狭小地区，扩大发展至冀中，东至津浦，西至同蒲，北至北宁、平绥，南至沧石、正太这几条交通要道中间的广大领土。"[6] 到 1940 年上半年，随着八路军在冀东游击战争的蓬勃开展和冀热察挺进军向平北的胜利进军，逐渐开辟了冀东、平北游击根据地。可见，随着根据地从西向东的扩大，八路军的战役战斗也相应地从西向东发展。

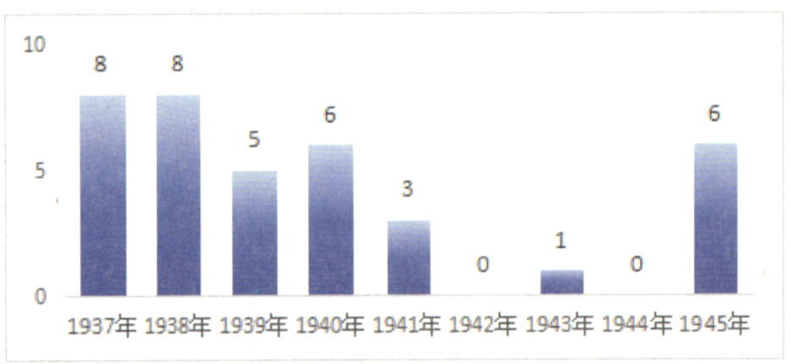

图 4　山西省大同市八路军各年份抗战战役战斗数量

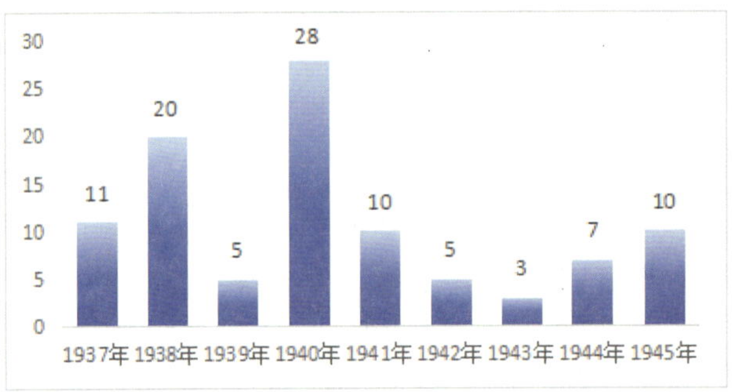

图 5　山西省忻州市八路军各年份抗战战役战斗数量

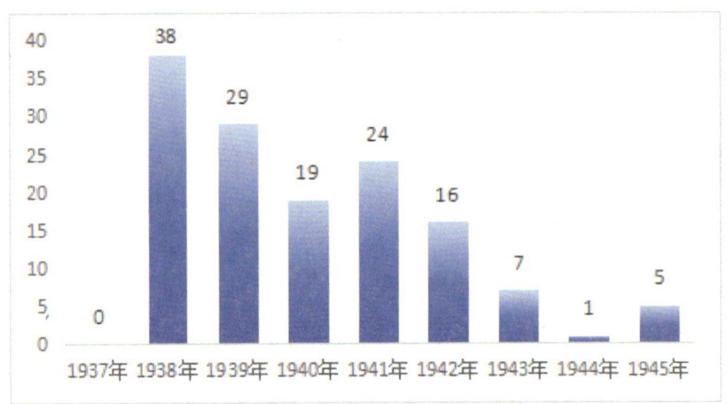

图 6　河北省保定市八路军各年份抗战战役战斗数量

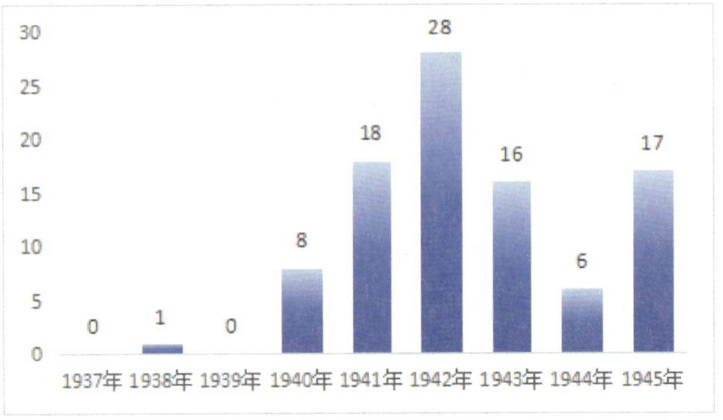

图 7　河北省唐山市八路军各年份抗战战役战斗数量

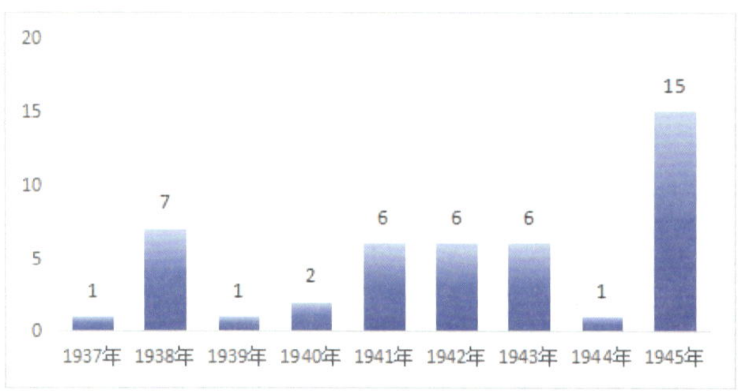

图 8　河北省张家口市八路军各年份抗战战役战斗数量

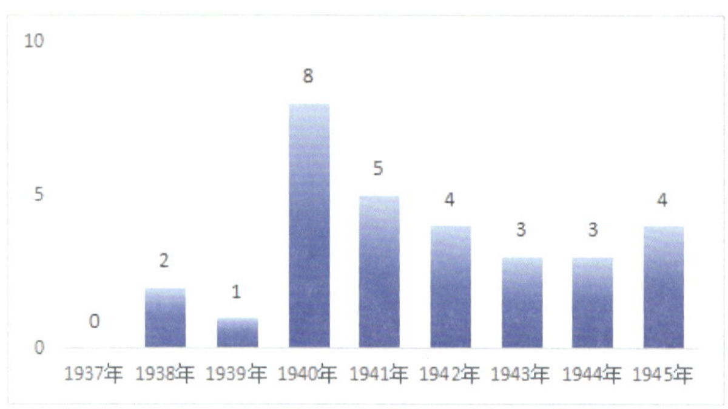

图 9　北京市八路军各年份抗战战役战斗数量

（二）战果的时空特征

从所获战果上看，绝大多数战役战斗的战果都不大，毙伤日伪军超过 500 人的战役战斗共计 75 场，缴获的炮、枪支的数量也不多，92 场战役战斗缴获的枪支在 100 支以上。

毙伤日军最多的地区是保定、忻州、大同、唐山，特别是保定和忻州，明显要多于其他地区。毙伤日伪军数量较多的区域是保定、唐山、忻州、张家口，其中以保定和唐山最多，但是不像毙伤日军数量遥遥领先一样，保定和唐山对于其他地区并没有形成断崖式的领先。如发生在今河北省保定市涞源县、张家口市蔚县，山西省大同市灵丘县、广灵县、浑源县的涞灵战役，毙伤日伪军 1024 人，俘日军 34 人、伪军 43 人。发生在河北省保定市唐县南北里村的战斗，歼伪军 600 余人。发生在河北省唐山市滦县（今滦州市）开平的战斗，歼伪军 2000 余人。

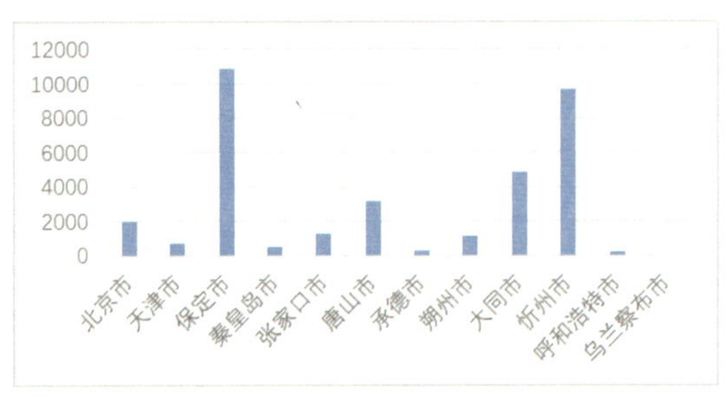

图 10　京津冀晋长城沿线各地市八路军抗战战果：毙伤日军数量

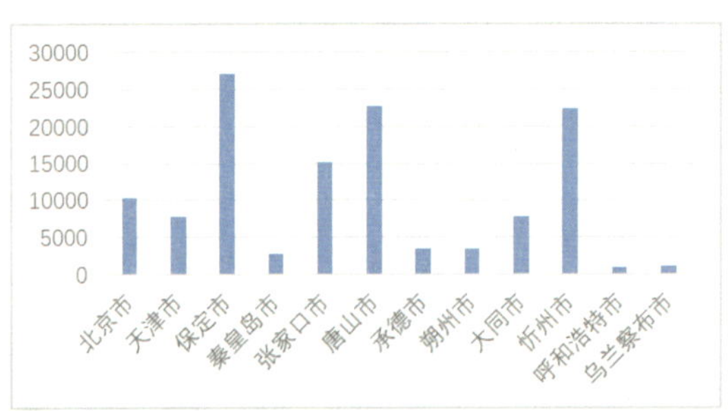

图 11　京津冀晋长城沿线各地市八路军抗战战果：毙伤日伪军数量

缴获武器的数量是衡量作战成果的重要指标之一。炮类武器作为具有强大火力的装备，其缴获情况更能反映出战斗的激烈程度以及对抗日军队作战能力的影响。在图中可以看到，张家口、唐山、保定三地在缴获炮类武器数量中处于明显的领先位置，张家口、唐山缴获枪支数量最多。

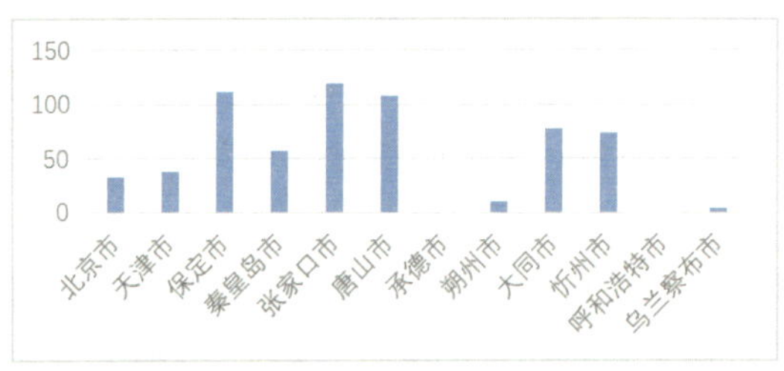

图 12　京津冀晋长城沿线各地市八路军抗战战果：缴获炮数量分布

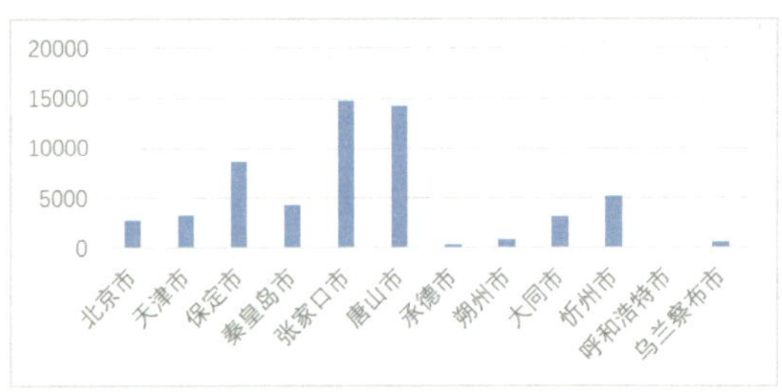

图 13　京津冀晋长城沿线各地市八路军抗战战果：缴获枪数量分布

（三）作战区域较大的战役战斗

全面抗战时期，京津冀晋长城沿线每一年都会有大的战役发生，战斗涉及的地域较广，特别是反围攻、反“扫荡”、反“蚕食”等战役，反映了八路军面临着很大的作战压力。规模较大、影响深远的战役战斗共有 17 次（表 1）。这 17 次战役共造成日军伤亡 21832 人，日伪军伤亡 81841 人，缴获枪支 9680 支，以及炮 / 掷弹筒 953 个。这些数据揭示了以下特点：

第一，战役规模宏大，涉及多个省份，体现了八路军在长城抗战中的广泛参与和深远影响。这些战役不仅地域广阔，而且参战兵力众多，战斗激烈，充分展现了中共领导下的八路军作为抗战主力军的作用。以百团大战为例，作为规模和影响最为显著的战役之一，其战斗范围覆盖了河北省、山西省、察哈尔省及热河省南部。八路军以巨大的牺牲和英勇斗争，对日军造成了沉重打击，极大地鼓舞了全国人民的抗日斗志。

第二，战果丰硕，毙伤日伪军数量庞大，缴获武器装备众多。这些战役不仅有效削弱了日军的战斗力，还极大地鼓舞了中国人民的抗日斗志，为抗战胜利奠定了坚实基础。同时，缴获的大量武器装备也有效补充了八路军的军备，提升了其作战能力。以晋察冀边区反“扫荡”战役为例，八路军凭借灵活的战略战术和顽强的战斗精神，成功抵御了日军的多次进攻，不仅保卫了抗日根据地，还有力地支援了其他战场的抗日斗争。

第三，战役战斗与地理条件、战略位置紧密相关。这些战役多发生在地形复杂、战略位置重要的地区，八路军充分利用地理优势，采取灵活多变的战术手段，成功抵御了日军的进攻，保卫了抗日根据地。以平汉铁路沿线的多次破袭战为例，八路军利用沿线复杂的地形条件，多次对日军的交通线发起突袭，不仅有效破坏了日军的运输线，还对其后勤补给造成了严重影响。在平汉铁路北段破袭战中，八路军通过精心策划和周密部署，成功袭击了日军在丰台至石家庄段的多个据点，给日军造成了重大损失。而在平汉铁路北段、正太铁路东段、平绥铁路东段南侧破袭战中，八路军更是横跨多条铁路线，对日军形成了多点打击，展现了其卓越的战术能力和战略眼光。

综上所述，这 17 次规模较大、影响深远、战果丰硕的战役战斗，不仅展现了八路军在长城抗战中的英勇顽强和战略智慧，也为我们更加全面地理解中共在长城抗战中的重要作用及其对整个抗日战争胜利所作出的巨大贡献提供了有力证据。

表 1　长城沿线八路军作战区域较大的战役战斗汇总表

战役战斗名称	作战时间	作战地域	战果			
			毙伤日军	毙伤日伪军	缴获枪支	缴获炮/掷弹筒
晋察冀边区反敌八路围攻战役	1937 年 11 月 24 日—12 月 21 日	山西、察哈尔、河北三省边区	1087	—	322	—
平汉铁路北段破袭战	1938 年 4 月 28 日—5 月 14 日	北平市丰台至河北省石家庄	—	1258	—	—
平汉铁路北段、正太铁路东段、平绥铁路东段南侧破袭战	1938 年 7 月 6 日—8 日	北平市至河北省石家庄，正定县至井陉县，北平市至察哈尔省张家口	—	1450	334	1
晋察冀边区反敌围攻战役	1938 年 9 月 20 日—11 月 7 日	山西、察哈尔、河北三省边区（以五台县、阜平县为中心）	—	5330	619	10
百团大战	1940 年 8 月 20 日—12 月 5 日	河北省、山西省、察哈尔省和热河省之南部	20645	5155	5983	919
晋察冀军区反“扫荡”战役	1940 年 11 月 9 日—1941 年 1 月 4 日	晋察冀边区	—	4495	581	7
平津铁路破袭战	1941 年 6 月 2 日	北平市—天津市	—	2600	—	—
晋察冀边区秋季反“扫荡”	1941 年 8 月中旬—10 月 16 日	山西、察哈尔、河北三省边区	—	5500	62	—
北岳区交通破袭战	1941 年 11 月 10 日—12 月 20 日	河北、山西、察哈尔三省边区	—	1400	—	—
平汉铁路北段和正太铁路东段破袭战	1942 年 5 月 20 日—27 日	北平市至河北省石家庄、井陉县	—	1258	100	1
北岳反“蚕食”作战	1942 年 9 月中旬—12 月底	山西、察哈尔、河北三省边区	—	2249	173	2
北岳反“扫荡”战役	1943 年 4 月 19 日—5 月 18 日	山西、察哈尔、河北三省边区	—	1674	74	1
北岳区反“扫荡”战役	1943 年 9 月 16 日—12 月 15 日	河北、山西、察哈尔三省边区以阜平为中心 30 余个县	—	9472	946	8
热河战役	1945 年 8 月 10 日—9 月 23 日	热河省	100	—	—	—
围逼平津战役	1945 年 8 月 12 日—9 月	北平、天津两市周围各县	—	10000	—	—

（续表）

战役战斗名称	作战时间	作战地域	战果			
			毙伤日军	毙伤日伪军	缴获枪支	缴获炮/掷弹筒
察哈尔战役	1945年8月15日—10月1日	察哈尔省	—	13000	—	—
王垣镇战斗	1945年9月1日—2日	河北省、天津市	—	17000	486	4
总计			21832	81841	9680	953

结语

针对京津冀晋地区长城沿线八路军战役战斗遗址的时空分布，本研究揭示了八路军在全面抗战期间所作出的重大贡献，并深入探讨了其抗战成效的时空特征。这些特征不仅体现在时间上的阶段性变化和空间上的地域差异，还体现在战果与地理条件、战略位置的紧密联系，以及不同战役战斗之间的相互作用和动态时空关系。

这些战役战斗在中国抗日战争史乃至世界反法西斯战争史上占据着举足轻重的地位。通过深入分析这些战役战斗，清晰地展示了中国共产党在抗战期间坚持全面抗战路线、倡导建立抗日民族统一战线、实施全面抗战的坚定立场。作为中国共产党领导下的主要武装力量，八路军在长城抗战中扮演了至关重要的角色。他们在敌后战场广泛开展游击战争，有效地牵制和消耗了日军的军事力量，为抗战的最终胜利奠定了坚实基础。因此，长城抗战这一概念应从广义上加以界定，既要包括国民党军队在正面战场上的抗战，也要包括中国共产党领导的八路军在敌后战场的抗战。

游击战是中国共产党敌后抗战的主要作战方式。1938年9月29日—11月6日，中国共产党在延安召开了扩大的第六届中央委员会第六次全体会议，会议总结了16个月抗战的基本经验。会议指出："中华民族有抵抗外寇的不可战胜的伟大力量。然而求得速胜是不可能的，抗日战争是艰苦的持久战。"会议科学分析了全国抗战进入战略相持阶段的形势，"基本的特点是：一方面我国的困难加多，另一方面我国更加团结与更加进步"。会议要求，既估计到困难的一面，同时又必须看到有利于团结、进步的一面，确定了中华民族抗战的基本任务，"坚持抗战，坚持持久战，巩固和扩大抗日民族统一战线，以便克服困难，增加力量，停止敌之进攻，实行我之反攻，以取得最后驱逐日寇出境和建立独立自由幸福的三民主义新中国的光荣胜利"。[7] 毛泽东也进一步指出："只要想一想抗日游击战争在中国民族解放命运上的历史意义，就会知道的。中国的抗日游击战争，就其特殊的广大性和长期性来说，不但在东方是空前的，在整个人类历史上也可能是空前的。”[8] 在中国共产党的带领下，中国人民不畏艰难、团结一心，积小胜为大胜。最终，中国共产党与中国人民取得了抗日战争的伟大胜利。

长城，凝聚着中华民族的勤劳、聪明、智慧和血汗，是屹立在中华大地上的不朽丰碑。这是有形长城。抗日战争时期，八路军武器装备十分落后，其实无法达到“小米加步枪”的水平。但是，八路军硬是用他们的血肉之躯，与日寇进行殊死搏斗，“把我们的血肉，筑成我们新的长城！”这是无形长城——精神长城。

总之，长城不仅是地理上的防线，更是民族团结、抵抗侵略的象征。今天，当我们站在这座伟大的建筑面前，仰望那亘古不变的长城时，是否能听到那些历史的回响？是否能感受到那份沉甸甸的责任与使命？

注释

[1] 余子道：《长城风云录·前言》，上海书店，1993 年版，第 1 页。

[2] 金以林：《论长城抗战》，《抗日战争研究》1992 年第 1 期；侯杰、常春波：《长城抗战的历史记忆与群体认同》，《中州学刊》2015 年第 9 期；马瑞：《从“国际解决”到“单独交涉”：长城抗战期间国民政府的对外交涉》，《抗日战争研究》2023 年第 2 期。

[3] 薛生平：《平型关大捷与八路军战略方针》，《中共党史研究》1995 年第 3 期；杨奎松：《关于平型关战斗的史实重建问题》，《社会科学论坛》2006 年第 1 期；程功群，王倩：《抗战记忆：平型关大捷的民族共识与社会记忆》，《江汉论坛》2019 年第 12 期。

[4] 中国抗日战争军事史料丛书编审委员会：《中国抗日战争军事史料丛书·八路军·表册》第 2 册，解放军出版社，2016 年版，第 83—285 页。

[5] 军事科学院军事历史研究部：《中国人民解放军战史·抗日战争时期》，军事科学出版社，2000 年版。

[6] 彭真：《论晋察冀边区抗日根据地的政权》，《解放》第 55 期，1938 年 10 月 13 日。

[7] 《中共中央文件选集》第 11 册，中共中央党校出版社，1991 年版，第 748、749、751 页。

[8] 《毛泽东选集》第 2 卷，人民出版社，1991 年版，第 551 页。

■ 长城建筑与文物研究

论长城建筑体系中的儒家思想与空间美学之实践

张盈馨 *

摘要：本文通过考古遗存与文献互证，揭示长城防御体系如何将儒家伦理转化为军事实践与空间秩序。研究表明，居庸关戍卒居址 3 ∶ 5 ∶ 2 的储粮兵器配比，印证《论语》“足食足兵”的治理逻辑，八达岭避雨廊道的“以工代赈”制度将军事工程转化为民生保障系统，构建“军事－民生”共生结构；居延汉简《塞上烽火品约》的 87 种预警标准与 540 米烽燧间距设计，既实现《孙子兵法》的军事效能，又实践《论语》“节用爱人”的伦理准则。在空间建构层面，长城通过“关隘－烽燧－城墙”三级架构，将《周礼》“九夫为井”的等级模数转化为防御工事，八达岭“阴阳垛口”虚实交替的韵律暗合《中庸》“致中和”的宇宙观，形成“礼制－军事”同构的复合系统。这种“刚柔相济”的文明编码，使长城超越单纯防御功能：明代军屯“军民混居”的聚落形态实现军事威慑向教化的转化，《营造法式》“三间一启”的礼制规范则将“尊卑有序”注入建筑肌理。作为儒家仁政思想的物质转译，长城在刚性防御中完成柔性伦理的文明叙事，其“军事民本主义”范式既印证罗尔斯“空间正义”的现代价值，更确立中华文明“以战止战”的伦理型防御传统。

关键词：长城建筑体系；儒家思想；仁政思想；空间美学；长城防御体系

长城作为中华文明的核心象征，不仅承载着军事防御的功能，也蕴含着儒家文化的深刻内涵。从军事角度来看，长城绵延万里的线性结构不仅是冷兵器时代地理屏障的具象化，更通过关隘、烽燧、城墙的三级架构，构建了一个“礼－兵”同构的空间秩序。这一秩序既体现了《论语》中“礼之用，和为贵”的防御性战略思维，

* 作者简介：张盈馨，厦门工学院国学院副教授。

又通过“九夫为井，四井为邑”的模数化建造逻辑，将儒家井田制中的等级秩序映射到军事工程中。这种礼制思想的物质化体现，在明清北京城“左祖右社”的轴线布局中同样明显，进一步印证了儒家空间伦理对中国古代建筑的普遍影响。

当代长城研究引入现象学视角，揭示了其空间美学中的矛盾性张力：长城的城墙既以刚健雄浑的线性切割塑造了华夏文明的“文化阈限”，又通过砖石肌理的渐变韵律实现了与自然地貌的柔性对话。这种“界域化－解域化”的动态平衡，呼应了儒家“致中和”的宇宙观，为理解中国古代防御建筑的象征体系提供了新的诠释维度。

作为人类历史上规模最宏大的线性防御工程，长城不仅是军事防御的物质载体，更蕴含着深邃的文明密码。本文通过考古类型学与文献考据相结合的研究方法，揭示长城建筑体系与《论语》核心思想的深层互文关系。研究表明，这座横亘万里的巨型建筑通过其空间布局与功能配置，将儒家“仁”“礼”“和”的抽象理念转化为具象的物质实践，实现了礼制规范与美学原则的空间转译。本文最后揭示长城作为“文化长城”之精神内涵[1]。

一、军事伦理视域下的长城防御体系：仁政实践的空间诠释与制度呈现

作为人类历史上规模最宏大的军事防御工程，长城历来被视为冷兵器时代军事技术的集大成者。然而，若仅从“高墙深堑”的物理属性理解其存在价值，则遮蔽了更为深刻的文化意涵——自汉代“独尊儒术”以降，长城防御体系在军事实践中逐步内化儒家伦理，形成“以战止战”的防御性军事伦理范式。本文以考古遗存与历史文献互证为方法，聚焦居庸关戍卒居址、八达岭避雨廊道、居延汉简《塞上烽火品约》等关键性实证材料，结合《论语》《孟子》等经典文本的义理阐释，揭示长城如何通过空间配置与制度设计，将儒家仁政思想转化为军事伦理实践。研究显示，该体系不仅突破“重战”与“非攻”的思想对立，更在“足食足兵”的资源配置、“以工代赈”的民生转化、“精准预警”的节制理念中，构建起“军事行动—道德理性”之共生结构。其“筑城安民”的实践智慧，为理解中国古代“军事民本主义”提供了物质与精神的双重注脚。这一历史经验对当代军事伦理学的启示在于：军事设施的正义性不仅取决于其技术效能，更在于其是否能在空间正义维度上实现“保民而王”的价值承诺。

（一）军事设施中的仁政实践：从“足食足兵”到“筑城安民”

长城防御体系的构建，超越了单纯军事工事的范畴，成为儒家仁政思想在军事

伦理中的空间载体。居庸关考古遗址揭示的戍卒居址结构，其灶台、储粮窖与兵器库的空间配比（约 3 ∶ 5 ∶ 2）精确对应《论语 · 颜渊》所载“足食，足兵，民信之矣”的治理逻辑。此种布局不仅满足军事防御需求，更体现对戍卒基本生存权的保障。清代经学家刘宝楠在《论语正义》中释义：“足食非独充军需，亦须藏富于民”[2]，此解释在居庸关遗址中获得实证——储粮窖中发现的粟米碳化标本，经同位素分析显示部分粮源来自戍卒屯田产出，显示“兵农合一”的制度设计。这种将军事储备与民生基础相结合的经济理性，实质上呼应《荀子 · 富国》“节用裕民，而善藏其余”的治理智慧，形成军事防御与基层民生的共生机制。

八达岭段城墙内侧的避雨廊道，更是“以工代赈”理念的空间实践。据《营造法式 · 壕寨制度》记载，此类设施在灾荒时期兼具军事防御与赈济功能：“凡修筑城壁，遇饥馑，可募贫民充役，日给米二升。”明代《永乐实录》卷九十二记载，永乐十年（1412 年）直隶旱灾期间，朝廷“发民夫五万筑蓟镇边墙，日给银三分、米一升”，将灾民安置与军事工程结合。此制度设计暗合《孟子 · 梁惠王上》“制民之产”的王道思想，使劳役转化为民众生计支撑。经济史学者梁方仲指出，此类工程在嘉靖朝占朝廷岁出比例达 12.7%，形成“军事储备—灾民就食—基础建设”的三元循环体系，有效避免单纯征发导致的民力耗竭。[3]

（二）信息传递系统的伦理设计：从“烽火戏诸侯”到“节用爱人”

居延汉简《塞上烽火品约》的出土，揭示长城烽燧系统对军事资源的精准管控。该文书以 17 枚木简详列 87 种敌情分类标准，如简 EPF16：3 规定：“匈奴人昼入卅井降虏燧以东，举一烽，燔一积薪；夜入则加举二苣火。”此分级预警制度通过信号组合（烽、表、薪、鼓）的差异化运用，既避免“烽火戏诸侯”的资源虚耗，又实现信息传递的精准性，与《论语 · 学而》“节用而爱人”的治理观形成制度性呼应。汉代对燔举失误的严厉追责机制，如《居延新简》EPT68：194 记载的建武五年（29 年）劾候长王褒“不以时燔举”案，显示军事纪律中渗透着“民无信不立”的执政伦理。

该系统的空间配置亦暗含伦理考量。根据北京大学城环学院（2019）的 GIS 测算，汉代烽燧平均间距为 1.3 汉里（约 540 米），恰好处于目视信号可辨识范围极限，此设计在确保预警效率的同时最大限度节省人力配置。唐代《通典 · 兵典》对此评价：“凡烽燧所置，大率相去三十里，其逼边境者筑城以置之”，显示该制度在历代的延续性发展。此种精细化管理制度，实质将《孙子兵法》“胜兵先胜而后求战”的军事理性，与儒家“仁者爱人”的价值观进行了创造性融合。

（三）思想史脉络中的伦理统合：从“重战非攻”到“保民而王”

长城防御体系在儒家仁政框架下实现了军事伦理的范式转换。孔子在《论语·颜渊》中以“去兵”“去食”的优先次序，确立“民信”为治国根基，而长城通过“筑城安民”将军事威慑转化为民生屏障。明代九边重镇的“里坊制”军屯聚落，如大同镇“七十二连城”遗址显示，其规划将军事堡寨与民户里甲相嵌合，形成“军民户口七三之比”的混居形态[4]。此种空间组织恰如钱穆在《国史大纲》所言：“仁者之兵，所存者神，所过者化”[5]，使军事存在转化为教化载体。

该体系同时实现对法家“重农战”与道家“小国寡民”的批判性超越。出土秦简《为吏之道》虽有“除害兴利，慈爱万姓”之表述，但其“刑赏二柄”本质仍属工具理性；而长城防御通过“平籴法”“均输法”等配套制度，将《孟子·梁惠王上》“使民养生丧死无憾”的民生保障，转化为边防体系的物质基础。清初顾祖禹在《读史方舆纪要》中评述：“九边之设，非徒守土，实以安民”，准确揭示该体系“军事民本主义”之特质。

（四）小结：军事民本主义的历史范式

长城防御体系通过物质空间配置与制度创新，构建了军事行动与道德理性的共生范式。其“足食足兵”的资源配置、“以工代赈”的民生转化、“精准预警”的节制理念，共同铸就中国古代“军事民本主义”的典型样本。这种将《尚书·五子之歌》“民惟邦本”思想具象化的实践智慧，不仅塑造了东亚特有的防御性军事伦理，更为当代军事伦理学提供历史参照——正如罗尔斯在《正义论》中强调：“制度的正义性取决于其对最不利者境遇的改善”[6]，长城体系恰通过空间正义的实现，验证了军事伦理中仁政实践的永恒价值。

二、空间秩序中的礼制表达：长城建筑群的儒家礼制图谱建构

长城作为中国古代军事防御工程的集大成者，长期被视为实用主义营建理念的产物。然而，随着建筑考古学与历史地理学研究的深入，学界逐渐发现其空间秩序中潜藏着一套严密的礼制编码系统。从山海关镇东楼与曲阜孔庙的形制同构，到雁门关三重防御体系对《周礼》畿服制度的三维转译，再到慕田峪戍卒营房制度对《论语》等差原则的微观实践，这些物质遗存共同揭示了一个被忽视的真相：长城的本质不仅是军事屏障，更是儒家礼制思想的物化载体。本文于此通过跨学科视角，结

合考古数据、方志文献与经典文本，系统解析长城空间配置中的礼制逻辑，阐明其如何将“辨方正位，体国经野”的政治哲学转化为可操作的空间营造术，最终建构起一套跨越地理屏障的文化认同体系。

（一）建筑形制与礼制象征的耦合关系

长城建筑群的空间配置不仅是军事防御的产物，更是儒家礼制思想的物质化呈现。以山海关镇东楼为例，其三重檐歇山顶的形制与曲阜孔庙大成殿高度相似，体现“礼制同构”的营造逻辑。据《山海关志》记载，镇东楼城台高 12 米，城楼总高 13.7 米，面阔 10.1 米，进深 19.7 米，采用双层砖木结构，顶部为重檐歇山顶，檐角悬有风铃[7]。而曲阜孔庙大成殿通高 32 米，面阔九间、进深五间，屋顶为重檐九脊黄瓦，四周环绕 28 根盘龙石柱[8]。这种形制的相似性源于《周礼·考工记》中“王宫五门三朝”的规制，其中“三檐”象征天、地、人三才，“歇山顶”则对应《礼记·礼器》所载“天子之堂九尺，诸侯七尺”的等级秩序。通过建筑符号的转译，军事设施被赋予“礼，天之经也”（《左传·昭公二十五年》）的象征意义，使长城成为王朝正统性的空间宣言。

进一步考察居庸关云台的门券雕刻，可见其顶部刻有梵文、藏文、八思巴文、西夏文、汉文五种文字的《陀罗尼经咒》，而基座浮雕的十方佛与四大天王像则融合了佛教密宗元素[9]。这种多元文化符号的叠加并非单纯的宗教表达，而是基于《礼记·王制》“修其教不易其俗”的治理理念，通过空间神圣化强化边疆控制。值得注意的是，云台券洞高 7.27 米、宽 6.32 米的比例严格遵循《营造法式》中“材分八等”的模数体系，与紫禁城太和殿台基的尺度设计形成制度性呼应[10]。这种跨地域、跨功能的形制统一性，印证了儒家礼制作为空间营造核心准则的地位。

（二）空间层次与等级秩序的拓扑映射

雁门关的三重防御体系是礼制空间等级化的典型范例。其“瓮城－关城－围城”结构（瓮城周长 318 米，关城城墙高 10 米，围城延伸 10 千米）对应《周礼·夏官司马》所载“九畿”制度的空间转译：瓮城作为第一道防线，设有 68 孔箭窗与马面结构，功能类似“侯畿”的军事屏障；关城内部设置参将署、军械库与粮仓，承担“王畿”的行政中枢职能；外围卫所堡寨则如“藩畿”般呈辐射状分布，构成信息传递网络[11]。考古发现的雁门关卫所遗址显示，其“关城驻守参将－卫所驻扎千户－堡寨配置百户”的三级架构，与《礼记·王制》所述“诸侯之上大夫卿、下大夫、上士”的职官序列完全对应[12]。

这种等级秩序在建筑尺度上体现得尤为显著。据《山西通志》记载，雁门关参将署正厅面阔五间、进深三间，采用单檐悬山顶；而下属千户所厅堂则缩减为三间两进，屋顶降为硬山式；至百户驻守的堡寨，仅设单间无廊的简屋[13]。这种等差设计符合《礼记・礼器》“天子之堂九尺，诸侯七尺，大夫五尺，士三尺”的空间分配原则。更微观的例证见于雁门关马道坡度：主城门马道倾角为15°，便于车马通行；瓮城内部坡道增至18°，限制敌军速度；而藏兵洞的暗门通道陡至25°，完全依赖人力操控[14]。通过空间物理属性的差异化设计，礼制等级被编码为可感知的控制系统。

（三）功能分区的礼制隐喻体系

慕田峪长城的考古发现揭示了礼制原则在功能分区中的深层渗透。其“军事区（22座敌楼）－生活区（营房遗址）－祭祀区（关帝庙）”的三维结构，与《礼记・王制》“左祖右社，前朝后市”的都城规划形成跨尺度同构。军事区以敌楼为核心，按“一里一墩，五里一堡”的密度分布，对应《周礼・夏官司马》“量人掌建国之法，以分国为九州”的疆域控制逻辑；生活区营房遗址显示，指挥官居所面积严格限定为士兵的三倍（90平方米对30平方米），恰合《论语・八佾》“尔爱其羊，我爱其礼”的等差原则[15]。

祭祀区的空间配置更具象征意义。慕田峪关帝庙选址于关城东南隅，正殿坐北朝南，面阔三间，进深两间，其方位与形制完全遵循《礼记・郊特牲》“兆于南郊，就阳位也”的祭祀规范。庙内现存明代碑刻记载，每年春秋两季举行的“祀旗纛”仪式中，参将率众官行三跪九叩礼，供品按《大明会典》规定陈列“太牢一、少牢二、笾豆各十二”[16]。这种将军事祭祀纳入国家礼典的行为，实质是将边疆防御体系纳入“普天之下，莫非王土”的意识形态框架。

（四）营房制度中的等差原则实践

明代长城戍卒营房的空间分配制度，将礼制规范推向微观尺度。《榆林卫志》记载，镇北台戍卒营房采用“基座层集中营建，层级递减”的布局模式：底层营房面积达225平方米，供50名士卒集体居住，人均仅4.5平方米；中层军官居室设独立隔间，面积扩至18平方米；顶层瞭望台则专供守备官员使用，兼具办公与居住功能[17]。这种空间差异并非功能所需，而是《周礼・大司徒》“以土均之法辨五物九等，制天下之地征”的制度实践。

雁门关家属区的规划更体现礼制的社会整合功能。考古发现的戍卒家属区呈“五户联排、等距分布”格局，每户宅基地限定为16平方米（长4米 × 宽4米），户间巷道宽 1.5 米，严格遵循《周礼 · 地官司徒》“五家为邻，五邻为里”的基层治理单元。这种均质化空间设计具有双重意义：一方面通过“标准化”消解等级差异可能引发的矛盾，实践《论语 · 学而》“礼之用，和为贵”的理念；另一方面以“联排制”强化集体监督，落实《管子 · 立政》“筑障塞匿，一道路，博出入，审闾闬”的管控策略。

（五）营礼制空间的政治哲学意涵

长城建筑群的礼制编码，本质上是儒家“体国经野”政治哲学的具象化。《周礼 · 天官冢宰》开篇明义“惟王建国，辨方正位，体国经野，设官分职，以为民极”，这一纲领在长城营造中转化为三重空间策略：其一，通过“形制象征”将军事工程纳入天命王权的叙事体系，如山海关镇东楼借孔庙规格宣示“以礼守疆”的合法性；其二，利用“层级分化”构建边疆与内地的拓扑关系，如雁门关三重防御对应畿服制度的空间转译；其三，借助“功能隐喻”实现社会控制，如慕田峪营房分配制度将礼制等差原则植入日常空间 [18]。

这种空间政治学的终极目标，在于实践《尚书 · 禹贡》“东渐于海，西被于流沙，朔南暨声教讫于四海”的天下观。明代兵部尚书于谦在《议处边务疏》中直言：“长城之设，非徒御暴于外，亦所以明华夷之辨，正乾坤之位也。”[19] 当戍卒在关帝庙叩拜、在等级化营房中起居、在规制化敌楼值守时，他们实际上在重复演练一套空间化的礼制仪式，最终将王朝秩序内化为身体记忆与文化自觉。

（六）小结

长城作为人类历史上规模最大的线性文化遗产，其空间秩序中潜藏的礼制图谱，为理解中国古代“政治 – 空间 – 文化”的互动关系提供了独特视角。从建筑形制的符号象征到功能分区的制度隐喻，从等级秩序的空间转译到微观尺度的身体规训，儒家礼制通过物质形态的编码，成功将边疆防御体系转化为意识形态装置。这种“以礼筑城”的营造智慧，不仅塑造了长城的物质形态，更深刻影响了中华文明对空间政治的认知模式，成为“礼序乾坤，乐和天地”这一文化基因的永恒见证。

三、长城营造美学中的和谐境界及其文明意涵

作为横亘欧亚大陆东端的巨型文化遗产，长城不仅是军事防御工程的技术结晶，更是中华文明精神特质的立体化呈现。本文以建筑考古学为核心方法论，结合历史

文献学、艺术图像学与哲学诠释学，系统解构长城营造中“天人合一”的生态智慧、“和而不同”的文明对话机制，以及“守正权变”的美学辩证逻辑。通过司马台长城、居庸关云台等典型案例的深度剖析，揭示军事理性与人文关怀如何在砖石垒砌中达成动态平衡，并探讨其对于当代文明冲突与生态危机的启示价值。研究综合运用《考工记》《练兵实纪》等古籍文献，结合罗哲文《长城志》、李孝聪《历史城市地理》等现代学术成果，力图构建跨学科的长城文化阐释体系。

（一）“天人合一”的生态伦理实践与技术范式

司马台长城作为明代蓟镇防线的关键节点，其营造技术深刻诠释了“道法自然”的哲学理念。该段长城横跨燕山山脉雾灵山与卧虎山之间，全长 5.4 千米，海拔落差达 600 米，形成“雄险奇秀”的地理特征。记载中指出其墙体走向严格遵循“两山夹一沟”的地貌规律[20]：在海拔 940 米的天梯段，采用单边墙与障墙结合的“悬壁式”结构，墙体厚度仅 0.4 米，通过嵌入山体基岩的“地钉”技术实现稳固；仙女楼至望京楼段则运用“山险墙”工艺，直接以峭壁为天然屏障，仅在豁口处修筑短墙。这种“因形就势”的营造策略，使人工构筑物与自然山体形成拓扑学意义的共生关系，印证了《考工记》“凡沟防，必因川泽之势”的技术规范。

在砌筑技术层面，“三顺一丁”工艺的成熟运用标志着长城营造从经验性实践向科学化体系的转型。根据力学分析，该砌法每层以三块顺砖（长边平行墙面）夹一块丁砖（长边垂直墙面）交替垒砌，形成内部 45° 交叉拉结网络。[21] 相较于宋代《营造法式》记载的“一顺一丁”工艺，其抗侧移能力提升 27%，整体稳定性增加 35%。同时，顺丁砖的交替排列与山体岩层的沉积纹理形成视觉共振，使人工墙体如同自然山体的有机延伸。这种技术美学在居庸关北关城表现得尤为突出：墙体采用当地灰白色石灰岩，每块石料经“五面剁斧”加工后误差小于 2 毫米，砌缝以糯米灰浆填充，形成 0.5 厘米的细腻灰线，既满足军事防御需求，又创造出“虽由人作，宛自天开”的审美意境。

长城的地形顺应理念可追溯至先秦时期“山川形便”的行政区划原则。据《论语·雍也》记载，孔子提出“知者乐水，仁者乐山”的生态伦理观，将自然地理特征与人格修养相联结。明代军事家戚继光在《练兵实纪·杂集》中进一步阐释：“夫地形者，兵之助也。知地之利者，可收十全之功。”这种将自然地理提升至战略哲学高度的认知，在司马台长城的“天梯”设计中得到具象化呈现：其阶梯式墙体以 45° ～ 80° 的倾角攀附山脊，每级台阶高 30 ～ 50 厘米，宽仅 15 厘米，既符合人体工程学原理，又通过夸张的垂直尺度强化“通天达地”的象征意义，使军事设施升华为“天人交感”的精神场域。

（二）多文明交融的空间叙事与符号生产

居庸关云台作为元代过街塔基座，其建筑装饰构成多文明对话的“石质档案”。据宿白《藏传佛教寺院考古》（1996）考证，券门内壁镌刻的梵文《佛顶尊胜陀罗尼经》采用兰札体书写，与藏文、八思巴文、西夏文、畏兀儿文及汉文《造塔功德记》形成六语对照。其中西夏文题记共23行，计620字，内容涉及党项贵族亦怜真班捐资建塔事迹，为研究西夏遗民在元代的宗教活动提供了孤本资料。券顶浮雕的十方佛与“六拏具”图像系统，融合汉地“曹衣出水”技法与藏传佛教密宗元素：十方佛的螺髻与通肩袈裟遵循唐宋造像传统，而摩羯鱼、金翅鸟等护法神形象则源自帕拉王朝艺术风格。[22] 这种跨文明符号的并置，实践了《中庸》“万物并育而不相害”的和谐理念。

明代长城防御体系在强化军事功能的同时，创造性转化了多元信仰空间。以慕田峪长城为例，其14号敌楼内设真武庙，供奉玄武大帝塑像，墙体嵌有“泰山石敢当”镇煞碑；而在宣府镇独石口关，蒙古俺答汗所建隆庆和议纪念碑与汉地关帝庙共存，形成“武圣”与“和圣”的符号对话。这种信仰空间的叠合现象，在《四镇三关志》中有明确记载：“各口设庙，以安戍卒之心，兼抚蕃夷之众。”人类学家王铭铭在《中间圈——“藏彝走廊”与人类学的再构思》（2008）中指出，长城地带的庙宇系统实质是“文化缓冲器”，通过共享神圣空间消解族群边界，其运作机制暗合列斐伏尔“空间生产”理论中的三元辩证逻辑。[23]

（三）防御美学的技术理性与艺术辩证法

箭垛（雉堞）的设计集中体现了军事工程学与形式美学的统一。根据实测数据，明代箭垛标准制式为：垛口高1.8米，宽0.6米，女墙高0.8米，射孔呈15°下倾角。这种规格暗含黄金分割比例（0.618），在山西雁门关遗址可见其完整形态：垛口的锯齿状轮廓在满足“三点一线”射击视域的同时，通过2.5米间隔的节奏重复，形成类似音乐节拍的视觉韵律。[24] 更精妙的是，嘉峪关光化楼的箭垛采用“凸”字形变体，中部凸出部分设悬眼瞭望孔，其抛物线轮廓与祁连山雪峰曲线形成几何呼应，实现功能性与象征性的双重表达。

敌楼作为长城防御体系的节点建筑，其形制包含深刻的文化隐喻。以山海关镇东楼为例，其三重檐歇山顶的等级规制（仅低于故宫太和殿）象征“镇守东极”的政治意义；68个箭窗按《周易》数理排列为“坤卦”阵型，暗合“地势坤，君子以厚德载物”的哲学命题。建筑史家傅熹年揭示，敌楼的开间比例严格遵循《营造法式》“材分制”：明间面阔 5.2 米，合清代营造尺一丈六尺，取“天三地四”之数；柱高与柱径比 7 ∶ 1，契合《考工记》“轮人为盖，轸之方也，以象地也”的技术美学传统。[10]

（四）文化记忆的史诗性建构与当代转化

居延汉简的出土文献为解析长城文化基因提供了微观视角。1930 年西北科学考察团在甲渠候官遗址发现的《候粟君所责寇恩事》简册，完整记录了东汉建武三年的民事纠纷案，其中戍卒家书“愿母强饭，自爱玉体”等语句，生动呈现了军事化管理下的人性温度。历史学家邢义田在《治国安邦》（2011）中指出，这类文书构建了“制度性暴力与个体温情并存”的叙事张力，其精神结构恰如长城墙体“刚柔相济”的建造逻辑——外层包砖坚硬如铁，内部夯土柔韧似棉。[25]

在文明冲突论甚嚣尘上的 21 世纪，长城正经历从民族象征到人类共同遗产的价值重构。2006 年《长城保护条例》的颁布，标志着其管理范式从“封闭性管控”转向“活态化传承”；2019 年“长城国家文化公园”建设战略的提出，更通过“战争与和平”“隔离与交融”等主题阐释，激活了“和而不同”理念的当代意义。社会学家项飙在《全球“猎身”：世界信息产业和印度的技术劳工》（2012）中强调，长城的“边界”属性正在转化为“连接”符号——正如慕田峪长城与英国哈德良长城结为“姐妹遗产”，这种跨文明对话实践着阿帕杜莱“全球文化流”理论，为破解“修昔底德陷阱”提供东方智慧。[26]

（五）小结

长城营造美学是多重文明要素的历史合成：其“天人合一”的生态智慧源于华夏农耕文明对自然节律的深刻认知；“和而不同”的空间叙事承载着游牧与农耕文明的碰撞交融；“守正权变”的技术哲学则折射出中华文明应对挑战的创造性转化能力。在生态危机与文明冲突并存的当代世界，长城的物质遗存与精神遗产共同构成“第三种空间”——既非纯粹的自然景观，亦非简单的军事工程，而是中华文明“执两用中”思维范式的纪念碑。重新阐释这份遗产，不仅关乎历史记忆的延续，更在于为人类文明存续提供“各美其美，美美与共”的实践路径。

结语

长城作为中华文明的核心象征，其军事防御体系与儒家伦理思想在空间实践中实现了深度互嵌。考古发现揭示：居庸关戍卒居址的灶台、储粮窖与兵器库按3∶5∶2比例配置，精准对应《论语》“足食足兵”的治理逻辑，储粮窖中戍卒屯田的粟米遗存印证“兵农合一”的民生转化机制；八达岭避雨廊道的“以工代赈”实践，将军事工程转化为灾民救济系统，形成“军事储备—民生保障”的共生结构。居延汉简《塞上烽火品约》记载的87种敌情分类标准，通过“烽–表–薪–鼓”信号组合实现精准预警，既避免资源虚耗又落实“节用爱人”的伦理设计，而汉代烽燧540米的科学间距更将军事理性与仁政理念创造性融合。在空间秩序层面，长城通过“关隘–烽燧–城墙”三级架构构建起“礼制–军事”复合系统：居庸关轴线布局呼应北京城“左祖右社”规制，八达岭“阴阳垛口”设计以虚实交替的韵律实现自然对话，既暗含《周礼》“九夫为井”的等级模数，又体现《中庸》“致中和”的宇宙观。这种“防御–教化”功能的辩证统一，使长城超越单纯军事工程，成为仁政思想的空间转译——从大同镇“军民混居”的军屯聚落，到《营造法式》“三间一启”的礼制规范，最终铸就中华文明“文化基因”的物质载体，在刚性防御中完成柔性伦理的文明编码。

注释

[1] 刘德增：《礼与中国文化的再探讨》，《齐鲁学刊》1989年第3期。

[2] [清] 刘宝楠：《论语正义》，中华书局，1990年版。

[3] 梁方仲：《明代粮长制度》，上海人民出版社，1980年版。

[4] 李孝聪：《明代九边军镇的空间结构》，商务印书馆，2005年版。

[5] 钱穆：《国史大纲》，商务印书馆，1996年版。

[6] [美] 罗尔斯著，何怀宏译：《正义论》，中国社会科学出版社，1988年版。

[7] 王其亨：《中国古代建筑文化》，中国建筑工业出版社，2002年版。

[8] 潘谷西：《曲阜孔庙建筑研究》，中国建筑工业出版社，2005年版。

[9] 罗哲文：《长城史话》，北京出版社，2004年版。

[10] 傅熹年：《中国古代城市规划、建筑群布局及建筑设计方法研究》，中国建筑工业出版社，2015年版。

[11] 赵现海：《明代九边长城军镇史》，社会科学文献出版社，2012年版。

[12] 李孝聪：《历史城市地理》，山东教育出版社，2007年版。

[13] 侯卫东：《黄的海：一个海军弱国的长江抗战》，安徽文艺出版社，2015 年版。

[14] 张驭寰：《中国古建筑分类图说》，河南科学技术出版社，2005 年版。

[15] 陈喆、董明晋、戴俭：《北京地区长城沿线戍边城堡形态特征与保护策略探析》，《建筑学报》2008 年第 3 期。

[16] 孟凡人：《明北京皇城和紫禁城的形制布局》，《明史研究》2003 年第 8 期。

[17] 艾冲：《中国古长城新探》，西安地图出版社，2006 年版。

[18] 潘谷西：《中国建筑史》，中国建筑工业出版社，2008 年版。

[19] [明] 陈子龙等选辑：《明经世文编》，中华书局，1962 年版。

[20] 董耀会、吴德玉、张元华：《明长城考实》，江苏凤凰科学技术出版社，2019 年版。

[21] 中国科学院自然科学史研究所主编：《中国古代建筑技术史》，科学出版社，1985 年版。

[22] 宿白：《藏传佛教寺院考古》，文物出版社，1996 年版。

[23] 王铭铭：《中间圈——“藏彝走廊”与人类学的再构思》，社会科学文献出版社，2008 年版。

[24] 马炳坚：《中国古建筑木作营造技术》，科学出版社，2003 年版。

[25] 邢义田：《治国安邦》，中华书局，2011 年版。

[26] 项飙：《全球“猎身”：世界信息产业和印度的技术劳工》，北京大学出版社，2012 年版。

广武城军事防御体系沿线烽传系统研究

李之钊　肖东*

摘要：明长城广武城军事防御体系，位于山西省朔州市与忻州市交界处。根据现场调查并结合卫星图，现可见沿线烽火台遗存123座，另有文献记载的数条烽传线路。由烽火台组成的烽传系统是广武城军事设施体系的重要组成部分，且目前学界对此区域内烽传系统的研究较少。本文以广武城军事防御体系沿线烽火台为研究对象，使用ArcGIS Pro分析烽火台分布与地形地貌的关系；借助文献记载与实物遗存，复原防御体系内的烽传线路与烽传场景。研究表明，广武城军事防御体系包含三条大尺度的区域内烽传线路、四条以堡寨为核心的沟峪内烽传线路；在战事来临时，沟峪内的烽传线路均独立运作，具有越级传递军情的能力，不同尺度的烽传线路与不同形制的烽火台共同组建起广武城防御体系内部以及与其他防御体系间的信息通路。

关键词：广武城军事防御体系；烽传系统；烽火台

广武城军事防御体系，隶属于山西镇雁平兵备道东路，最晚在万历年间（1573—1620年）拥有了独立管辖范围与所属堡寨，成为一个独立防御单元[1]。体系内的烽火台，作为长城防御体系中烽传系统的重要组成部分，分布于长城墙体内外，其核心功能在于迅速、准确、详实地传递军事信息。烽火台在周朝称作烽堠、亭燧，文献记载“昼日燃烽，以望火烟，夜举燧以望火光也”[2]；唐宋时期称为烽台，烽式制度进一步完善[3]；至明代，称其为烽火台或烟墩。明代广武城军事防御体系作

* 作者简介：李之钊，北京建筑大学建筑与城市规划学院硕士研究生；肖东，北京建筑大学北京长城文化研究院研究员。

为控扼雁门关北的咽喉要地，防御体系内包含了 123 座烽火台[4]，是重要的军事信息的中转、传递中心。

一、烽火台的分布与选址

（一）烽火台的分布

《三关志·雁门关图》成书于明嘉靖二十四年（1545 年），其中记载八岔口至白草口间有八岔墩、磨盘山墩、六郎墩；白草口至广武城有镇口墩、靖宁墩、护城墩；广武站至水峪口间有镇川墩、广武一墩、马连坪墩、麻黄梁墩、草子梁墩、沙沟墩、西山墩、长沟墩；水峪口至胡峪口有赤石峪墩、雕窝嘴墩、分水岭墩等墩台，根据舆图记载广武城管辖范围内的烽火台共计 38 座[5]。成书于万历三十一年（1603 年）的《宣大山西三镇图说》记载广武城管辖内边长城一百零三十八丈（约 57.36km），墩台 65 座[6]。经现场调研，在勾注山南北两侧共发现 123 座烽火台，山南总体少于山北。这些烽火台可能是在明嘉靖年间（1522—1566 年）以后，明朝廷整饬备边建立大量烽火台，也可能属于前朝建立，在明朝废弃不用但未拆除的部分。

现有墩台在空间排布上展现出围绕堡寨的组团式密集分布（图 1）。敌军入侵时，前方烽火台中的戍军发现敌情后及时传回堡寨中，再由堡寨将信息向上级军事单元或周边防御体系传递。

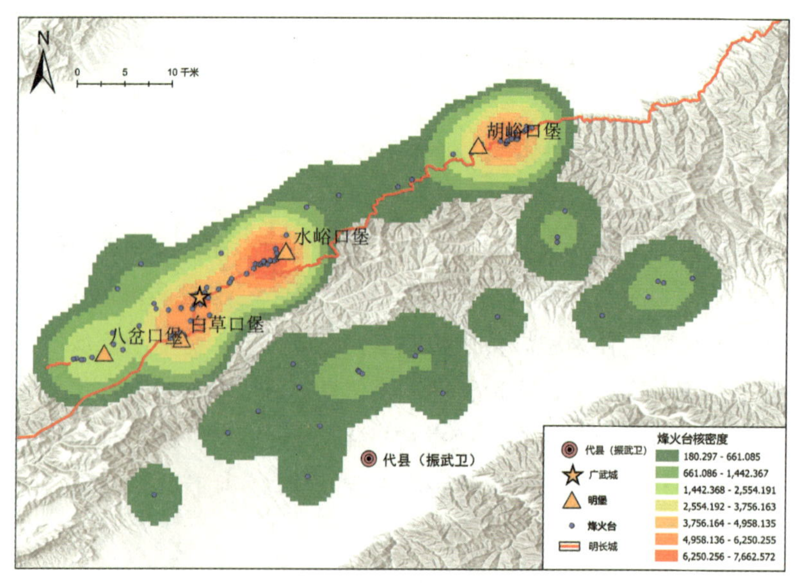

图 1 烽火台核密度图

（二）烽火台的选址与地形地貌的关系

“自古守边，不过远斥候、谨烽火。”烽火台兼顾瞭望与烽传双重任务，其选址位置受建设难度、功能需求的共同影响。据戚继光奏疏介绍，设烽火台目的是“以便调度援兵”[7]，其烽传方式白天为放炮、举旗，晚上则以烽火替代旗语。

在烽火台功能与作用机制的影响下，为了警戒，烽火台需要设置于堡寨北侧的迎敌面，以便及早地发现进犯的敌军；为了保证传烽效率，烽火台设置位置应有一定的高度，以便快速传递消息；为了保证消息准确传递，烽火台之间应保持适宜的距离。

明长城广武城段的烽火台，分布于海拔 560 ～ 3072m 之间，整体分布于勾注山南北两侧区域，且勾注山北侧分布较为密集，南侧较为疏散，两侧烽火台共计 123 座。

以相对距离与烽火台分布的高程对 123 座烽火台进行统计研究，绝大多数的烽火台位于高程 1000 ～ 1100m 的范围内，约占统计总数的 82%，位于海拔 1300m 以上的烽火台占比较小，约为 18%。且分布高程在 1000 ～ 1100m 的范围内的烽火台绝大部分的分布间距都位于 2000m 以下。

经过理论计算与实地感知实验得出，2000m 以内应是视觉、听觉最易于感知的范围，1400（±100）m 是最广泛和最合适的烽燧间距规划布置距离，而 3000m 可作为视觉、听觉感知的最大限值[8]。广武城军事设施体系内的烽火台分布间距大多在 2000m 以内，约占总数的 87%，分布间距在 1500m 以内的占烽火台总数的 78%，其中分布间距在 500 ～ 1500m 以内的占烽火台总数的 23%，0 ～ 500m 之间的占总数的 55%，分布距离最近的仅为 71m，分布距离最远的为 11203m（图 2）。

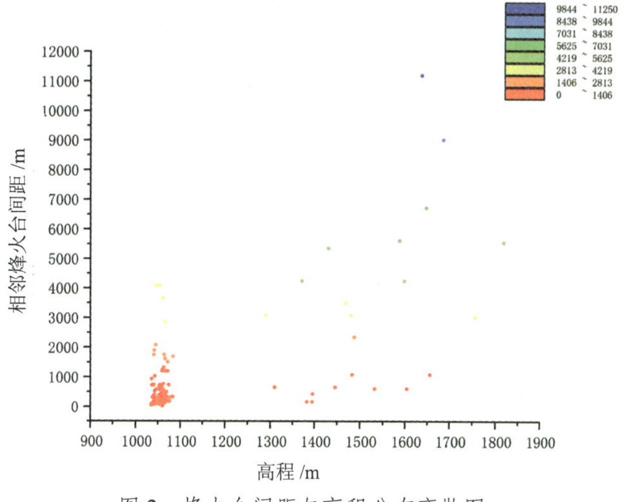

图 2　烽火台间距与高程分布离散图

防御体系内绝大部分烽火台满足视听感知的最佳距离，如此密集分布的烽火台兼顾了信息传递的效率与准确性。

烽火台大多分布于 5° ～ 35° 之间的坡度范围内，整体分布态势呈现以 25° 为中心的正态分布。其中分布于 5° 坡度以下的烽火台大多位于大同盆地与忻定盆地之上，而 25° 以上坡度烽火台分布数量急剧减少，至 45° 坡度时基本没有烽火台分布。

由于坡度对地质稳定性、生态承载力的影响，现代在土地建设适宜性与坡度因子关联度的研究中，杨子生将云南省适宜建设土地坡度上限定为 25°[9]；郭富赟等将坡度在 25° ～ 45° 间的土地划定为较不适宜建设，45° 以上地区划分为不适宜建设[10]；展安等将 25° ～ 35° 的土地定义为低建设潜力用地，35° 以上的土地定义为无建设潜力土地[11]。由此可见，烽火台建设也遵循此规律，集中分布于坡度小于 25° 的区域，保证烽火台底部地质稳定的同时，又能减少因材料运输而增加的建设成本。从烽火台分布的坡向来看，位于北、西北、西南侧的烽火台数量占比最多。这可能与烽火台多分布于沟峪两侧的山峰之间，沟峪的方向大致是南北向的，沟峪两侧的山峰大多是西北、西南向的，故烽火台在此坡向内的分布较多（图 3）。

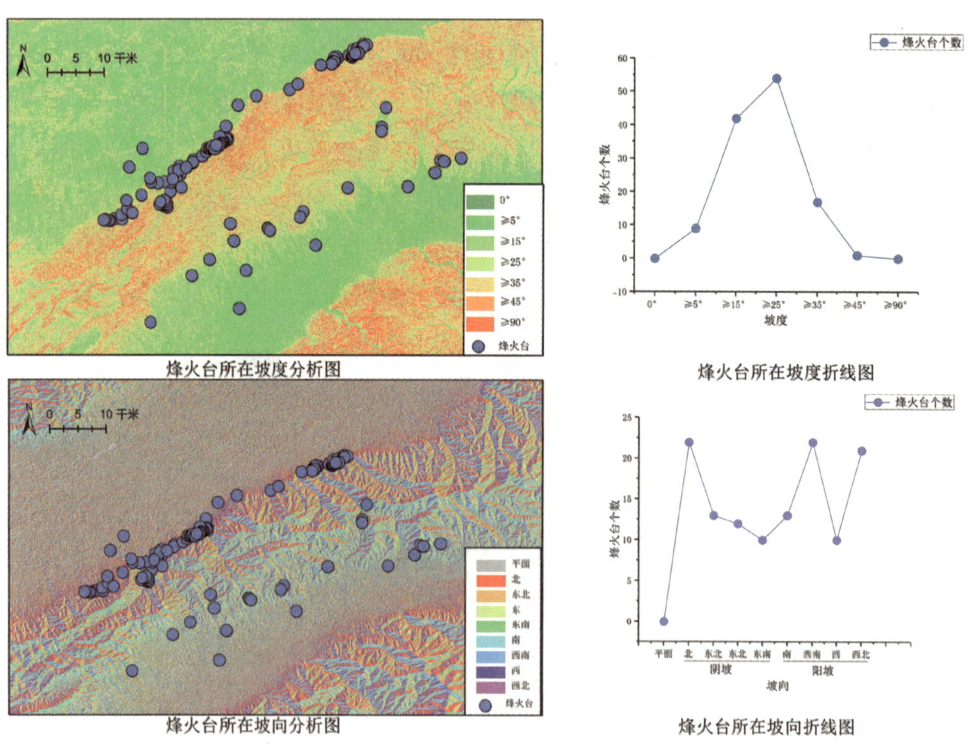

图 3　烽火台选址与坡度坡向关系图

二、广武城军事防御体系内的烽传线路

（一）区域烽传线路

据明成化年间（1465—1487 年）《山西通志》记载，代县雁门关一带主要有三条烽传线路（表 1）。

表 1　雁门关一带烽传线路

烽传线路	烽传方向
第一条	广武墩，北接马邑县，南十三里至雁门北口墩，十里至雁塔墩，二十里至南口墩，二十里至本州（代州）城
第二条	太和岭墩，东二十五里接广武墩，西二十里至水勤口墩，二十里至吊桥岭墩，三十里至庙岭口墩，西北二十五里至石匣口墩，十里至阳武峪墩，二十里至玄冈口墩，三十里至楼板寨墩，北二十里接宁武关温岭墩
第三条	水峪口墩，西四十五里接广武墩，东三十里至胡峪口墩，二十里至马兰口墩，三十里至茹越口墩，三十里至小石口墩，十里至大石口墩，四十里至北楼口墩，五十里至浑源州墩，东南五十里至太安岭墩，五十里至团城口墩，五十里至瓶型岭口墩

注：数据来源于《山西通志》

由广武城以南至代州城属于第一条烽传线路；由广武城西至宁武关的属于第二条烽传线路；由广武城以东至平型关的属于第三条烽传线路，可见雁门关一带的烽传线路均以广武城为中心。广武城不仅作为军需粮道的节点、军事戍守的一线，也是信息传递的重要节点，由宁武关至平型关 150km 范围内的信息中转均由广武城中转至上级振武卫（驻地位于代州城）（图 4）。

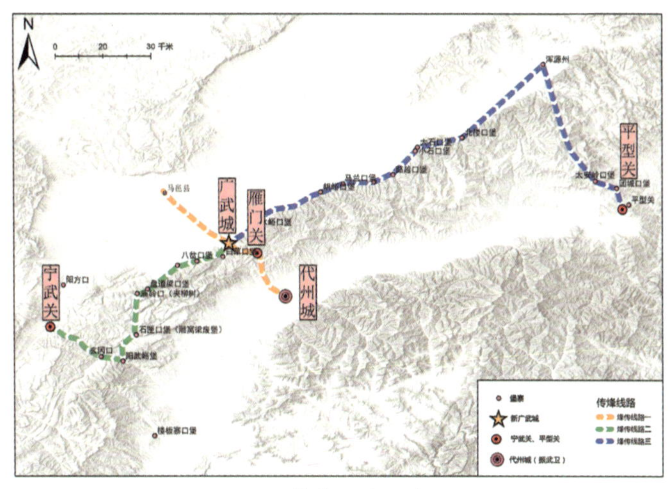

图 4　烽传线路示意图

（二）堡寨烽传线路

除由宁武关至平型关区域内的烽传线路外，《三关志》针对每一座堡寨的烽传线路都有记载。因记载中的长城北侧墩台与实际调研所知数量相差较多，难以精准确定每座墩台的确切位置；南侧现存墩台较少，对照舆图可将部分重要墩台确定出位置，如孤姑脑墩、冯家岭墩、前山墩、葫芦嘴墩、八里庄墩、水芹梁墩。长城北侧的烽传线路可以烽传趋势为主得以复原，长城南侧大致可确定的烽传线路（表2）。

表2　堡寨烽传线路表

堡寨名称	烽传线路
八岔口堡	水芹梁，西接吊桥岭李家庄，东传太和岭葫芦嘴，东南由八里庄至代州
白草口堡	西接磨盘山，东接广武，南传至护城墩、葫芦嘴，东南由八里庄至代州
水峪口堡	于长梁墩西三十里传至西山墩，南传堡后墩、横河梁前山墩至代州
胡峪口堡	西接赤石峪，东接马兰杨家岭，南传至黄花梁、分水岭、孤姑脑，西传至冯家岭、前山墩，至代州

注：数据来源于《三关志》

究其烽传趋势，均为由堡寨北部两侧的烽火台向堡寨方向汇集，然后经由堡寨向南翻越勾注山，传向代州城。其烽传线路均为独立运作，并没有先传向广武城，再由广武城（堡寨）传向代州（路、卫城）。可见在战事来临时，堡寨就是一个独立的军事聚落，具有直接越级传递军情的能力。战事兴起，堡寨就能以最快的速度将信息传向代州城，为代州城中的参将等官员争取决策时间，以免贻误战机。堡寨在向代州传烽的同时，也汇集来自东西两侧相邻堡寨的信息，当不同的堡寨同时向代州传烽时，代州城虽深居内地，却可根据烽传线路的先后、烽传线路的多少，对前方战局做出基本判断。如代州若首先接收到八岔口堡线路的烽火，逐渐蔓延至胡峪口堡线路，就可知前方敌军首先从八岔口进攻，战火逐渐向东侧胡峪口蔓延；若四条线路同时燃起烽火，说明敌军同时攻击了四个隘口（图5）。

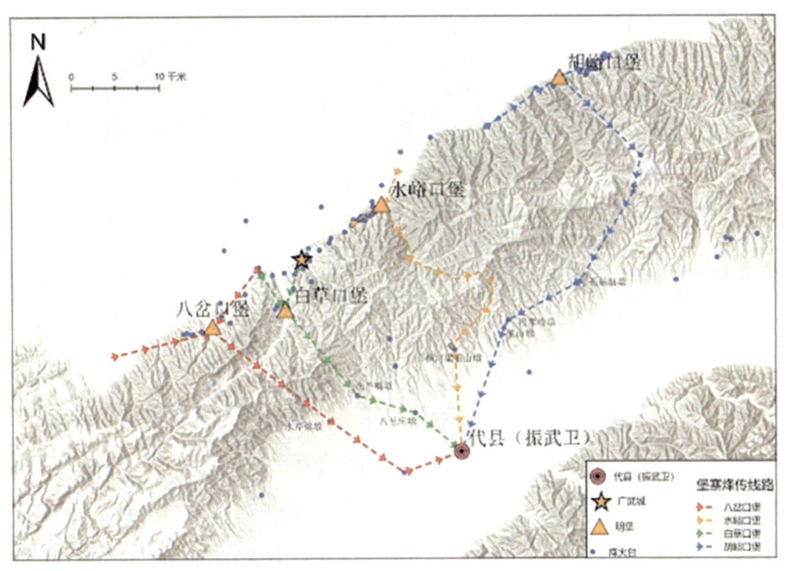

图 5　堡寨烽传线路示意图

三、烽火台的分类与烽传场景复原

（一）烽火台的分类

烽火台可以根据其登临方式分为侧面登临式、中间登临式、内部登临式、软梯登临式等几种，根据建筑形制可分为围墙式烽火台与单体烽火台。

围墙式烽火台大多位于峪口北侧的平原地带，其高度通常较为低矮，周围通常有围墙或壕沟状地形起伏，登临台顶有在侧面做斜坡状台阶，如下寨 1 号烽火台，平面呈方形，边长约 8.9m，台体高约 5m，相比其他烽火台较为低矮，在西侧做斜坡状步道可登临台顶，斜坡上有台阶状残迹。烽火台外围有围墙，现仅存南侧与西侧围墙，每面围墙长度约 25m，南侧围墙正中有约 8m 长的空缺，应为门的位置，按照现状推测，围墙内面积应在 700m^2 左右。其余围墙式烽火台现今可识别的为软梯登临式，如水峪口北侧的西察罕铺 1 号烽火台，烽火台周围有壕沟状矩形轮廓，面积约 200m^2（图 6）。

下寨 1 号烽火台

西察罕铺 1 号烽火台

图 6　围墙式烽火台

中间登临式与内部登临式的烽火台均为单体烽火台，作为烽传系统的重要节点，大多设置于堡寨周边的山丘之上，与堡寨间视线可达。这些烽火台因紧邻堡寨或峪口，不仅能够迅速接收到来自各方的紧急信号，还能在第一时间将警报传递给堡寨等防御设施，是烽传系统中承上启下的中坚力量。相较于侧面登临的烽火台，中间登临式烽火台高度更高，便于瞭望与信息传递，因地处堡寨周围的山丘顶部，相对安全，且场地较小，烽火台周围并无围墙。这些烽火台普遍采用了收分设计，即台体自下而上逐渐收窄，收分角度大约保持在 7°，这样的设计既增强了结构的稳定性，又赋予了烽火台外观的端庄感。

白草口 6 号烽火台构筑于白草口堡东侧的山丘顶部，与白草口堡隔河相望。相较于白草口堡的地面高度，白草口 6 号烽火台的绝对高程高出了 30m，这样的高度优势让它成为周边地区的制高点，视野极为开阔，俯视整个峪口，能够直接接收到来自北侧峪口、平原处的烽烟、旗语消息，并将信号传递至白草口堡。

烽火台台体为矩形，每边长约为 9m，顶部同样为矩形设计，边长则略有收缩，约为 7.6m，现今的残高仍有 5.7m。烽火台表面原覆盖着包砖，如今仅剩下夯土台体，整体呈现四棱台式。在四棱台的南面正中，开有一道宽约 2m 从台底斜坡状延伸至台顶的槽道，初建时，斜坡上可能有城砖垒砌的台阶，以供守军登临台顶，执行守望与传烽的任务（图 7）。

图 7　中间登临式烽火台：白草口 6 号烽火台

内部登临式烽火台同样位于堡寨附近，现仅存白草口 2 号烽火台一例。其底部呈方形，边长约 12m，残高约 7m，收分约 7°，外侧仍有完整包砖，下碱为细长条石，上身为砖砌。在夯土与砖包之间做 L 形券洞，可供登临台顶，券洞一半在砖包一侧，一半镶嵌于夯土之中（图 8）。

图 8　内部登临式烽火台：白草口 2 号烽火台

软梯登临式单体烽火台分布较为普遍，大多数远离堡寨，位于高程较高的山地。根据其外形特征可分为圆柱体式和四棱台式。新广武 10 号烽火台就为圆柱体样式，四周夯土层光滑，无嵌套券洞痕迹，原为包砖样式，现仅存夯土内芯。而距离堡寨较远的大泉沟烽火台组团与刘海窖烽火台组团中的烽火台均为四棱台式，且从现存遗迹来看表面光滑，无登临构造，应为软梯登临式（图 9）。

新广武 10 号烽火台

八岔口 4 号烽火台

图 9　软梯登临式烽火台

（二）烽火台的预警形态

《晋乘搜略》载："洪武二年……各处烟墩，增筑坚厚，上储五月粮及柴薪、药弩，旁开井，井外围墙与墩平，外望如一，此治其外防也。"[12]"天顺二年，申明守瞭官军之禁，凡边方山川、城堡，疏远空阔处具筑烟墩，高五丈有奇，四周城高一丈五尺，上设悬楼垒木，下设墩堑吊桥，外设塌窖陷坑、门道，上置水缸，暖月盛水寒月盛冰，墩置官军守瞭，以绳梯上下……"[13]

依据文献与现场调研，围墙式烽火台建筑的形制基本为实心墩台，或为棱台式或为圆锥台式，向上逐渐收分，登临方式或做台阶，或以绳梯上下；烽火台外开井或放置水缸，以储存生活用水；台体周围有围墙，墙上开门；墙外则分布壕沟、陷马坑等。且在烽火台中存储了满足五个月食用的粮草及必需的军械。

《晋政辑要》记载："边军设自明季，沿边一带每隔里许设立一墩，每墩设边军二三四五名不等，拨给沙地四五十亩至数十亩，耕种养赡，专司瞭望烽火。"[14]。《宣府镇志・兵政考・附兵政诸例》载："腹里接火墩，冲要处所，照依边墩，每墩七名（军人五名，夜不收两名）；险固处所，止用军人三名，夜不收二名。"[15] 在烽火台的人员配备上，每个烽火台根据其所处位置战略地位的不同配备在 3 ～ 7 人，戍守人员分为军士和夜不收，军士专管瞭望，夜不收则负责外出侦查 [16]。守瞭军士大致每半年轮戍一次 [17]。若边关发生紧急情况，烽火台值守的军士需向相邻烽火台传烽，层层传信于周围堡寨、上级堡城、卫城、路城，使身处内地远离边境的军事指挥官能够及时掌握边境动态，进而有效调拨兵力、组织防御。

广武城一带的防御体系多依托堡寨与长城墙体而建设，高大宽厚的墙体与隘口封锁了峪口与沿线高山峡谷，但如此严密的防线屡次被冲破的原因在于军事防御设施的设置均是为被动防御而建，兵力过于分散，易被敌军从薄弱点攻破。为此，军事信息的收集就显得尤为重要，一旦敌军入侵，或由夜不收侦查得知敌军军事动向，可经由烽火台提前传信至堡寨，以提前做出应对措施。

因而需要在深入胡虏入侵边地设置烽火台，并长期驻守军士，战事频繁时，可及时传烽，战事稍缓时方便夜不收深入虏境打探消息。为满足长期驻守的需求，故需要在烽火台外修筑围墙、水井，配备生活物资。而且在平原地区，缺少掩体与燃放烽火的地点，建立围墙也能增加烽火台自身的防御能力。

在广武城军事防御体系中，围墙式的烽火台均分布于长城北侧，远离堡寨的平原地区，用于前沿哨探，其作用类似于沿边烽火台。如水峪口北侧西察罕铺 1 号烽火台、南洲庄烽火台，白草沟以北的下寨 1 号烽火台，这几处烽火台都位于峪口北侧的平原地带，烽火台外侧均有围墙遗迹，其登临方式有侧面登临式与软梯登临式两种。在西察罕铺 1 号烽火台本体上方，还开有一直径 1m 左右的圆形孔洞，此孔洞内就可能是燃放烽火的地方。

而中间登临式与内部登临式的烽火台大多位于堡寨附近的山丘之上，用于续接来自前沿侧面登临式烽火台传来的信息，并将信息传递给堡寨，起到承上启下的作用。如白草口堡附近的白草口 2 号烽火台、白草口 6 号烽火台，水峪口堡附近的水峪口 6 号烽火台，均位于堡寨的视界之内，又高出堡寨 30 ～ 100m，登高望远可提前接收来自北侧平原处围墙式烽火台的信息，及时传给附近堡寨，保证信息的高效传递。

软梯登临式的单体烽火台较为普遍，多分布于两堡寨间的制高点或长城内侧的山脉顶部，用于堡寨间的信息传递与堡寨向上级堡城、路城、卫城传烽的中转点位。

因其高耸的地理优势又非突破重点，故不用特意设置防御，而其大量的建设需考量建设成本，在战争考量与建设成本的双重影响下，决定了此类烽火台的建设形式。

结论

烽火台密集分布于堡寨周围，大多分布于坡度 5° ～ 35° 之间，整体分布态势呈现以 25° 为中心的正态分布；82% 的烽火台都分布于海拔 1000 ～ 1100m 之间；87% 的烽火台间间距在 2000m 以下，兼顾了营造便利性与传烽的准确性。

数量庞大的烽火台组成了三条宏观大区域内的烽传线路，线路交点位于广武城，可见广武城作为信息枢纽的重要作用。另外，广武城下辖四座堡寨均有独立烽传线路，直接越过广武城（堡城一级）传向代州（路城 / 卫城一级），实现信息的越级传递，保证了烽传效率。

烽火台因所处战略位置不同，其登临方式、建筑形制也展现出差异。平原上围墙式烽火台作为最前沿的信息哨探点位，是发现敌情的一线，围墙的设置兼顾了烽火台自身防御能力与自持能力。中间登临与内部登临式烽火台分布于堡寨附近，利用其海拔优势，有效扩大了监视范围，及时将信息传输于堡寨。软梯登临式烽火台位于山脉腹里，在减少营造成本的同时，将信息传向周边防御单元与腹地上级军镇。因此，烽火台不同的登临方式、建筑形制及其规律性分布，共同构成了一个高效、灵活的预警系统，以每个烽火台作为基本传烽单元，将地势高耸，通行不便的山崖利用起来，变成了高效传烽点，不同类型的烽火台相互配合，串联起来形成一个完整的信息传递网络，达到连点成面的效果。

注释

[1] 肖东、李之钊、李世喆等：《明朝广武城及其下辖堡寨的建筑遗产价值研究》，《中国文化遗产》2024 年第 4 期，第 71—80 页。

[2] ［唐］张守节：《史记正义 · 周》，清乾隆钦定四库全书影印本，第 25 页。

[3] ［北宋］曾公亮、丁度：《武经总要前集 · 制度五 · 烽火》，商务印书馆，2017 年版，第 73 页。

[4] 鉴于资料的有限性，实地调研时将不与长城墙体相连的墩台均统计为烽火台，其中部分墩台可能为兼顾烽火台传烽与敌台阻击的双重作用，本文仅研究以此类墩台的烽传作用。

[5] ［明］廖希颜撰，卢银柱校注：《三关志校注》，中华书局，2013 年版。

[6] ［明］杨时宁：《宣大山西三镇图说 · 九边胜迹图》，明万历三十一年彩绘本。

[7] ［明］戚继光：《练兵实纪》，台湾商务印书馆，1983 年版，第 869 页。

[8] 曹迎春：《明长城宣大山西三镇军事防御聚落体系宏观系统关系研究》，天津大学博士学位论文，2015 年。

[9] 杨子生：《云南山区城镇建设用地适宜性评价中的特殊因子分析》，《水土保持研究》2015 年第 4 期，第 269—275 页。

[10] 郭富赟、宋晓玲、吕红艳：《基于 GIS 的兰州市城市建设用地适宜性评价》，《地下水》2011 年第 2 期，第 179—181 页。

[11] 展安、宗跃光、徐建刚：《基于多因素评价 GIS 技术的建设适宜性分析——以长汀县中心城区为例》，《华中建筑》2008 年第 3 期，第 84—88 页。

[12] [清] 康基田：《晋乘搜略》卷二十七，山西古籍出版社，2006 年版。

[13] [清] 李钟俾修，穆元启纂：《新修方志丛刊・察哈尔延庆县志・边疆方志之八》，台湾学生书局，1967 年版。

[14] [清] 海宁修，[清] 郑源纂：《晋政辑要・卷八》，乾隆五十五年（1790）山西刻本，第 24 页。

[15] [明] 孙世芳纂修：《宣府镇志・兵政考》，嘉靖刻隆情增修本，第 15 页。

[16]《明世宗实录》中指出："侦探责在夜不收，瞭望责在台军。"

[17]《宣府镇志》载："腹里接火墩，重要处所照依边墩，每墩七名，险固处所止用墩军三名，夜不收两名，每年两班，上班二月初一日起至十月终满，下班八月初一日起至次年正月终满。"

汉简所见汉代边塞防御系统的构建及存在问题探究 *

裴永亮 **

摘要：汉代在防御匈奴入侵的边防线上建立了较为完备的防御体系。武帝时扩建秦长城，增设亭障关隘。随着战事的发展，边塞防御体系不断扩展，防御匈奴的律令法规也逐步建立完成，条款明确，传递过程成熟，规定严密。汉朝边塞的构筑，抗击和防范了匈奴等民族的进犯，保护了河西地区人民生产与生活的安定，促进了长城沿线地区政治、经济、文化的发展，保障了丝绸之路的交通，推进了东西方经济文化交流。但结合河西汉简可知，汉代的防御体系存在一定的不足。

关键词：河西汉简；边塞塞防；防御体系

汉代在防御匈奴入侵的边防线上建立了完备的防御体系，武帝时收复了被匈奴占据的地区，扩建秦长城，并增设亭障关隘。随着汉军战略攻势的不断加强，边塞防御体系不断扩展。汉武帝时期在河套地区以西兴建了大约三千里的障塞亭燧，与此同时，防御匈奴的律令法规也逐步建立完成，条款明确，传递过程成熟，规定严密，对于抗击匈奴入侵的作用明显。但结合河西汉简可知，汉代的防御体系存在一定的不足。

---

* 课题项目：本文为 2024 年辽宁省教育厅一般项目“新出汉简所见丝绸之路上民族关系研究”阶段性研究成果（项目编号：LJ112410167034），2023 年辽宁省社科联项目“红色教育视域下锦州地区革命遗址的利用与开发研究”（项目编号：2023lslybkt-004）阶段性研究成果。

** 作者简介：裴永亮，历史学博士，渤海大学历史文化学院副教授，硕士生导师，主要从事简牍学研究。

一、汉塞防御体系的构建

秦灭六国之后，为了抵御匈奴南下，开始修筑万里长城，并建立烽燧亭障。河西地区的汉塞是汉代防御匈奴入侵的重要设施，自酒泉郡开始，经过敦煌、安西、玉门、金塔四地，到达内蒙古额济纳旗居延海。武帝起在汉塞上逐步建立了较为完整的防御工程，包括堑壕、天田、土垄、塞墙、障、坞、燧等多种防御工事。汉塞除了防御匈奴入侵外，主要的职能是传递烽火信号。

1974 年居延甲渠候官遗址发现《塞上烽火品约》。“烽火品约”因涉及当时汉军的军事机密，故不为文献所多载，只有《史记》有零星记载，亦语出不详。《史记・司马相如列传》载：“夫边郡之士，闻烽举燧燔，皆摄弓而驰，荷兵而走，流汗相属，唯恐居后，触白刃，冒流矢，义不反顾，计不旋踵，人怀怒心，如报私仇。”[1]3045 对于“闻烽举燧燔”的具体内容和传递程序皆未有描述。

结合河西汉塞的分布，居延都尉府周围自北至南分布了三个“塞”：分别为殄北塞、甲渠塞和卅井塞。甲渠塞戍守遇到“敌情”时必须立刻报告居延都尉府和其他边塞，其他塞亦如此。“烽火品约”主要起到临敌报警、燔举烽火、进守呼应、请求驰援的作用，这实际上是具有“联防公约”性质的烽火传递手册。

“烽火品约”就是关于以烽火形式进行通信联络的具体规定，具有与法律一样的效力。汉塞的烽火信号主要有烽、表、烟、苣火和积薪，其中白天放烽、表、烟，夜间燃苣火和积薪，不同数量与不同组合可以表示不同的含义。《烽火品约》对匈奴兵士入侵的不同部位、人数、时间、意图、动向以及天气变化异常等各种情况，各塞燧燔举烽火的类别、数量、方式，如何传递、应和，发生失误又如何纠正等，都有具体规定。[2]191 例如，在殄北塞当发现匈奴兵士入侵时，白天举二烽，坞上表一，燔一积薪；晚上则燔一积薪，举堠上离合苣火，并要求毋绝至天明。[3]

汉代的烽火品约通常根据匈奴入侵人数确定为四种，第一种情况为匈奴入侵十人以下并且在边塞以外；第二种情况为匈奴入侵十人以上到达塞外，或者是匈奴入侵一百人以上、五百人以下已经入塞，入侵人数多，规模大，需要严格防范；第三种情况为匈奴一千人以上入塞，或者是五百人以上、一千人以下攻打亭障，形势比较严重；第四种为匈奴一千人以上攻打亭障，形势非常严峻。汉代运行的烽火品约给出的对应措施为：针对第一种情况需昼举一烽，夜举一苣火，毋燔薪；第二种情况为昼举二烽，夜举二苣火，燔一积薪；第三种情况需昼举三烽，夜举三苣火，燔二积薪；第四种情况需昼举三烽，夜举三苣火，燔三积薪。

“烽火品约”是由都尉府制定并发布的，如居延汉简出土的《塞上烽火品约》

是由居延都尉府发布的，只约束其下属的三塞，即甲渠、殄北和卅井塞；而从地湾、金关发现的《塞上烽火品约》是由肩水都尉府发布的，约束所辖的肩水塞、广地塞等塞；同样，在敦煌所发现的《烽火品约》是分别由中部都尉府和玉门都尉府发布的。

结合西北汉简和居延塞的地理位置，当地的烽火皆自北向南传递，因位于汉地的北方，匈奴入侵汉地也是由北边而来，烽火信号由烽燧逐次向南传递到部、塞，直至到达居延都尉府，最后由都尉府将预警信号向东南传递到张掖郡。[4] 烽火传递遭受匈奴士兵多人多次猛烈的进攻，时而“卅余骑”，时而“百余骑”“十余辈”，匈奴兵士的轮番进攻，而且有多个塞遭到攻击，“攻坏燔烧第十一隧以北”“攻居隧不居隧，尽坏坞”“万岁部以南烟火不绝”。[5]32 由于匈奴采取阶段性进攻，释放信号的时间还是具备的，因此没有传出信号的原因是汉塞预警系统的瓦解。另外根据居延汉简的记载，此后甲渠塞再无屯宿的记录，一直到东汉中期才逐步恢复。更加证明此时的汉塞已经破败不堪，很快就落入匈奴之手了。此时的汉帝刘秀忙于征服地方割据势力，建武八年（32 年）刘秀亲征隗嚣至高平，从洛阳出发，经长安、咸阳，一路上由马援招降了隗嚣大将高峻，从而收复了高平第一城（今原州区城关），此时中原战争的频发，使东汉王朝根本无暇顾及匈奴士兵的入侵。

总而言之，根据西北汉简中的记载，“烽火品约”是在中央统一制定下，根据各处汉塞特色而设置的防御匈奴入侵的联防体系。如果匈奴进攻汉塞，相应的亭隧要按品约规定发出烽火信号，将匈奴士兵人数和已经到达汉塞部位表达清楚，并立刻以檄的形式向都尉府报告，烽火的传递速度达到每汉时约百汉里，而传檄的速度每汉时仅约为十汉里。是否派出军队，派出多少军队都取决于烽火传递的信号。如简文中有记载匈奴入侵九十人，都尉府派出了一百八十人，檄文主要是为了印证烽火传递的正确与否，因此错误报告匈奴入侵的信息会被追究责任。如遇到大风雨，烽火不能燃烧，就只能完全靠传檄来报告信息了，檄文主要要传递到都尉府，在传递中要告诉临近的亭隧做好迎敌的准备。如果匈奴攻打亭燧十分紧急，被攻击的亭隧无法发出烽火，邻近的亭燧要替其发出信号。都尉府收到匈奴入侵的信号后，要马上作出应对布置。如果匈奴已经退出塞外，亭燧应该立即下烽止烟火，如果烟火依次序传递到了下一个亭，要立刻派人走传相告，但若都尉出追匈奴尚未归塞，不得下烽。另外烽燧发出匈奴入侵的信号后，位于塞防周围的民众需要立即撤退。[6]

按照军功给予奖励是战国以来重要的激励手段。战国时期，魏与秦都实行军功爵制，使军队的战斗力大为增强。西汉初年规定，解放士兵令其归家务农并免徭役，效仿秦制，按照军功大小授予将士田宅。汉武帝以来国内基本稳定，为了应对汉匈战争，继续实行军功赏赐制度。汉武帝以来主要采取的措施包括“击匈奴赏赐爵位”“击匈奴赐黄金”以及赏赐匈奴投降汉地的“赏匈奴降者”，也就是一为斩首杀敌授爵，一为重赏降者，二者相辅相成。对于二者的名称，于史籍中多有记载，但具体如何奖赏，正史中失其记录。居延汉简中纪年最早的是西汉武帝天汉二年（前 99 年），最晚的为东汉光武帝建武八年，其中《捕斩匈奴虏反羌购赏科别》《击匈奴降者赏令》等册书，弥补了正史中的不足。[2]1

汉武帝以来开始实行“击匈奴赏赐”，而汉简又记载了东汉初期依然在施行该制度，说明《捕斩匈奴虏反羌购赏科别》是贯穿于整个西汉和东汉初期的，直到东汉中期匈奴问题基本解决。汉武帝以来制定的《捕斩匈奴虏反羌购赏科别》，是根据“捕斩匈奴”的级别和数量，给予“吏增秩二等”的奖励，斩首匈奴将领百人以上可以获得一人赏钱十万或者增秩二等，“增秩二等”与“赏钱十万”是相当的，只是赏的对象有身份上的不同；刺探军情的“间候”因其掌握较多的信息，故抓获之后，官吏增秩二等，民众给予赏钱十万，如果负有人命，可以除其罪。能与其他士兵一起追击匈奴士兵，并能最先占领要地的士兵，斩首一级可获得赏钱五万，以此类推；能将匈奴的消息报告给官府的，捕获匈奴人后赏钱一半给报告的人；牛马等牲畜被匈奴抢去，如果有人能从匈奴兵士手中夺回来，可以得到牲畜三分之二的“购赏”，牲畜的主人只能得到三分之一，此做法的目的是奖励追捕格斗之功；另外普通民众或者是士兵有斩敌之功，只可给予赏钱。如果是官吏，则既可以增秩，亦可以赏钱。能够活捉曾经背叛汉廷的反羌，官吏增加秩禄等级二等，普通民众给予赏钱五万，奴隶可以取得相同的待遇。以上所有的赏赐都需要仔细地核校，做到准确无误，才能被发放，以免出现谎报冒领的情况。据史料记载，军中谎报战功之事时有发生。如汉武帝时就出现了为了获得奖赏而“前破番禺，捕降者以为虏，掘死人以为获”[7]366“击匈奴增首不以实”[7]648 的事件。因此为了防止弄虚作假、谎报战绩，在奖励军功科别的最后一条中特别规定要严格实行“诸有功校皆有信验，乃行购赏”（E.P.F22・230）的要求。以上政策的实行，在遏制匈奴与羌的侵扰和反叛方面，发挥了重要作用，因此《后汉书・窦融列传》记载：“其后匈奴惩乂，稀复侵寇。”[8]

汉武帝时期“大攘四夷”，一方面采取强硬的军事打击，另一方面采用怀柔政策，一定程度上维护了多民族国家的统一。两汉时期对匈奴等少数民族降汉者实行封爵赐金制度，对于分化少数民族内部力量，进而打击匈奴等少数民族，减少其对两汉边疆的危害，从而稳定边疆民族地区的统治有重要作用。[9] 根据史书记载，西汉王朝为赏赐匈奴归降的费用是巨大的，主要包括直接赏赐黄金、赏赐其随行人员、定居封地后的日常供给等几大项，巨额的花费增加了两汉时期政府的负担，并被进一步转嫁到民众身上。[10]

西北汉简多载增劳制度，正史中无载，可见增劳制度仅适用于边塞地区，是对边塞官吏的一种优待政策，具体增劳的数量一般以二比一进行加算。[11]《北边絜令》主要内容是对屯驻于汉廷北地边塞的候长、候史以及将军府吏等日迹的时间要增加50%。北地苦寒，为了使官吏可以安心地驻守边境，采取了增劳制度作为特殊的俸禄方式。

汉代在防御匈奴入侵的边防线上建立了完备的防御体系，武帝时收复了被匈奴占据的地区，扩建秦长城，并增设亭障关隘。随着汉军战略攻势的不断加强，边塞防御体系不断扩展。汉武帝时期在河套地区以西兴建了大约3000多里的障塞亭燧，与此同时，防御匈奴的律令法规也逐步建立完成，条款明确，传递过程成熟，规定严密，对于抗击匈奴的入侵作用明显。但结合河西汉简可知，汉代的防御体系存在一定的不足。

二、汉塞防御体系存在的问题

（一）烽火信号受到天气、时间条件的约束

烽火信号的传递会受到天气、时间等自然因素的影响。史载汉朝的烽火信号主要包括积薪、苣火、烽、表、烟、鼓等六种类型，而河西汉简《塞上烽火品约》中记载主要包括烽、表、苣火、积薪、烟等五种，没有鼓的原因，应该是边塞地区烽燧之间距离较远，鼓声难以传递太远，鼓声也需要接收者高度集中注意力，否则很难辨别。在《塞上烽火品约》中所记载的五种信号中，烽、表、烟在白天使用，苣火为夜间使用，积薪白天、夜间皆可，以上五种信号遇到大风雨天气时，都难以使用。根据河西汉简记载，在匈奴入侵汉塞时遇到恶劣天气影响到烽火等信号使用时，首先发现匈奴入侵的烽燧需要派出戍卒前往邻近烽燧传递信息，逐级传递直至传达至郡守府，然后以“檄文”传递到中央，速度明显下降，不利于信息的传递。

> 匈奴人入塞，天大风，风及降雨不具烽火者，亟传檄告，人走马驰，以急疾为故。
>
> E.P.F16：16[12]208
>
> 官去府七十里，书一日一夜当行百六十里。书积二日少半日乃到，解何？
>
> E.P.S4.T2：8A[12]246

在戍卒徒步或者骑行传递信息的过程中，速度下降明显，一日一夜只能传递160汉里。据上文所述，汉代边塞传递出来的烽火信号一昼夜约可行1590汉里，从居延边塞到达张掖太守府，共有1063汉里，“书”一昼夜传递160汉里，那么自居延塞传至张掖太守府需约七昼夜，速度大为下降，再传递到长安就需要更多的时间了。而在信号传递到郡府时，匈奴已经攻入汉塞，战情已经发生变化，再传递到长安时就会发生更大的变化，很难对中央的决策作出精准的参考。

汉代边塞烽火信号传递属于视觉通报系统，极容易受天气的影响，尤其是在夜间加上有雨雪有雾的天气条件下，基本属于失效状态。如《塞上烽火品约》中规定进犯的匈奴兵士在五百人以下放一道烟火，五百人以上放两道烟火，如五百人以上的匈奴入侵，一座烽燧驻守戍卒多则四五人，少则一二人，如此数量的匈奴人入侵在晴朗的白天都较难统计到准确数字，更不要说是在夜里或者有雨雪雾的夜里，因此可见烽火信号受到了天气的影响。

另外，如特日格乐在《简牍所见汉朝烽火制度——兼谈匈奴的对应》中认为，汉塞在传递烽火信号时根据昼夜的不同需要会使用不同物品，但在白昼交替的时候，白昼所举的表、烽、烟，过不了多久就无法观察，因此在这一时间段匈奴入侵汉塞，很容易出现预警的混乱，而匈奴人也会利用这一时间段入侵汉塞。[5]30

（二）无法实现完全准确预警

匈奴人入侵汉塞人数是不固定的，时多时少，一般情况下匈奴会利用黄昏时间入侵汉地，更减少了预警的准确度。

望见虏一人以上入塞，烦（燔）一责（积）薪、举二蓬，夜二苣火。见十人以上在塞外，烦（燔）举如一人□□。

望见虏五百人以上，若功（攻）亭障，烦（燔）一责薪、举三蓬，夜三苣火。不满二千人以上，烦（燔）举如五百人，同品。

虏守亭障烦举：昼举亭上蓬，夜举离合火，次亭、隧和，烦（燔）举如品。

《疏》691[13]

汉塞依险要地势而建，并修筑亭、障、塞等防御建筑，驻守戍卒进行候望，其中设置亭、障的主要目的为监视入侵匈奴的人数和动向。“亭”是边疆土台上的建筑，属于瞭望台性质，为边防上最前线的守望处所，《史记·秦始皇本纪》载：“又使蒙恬渡河取高阙、阳山、北假中，筑亭障以逐戎人。”[1]253 边塞周边乱石成堆、杂草丛生，非常利于匈奴士兵隐藏，候望的戍卒很难得出准确的人数，如河西汉简中记载匈奴入侵汉塞人数众多，难以统计确切数字。

☐（虏）有大众不去，欲并入为寇　　《合校》108．21[14]

☐卌余骑还并塞南行　　E.P.T20：23[12]29

（三）应对匈奴入侵信息的灵活性较差

据河西汉简中《塞上烽火品约》及相关里程简记载，汉塞的烽火信号只要发出，传播速度较快，汉代烽火传递的速度每汉时约行 99 汉里，一昼夜可传 1590 汉里，但即便如此快速的传递速度，亦很难对边塞战事做出准确的应对。匈奴骑兵行动迅速，多掠夺完即撤回，而待烽火传递至最近的部都尉驻所，再由部都尉率兵追击，匈奴人即已撤回，由此可见相应汉塞的烽火灵活性相对较差。另外，汉代法律规定边塞的县官与屯田官吏，要随时关注烽火信号是否传递到本地，一旦发现警报传入，要立即通知下辖各部，准备战斗或者转移。[5]34 而由于烽火信号传递灵活性较差，如出现错误信号，会产生不必要的损失。

烽火信号传出后，由部都尉率兵前往边塞应对，具体派出军士人数需根据烽火信号确定，结合以上几点分析，傍晚或者夜晚很难获得匈奴入侵的确切人数情况，必然影响战事的发展，因此汉军派出的军队是匈奴可知人数的两倍，如：

永始元年九月庚子，虏可九十骑入甲渠止北，略得卒一人，盗取官三石，弩一稾，矢十二，牛一，衣物亡数，司马宜昌将骑百八十二人从都尉追。

57.29[15]

汉成帝永始元年（前 16 年）秋九月，匈奴攻打汉塞障。此前八月丁丑，太皇太后王氏驾崩，汉廷朝局不稳，匈奴乘此机会多次入侵汉地。此简中记载入塞匈奴人数是 90 人，掠夺了汉地众多兵器等，甲渠塞派骑士进行追击，塞都尉带领军队数量为 182 人，是入侵人数的一倍，如发出地信息有变化，而接受地已经作出安排，来不及再做出调整，可见对烽火信号回收缺乏灵活性。

（四）增加了政府财政支出

《赏击匈奴令》主要内容为以斩获匈奴等级与数量为标准，赐予一定的爵位、封邑及黄金，另外对于匈奴降者，亦赐予一定数量的黄金及爵位，河西汉简中记载：

捕斩匈奴虏反羌购偿科别 E.P.F22：222[12]217

其生捕得酋豪、王侯、君长、将率者一人▨吏增秩二等，从奴与购如比。

E.P.F22：223[12]217

其斩匈奴将率者，将百人以上，一人购钱十万，吏增秩二等，不欲为▨……

E.P.F22：224[12]217

有能生捕得匈奴间候一人，吏增秩二等。民与购钱十▨▨人命者，除其罪。

E.P.F22：225[12]217

《汉书·霍去病传》载："票姚校尉去病斩首捕虏二千二十八级，得相国、当户，斩单于大父行藉若侯产，捕季父罗姑比，再冠军，以二千五百户封去病为冠军侯。上谷太守郝贤四从大将军，捕首虏千三百级，封贤为终利侯。骑士孟已有功，赐爵关内侯，邑二百户。"[1]2928《汉书·陈汤传》载："乃封延寿为义成侯，赐汤爵关内侯，食邑各三百户，加赐黄金百斤。"[7]3020

汉武帝元朔六年（前 123 年），霍去病率轻骑 800 人击匈奴，斩首 2000 余级，封冠军侯。元狩二年（前 121 年）又升任为骠骑将军。骑士孟已也有战功，赐爵位关内侯，封食邑二百户。汉元帝建昭三年（前 36 年）西域都护骑都尉甘延寿与副校尉陈汤合谋，击斩匈奴郅支单于，因功封甘延寿为义成侯，封陈汤为关内侯，赐黄金百斤。

击匈奴降者赏令。 《敦》1357[16]

□□者众八千人以上，封列侯邑二千石（户），赐黄金五百（斤）。

《敦》1358[16]

取故君长以为君长，皆令长其众。赐众如燧长，其斩□。 《敦》1359[16]

汉代对于匈奴首领或者贵族的投降者，专门设置了金爵制度。《汉书·匈奴传》载："汉兴，匈奴数为边害，故设金爵之赏以待降者。"[7]3808 对于其他民族能够打击匈奴者亦给予大量赏赐，《汉书·匈奴传》载："属国千长义渠王骑士射杀犁污王，赐黄金二百斤，马二百匹，因封为犁污王。"[7]3783

在汉匈战争期间，武功爵制得到贯彻施行，使得汉军战斗力得以极大提高。《史记·司马相如列传》记载，当时"夫边郡之士，闻烽举燧燔，皆摄弓而驰，荷兵而走，流汗相属，唯恐居后，触白刃，冒流矢，义不反顾，计不旋踵"。[1]3045 金钱、爵位与封邑，成为汉军击杀匈奴的主要动力，由于具有极大的诱惑力，激发了广大官兵杀敌立功的积极性。[17]241 在汉武帝时期，封侯者几乎都是行伍出身。据统计，汉武帝时期封侯爵八十九人，其中将军封侯五十三人，[17]240 汉武帝对有战功者赏赐大量的金钱，大将军卫青击匈奴有功，武帝一次就赐予黄金千斤。

赏赐行伍、匈奴投降者花费甚巨，给西汉王朝增加了负担，尤其是给匈奴贵族降者的大量赏赐以及对其随从的大量奖赏，数额巨大，汉王朝历来对匈奴降者十分优待。如匈奴大贵族降者，除了赐赏爵位与财物之外，还对其封地等进行详细安排。[18] 汉武帝元狩二年，“秋，匈奴昆邪王杀休屠王，并将其众合四万余人来降，置五属国以处之，以其地为武威、酒泉郡”。[7]176 另外匈奴单于入朝亦给予众多赏赐，元寿二年（前 1 年）匈奴单于来朝，携随从五百人，汉廷赏赐匈奴单于及随从“加赐衣三百七十袭，锦绣缯帛三万匹，絮三万斤”。[7]3817 匈奴单于朝汉廷，汉廷派遣官员迎来送往，沿途各郡县亦需提供饮食、住宿等，从中央到地方接待匈奴单于的费用巨大。[19]

西汉为了解决财政困难，规定农民除了服兵役，还要负担“漕运转输”等多种徭役，将口赋从七岁提前至三岁，加征每人三十文钱以助边用。另外西汉实行“入钱赎品”，也就是花钱买罪，《汉书・食货志》载，政府赎罪收入钱财可观，“边食足以支五岁，可令入粟郡县矣”。[7]3817 河西汉简有《大司农罪人得入钱赎品》，为当时赎罪的记载：

大司农臣延，奏：罪人得入钱赎品。 E.P.T56·35[12]135
赎完城旦舂，六百石，直钱四万。 E.P.T56·36[12]135
髡钳城旦舂，九百石，直钱六万。 E.P.T56·37[12]135

“入钱赎品”指按照犯罪的等级，以不同等的钱来赎罪。《汉书・惠帝纪》载，汉惠帝元年（前 194 年），如民有罪，花钱买爵三十级可以免除死罪。东汉应劭认为当时爵位一级值钱二千，合计为六万，汉后沿用钱谷赎罪。到了天汉四年（前 97 年），武帝令死罪人赎钱五十万减死罪一等，据《汉书・百官公卿表》载，大司农延在汉宣帝五凤元年至黄龙元年（前 57—前 49 年）任职，由“大司农”下达。

“赎完城旦舂，六百石，直钱四万”中“城旦舂”为秦汉劳役刑法，“城旦”指修筑城墙等重体力劳动；“舂”指为官府舂米。“城旦舂”为秦汉劳动刑罚中最高等级。“髡钳城旦舂，九百石，直钱六万”中“髡”指弱发，剃发；“钳”是“以铁束颈也”。《汉书・楚元王传》载“楚人将钳我于市”[7]1923，此惩罚主要是对人身的侮辱。

东汉延续西汉的赎罪制度，但多用缣帛赎罪，据《后汉书·明帝纪》载，天下除了亡命殊死外，其余违法行为都可以赎罪，“死罪入缣二十匹，右趾至髡钳城旦舂十匹，完城旦舂至司寇作三匹”。[20] 两汉后赎罪一直沿用，《三国志·魏书》载，河内太守王匡起兵讨董卓，派儒生到属下各县侦查官吏百姓的过错，发现后立即逮捕，但允许用钱谷赎罪。

汉朝将赎刑作为敛财的手段，用纳钱、出缣、输作赎免刑罚，为国家增加了大量的财富，汉武帝时减死罪一等需缴纳赎钱五十万。为了北防匈奴，武帝令买爵或赎罪所得之钱买粟后运至长城沿线。

结语

汉代河西走廊的边城、障、坞、烽燧、关隘等建筑皆为布防在长城沿线的一个个军事堡垒，它们充分利用自然条件而建，与长城一起点、线结合，互为犄角，形成了完整科学高效的军事防御体系，从而共同构筑了一道坚固的边疆防线，有力地阻止了塞外游牧民族的进攻，保证了汉王朝西北边防的安全。[21] 但是由于其时代的局限性以及地理环境的影响亦产生了一定的不足。

首先，烽火信号受到天气、时间条件的约束。根据河西汉简记载，在匈奴入侵汉塞时遇到恶劣天气影响到烽火等信号使用时，首先发现匈奴入侵的烽燧需要派出戍卒前往邻近烽燧传递信息，逐级传递直至传达至郡守府，然后以“檄文”传递到中央，速度明显下降，不利于信息的传递。

其次，无法实现完全准确预警。匈奴人入侵汉塞人数是不固定的，时多时少，一般情况下匈奴会利用黄昏时间入侵汉地，更减少了预警的准确度。

再次，应对匈奴入侵信息的灵活性较差。据河西汉简中《塞上烽火品约》及相关里程简记载，汉塞的烽火信号只要发出，传播速度较快，汉代烽火传递的速度每汉时约行 99 汉里，一昼夜可传 1590 汉里，但即便如此快速的传递速度，亦很难对边塞战事做出准确的应对。

最后，增加了政府财政支出。《赏击匈奴令》主要内容为以斩获匈奴等级与数量为标准，赐予一定的爵位、封邑及黄金，另外对于匈奴降者，亦赐予一定数量的黄金及爵位，赏赐行伍、匈奴投降者花费甚巨，给西汉王朝增加了负担，尤其是给匈奴贵族降者的大量赏赐以及对其随从的大量奖赏，数额巨大，汉王朝历来对匈奴降者十分优待。

注释

[1][西汉] 司马迁：《史记》，中华书局，1959 年版。

[2] 薛英群：《居延汉简通论》，甘肃教育出版社，2023 年版。

[3] 李国民：《金塔文化遗产研究文集》，甘肃文化出版社，2014 年版，第 194 页。

[4] 汪受宽：《甘肃通史——秦汉卷》，甘肃人民出版社，2009 年版，第 146 页。

[5] 特日格乐：《简牍所见汉朝烽火制度——兼谈匈奴的对应》，中国蒙古史学会编：《蒙古史研究》（第 10 辑），内蒙古大学出版社，2010 年版。

[6] 李均明：《当代中国简帛学研究 1949—2009》，中国社会科学出版社，2011 年版，第 449 页。

[7][东汉] 班固：《汉书》，中华书局，1962 年版。

[8][南朝宋] 范晔：《后汉书 · 窦融列传》，中华书局，1965 年版，第 797 页。

[9] 贾东海：《中国历代民族理论和民族政策研究》，中央民族大学出版社，2011 年版，第 180 页。

[10] 李大龙：《汉唐藩属体制研究》，中国社会科学出版社，2006 年版，第 113 页。

[11][日] 大庭修著，林剑鸣译：《秦汉法制史研究》，上海人民出版社，1991 年版，第 450 页。

[12] 甘肃省文物考古所等：《居延新简》，中华书局，1994 年版。

[13] 林梅村、李均明：《疏勒河流域出土汉简》，文物出版社，1984 年版，第 5 页。

[14] 谢桂华、李均明、朱国照：《居延汉简释文合校（上下）》，文物出版社，1987 年版，第 176 页。

[15] 中国社会科学院考古研究所编：《居延汉简（上下）》，中华书局，1980 年版，第 41 页。

[16] 甘肃省文物考古研究所编：《敦煌汉简释文》，甘肃人民出版社，1991 年版。

[17] 李德龙：《汉初军事史研究》，民族出版社，2001 年版。

[18] 高恒：《秦汉简牍中法制文书辑考》，社会科学文献出版社，2008 年版，第 195 页。

[19] 李大龙：《汉代中国边疆史》，黑龙江教育出版社，2014 年版，第 50 页。

[20] 李均明：《秦汉简牍文书分类辑解》，文物出版社，2009 年版，第 224 页。

[21] 唐志强：《河西走廊城市文脉与城镇发展研究》，敦煌文艺出版社，2020 年版，第 42 页。

顺治《丁酉重刊凉镇志》所见之凉州镇长城

赵大泰 *

摘要：顺治十四年（1657 年），时任陕西布政使司右参议、分守西宁道苏铣编撰而成《丁酉重刊凉镇志》，是武威现存最早的一部明清地方志。笔者组建团队，对该书进行了全面的整理与校注。《丁酉重刊凉镇志》用文字、地图两种形式，图文并茂地揭示出清初包括凉州卫、永昌卫、镇番卫、古浪千户所等在内的凉州镇全貌，尤其对于凉州镇长城仍然延续使用的情况提供了直接记录，有助于武威长城国家文化公园的建设和开发。

关键词：顺治；丁酉；重刊凉镇志；苏铣；长城

一、顺治《丁酉重刊凉镇志》的基本情况

《周礼》有云："诵训掌道方志，以诏观事。""资治、教化、存史"是地方志等古籍文献的主要功能。明末清初，因时局动荡，许多明代旧志散佚于战火，因执政需要多地地方官便辑录散佚旧志修成新志。其中明代所修的嘉靖《凉镇志》也在清初进行"重刊"，顺治十四年，时任陕西布政使司右参议、分守西宁道苏铣编撰而成《丁酉重刊凉镇志》，是武威现存最早的一部明清地方志。

苏铣，清直隶河间府交河县（今河北省交河县）人。顺治二年举人，顺治三年登进士，授河南卫辉府推官。顺治九年，任山东道监察御史，次年改山西巡按御史。顺治十二年，任陕西布政使司右参议、分守西宁道、陕西按察使司副使、固原兵备道。顺治十六年，任广东布政使司参政、分守岭东道。康熙元年（1662 年），任江西按

* 作者简介：赵大泰，甘肃省武威市凉州文化研究院副研究员。

察使。

顺治《丁酉重刊凉镇志》刻本存世甚罕，目前仅见中国国家图书馆藏有 2 部全本（善本书号 A05261 和 A05262，以下分别简称甲本、乙本）、1 部残本（善本书号 A03934，以下简称丙本），四川省图书馆藏有 1 部残本（存第 2、4 册）。经比对，以上四部刻本属同一版本系统，文字内容无差异，仅有印次先后之别。其版式为：半页 8 行、行 20 字，小字双行，四周双栏，白口。现中国国家图书馆网站“中华古籍资源库·数字古籍”公开了甲本和乙本的完整图像资源。2021 年出版的《陇右文库》第 33 册收录了“顺治《凉镇志》”影印本，经核实，此书底本实为中国国家图书馆藏丙本，原缺第一册地图，影印本亦未补全地图。截至目前，顺治《丁酉重刊凉镇志》尚无完整校注本公开出版。此次整理以中国国家图书馆藏内容最完整、印刷时间较晚的乙本为底本，校以印次较早、图文清晰的甲本，标点校勘并注疏所引材料及难解字词。

现存乙本《丁酉重刊凉镇志》结构如下：

第一册 《凉州总图》，共 80 页地图；

第二册 序、目录、部分《凉州卫志》（《地里志》《建制志》《官师志》）；

第三册 部分《凉州卫志》（《兵防志》《岁计志》《人物志》）、《永昌卫志》、《镇番卫志》、《古浪所志》；

第四册 《疏赋诗》，即《艺文志》，包括《本朝奏议》（收录清初甘肃巡抚佟延年奏议一篇），以及《前志奏议》《前志碑记》《前志诗歌》四部分。

现存甲本第二册为《凉州卫》，第三册为《永昌卫》《镇番卫》《古浪所》。四川省图书馆藏本，也是第二册为《凉州卫》，第四册为《疏赋诗》。

综上所述，恰当的分册方式应该为第一册《凉州总图》，第二册《凉州卫志》，第三册《永昌卫志》《镇番卫志》《古浪所志》，第四册《疏赋诗》。为了让《顺治〈丁酉重刊凉镇志〉校注》本结构更加合理，将原第一册《凉州总图》调整到了书的末尾。

《凉州卫志》《永昌卫志》《镇番卫志》《古浪所志》等“三卫一所”下分地里志、建制志、官师志、兵防志、岁计志、人物志等六大门类。其具体内容如表 1 所示。

表 1 顺治《丁酉重刊凉镇志》的内容

门类	各卫所志目	凉州卫	永昌卫	镇番卫	古浪所
地里志	沿革	√	√	√	√
	疆里	√	√	√	√
	山川	√	√	√	√
	水利（附桥梁）	√	√	√	√
	风俗	√	√	√	√

（续表）

门类	各卫所志目	凉州卫	永昌卫	镇番卫	古浪所
地里志	物产	√			
	古迹（附坟墓）	√	√	√	√
建制志	城垣	√	√	√	√
	公署	√	√	√	√
	学校	√	√	√	
	坛壝	√	√	√	√
	祠祀（附寺观）	√	√	√	√
	驿传（附铺舍）	√	√	√	√
官师志	名宦	√	√	√	√
	道属（附员额）	√	√	√	√
兵防治	军制（附马匹）	√	√	√	√
	堡寨	√	√	√	√
	烽墩	√	√	√	√
	隘口	√	√	√	√
	戎器	√	√	√	√
岁计志	户口	√	√	√	√
	地粮	√	√	√	√
	马粮	√	√	√	√
	课税	√	√	√	√
	支放	√	√	√	√
人物志	乡贤	√	√	√	
	忠烈	√			
	节孝	√	孝行	贞节	贞节
	甲第（进士）	√	√		
	乡试（举人）	√	√	√	
	流寓	√			
	仙释	√			

在《丁酉重刊凉镇志》中有苏铣撰写的序言，提供了许多重要信息。凉州更早的地方志是山西蒲州人分守西宁道杨俊臣、西平（咸平）人陕西巡抚王顺行修纂的，记述了截止嘉靖癸丑年，也就是嘉靖三十二年（1553 年）的历史，“凉州旧志，修自蒲坂杨公，观成于西平王公，至明朝嘉靖癸丑岁止，前此修废之由皆不载，故无从考”。到了顺治十四年，已经 105 年了，所以续修新志就迫在眉睫。而在明末清初的战乱中，旧志的志版遭到毁灭，书复不存。

顺治十二年，苏铣被任命为分守西宁道，管辖凉州镇军事，奉时任甘肃巡抚佟延年之命，在搜集到的凉州旧志基础上，开始编纂新志。因为时间仓促，所以新志还是以旧志的内容为主体，然后增补清代顺治年间的内容，至顺治十四年书成。“余于是奉公之命，力为蒐（搜）访，始得旧志数册，求遗补阙，掌录舌书，间亦芟除不行之欵（款）、虚载之条，存旧者九，新增者三。一百五年来事迹粗备，捐俸募工，不三月而书告成。”

二、顺治《丁酉重刊凉镇志》的整理校注

《丁酉重刊凉镇志》承上启下，上承嘉靖《凉镇志》（有学者认为是天启《凉镇志》），下启张玿美的乾隆《五凉全志》。这部地方志除了“三卫一所”志之外，还有整册 80 页地图，详细描绘了明清之际河西东部地区山川河流和城堡墩铺、边墙及民族分布等信息，具有重要的学术价值。但这些地图页面分裂、字迹模糊、墨迹漫漶而难以识读，因此需对其进行处理，使之清晰干净，以便查阅。利用中国国家图书馆藏两部顺治《丁酉重刊凉镇志》刻本，共整理出图幅 80 面，拼接出 38 幅地图。使用图像和图形软件，对原图进行复绘，并校录注记文字。顺治《丁酉重刊凉镇志》地图以“总图—河西走廊东西大道城堡驿—各营直辖堡”为序。此志地图的底图实为明清之际具有实用价值的军事地图，而非普通的卫所政区图。

《丁酉重刊凉镇志》成书距今 368 年，现存原本门类繁杂，文本量较大，部分页面字迹模糊漫漶，识别困难，纵向排版的繁体字不利于今人阅读。《顺治〈丁酉重刊凉镇志〉校注》一书对古籍原本进行文本整理与校对，对书中的生僻字词、典故事件、古地名等进行基本注解，在保证文体、内容原貌的基础上，校勘错讹，断句标点，注释生僻，并采用简化字横排，方便今人阅读和后续研究的史料利用。

《顺治〈丁酉重刊凉镇志〉校注》，是团队协作的成果，笔者负责统筹与统稿。《序》《凉州卫志》《镇番卫志》《永昌卫志》《古浪所志》由笔者校注。《疏赋诗》由武威市凉州文化研究院副研究员李元辉校注。地图的整理、复绘由厦门大学历史与文化遗产学院博士许博完成。此项工作使古籍重生，期望能够抛砖引玉，惠泽学林。

三、“凉镇”或者“凉州镇”的渊源

武威又名“凉州”，天下未凉此先凉，故曰“凉州”。在历史上，武威与凉州之名，如影随形，既不断彼此更替，又长期并存互彰，反映出在这片虽然寒冷，但却富饶之地，浓墨重彩的历史辉煌。

武威地处河西走廊东端，是汉武帝设置的河西四郡之一，取彰显大汉武功军威之意，故名“武威”。为加强对王朝国家的全面监察，汉武帝又将全国划分为十三州，派遣刺史进行监督。当时的凉州管辖今甘肃、宁夏、青海、陕西、内蒙古等广阔地区，是保障两汉首都关中区域的外围地带。

魏晋南北朝时期，凉州被北方族群所建立的前凉、后凉、南凉、北凉等政权，先后定为首都，因此凉州素有“五凉故都”之称。隋唐时期，武威、凉州之称交替使用。北宋、西夏、元都设西凉府。明朝改置军事机构，设凉州卫。清代改卫设府，设凉州府。直到如今，武威作为地级市，下面设凉州区。

明朝边疆管理的一大特色，是设置军管政区，加强军事防御。以往研究重点关注了都司卫所的军管性质，但事实上明代级别更高、规模更大、影响更为深远的是军镇机构，其在明代与内地十三省构成了二元并峙的政区单位，以至于明后期出现了省、镇并称的普遍用法。

“镇”属于中国古代王朝国家“九服”行政区划之一，而军镇机构在东汉时期便已出现萌芽，唐代藩镇、明代九边构成最为典型而发达的军镇形态。关于明代九边军镇设立标志，学界仍有争议，但从九边军镇制度、明代史料记载来看，应以镇守总兵官的设置作为标志。

明朝在河西走廊设置甘肃镇，为控制西域，将镇治设在甘州卫（今张掖市甘州区）。此外，为加强内地与河西走廊的联系，在凉州卫设置分守副总兵，相对于镇守副总兵，虽然级别稍低，但却相对独立地负责本辖区军事行动。有鉴于此，明后期人逐渐将凉州卫视作与甘肃镇地位相侔的机构，称之为“凉州镇”或“凉镇”。嘉靖《凉镇志》便是这种历史观念的产物与印证。

四、顺治《丁酉重刊凉镇志》中的长城图籍与武威长城国家文化公园建设

在中外文明的历史记述中，一直存在着图文结合的传统。具体至中国，也是如此。所谓的“左图右史”，便概括了中国古代在历史记述中，既注重文字论述，也注重图像展现。作为中国古代核心价值体系，儒家用“河出《图》，洛出《书》，圣人则之”描绘了理想的政治图景。作为图像的一种，地图在中国古代统一多民族国家的治理中，由于能够直观展示国家疆域，有助于统治者了解各地情况，而受到历代政权的重视，长期流传、自成体系。长城作为世界历史上修筑最久、规模最大的军事工程，自然也有相应的长城地图，记载、反映这一历史现象。长城地图与描

述长城防御体系与区域社会的文字，一起组成了长城图籍，成为中国古代“左图右史”传统的重要组成部分。

但由于种种原因，明以前的长城图籍基本都未保存下来。不过，伴随明朝大规模修筑长城，长城图籍大量出现。而以方志名义出现的各镇、各卫、各所史料，便属于长城图籍的重要组成部分。嘉靖《凉镇志》作为专门记述凉州地区的方志，便全面记载了明后期这片广阔平原的山川河流、资源物产、军政机构、长城分布、民族交融、社会人文等众多现象。但明清易代之际的战火，却焚毁了这部珍贵典籍。清朝建立之后，虽然武威已从抵御蒙古的前沿边疆，转变为“内边疆”，但为加强对西北边疆多族群地带的管理，清朝仍然在相当程度上延续了明代九边军事态势，在长城沿线驻守重兵，而且在战略重心地带驻扎八旗。目前位于凉州城东北部的满城，便是这一历史的典型见证。为接续前朝旧史、增进对于当地的了解，顺治十四年，分守西宁道陕西布政司右参议苏铣，搜寻前史零册，根据清初凉州社会状况，重新编成了《丁酉重刊凉镇志》。

《丁酉重刊凉镇志》用文字、地图两种形式，图文并茂地揭示出清初凉州卫、永昌卫、镇番卫、古浪千户所等内在的凉州镇全貌，对于了解明清易代之后凉州地区的社会面貌，提供了难得的史料记述；对于凉州长城仍然延续使用的情况，提供了直接记录，有助于纠正长期存在的长城是断续而非持续使用的一般误解。

长城是中国历史与文化，乃至中国本身的象征。但由于自然因素与人文因素的影响，长城长期受到严重破坏。进入21世纪以后，我国大力加强对于长城的保护。2019年，长城国家文化公园建设方案的实施，标志着我国长城保护事业从文物保护转向文化发掘。专门记载长城分布、走向、位置、机构的长城图籍，无疑是长城国家文化公园建设最为重要的资料基础，能够提供最为全面与直接的原始材料。因此，对于长城图籍的整理、挖掘与充分利用，便在当前长城国家文化公园建设中，具有重要意义。

武威拥有十分丰富的长城资源，汉、明长城穿境而过。2020年公布的第一批国家级长城重要点段名单之中，武威有三段长城入选：明长城天祝县乌鞘岭—松山段、明长城凉州—古浪段 、明长城民勤县段。这反映出武威长城在全国长城资源中所具有的重要地位。相应地，武威在长城国家文化公园建设中便肩负着重要的时代责任。

对于顺治《丁酉重刊凉镇志》的整理和校注，必然对武威长城国家文化公园的建设和开发提供重要的学术支撑。尤其是关于长城沿线城堡驿站体系的38幅地图的重绘（目录见表2），更是提供了便利可用的明代长城图像。

表 2　顺治《丁酉重刊凉镇志》地图目录

序号	地图	序号	地图
1	凉州总图	20	西川堡
2	水泉堡	21	张义堡
3	水磨川	22	上古城
4	永昌城	23	南把截堡
5	真景所	24	西把截堡
6	柔远驿	25	炭山堡
7	怀安驿	26	永安堡
8	凉州城	27	高沟堡
9	大河驿	28	高古城
10	靖边堡	29	宁远堡
11	双塔堡	30	永宁堡
12	古浪城	31	宫家堡
13	黑松堡	32	三岔堡
14	安远堡	33	蔡旗堡
15	泗水堡	34	重兴堡
16	土门堡	35	黑山堡
17	永丰堡	36	青松堡
18	夹山堡	37	镇番城
19	大靖城	38	红砂堡

五、顺治《丁酉重刊凉镇志》中的长城地图举隅：高沟堡

（一）顺治《丁酉重刊凉镇志》中的高沟堡地图

通过对顺治《丁酉重刊凉镇志》中 38 幅地图的重绘，可以看到清晰简明的明代长城图像。如图 1 所示的高沟堡地图。

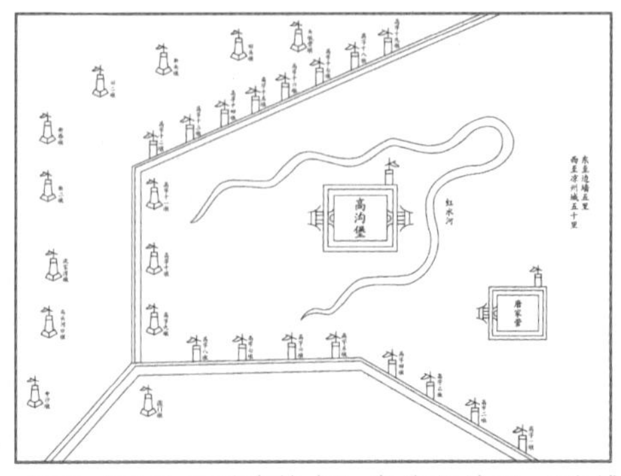

图 1　顺治《丁酉重刊凉镇志》高沟堡地图（许博绘）

（二）高沟堡古城的基本情况

高沟堡古城，位于武威市凉州区长城镇，由于被沙漠包围，原貌尚在，是凉州区域内保存较为完好的古城。据实地勘查，古城有内外城，东西长 300 米，南北宽 300 米，面积约为 9 万平方米。周围出土了汉代长城遗址和汉墓群，文物有汉朝至宋元时期的陶片、珍珠、珊瑚、铜佛等，可知该城始建于汉代，一直沿用到明清时期。据王宝元先生考证，高沟堡外城是汉代的揟次县城遗址，大约修筑于汉武帝元鼎年间。唐朝消灭大凉后，改为凉州，置河西节度使，并在外城内部修筑了新城，驻扎赤水军，这就是高沟堡的内城。明代的高沟堡是凉州卫东部最重要的城堡。由于高沟堡的重要地理位置，清代仍然驻军防守，设有守备。清朝末年，高沟堡被沙漠侵占，人口大量外迁到周边地区。1927 年武威大地震，高沟堡损毁严重。新中国成立以来，经过人民群众长期造林治沙，当地出现了“人进沙退”“瀚海变绿洲”的良好局面，也使沉睡的高沟堡古城重现生机。

（三）冯胜平定河西与凉州卫的设立

1368 年初，朱元璋称帝，国号大明，年号洪武。八月，大将军徐达攻克元大都。洪武五年（1372 年）六月，宋国公冯胜率军进入兰州，修造了黄河浮桥，解决了向河西进军运输上的困难。这时，武威属元朝永昌路的西凉州，由元太尉朵儿只巴和大将失刺罕驻守。冯胜以傅友德为前锋从浮桥通过黄河，以破竹之势击败了失刺罕，又在永昌击溃了元太尉朵儿只巴。元将上都驴率领所部兵民 8300 余户投降。冯胜乘胜率军继续西征，河西诸路依次平定。冯胜在酒泉西面的嘉峪山西麓依险要的山势地形筑城设关，修筑边墙，建造了历史上有名的万里长城的终点嘉峪关。

冯胜平定河西之后，西凉州改设为凉州卫。明朝廷一直未能根除残元势力以及后续的瓦剌、鞑靼的威胁，所以凉州卫一带成为边塞前线，战事不断。

（四）长城镇域内的明代长城

明朝时期，将长城作为重要的军事防御系统，在其立国期间，几乎没有停止过修筑。当时，长城叫作“边墙”。武威域内的长城，有“旧边”和“新边”之分。“新边”指靖远哈思堡至古浪泗水堡的边墙，修筑于明万历二十七年（1599 年）。“旧边”修筑于明朝中叶，明正德年间（1506—1521 年）进行过修复加固。“旧边”贯穿武威三县一区，全长 657.3 里，大致与汉长城相向而行，除一小段与汉塞分道外，大部分与汉塞或并行，或合拢，或叠加。

“旧边”始于永登县武胜驿，经过天祝县、古浪县进入凉州区域内，经过黄羊镇、清源镇、长城镇、九墩镇等地，进入民勤县，后延伸至永昌县。

在凉州区内，西北走向经黄羊镇土塔村、黄羊河农场一分场、黄羊镇长丰村、黄羊河农场牧场、四分场，东北向经甘肃农垦农场、甘肃农业大学农场、皇台酒厂葡萄基地、清源镇新东村、新地村，长城镇前营村、岸门村，在月城墩转为南北走向，经新庄村、上营村、十二墩村、长城村、五墩村，穿越红水河，经九墩滩开发指挥部富民村、洪水河村，在洪水河东岸向西北延伸至民武公路进民勤县，全长 116.8 里。

显而易见，明长城几乎贯通长城镇全域，在前营村、岸门村、新庄村、上营村、十二墩村、长城村、五墩村都有分布。明代的长城不仅仅是“边墙”本身，而且是一个系统性的军事防御系统，包括边墙周边的卫所堡寨。明代的高沟堡是凉州卫东部最重要的城堡。

（五）明代始建高沟堡庙

高沟堡是汉代的县城，唐代的军营，尚无记载显示当时有寺庙道观之类的建筑。到了明代，高沟堡内城北部修筑了高沟堡庙。该庙原建于明代洪武十四年，有铁钟一口，上面铸有修庙会首，花费银两及建筑规模等，可惜的是此钟毁于 1958 年大炼钢铁时期。

参照凉州区域内初建于明代的其他宗教建筑，如永丰镇四十里堡的祖师宫，洪祥镇陈春堡的三官庙，金塔镇老爷山山顶的祖师宫，高沟堡庙在明代初建时，很可能是一个道观，而非佛教寺庙。

（六）《高沟堡万历碑》释读

在今高沟堡遗址还留有《高沟堡万历碑》，明朝万历六年（1578 年）十月刻。碑高 100 厘米，宽 64 厘米，厚 15.5 厘米。双面刻字。其碑文如下：

碑阳：

钦差□□（分守）西宁道……

分守凉州右副□□（总兵）

高沟堡北地……

三岔堡南地……

万历六年十月□日

碑阴：

高沟堡防御指挥……

三岔堡防守百户……

□□□□□……

碑正面第一句“钦差”后二字已难以看清，推测可能是“分守”二字。明朝设西宁卫，遥听治于分巡分守西宁道，弘治元年（1488 年），专设抚治西宁兵备道二员，驻扎西宁。分守西宁道，驻扎凉州，所辖地方广阔。分巡西宁道，驻扎甘州，管辖甘肃等处六属粮储及庄浪（今永登）一带的水田。

碑正面第二句最后两字推测可能是“总兵”，据《九边图考》，设分守凉州右副总兵官一员，驻扎在凉州城，职责是操练军马，修理城池，督瞭墩台，防御虏寇，抚治番夷。凡是军中的战守适宜都要同镇、巡等官员商议然后才能实行。

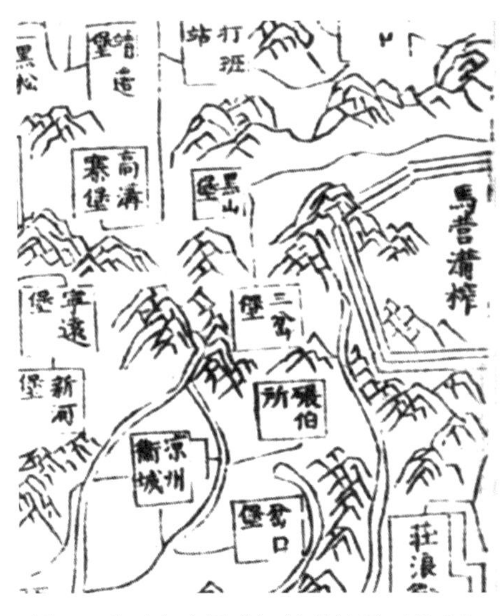

图 2　明《九边图说》甘肃镇图（部分）

现高沟堡遗址位于凉州区长城镇沙漠边缘，东面是岸门二组，西接濒危野生动物园，南面为清源镇新地村，北面是明长城遗址。据《丁酉重刊凉镇志》记载：“明额马兵一百二十五名，守兵一百七十四名，在堡马九十八匹。”由此可见，高沟堡作为明朝西北防御要塞，配备有众多军士在这里设防。

三岔堡在今天的凉州区四坝镇三岔村三岔小学西南面。东面是红水河，南临南河，北面是北河。据明张雨《边政考》记载：“三岔堡，按伏官军一百五十三员名，马一百五十一匹，甲军五十二名。”三岔堡周围出土有金耳环、灰陶罐、铜器、钱币、汉代瓦当等，据专家研究，三岔堡可能是汉代休屠王所建造的休屠城。明代三岔堡是在以前旧址的基础上修建而成的。

明代卫所军制沿袭元朝也设百户所，其长官称百户，每所辖两“总旗”，每总旗辖五“小旗”，隶属县千户所，每个百户官统兵 112 人。百户的职权是管辖本城堡驻军和本所地段防御。

此碑推测可能是为划分军事防御范围和明确防区所立，是研究明朝凉州地区政治和军事的重要资料。明朝卫所制度是在重要地方设立卫，次要位置设置所。每卫管辖前、后、中、左、右 5 个千户所，每千户所管辖 10 个百户。明朝时期凉州卫的主要任务在于屯种和戍守，高沟堡、三岔堡的守将称守备，主要职责是统领本城堡及所属堡寨戍军，负责本地段长城、瞭望台、烽火台等工程设施的守卫。明朝时期，卫城、所城、堡城等和长城本体构成了一套完整的军事防御体系，起着保卫凉州城及其周边的作用。

高沟堡、三岔堡的修筑，位于边墙（长城）的内侧，并沿着红水河沿岸地带分布，地理位置极为重要，扼守着通往凉州卫的交通要道。这样的地理环境选择具有其优越性，为城堡日常给水、物资的运输都提供了极大的便利，从而有效保证了城堡的日常生活和军需补给。

注释

[1]［清］张廷玉等撰：《明史》，中华书局，1974 年版。

[2]［清］赵尔巽等撰：《清史稿》，中华书局，1977 年版。

[3]《清实录》，中华书局影印，1985 年版。

[4]［清］钱仪吉等编：《清代碑传全集》，上海古籍出版社，2018 年版。

[5]［清］张玿美总修，张克复等校注：《五凉全志校注》，甘肃人民出版社，1999 年版。

[6]［清］张澍辑录，武威市凉州文化研究院编：《凉州府志备考校注》，甘肃文化出版社，2022 年版。

明代《总制秦公政绩碑记》考述

王仁芳 *

摘要：秦纮为明代重要的治边能臣，弘治年间在陕西三边总制任内，因其功绩卓著，固原官绅人士为其建祠立碑纪念。与《渼陂集》中王九思原作内容相较，《万历固原州志》收录碑文经桑溥修改润色。由于原碑佚失，《陇右金石录》录文因参稽了《万历固原州志》而错误较少，《宣统新修固原直隶州志》《民国固原县志》等其他录文传抄刻印过程中错误较多。碑记重点记述了秦纮四项治边功绩，实际上秦纮治边功绩远不止此，明史赞其为一代能臣。他提出的“守备为本，层层设防”的备边理念与大力修筑城堡关隘、挖壕设堑的筑边策略对明代西北边防影响深远。

关键词：明代；秦纮；三边总制；政绩

“总制秦公政绩碑”为明嘉靖六年（1527 年）时任陕西三边总制杨一清为纪念前任总制秦纮治边功绩而主持树刻的功德碑，原碑树立于当时固原州城南新设立的秦纮祠堂内，明代《万历固原州志》艺文志收录有《总制秦公政绩碑记略》[1]，载录碑文记略。可惜该碑后来佚失，虽然《宣统新修固原直隶州志》[2] 及《陇右金石录》[3]《民国固原县志》[4] 等地方文献亦载录碑文，但各录文名称、内容均有差异。该碑记文章为当时关中大儒王九思所撰，原题《陕西固原州新建总制秦公祠堂记》，内容较为完备，收录于王九思文集《渼陂集》中 [5]。本文对照文集原文（图 1），对碑记文字及后期录文予以校对补释，并就秦纮固原治边功绩等内容略作论述。

---

* 作者简介：王仁芳，绍兴市文物考古研究所副所长，副研究馆员，主要从事历史时期考古与西北史地研究。

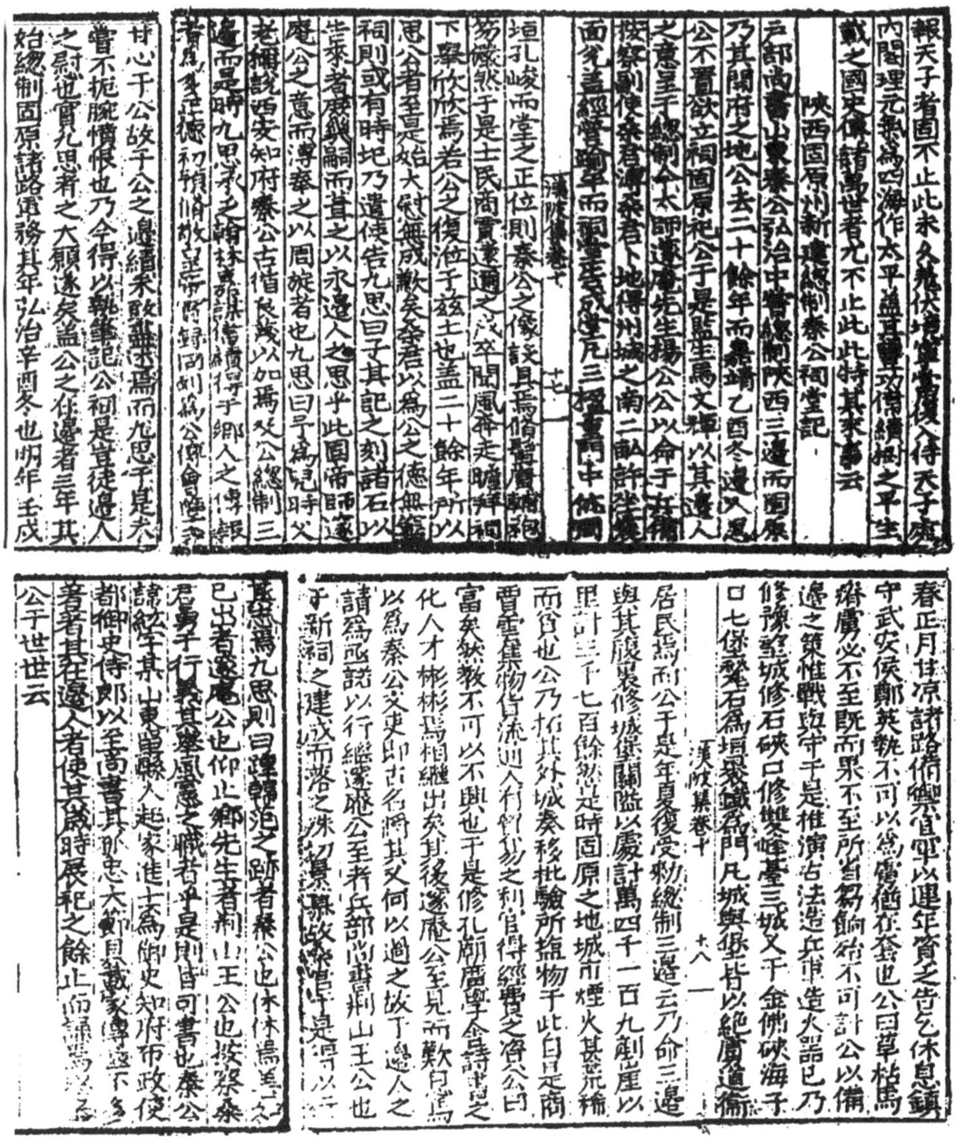

图 1 《渼陂集》中《陕西固原州新建总制秦公祠堂记》影印原文

一、碑文校对补释（录文为《万历固原州志》碑记内容）

户部尚书山东秦公竑，弘治中尝总制陕西三边[6]。而固原乃其开府之地。公去二十余年，而嘉靖乙酉冬，边人思公不置，欲立祠固原祀公[7]。于是监生马文辉以其边人之意呈于总制、今帝师[8]邃庵杨公（一清），公以命于兵备副使[9]桑君溥。桑君卜地得州城之南二亩许，坐坎面离[10]，盖经营踰年而祠堂告成[11]。堂凡三楹，重门周垣[12]，而堂之正位则秦公之像设焉[13]。修髯广辅，袍笏俨然，于是士民商贾、远迩之戍卒，闻风奔走，瞻拜祠下，举欣欣焉，若公之复涖于兹土也。盖二十余年所以思公者，至是始大蔚，无成歉矣。桑君以为公之德无穷，祠则或有时圮。乃遣使[14]告九思，曰：子其记之。刻诸石以告来者，庶几嗣而葺之，以永边人之思乎。此固帝师邃庵公之意，而溥奉之以周旋者也。九思曰：予为儿时，父老称说西安知府秦公古循良，蔑以加焉。及公总制三边，而是时九思承乏翰林，嘉谋伟绩，得于乡人之传报者为多。正德初，预修敬皇帝实录同列，为公传会监者，甘心于公，故于公之边绩未敢尽述焉。而九思于是未尝不扼腕愤恨也。乃今得以执笔记公祠，是岂徙边人之慰也。实九思者之大愿遂矣[15]！盖公之在边者二年[16]，其始总制固原诸路军务，其年弘治辛酉冬也。明年壬戌春正月，甘凉诸路备御官军以连年资乏告乞休息。镇守武安侯郑英执不可，以为虏犹在套也。公曰：草枯马瘠，虏必不至。既而果不至，所省刍饷殆不可计。公以备边之筹[17]惟战与守。于是推演古法，造兵车，造火器，已乃修豫望城，修石硖口，修双峰台三城；又[18]于金佛硖、海子口七堡，甃石为垣，裹铁为门，凡城与堡皆以绝虏道、卫居民焉[19]。而公于是年夏，复受敕总制三边云。乃命三边与其腹里修城堡开隘，以处计万四千一百九；铲山崖以里计三千七百余[20]。然是时，固原之地，城市烟火甚荒稀而贫也。公乃拓其外城，奏移批验所盐物于此。自是商贾云集，物货流行[21]，人有贸易之利，官得经费之资。公曰：富矣[22]。然教不可以不兴也。于是修孔庙，广学舍，诗书之化，人才彬彬焉相继出矣。其后邃庵公至，见而叹息焉，以为秦公文吏，即古名将其又何以过之。故于边人之请，为亟诺以行。继邃庵公至者，兵部尚书荆山王公也，于新祠之建成而落之殊切景慕故，桑君于是得以行其志焉。九思则曰：踵韩范之迹者秦公也，休休焉善如已出者邃庵公也，仰止乡先生者荆山王公也，按察桑君勇于行义，其举风宪之职者乎，是则皆可书也。秦公讳纮，字某，山东单县人，起家进士，为御史、知府、布政使、都御使、侍郎，以至尚书，其孤忠大节具载家传，兹不多著者。其在边人者，使其岁时展祀之，余止而诵焉。□□公于世世云。

嘉靖六年十月，检讨王九思撰[23]。

二、碑文考正

参照万历方志《总制秦公政绩碑记略》录文与王九思文集《陕西固原州新建总制秦公祠堂记》原文，虽名称有异，实则内容多所因袭雷同，前者明显是在后者基础上删削更改而成。原文千余字，碑文删减过半，仅存四百余字，删减内容主要涉及撰文缘由经过，王九思个人与秦纮履历交集，后续人事更迭与部分秦纮功绩及生平履历。碑文中提及嘉靖乙酉即嘉靖四年（1525 年），这一年固原官场发生了较多人事变动，先是整饬固原兵备副使成文于当年四月升任陕西布政司左参政，桑溥于十月接任；三边总制杨一清于十一月底召还京师，由王宪接任。成文曾于当年十月以白马城创修事请王九思撰文记事，王九思于年底前后撰写《固原东路创修白马城记》，原文亦收录在王九思《渼陂集》中，桑溥对原记内容做了修改润色，随后书丹刻碑，该碑目前尚存于白马城内。王九思作为当时的文坛领袖及乡绅贤达，又与秦纮有官场交集，桑溥请托其撰文记述固原秦纮祠堂事迹自然是顺理成章的美事。

同《固原东路创修白马城记》碑文一样，秦纮功德碑记内容与原文相比，亦做了较多的修改润色。首先修改后的碑文更突显功德碑彰显功绩、歌功颂德的立碑主旨。同时由于用途主旨的转变，碑文内容对原记中关于秦纮祠堂细节描述文字也做了删减。除了删减文字，碑文相较于原记，有些地方亦明显做了更改，譬如增加了秦纮、杨一清等人名讳，指向性更明确；改“太师”为“帝师”并留空，彰显对杨一清的尊崇及合乎封建礼制规范。有些改动是为了更符合实际情况，譬如秦竑祠堂朝向由“坐震面兑”改为“坐坎面离”，“坐震面兑”即坐东朝西，而“坐坎面离”即坐北朝南。这些改动应该是桑溥根据立碑意图、人事变动等实际情况所作修改润色。原文后半部分关于立碑缘由经过、秦纮传略等内容不见于碑记，尤其是未称述后任三边总制王宪功绩不符常理，碑记内容此处可能有阙遗。另外，按惯例，功德碑大多由地方各界士绅或下级官属集资建造，记略应该还省略了末尾题名等内容。当然，还有一些改动譬如“纮”作“竑”、“关隘”作“开隘”、“铲崖”作“铲山崖”、在边“三年”作“二年”、“曰”作“日”等处异文或属于手民误植。

由于碑刻后来损毁佚失，此后碑文传抄刻印过程中，文字讹脱衍倒与刻写刊误等错误较多。《万历固原州志》成书时间较早，录文应该最接近碑刻原文。但因其刊刻流传较少，属稀见方志，后出录文参稽较少。《宣统新修固原直隶州志》录文名称为《总制秦公政绩碑记》，内容亦与原文差异较大，可能没有参稽《万历固原州志》录文。二者录文主要是后半部分差异较大，究其原因可能是当时原碑下部破损皲裂严重，文字已经漫漶不清，无法辨认而据别史补阙。张维《陇右金石录》记载该碑“在固原县城，今佚”，表明此碑在民国初年已经佚失无存。文后按语介绍其录文参考了固原州志中“明总制秦公政绩碑”，该名称虽与《宣统新修固原直隶州志》录文名称接近，但从内容看，应该是参考了明《万历固原州志》，并据《明史·秦纮传》对碑文所述功绩予以参证，并感叹“惟原文亦有节删，当取九思集全文而详稽之也”，可见其亦未参稽《渼陂集》原文。《民国固原县志》录文最为晚出，内容与明《万历固原州志》亦较为接近，但有两处与原碑文出入较大，可能是参稽了地方人士的早年录文并补缀而成。从以上录文差异及记述判断，该碑原立于固原城南秦纮祠堂，清末可能尚存，但保存状况不好，文字残损严重，民国年间失佚。1920 年 12 月 16 日宁夏海原县发生了里氏 8.5 级特大地震，邻近的固原城亦受灾破坏严重，该碑极有可能亦在这次地震中损毁不存。

三、秦纮治边功绩考述

秦纮于弘治十四年（1501 年）十二月到固原赴任，十七年九月离任回京[24]。三年任内，殚精竭虑，治边功绩卓著，引得后任总制杨一清喟然感叹："秦公文吏，其所治边，虽古名将何以过之。"碑文中提及的秦纮治边政绩主要四项：造兵车火器，加强战备；修筑城堡、关隘、边墙，强化守御；设盐厂，通盐贾，发展地方经济；修孔庙，扩学舍，重整教育。以上功绩在《明史・秦竑传》、秦纮年谱及地方志传记等史料中都有所记载，唯细节有所差异。当时西北边地负责防御的明军主要使用双轮大车，这种车十分笨重难行，每车需要二十余人推挽，行动迟缓，使用不便。秦纮针对大车的这些缺点，发明创设了一种独轮小车，并加装火器。据秦纮《献战车疏》所述，其所造兵车高五尺四寸，车厢宽二尺四寸，车长一丈四寸，车身有布甲防护，重不超过二石。车上放置有火铳，四人负责挽车，两人操作火器，五车或十车为一组，作战时可首尾相顾，前后攻击。秦纮自称该车"制度精巧计出万全"，并献于朝廷，得到明廷认可，孝宗皇帝亲赐名"全胜车"[25]，"诏颁其式于诸边"，可见其防御效果很好[26]。所谓"造兵车火器"，即指此事。火器即车上所载火铳，属附属配置，因此一些史料未单独提及。秦纮所造兵车，至嘉靖十六年刘天和任总制时，"今幸存破损八辆，略备规制"。刘天和对其再次改造升级，加装火器兵器，作战威力更大，遂成为边防利器[27]。

关于秦纮修筑城堡、关隘、边墙事，各处史料亦略有差异。秦纮修边，事先有详细勘察规划，固原一带当时为套虏入内掳掠重点区域，六盘山大小关口诸多沟壑皆可出入，当时戍守固原一万八千官兵散处在二十四处城堡中，根本无力分兵设防，因此在详勘当地地理形势后，他提出了"守备为本，层层设防"的备边策略。据其《边备事宜疏》，他主张依轻重缓急及距离远近分级设防。先修最靠固原卫北边的豫望、石峡口、双峰台三城，并分兵设防，作为第一道防线；向南次修西安州、镇戎所、海剌都、打剌赤、合水口、干盐池、撒都城，为第二道防线；再南则修固原卫城、靖虏卫城、平滩堡、一条城、东山城、白杨城，为第三道防线；再往南则有火龙沟、虎山沟、金佛峡、麻张沟、海子口等沟口关隘，各口砌石墙、铁裹门、建营房，分兵设防，作为第四道防线。并计划于大边花马池迤西（南）至小盐池二百里间增筑十座小屯堡，方便内地商民至大小盐池间往来安全保障与食宿供给。每堡周四十八丈，募人屯种，既解决军需供给，又减轻内地军民粮草转运负担[28]。

由于秦纮最初被任命为总制陕西固原等处军务，他的治边策略及计划，并没有得到宁夏巡抚刘宪认可和执行，双方各执一词，并诉至中央政府，明廷认可秦纮主张，责令刘宪执行[29]。弘治十五年四月，秦纮被任命"总制陕西延绥宁夏甘肃等处军务"，"遇有虏寇侵犯，即便随宜调遣各路军马相机剿杀。各该镇、巡等官悉听节制"，至此，秦纮统一指挥陕西三边四镇军务。此后终明一代，固原设三边总制成为定制。秦竑开府固原，总制三边军务，其筑边计划才得到大规模贯彻实施。固原卫边墙重点修筑了下马房（关）东西三百里，实际上此道防线东西绵亘或长达九百余里[30]，截断了鞑靼人从花马池、平川一线突破长城、黄河防线直扑固靖、平庆、甘兰等地掳掠的主要线路。秦纮修边，以铲崖挖堑为主，相较筑墙省时省力，因此成效显著而花费较小。明史述其修边规模"修筑诸边城堡一万四千余所，垣堑六千四百余里"。而据秦纮年谱，（弘治十五年）"三月起至八月止，共修城堡崖窑关隘一万四千一百九十处，铲过山崖三千七百余里"，当为可信。秦纮主持重点修筑的城堡还有豫望城（后改设为平虏守御千户所）、石峡口城（即红古城）、双峰台三处重要城池，固原以南六盘山金佛硖、火龙沟、虎山沟、海子口、麻张堡、大浪口、迭迭口七处通敌关隘。这些修边工程一直持续至弘治十七年才告结束，"督令各边守臣将固原、延绥、宁夏、甘肃等处边堑砦堡俱各修完奏"。同时，他还否定了宁夏巡抚王珣等人征调陕西军民五万人大修沿边城堡及在韦州等地调兵设官的计划，主张在这些地区"止可修堡以便驻扎，增墩以备瞭望"即可，并建议于花马池西等地募军屯种，"使之且耕且守，依坚城以为家，将使食足而兵强矣"，秦纮的主张无疑更切合实际，也更具有操作性，可极大减轻边地军民的力役与课税负担。可惜宁夏巡抚刘宪不愿执行秦纮的计划，害怕劳民伤财，仅添修了四五座小城堡以塞责了事。

秦纮还主持增筑了固原外城。固原城明代增筑利用始于景泰二年（1451 年），由陕西苑马寺奏修宋代镇戎军城，周围九里七分。弘治十五年，秦纮奏改开城县为固原州。弘治十六年，展筑固原外城，周围二十里，形成了内外城的"回"字形城池格局[31]。同年，秦纮奏立东西南北中盐厂五所，分设于城内四关，中西盐厂皆设于西关，南盐厂规模最小，仅"东西三十二步，南北一十六步"。北盐场规模最大，后来改为小教场，面积几乎为前者的十倍。这五座盐厂占地总面积达五十余亩[32]，规模还是相当可观的。设立盐厂后，秦纮大力招徕客商，主要是将北边大小盐池所产池盐销往内地，征税筹饷助边。为此他向朝廷奏讨盐引十万，每引得银五钱，每年可得银五万两以助边买马，此举既减少了边地军民负担，又巩固了边防，繁荣了边地经济，可谓一举多得。至于城内修孔庙，兴教育，体现了秦纮文治武功兼顾的治边策略。

除了碑文中提及的功德业绩，据史料记载，秦纮任内可称述事迹还有数项。他上任伊始，即亲赴孔坝沟收敛阵亡将士骸骨，筑望乡台祭祀忠魂，抚恤军人家属，做好善后工作。同时整饬军务军纪，明赏罚，重振军威士气。同时他还根据多年边防经验，裁准固原前线借调协防的甘肃守御官军于冬春青黄不接、守军困苦之际，令其内撤休整，顺应了军民呼声，节省了军费开支。秦纮总制任内施政措施及功绩获得了固原卫及三边军民的认可和拥护，秦纮自订年谱中叙其离任时，“固原等处官民男女号泣动地，皆云秦公来，予始得帖席，今又舍我而去，奈何奈何！”[33]

秦纮以七十六岁高龄慨然赴任，不顾年老体衰，受命于危难之际。在边三年，整饬军纪吏治，钻研武器装备，大力修边设屯，奉行“战守兼举”的防御方针，不遗余力加强边备。“在事三年，四镇晏然，前后经略西陲者莫及。”[34]同时秦纮还修筑固原外城，奠定了此后近五百年固原城市格局。他在固原设三边总制府，设立盐厂，大兴儒学教育之风，这些都是具有引领风气、具有开创性前瞻性的工作，对固原地方经济文化发展及西北边防安全具有深远的影响和意义。明史赞其曰：“秦纮经略著西陲，文武兼资，伟哉一代之能臣矣！”[35]

在具体修边策略上，秦纮大力修筑城堡关隘，使边地军民生命财产安全有所屏蔽保障。他主张因地制宜，挖壕设堑，有利于节省民力和经费，同时将防线内收，秦纮奏筑固原边墙，自徐斌水起，西至靖虏营（今靖远）花儿岔止六百余里，向东至饶阳界止三百里，共计九百里，防线从平漫难守的毛乌素沙地南移至沟壑崎岖的黄土高原腹里地带，于固原内边边防体系多具草创之功。其修边工程虽规模浩大，当时效果明显，但多因“未久塌塞”而不堪保障。正德初年，杨一清就指出秦纮“所修不足捍敌”，因而坚持版筑重修横城大边。嘉靖九年，王琼请求重修固原内边，亦述及“秦纮修理墙堑低浅，今已坍坏填塞。套贼节年过花马池由此深入，不能阻隔”。[36]秦纮所修边墙确实未能满足此后的边防需要，但其分级设防、挖堑设险的理念多为后任继承。此后王琼重修下马关等固原内边防线、刘天和于横城大边沿线挖壕设堑等都是明显继承了秦纮的治边理念与筑边策略。

结语

明清时期，由儒学与孔庙相结合而构成的庙学祭祀空间得到不断拓展，先后出现了乡贤祠、名宦祠、启圣祠、忠义孝悌祠等祭祀场所。其中，名宦、乡贤之祀至明朝中期得以全面的制度化和普遍化[37]。秦纮祠堂也是在这股思潮下得以建立，除此城南专祠外，此后在固原城北制府专祠[38]、固原书院祠堂[39]，甚至是西安孔庙内[40]，亦曾对秦纮入祠祭祀。固原秦纮祠碑虽已失佚，但通过地方志等载录流传的碑文内容，为后人了解明代这位治边能臣在固原的治边业绩提供了重要史料。

注释

[1] 负有强、李习文主编：《宁夏旧方志集成·（万历）固原州志》，学苑出版社，2015 年版，第 366—368 页。

[2] 负有强、李习文主编：《宁夏旧方志集成一·（宣统）新修固原直隶州志》，学苑出版社，2016 年版，第 131—133 页。

[3] 殷梦霞、张爱芳、南江涛主编：《地方金石志汇编·陇右金石录》，国家图书馆出版社，2011 年版，第 121—123 页。

[4] 负有强、李习文主编：《宁夏旧方志集成·（民国）固原县志》，学苑出版社，2015 年版，第 37—39 页。

[5] 四库全书存目丛书编纂委员会：《四库全书存目丛书·集部第四十八册》，齐鲁书社，1997 年版，第 91—92 页。

[6] 原文此句无“竑”字，《陇右金石录》《民国固原县志》录文作“纮”。《宣统新修固原直隶州志》无“陕西”二字。

[7]《宣统新修固原直隶州志》此句无“而嘉靖乙酉冬”，《民国固原县志》作“欲立祠于固原以祀”。

[8] 原文此处作“太师”，无“一清”二字。碑记此句前有留空。

[9] 原文此处作“兵备按察副使”。《民国固原县志》此句录文为“于是监生马文辉等以其边人之意，请于今总制邃菴杨公，公诺之，命兵备副使桑君溥董祠事”。《宣统新修固原直隶州志》无“以其边人之意”，余同。

[10] 原文此句作“坐震面兑”。《宣统新修固原直隶州志》作“卜地得州城之南郊三亩许”。

[11]《宣统新修固原直隶州志》《民国固原县志》此句录文无“盖”。

[12] 原文此句作“重门中伉，闾垣孔峻”。

[13] 原文此处作“设具焉”。《宣统新修固原直隶州志》此句作：“享室轩爽，龛扉洞达，启以重门，环以重垣，堂之正位则遗像设焉，凛凛然有生气。有今人之爱戴景行一至于此。”

[14]《宣统新修固原直隶州志》作“遣介”。

[15]《宣统新修固原直隶州志》此句无“者”。

[16] 原文此处作“三年”。《宣统新修固原直隶州志》缺此句。

[17] 原文此处作“备边之策”。《宣统新修固原直隶州志》此处作“公之筹边备也惟战与守，战则军声所至，师行以律，守则条教所被，比户不惊，以故无老若幼，无汉若番，莫不鼓舞

之耆服之。而且推衍古法，深算独操，而且创兵车，造火器，为诸镇式”。

[18]《宣统新修固原直隶州志》此处作“更”。

[19]《宣统新修固原直隶州志》此句作“以为绝虏道，卫居民计耳”。

[20]《宣统新修固原直隶州志》此处作：“公始任二载，旋入京师，嗣复莅此，乃更与边庭将校励精图治，奏移批验所以通盐贾，而公家自富矣。筹建内外城以扼敌路而烽火无虞矣。至于沿边一带开隘筑堡者以处计，凡万四千一百九；铲崖通道者以里计，凡三千七百五十。洵非苟且补苴者企万一也，而尤有可贵者，当其时干戈甫靖，礼乐未隆，公慨然以养士兴学为己任。由是捐俸钱，广斋舍，崇修孔庙，校试生徒，将诗书之化俎豆之文，人才彬彬，雷动风举，然后知公之教泽为孔长也。古人有言曰：太上贵德，其次立功，其次立言，舍是无以建不朽之业。如公者，德修一己而政贻千古，其功在社稷，其言炳日星，宜乎民不能忘，馨香祷祀，俾与崆峒、黄渎同为不朽也。懿欤休哉。有今人之爱戴景行一至于此。”《民国固原县志》此句作“旋入京师，嗣复莅此，更命三边与其腹里修城堡开隘以处计，凡万四千一百九；铲崖通道以里计，凡三千七百五十”。原文此句“开隘”作“关隘”、“铲山崖”为“铲崖”。

[21] 原文此处作“物货流通”。

[22] 原文此处作“公曰富矣”。《民国固原县志》录文作“公家日富矣”。

[23] 原文无落款。

[24]《北京图书馆藏珍本年谱丛刊第四十册·秦襄毅公自订年谱》，北京图书馆出版社，1999年版，第104—112页。

[25] [明] 陈子龙等选辑：《明经世文编》，中华书局，1962年版，第575页。

[26] [清] 张廷玉等：《明史》，中华书局，1974年版，第4745页。

[27] [明] 陈子龙等选辑：《明经世文编》，中华书局，1962年版，第1572—1573页。

[28] [明] 陈子龙等选辑：《明经世文编》，中华书局，1962年版，第575页。

[29] [明] 陈子龙等选辑：《明经世文编》，中华书局，1962年版，第576页。

[30] 范宗兴校注：《增补万历朔方新志》，宁夏人民出版社，2015年版，第75页。

[31] 关于明代固原内外城规模里数，《嘉靖固原州志》记载内城周围九里七分，外关城周围二十里；《万历固原州志》记载内城周长九里三分，外城周长十三里七分，后代多以万历志书所载为准。经实测，现存内城城墙周长约4760米，面积约150万平方米；外城城墙周长约6210米，面积约250万平方米。

[32] 五座盐厂面积规模按《嘉靖固原州志》所载测算。

[33]《北京图书馆藏珍本年谱丛刊第四十册·秦襄毅公自订年谱》，北京图书馆出版社，1999年版，第112页。

[34] [清] 张廷玉等：《明史》，中华书局，1974年版，第4745页。

[35] [清] 张廷玉等：《明史》，中华书局，1974年版，第4745页。

[36] 负有强、李习文主编：《宁夏旧方志集成·（嘉靖）固原州志》，学苑出版社，2016年版，第233页。

[37] 赵克生：《明代地方庙学中的乡贤祠与名宦祠》，《中国社会科学院研究生院学报》2005年第144期。

[38] 負有强、李习文主编：《宁夏旧方志集成·（万历）固原州志》，学苑出版社，2015年版，第245页。

[39] 負有强、李习文主编：《宁夏旧方志集成一·（宣统）新修固原直隶州志》，学苑出版社，2016年版，第133—136页。

[40] 段志凌：《西安孔庙名宦、乡贤祠建立暨入祀人名稽考》，《碑林论丛》第23辑，三秦出版社，2018年版，293—301页。

■ 长城文化传播研究

从乌兰察布长城分布看中华民族多元一体格局的形成*

王永丽　于敏　任玉颖**

摘要：在中华民族多元一体格局形成的漫长历史中，长城基本伴随、见证了中华文明形成、发展的全过程。长城因战争而出现，随着中华民族统一多民族国家的形成而失去防御价值。但长城凝结成的中华民族精神却刻在中华民族的骨子里，成为中华文明的重要象征。新时代，要做好长城文化价值发掘和文物遗产传承保护工作，为实现中华民族伟大复兴的中国梦凝聚起磅礴的力量。乌兰察布地处祖国边疆的正北方，域内分布着六个朝代的长城，既有汉民族修筑的长城，也有少数民族修筑的长城，深入挖掘乌兰察布长城遗址的历史文化，创新性地展示长城在世界文化历史中的独特魅力，能够推动长城历史文化保护和传承，更好地为乌兰察布地区经济社会文化发展服务，为实现中华民族伟大复兴的中国梦贡献力量。

关键词：乌兰察布长城；中华民族；多元一体格局；长城文化

2024年5月14日，习近平总书记给北京市八达岭长城脚下的乡亲们的回信指出，“长城是中华民族的代表性符号和中华文明的重要象征，凝聚着中华民族自强不息的奋斗精神和众志成城、坚韧不屈的爱国情怀。保护好、传承好这一历史文化遗产，是我们共同的责任”。内蒙古自古就是游牧文明与农耕文明交融交流交汇的地方，匈奴、汉、鲜卑、突厥、回纥、契丹、女真和蒙古等都在内蒙古地区占据过统治地位，

* 课题项目：本文为2025年度内蒙古自治区党校（行政学院）系统一体化项目“北疆文化建设提升行动助力乌兰察布文旅深度融合高质量发展研究”（编号：25YTHC09）阶段性研究成果。

** 作者简介：王永丽，内蒙古乌兰察布市委党校、市社会主义学院副院长，教授，乌兰察布市长城文化研究员；于敏，内蒙古乌兰察布市委党校讲师，乌兰察布市长城文化研究员；任玉颖，满洲里市委党校民族统战理论教研室副教授。

各民族为了生存、发展都不同程度地修筑过长城，长城的修筑对中华民族多元一体格局的形成起着至关重要的作用。通过历史上长城的反复修筑，中华大地上各民族的文化实现了分、合、发展的螺旋式演进，形成了中华文化多元性、兼容性和开放性的特征。正是这些特征，使中华文化数千年来能不断地发展并一脉相承，也使中华文化保持了强大的生命力。在中华民族多元一体格局形成的漫长历史中，长城基本伴随、见证了中华文明形成、发展的全过程。长城因战争而出现，随着中华民族统一多民族国家的形成而失去防御价值。但长城凝结成的中华民族精神却刻在中华民族的骨子里，成为中华文明的重要象征。

一、乌兰察布市长城分布特点

乌兰察布位于中国的正北方，内蒙古自治区中部，总面积 5.45 万平方千米，正处于蒙晋冀三省交界处，与张家口、大同相邻，域内长城资源特别丰富，在所辖的 11 个旗县市区都发现了古长城，其中有赵北长城、秦汉长城、北魏长城、金界壕、明长城等五个朝代的长城，总长度达 1500 多千米。从时间跨度上来看，乌兰察布市域内的长城始于春秋战国时期，终于明朝末期，其间历经春秋、战国、秦、汉、北魏、金及明代等几个朝代，距今已有 2000 多年。

（一）中国最早的长城之一——战国赵长城

战国时，乌兰察布的大部分地区是赵国和匈奴的领地。前 307 年左右，赵武灵王“亦变俗胡服……筑长城，自代并阴山下，至高阙为塞”，修筑了一条东起代（今河北蔚县）、西至高阙（今巴彦淖尔市乌拉特前旗两狼山口）的长城。赵长城位于乌兰察布阴山以南地区。赵长城内，属战国时期赵国的势力范围，设置了云中、雁门、代三个郡，而阴山以北广大草原则是匈奴的游牧之地。这条赵北界长城由河北省进入兴和县域，经察右前旗、卓资县，由旗下营镇进入呼和浩特市，东西横贯乌兰察布中部。

（二）武耀北方——汉长城

汉朝时期，乌兰察布地区是汉朝和匈奴的交融、交流、交汇的地方。汉武帝除了经略西域，在西域修建了长城，也向北进行了扩展，元狩四年（前 119 年），扩建修缮了长城。今乌兰察布市域内的汉长城由河北省张家口地区进入兴和县高庙子、大同窑、张皋镇二台村，经察右前旗巴音塔拉、平地泉、呼和乌素口子村，向西进入卓资县麻地卜子、三道营、旗下营，然后进入呼和浩特市域内。其中灰腾梁西汉长城比较典型。灰腾梁西汉长城墙体平面呈倾斜的“几”字形，长 40 余千米，其东南端的起点为卓资县巴音锡勒镇三岔子村的三岔子障城，西南端墙体止于灰腾梁边缘，再向南，通过山险、烽燧（46 座）、障城（10 座）继续延伸，大体可与蛮汉山秦汉长城相衔接。西汉定襄郡东部都尉治所在的武要县故城（今卓资县三道营古城），恰好处于这个衔接点上。灰腾梁西汉长城的修筑，将整个水草丰美的高山草原包围起来，占据了防控匈奴的东北角的制高点。到东汉时期，随着武要县建制的撤销，灰腾梁长城也随之一并放弃。

（三）第一个少数民族修建的长城——北魏长城

423 年（宋少帝景平元年，北魏明元帝拓跋嗣泰常八年）二月，为防止柔然犯边，北魏始筑长城，由赤城至五原，2000 余里，置戍以备之。这条长城东起河北省赤城县，横贯今乌兰察布市南部，经鄂尔多斯东部，入包头市西。在今乌兰察布市四子王旗和察右中旗及呼和浩特市武川县、包头市达茂旗和固阳县，仍存有北魏长城遗址。

（四）草原上的长城——金长城

女真建立金王朝后，为了防御北方草原另一支兴起的游牧民族蒙古族的南进，修筑了一条东起呼伦贝尔市莫力达瓦旗，西至呼和浩特市武川县大青山北麓的长城。因长城内侧有墙，外侧有壕，又习惯称“金界壕”。一般为单墙单壕，个别重要地段为双墙双壕，残存的长城墙体基宽 5 米，残高 1 ～ 4 米不等。

（五）最雄伟、构建最完善的长城——明长城

朱元璋建立明朝政权后，为了防止“北元”的侵扰，修筑了东起山海关，西至嘉峪关的万里长城。明代称长城为“边”“边墙”，一般在重要关隘地段修筑好几重城墙。乌兰察布市域内的明长城有两道。明洪武二十九年（1396 年），太祖朱元璋修筑今乌兰察布市丰镇、凉城域内的长城，俗称这条长城为“大边”。这条长城由东向西经兴和县、丰镇市、凉城县，进入呼和浩特市和林格尔县域内。成化年间，又修筑了今乌兰察布市域南与山西省交界处的主边长城，俗称“二边”。

二、长城对中华民族多元一体格局形成的作用

因学术界对长城护卫农耕文明，长城保护中原文化等多有论述，因此本文只从长城对北方经济发展、对游牧文化、对少数民族地区的作用来看。

（一）长城促进了北方游牧民族的统一

长城专家董耀会有个观点，在冷兵器时代，修筑长城意在解决生存和安全问题，长城为农耕、游牧这两种不同的生产方式、经济类型，构建了良好的秩序，体现了对长城之外生活族群的承认，代表着一种共存共生、融合发展的关系。中国是一个多民族国家，长城以北的游牧区是在什么时候形成的呢？《史记》《汉书》的匈奴传中有记载："自淳维以至头曼千有余岁，时大时小，别散分离，尚矣，其世传不可得而次。然至冒顿，而匈奴最强大，尽服从北夷，而南与诸夏为敌国，其世姓官号可得而记云。"[1] 此段文字记载了匈奴至汉朝以前有1000多年的历史，最后冒顿单于统一北方。秦始皇吞并六国，在我国的农业区出现了统一的政权；秦末汉初，匈奴冒顿单于统一长城以外的游牧部落和部落联盟，在我国的游牧区出现了统一政权。而且这两个统一政权是相互承认的，刘邦与冒顿单于约定："长城以北，引弓之国，受命单于；长城以内，冠带之室，朕亦制之。使万民耕织射猎衣食，父子无离，臣主相安，俱无暴逆。"[2] 汉与匈奴约为兄弟。正是由于长城奠定了这个秩序，游牧区才一心致力于经济发展，壮大自己的实力，逐渐适应了北方的生态环境。农业区和游牧区都有各自所特有的产品，也是对方在生产、生活上所迫切需要的，由于游牧区不能生产游牧民族所需要的全部生产、生活物资，游牧民族对于农业区生产的粮食和各种手工业品的需求是更为迫切的。[3] 所以在漫长的封建社会，在长城边上，双方的贸易交流一直没有中断。汉代的榷场，明代的马市，这种农业社会和游牧社会在经济上互相依存、互相促进、谁也离不开谁的关系，就是大一统思想赖以形成的经济基础。而长城修筑使得北方游牧民族劫掠不能轻易得逞，为了生存，不得不提高生产力，改变生产生活方式、社会经济结构进而从根本上发展和提高了社会文明程度。农业区的统一和游牧区的统一，终将形成混同南北的一个大一统，这是由中国历史发展的必然性所决定的。

（二）长城促进了边疆经济社会的发展

历代王朝对于长城的修筑以及改进，虽然源于军事上的屏障防御，但却带动了"长城轴心"经济带的发展。在漫长的修筑及边防守护中，围绕边防建设实行屯田实边、辟置郡县、徙民实边都有效地刺激了边疆经济的发展。以明朝为例，乌兰察布地区在明朝时与九边重镇的大同镇接壤，明隆庆五年（1571年）三月二十八日，在丰镇晾马台举行了隆重的授封仪式，即"隆庆和议"，明廷钦差大臣及大同各路官员与俺答诸人参加。钦差大臣宣读圣旨："封俺答为顺义王，赐金印一方，赏大红五彩蟒衣一袭，彩缎八里表”，封俺答妾三娘子为忠顺夫人。就在这年的五月，在“汉鞑两利”的原则下，在得胜堡开设“马市”，成为蒙汉最高级别的官办互市场所。隆庆和议后，繁盛的商品贸易，使得胜口成为明代大同北部长城沿线最大的贸易关口，日进斗金，有“金得胜”的美誉。由此引发新平堡（与兴和接壤）、守口堡（与凉城接壤）等“马市”的相继开设。明朝面对乌兰察布地区开设的三个最大马市，使长城沿线蒙汉两族进行了深入广泛的经济、文化交流。蒙古族的马、牛、羊、驴、骡是主要的交易物品，汉族商人带来的交易物品都是蒙古人不能生产的，有布帛、茶叶、铁锅、粮食、针线、瓷器、酒等等，品类比较丰富。[4] 蒙汉和解，自此“九镇安谧，边尘不惊，牛马牣牧，年谷丰登”。这种局面维持了 60 多年，几乎到明朝灭亡。此举也促使了蒙汉融合，蒙汉双方在长期和平交往中彼此增进感情，消除隔阂，在思想文化、生活习俗上也互相熏染融合。到嘉靖末期，涌到丰州川（今呼和浩特迤西土左旗、土右旗之平川）的汉人已达十万人，蒙汉互通有无，甚至通婚。汉族“边人大都五分类夷”[5]，蒙古族亦渐习华风，历配三王、掌兵柄、主贡市的“忠顺夫人”三娘子，平日爱穿大红彩缎妆狮子汉服，十分钦慕中原地区高度发达的封建文化，竟至“每于佛前忏悔，求再生当居中华”[6]。

（三）长城修筑史也是中华民族多元一体格局的形成史

战国时期，中国古代社会的治理体系逐渐从夏商西周以来以血缘宗法制为基础的分封制，开始向以地缘为基础的中央集权郡县制转变，完成这一转变用时将近 250 年。[7] 春秋战国，诸侯并起，各诸侯国之间相互攻伐和纷争不断，为了能够立于不败之地和防备其他诸侯国的侵犯，不少诸侯国开始修筑“长城”，这时候的长城分“互防”“边防”两种，“边防”长城主要为燕、赵、秦为阻止北方游牧民族的南下进攻而修建，秦灭六国、统一天下，中原农业民族形成统一体，可见长城也阻挡不了中原农业民族统一的趋势，因为最终胜出的是先进的生产生活方式、文化理念、社会价值观。在春秋战国 500 年的历史中，中原农业民族以先进的农耕文明为基础逐渐形成凝聚核心的汉民族。在此后 2000 多年中，从秦汉一直到清朝，在我国北方，横贯着一条自东北向西南呈带状绵延分布的长城，用来阻挡游牧民族南侵，这一带也被称作长城地带。

长城的出现以及长城地带的形成，是农耕文明和游牧文明互动碰撞的结果。随着环境的变迁以及农耕和游牧政权你进我退的变化，长城分布的具体区域也有不同。比如在乌兰察布市域内，你会看到汉长城在明长城往北 140 多千米外。北魏长城在乌兰察布市中部，金长城在边境上。长城地带农业与游牧民族之间的碰撞与交流，不但是北方各游牧民族间交流融合的过程，也是农耕文明与游牧文明之间长期交流融合的过程，还是中华民族多元一体格局的形成和发展的重要过程。长城的修筑以军事需要为起点，以民族融合、中华文化认同为终结，这一伟大的军事工程见证了统一多民族国家的形成和发展。

长城地带的文化交流“你中有我，我中有你”，总体上呈现出相互渗透、交流融合的趋势。汉初匈奴“常往来盗边”，西汉政权在处于劣势的情形之下，被迫“约结和亲、赂遗单于，冀以救安边境；奉宗室女为单于阏氏，岁奉匈奴絮、缯、酒、实物各有数”。应该说，和亲及互市是农牧文化交流最直接的方式，这样的缓兵之计对当时中原社会经济的恢复与发展，起到了积极的作用。明代“烽火不惊，三军晏眠，边圉之民，室家相保，弄狎于野，商贾夜行”，隆庆五年开始在边境上开设常态化的互市，边境线上对峙的局面为之大变。民族融合发生、发展的过程同时也是多元一体中华民族形成、发展的过程。不论是农业民族政权还是游牧民族政权，当他们主导中原后，自觉不自觉地都希望能够统一中国，这种思想的形成是长期以来民族融合最好的也是必然的趋势。尤其是游牧民族政权入主中原后，想要稳定和谐发展就必须与农业民族的思想文化进行融合，在政治、经济、文化等方方面面与汉民族达到契合，这正是农业民族与各民族不断融合最后形成多元一体的中华民族的重要过程。虽然长城地带各民族的起源地域各异，但在几千年相互打交道的过程中，通过交流与学习所进行的“民族融合”已不再是简单的“汉化”或者“胡化”，而是更深层次的诸如文化、思想等方面的深度交融。各民族文化“你中有我，我中有你”，在保有自己风俗习惯的同时，又兼具其他民族的文化特征，这才使得中华民族文化朝着多元化方向不断发展，促成了中华民族真正的繁荣，塑造了中华文明的独特性和包容性。费孝通说：“中华民族作为一个自觉的民族实体，是近百年来中国和西方列强对抗中出现的，但作为一个自在的民族实体则是几千年的历史过程中所形成的。”[8] 自从长城修建以来，长城内外逐渐形成了农牧两大经济体。2000多年来，长城内的农业民族通过屯垦移民和通商等方式在这里形成了一个巨大的网络，把长城内外各民族联结在一起，成为中华民族自在民族实体形成中重要的一部分，长城见证了农牧双方发展的历史进程，也因此成为中华民族的象征。

结语

乌兰察布大地上见证了中华民族多元一体格局的形成过程。这里 1 万年前就有人类居住，过着以狩猎、采集为主的原始生活，属于大窑文化的辐射区。2015 年在化德县发现了距今 8400—7600 年的裕民遗址、距今 9000—7000 年的四麻沟遗址等，考古确定为裕民文化，裕民文化是北方草原新石器时代的开端，裕民文化延续 1000 年左右。聚落人群通过季节性迁徙利用资源，并建筑有固定房屋。秋冬季人群居住较为集中，聚落规模较大，以捕猎、制作工具为主要生产方式。春夏季人群居住较为分散，聚落规模较小，以采集、原始农业种植为主要生产方式。凉城县岱海附近的石虎山是内蒙古中南部发现最早的仰韶文化早期代表性遗存。新石器时代，聚落遗址遗存与中原文化同根同脉，一脉相承。由于气候变暖，人口增加，以及地理因素的影响，距今 6700—5000 年，一支中原地区先民沿华北平原永定河支流桑干河北迁，另一支由晋中汾河和汉中渭河沿黄河迁徙，到达了岱海地区定居，形成了仰韶文化石虎山类型和王墓山坡下类型的文化遗存；距今 4500—4300 年，仰韶文化晚期和红山文化交流融合，形成了老虎山文化。春秋战国时期，中原诸侯征战，北方草原匈奴部落逐渐强大，统一了北方草原，从此以长城为界，长达 2000 年与农业民族共生共存。由于草原文字发明晚，这些都鲜有记载，因此乌兰察布以前经常有句话叫“地上无草，地下无宝”。习近平总书记提出，要做好长城文化价值发掘和文物遗产传承保护工作，弘扬民族精神，为实现中华民族伟大复兴的中国梦凝聚磅礴力量。因此，在实现中国式现代化的征程上，必须深挖乌兰察布市长城文化内涵，考察长城对生活在这片土地上的先民产生了怎么样的影响，进而增强文化自信，为实现高质量发展凝聚力量。

注释

[1]《汉书 · 匈奴传》，中华书局标点本，1962 年版，第 3751 页。

[2]《史记 · 匈奴列传》，中华书局，1959 年版。

[3] 费孝通主编：《中华民族多元一体格局》，中央民族大学出版社，2018 年版。

[4]［明］瞿九思撰：《万历武功录 · 俺答列传下》，中华书局，1962 年影印版，第 771—772 页。

[5]［明］戚继光：《陈边情及守操战车》，收录于陈子龙等选辑：《明经世文编》卷三十五，中华书局，1962 年影印版，第 257 页。

[6] 诸葛元声：《两朝平攘录 · 顺义王俺答附三娘子》，载《北京图书馆古籍珍本丛刊》第 11 册，书目文献出版社，1987 年版，第 65 页。

[7] 段清波：《城和长城：中华文明的见证》，2017 年 3 月 26 日，光明网。

[8] 费孝通主编：《中华民族多元一体格局》，中央民族大学出版社，2018 年版。

边地书写视域下的明长城诗歌的家国情怀研究 *

王天彤　王慧 **

摘要：明长城诗作为明诗的重要组成部分，上承唐诗之辉煌，下启清诗之繁荣，以其独特的边地书写形式展现了丰富的社会生活与边地风貌。本文将明长城诗的边地书写分为“实景边地书写”与“虚拟边地书写”两类，在实景边地书写中深入研究边地的自然景观与人文风貌描写，在虚拟边地书写中主要探讨诗人上忧国事、下念亲友的情感。在明代边地复杂多变的历史背景下，以诗知史，诗史互证，从而进一步发掘明长城诗中蕴含的家之情、国之怀，以期为梳理长城诗历史发展脉络及探讨长城语境下家国一体的建构提供一定的参考。

关键词：明代；长城诗；实景边地书写；虚拟边地书写

长城，是中国古代最伟大的建筑奇迹之一，承载着数千年的历史沧桑与民族记忆。《长城百科全书》给长城下的定义是：“长城，中国古代巨型军事工程体系。由绵延伸展的一道或多道城墙，一重或多重关堡，以及各种战斗设施、生活设施、报警烽堆、道路网络等组成，是一条以城墙为线，以关隘为支撑点，纵深递次相贯，点线结合的巨型军事工程体系。”[1] 长城诗即以长城为描写主体，反映长城沿线自然景观以及人文风貌等方面的诗作。

长城修筑的历史可上溯到西周时期，战国时期诸侯乱战，各国为保卫边疆与家园纷纷修筑起长城，如赵国的赵北长城、赵南长城，燕国的燕北长城等。秦灭六国

* 课题项目：本文系河北省研究生课程思政示范项目“中国文献研究”（编号：YKCSZ2024023）的研究成果之一。

** 作者简介：王天彤，燕山大学文法学院中文系教授；王慧，燕山大学文法学院中文系中国古典文献学专业 2024 级硕士研究生。

统一天下后，秦始皇连接和修缮了战国长城，始有万里长城之称。明代建立后，为防御外敌侵扰，开始大规模修筑和加固长城，形成了东起鸭绿江、西至嘉峪关的庞大防御体系。明朝政府先后沿长城一线设置“九边”[2]重镇，以保境安民，这些地区军事活动频繁。明蒙之间战争不断，“土木堡之变”[3]更是让明朝的边防压力剧增。在这样的政治军事形势下，长城成为明朝国家安全的重要屏障，也成为文人关注的焦点。

明人在戍关、巡边或游牧过程中创作了反映边地自然景观与人文风貌的长城诗作，这便是“实景边地书写”，景观是亲眼看到的，创作时“在场”。但并不是所有诗人都有机会出塞或使边，他们只能通过书中记载或他人口述来了解边地风貌与戍守情况，通过一定的想象进行边地书写，这便促进了“虚拟边地书写”的产生与发展，创作的“不在场”使得这些诗歌抒发个人情感心态的底色更为多样。实景边地书写与虚拟边地书写还存在一定程度上的双向互动，实景边地书写为虚拟边地书写提供文献参考，虚拟边地书写是实景边地书写创作内涵与外延的扩展与补充，两者共同建构起明长城诗宏伟边地书写的面貌。

一、实景边地书写

边地书写是家国情怀的具体载体，明长城诗的实景边地书写涵盖自然景观与人文风貌两大类别，自然景观是指由自然环境各要素相互作用而形成的天然景观，包括地貌景观、水体景观、生物景观与气候天象景观等。明长城诗中的自然景观按照描写内容可以分为边地山川风光与自然环境两大类。人文风貌是指文化反映在人们的行为、思想、生活方式及建筑、地理景观等方面，具有自然和人文特征的地方性综合景观。它是指一个地区在文化历史、宗教信仰、物种多样性、气候和自然条件等外在因素的共同作用下，形成的自然与人文景观的统一体。人文风貌的重要性在于它体现出一个地区的文化内涵，从这方面而言明长城诗的人文风貌按照内容分为四类：战争书写、边地生活、人文遗迹与多元文化。

（一）自然景观

1. 雄浑壮阔的山川风光

明长城地处北疆地区，受地理位置与气候的影响，北部边地的风景独具特色。明长城周围的雪山、黄河、荒原、大漠等典型意象都被诗人记录下来，与其他风物共同展现出边地的雄浑、壮阔、荒芜与寂寥。杨一清的“苍茫青海月，咫尺玉门关”（《甘凉道中书事感怀》）[4]，将自然风光的壮美与长城关隘的雄浑融为一体，青海的月色与玉门关的咫尺相连，形成了一种时空交错的美感。郑桓以“雪山高耸入青云，下有黄河一带分”（《洪武癸亥以公事出会宁北境》）[5]，写雪山巍峨，黄河蜿蜒，一高一低，一静一动，给人壮阔宏大之感，形成了强烈的视觉对比。“沙平边草断，日澹塞云多”（《交河》）[6]，陈子龙通过沙漠、荒草、落日等典型意象描写大漠的荒芜。董远“城头击柝边月低，啼乌绕树寒不栖。天边明星白如日，空阶落叶风凄凄”（《城头乌示良夫》）[7]，以边月、啼乌、落叶等萧瑟的意象写出了边地的荒凉与寂寥。杨一清在“北阙星辰上，南州梦寐间”（《甘凉道中书事感怀》）[8]中将边疆与中原紧密地联系在一起，使得明长城不仅仅是一道防线，更是连接南北的纽带。这种纽带不仅连接着地理空间，也承接着诗人的情感与记忆。而“青山随处有，一见一开颜”（《甘凉道中书事感怀》）[9]，则展现了明长城沿线的自然风光对诗人内心的慰藉与鼓舞。这些自然描写进一步渲染了边地的辽阔与孤寂，凸显了边地自然风光的雄浑与壮美。

2. 严酷恶劣的自然环境

长城沿线作为中原王朝与北方游牧势力交锋的前线，气候严寒、尘沙弥漫、地势险要、风雨不定等多种因素共同导致其生存环境艰难。众多明代的诗人在诗中都有表现边地之寒，但描写又各有特色。李开先的“未交八月先飞雪，已尽三春不见花”“一春不见暖融天，自是要荒气候偏”（《塞上曲》）[10]，以雪花早至、春花难觅、见不到和煦温暖的天气揭示边地气候的特征：酷寒无比。肃靖王朱真淤笔下的“黄云白草出关多，飒飒风吹积石河”（《塞上》）[11] 以及刘崧的“树头槐子干未落，沙际草芽青已黄”（《早春燕城怀古》）[12] 则写出了边地风沙多发、荒草连天的景象。严酷的气候外还有险峻的地理环境，钱宰的“黄云暗关塞，路险不见天”（《拟古》）[13]，写边地生存环境的寒冷与路艰。桑溥“水险遮蕃骑，山高列汉营”（《榆林道中》）[14]，则写出了边地地理环境的险峻。赵康王朱厚煜“三军忧战伐，百里绝人烟。衰草依孤垒，寒云起暮天”（《戎寇》）[15]，写驻扎的边地地势偏远、人烟稀少，孤城矗立于衰草寒云间的萧瑟，景之外亦有情。熊卓的“沙上望行人，日暮愁心绝。江南四时春，边地五月雪”（《出居庸》）[16] 和董远的“蟏蛸在户人未还，关河十月衣裳单”（《城头乌示良夫》）[17]，这种风沙不断、严酷寒冷的气候，使得戍边士兵们饱受煎熬，单薄的衣物难以抵御边关的严寒，长期在这样的环境下，诗作中表现的人物心态也更加压抑。如于谦描述自己“今朝太行南，明日太行北。风雪敝貂裘，尘沙暗金勒”（《自叹》）[18]，连年奔波以及艰苦的环境使自己更加衰老。杨一清则以“关山逼仄人踪少，风雨苍茫野色昏”（《山丹题壁》）[19]，表明风雨苍茫不只是自然环境，也是自己人生的写照。同时，恶劣的自然环境也使得边地诗作的情感表达更加丰富，成为那个时代戍卒与文人共同的集体记忆。

（二）人文风貌

1. 全面深刻的战争书写

明代诗人对边地的战争进行了全面描写，有战争的残酷、民众的苦难更有战斗的激昂，真实深刻，震撼人心。战争必然会导致人员的伤亡。吴铠的“闻道凉州戍，连年去未回。健儿多战死，犷骑至今来。白骨纷无数，黄云惨不开。龙城秋夜月，羌笛不胜哀”（《凉州》）[20]，凉州戍边的士兵们一去多年，生死未卜，战场上堆积如山的白骨，遮蔽天空的阴云，都体现战争的惨烈，让人触目惊心。秋夜月龙城传来的羌笛之声充满了无尽的哀伤，仿佛在为逝去的生命悲歌。同样写战争的残酷，黄卿的“山埋战骨云长惨，野哭惊沙草不春”（《三关书事》）[21]，描绘出山上埋葬着无数战骨，阴云惨淡，荒野中哭声回荡，沙子震动，春草都为之失色的景象，从侧面烘托出战争的惨烈和带来的长久伤痛。战争不仅让士兵们付出了惨痛的代价，也给百姓带来了深重的苦难。杨一清“粟刍山积君休羡，民力年来已不胜”（《闻河套有警》）[22]，写出了为维持军队的物资供应，粮草堆积如山，可这背后却是百姓们不堪重负的艰辛。杨一清的另外一首诗“益兵加赋休重道，财力于今两不支”（《将至宁夏》）[23]更是极写民生之艰，不断增加的兵力和赋税，百姓的生活更是苦不堪言。在写战争年代赋税的征收上，刘侗以“辽租十增三，官租三增六。里胥登门催，斛半量一斛”（《赛社祠》）[24]，写辽阳百姓们面临着高额的赋税，还要忍受官吏的盘剥，生活极为艰难。带着民众的付出、国家的希望，边关的将士在战场上也全力以赴，戚继光以“但使雕戈销杀气，未妨白发老边才。勒名峰上吾谁与，故李将军舞剑台”（《登盘山绝顶》）[25]，写出只要能用武力制止外敌入侵，取得战斗的胜利，诗人愿为边疆战斗至老的决心。最后借用典故，渴望像李将军一样建立战功、名垂青史，侧面反映出对战斗的信心以及对战斗胜利的渴望。这些明长城诗中的战争书写，不仅仅是对战争场景的描绘，更是对明代历史现实的深刻反映。

2. 孤寂单调的边地生活

边地苦寒、战争频仍、人迹稀少以及娱乐活动的短缺使得无论是戍边者还是游边人的生活充满了孤寂与单调。远离家乡的将士们，面对着无尽的荒漠、险峻的关隘和漫长的边境线，他们的生活长期被战争的阴影所笼罩，这使得思乡成为永恒的主题。首先，边地环境恶劣，是造成生活孤寂单调的重要因素。“东南山势绕皇都，西北楼高眺望孤。荒碛平沙连塞远，片云寒雁入空无”（《登大同城楼 》）[26]，乔宇展现出西北孤寂、边地荒漠无垠、平沙万里的景象，“片云寒雁”更显空旷寂寥，单调的环境让人心生悲凉。其次，战争的阴影始终笼罩着边地。李梦阳的“去年贼掠开城县，黑山血迸单于箭。万里黄尘哭震天，城门昼闭无人战。今年下令修筑边，丁夫半死长城前。城南城北秋草白，愁云日暮闻鸣鞭”（《朝饮马送陈子出塞》）[27]，在这样残酷的战争环境下，戍边将士时刻处于紧张的状态，思乡的愁绪也更为浓烈。最后，在记录孤寂的边地生活中亦有直写思乡之情。“西风关外雪初晴，怀古思乡百感生。玉帐枕戈人万里，铁衣传箭夜三更”（《塞上感怀》）[28]，王清描绘出塞外西风凛冽、雪后初晴的景象，戍边将士在营帐中枕戈待旦，三更时分还在传递着军中号令。在冰天雪地、荒无人烟的塞外，将士们独自面对漫长的黑夜，怀古与思乡等情绪百感交集。顾存仁以“清光此夕为谁秋，关月能禁故国愁。何处笛声吹不断，卧看北斗挂城楼”（《对月》）[29]，写明月引发了游人的思乡之情，清光洒落，关月映照，笛声悠扬，北斗高悬，戍人与游人在单调中等待，在孤独中坚守。

3. 形态多样的人文遗迹

随着人类活动的增加，边地区域孕育出了形态多样、内涵丰富的人文遗迹。这些人文遗迹在具体形态上的表现是长城及各大关隘的存在，在抽象意义上的呈现则是与长城沿线的边地区域有着密不可分的联系，这些遗迹既承载着往昔的岁月，又影响着当下的书写。徐贲在“峰回抱深壑，下视天凿井。昔人建重关，扼险备边警。键钥久已绝，垣石尚森整。峨峨尼父祠，门掩众山静”（《天井关》）[30]中，写天井关的险峻地势，曾经古人为防御边疆而建立的重关，如今虽已大不如前，但仍能感受到昔日天井关的威姿，而尼父祠的宁静，于喧嚣之中增添一抹庄重。李梦阳“咸东天险设重关，闪日旌旗虎豹闲。隘地黄河吞渭水，炎天白雪压秦山”（《潼关》）[31]，写潼关之状，同样让人感受到军事要塞的威严。“沂岱环西阴，淮海接南岭。齐州走北川，扶桑控东影”（《穆陵关》）[32]，薛瑄笔下的穆陵关沂岱环绕，淮海相接，齐州北川，扶桑东影，汇聚自然之力，给人开阔之感。

相较直接摹写关隘，抽象意义上人文遗迹的记录则充满了浪漫化与古典化的表达。以昭君出塞这个历史故事为例，“却手为琶翻为琵，马上风裂宫中衣。玉关将军兵百万，恨君枉杀丹青师”（《王昭君》）[33]，张宣描绘的见证昭君出塞的“玉关”不再是庄严肃穆之态，而是承载着她无尽的思念与遗憾，给人以哀婉之感。“荒丘遗恨草离离，犹带千年土花绿”（《王昭君》）[34]，昭君墓虽历经千年但周围依旧花草繁茂，昭君遗迹也激起诗人的怀史之缘，后人于此，便能在岁月长河中体会一位女性为了家国远走他乡的无奈与伟大。而与王朝兴衰紧密相连的燕都故宫，同样是不可忽视的人文遗迹。揭轨的“八月金舆度玉关，芙蓉零落后庭闲。西宫无复羊车过，南苑犹疑凤吹还”（《过燕都故宫》）[35]，写曾经的繁华不再，破败的宫殿遗址默默诉说着曾经的辉煌与落寞，残垣断壁间道尽了历史的沧桑变迁。明长城边地的人文遗迹，无论是雄伟的关隘，还是与历史人物、王朝相关的遗址，它们形态多样，都从不同角度反映了当时的政治、军事、文化和社会生活，是时代的见证，更是文化的传承，代表着中华文明厚重的历史与文化积淀。

4. 异彩纷呈的多元文化

明长城作为军事防御的屏障，虽划分出了农耕文明与游牧文明的界限，却也成了民族之间多元文化碰撞交流的前沿地带。这种独特的历史背景，在当时的诗篇中有着生动的呈现。诗人白范的笔下“西来山尽处，始见蓟州城。地拱三门峻，天回一面平。人烟多戍卒，市语杂番声”（《蓟州》）[36]，蓟州城地势险要，依山而建，城墙巍峨，三门高耸，其独特的地理位置使其成为民族往来的重要枢纽，通过对蓟州城人们的日常生活的细腻刻画，凸显了汉族与少数民族的文化在这里相互碰撞。甘州，这座古老的边城，同样见证了多元文化的碰撞交流。郭登的“黑河如带向西来，河上边城自汉开”“牦牛互市番氓出，宛马临关汉使回”（《甘州即事》）[37]，记录甘州历史悠久，自汉代起就是中原王朝与西北少数民族交流的重要场所。后两句生动展现了甘州地区民族间贸易往来的繁荣景象。少数民族带着牦牛等特产前来互市，汉族使者则带着中原的物资来到这里。在互市的过程中，不同民族的服饰、饮食、生活习俗相互展示、相互影响。这种交流不仅促进了经济的发展，更使得多元文化在这片土地上生根发芽，绽放出绚丽的色彩。明长城沿线的这些城市，就像一个个文化交流的大舞台，不同民族的人们在这里相遇、交流、融合。战争的阴霾虽不时笼罩，但文化的交流却从未停止。从蓟州到甘州，从日常的集市贸易到思想文化的传播，多元文化的碰撞交流贯穿于人们生活的方方面面，这种多元文化的碰撞交流，不仅在物质层面，更在精神层面产生了深远的影响。它让不同民族的人们认识到，尽管他们有着不同的生活方式和文化传统，但通过交流与合作，可以实现共同发展。这种理念，也成为中华民族多元一体格局的重要体现。

二、虚拟边地书写

虚拟边地书写虽诗人不在边塞，却亦是诗人家国情怀的突出体现。就艺术特色而言，主要依托想象完成的虚拟边地书写总体成就不如实景边塞书写，但从诗中内容、情感表达以及创作主体而言，虚拟边地书写独具一格，扩大了边地书写的内涵与外延，明长城诗中的边地书写主要分为上忧国事的真实写照、下忧亲友的生动记录、辉光熠熠的女性创作三类。

（一）上忧国事的真实写照

生活在关内的人们，只能通过战报或其他途径了解边地信息。诗作中的边地书写虽有一定的想象，这些可能与边地的战况有所出入，但却是他们忧心边关、忧心将士以及忧心黎民的真实写照。首先，诗人们关心战争局势。何景明“传闻旷骑近长安，北伐朝廷已命官。路绕居庸烽火暗，城高山海戍楼寒。一时边将当关少，六月王师出塞难。先帝恩深能养士，请缨谁为系楼兰”（《武昌闻边报》）[38]，听闻北方骑兵逼近京城，朝廷匆忙命官北伐，居庸关烽火黯淡，山海关戍楼寒冷。该诗勾勒出边地战事的严峻和戍边环境的艰苦，道出边将匮乏、军队出征艰难的困境，最后一句抒发了对无人挺身而出保卫边疆的愤懑与担忧。屠大山聚焦黄河河套地区，“闻道黄河套，年来势不同。惊尘昏陕右，逻骑薄辽东。五月金符动，三军铁马雄。何当清绝域，再见幕南空”（《闻道》）[39]，展现出黄河河套局势的变化，敌人的侵扰范围不断扩大，让人心惊胆战，体现出关内诗人对边关战况的关注。其次，诗人们同样担心戍守边关的将士。“万里龙沙那可见，将军大小七十战。捷书奏入建章宫，寄我云中一只箭”（《送人之塞上》）[40]，卢柟写战争次数之多，表现边关将士的英勇，暗含对将士生命的担忧，在送捷报的同时也要记得报声平安。刘玉的“驿吏传边报，羌人犯肃州。极知兵士苦，谁解圣明忧”（《闻甘肃有警寄榕溪公》）[41]，短短几句话，便将西北边地突发战事的紧张氛围勾勒出来。当羌人侵犯肃州，将士们承受着巨大的压力，诗人深知边疆战士的艰辛，却无奈无人能真正为君主分忧，对边地局势与将士安危的忧虑溢于言表。并且明代诗人心忧国事具有多层次、多维度的特色，从边关之艰到将士之苦最终又落在黎民之思。方逢时“闻道边庭犹苦战，九关西望动悲笳”（《过天津》）[42] 以及雷士俊“警急新烽火，萧条旧战场。中原经到处，眺望几凄凉”（《广陵送姊夫张六息归关中》）[43]，写遍地苦战造成的人民生活不定、人迹稀少、烟火不盛的景象，表达了诗人对边疆安宁的渴望，希望能早日扫清敌寇，恢复边地太平，归还民众一片乐土。这些诗歌没有刻意堆砌辞藻，想象化的语言传递出诗人们将自己对边关、战士以及百姓的关怀。

（二）下忧亲友的生动记录

在动荡的时代里，无数人背井离乡，或在外征战，或避乱漂泊，每一次离别都可能成为永诀。因而诗人笔下的送别总是伴随着不舍与牵挂，心中的情感总是散发着离愁与思念。在送别友人的书写上，曹学佺的“中原兵气乱成群，流寇流民两不分。背水孰能韩氏阵，撼山难动岳家军”“七尺男儿三尺剑，笑人毫楮立功勋”（《送茅止生北征》）[44]，中原局势混乱，友人北征，前路艰难，诗人牵挂着友人能否在这复杂的局势中建功立业，饱含对友人的期许。朝鲜诗人许筠用多种手法细腻刻画分别之情，“迢递飞旌入汉关，鸭江晴雪展冰纨。仙踪已隔云霄外，晤语犹存梦寐间。中岁不堪频送客，此生难卜再承欢”（《奉别正使黄公》）[45]。诗中先勾勒友人远去的画面，用鸭绿江晴雪营造清冷氛围；再借虚实结合，写友人远隔如仙，只能梦中忆谈；又以直抒胸臆，道尽中年频别之愁与重逢难期之忧。在思念亲人的诗篇中，诗人的表达委婉含蓄，主要以女子视角、梦境手法为依托。黄中的“妾梦一处所，积雪满空山。觉来向人语，道是玉门关。万里传郎信，开缄喜欲狂。报得郎身健，迟归亦不妨”（《长相思》）[46]，妻子梦见积雪满山，醒来才知是玉门关的景象，虚实之间，思念已跨越万里。当她收到丈夫报平安的信时，心中才有所宽慰。陆圻的“何处高楼笛，凄清菩萨蛮。分明秋夜里，梦到玉门关”（《闺怨》）[47]，秋夜本就添愁，高楼上传来的笛声更显凄清，在这氛围中，思妇梦到了玉门关，那是远方爱人所在之地，梦中的奔赴，是现实里无法排解的牵挂。金镜的“寒云遮远道，昨梦到伊州。白雁横空度，银河直北流。稿砧消息断，心折大刀头”（《思妇》）[48]，依旧以女子之梦，写其思念远在伊州的丈夫，梦境萦绕着牵挂，看到白雁横飞、银河北流，却始终等不到丈夫的消息，内心的牵挂与痛苦愈发深沉。亲友之思中又有寄寓国家之怀，情感进一步升华。曾同亨的“雁门关外羽书飞，帝念西征数解衣。边徼鼓鼙浑未歇，人家烟树觉全稀”（《赠赵大参赴山西》）[49]，诗中描绘了山西边境战事紧张的局势，羽书纷飞、鼓鼙未歇，百姓生活受到极大影响。诗人通过这样的描述，含蓄地叮嘱友人前往山西任职要小心谨慎，时刻关注局势变化，注意自身安全。这不仅仅是对友人个人安危的关心，更是对国家边疆稳定的忧虑在送别诗中的体现。送归友人的诗作里，诗人的叮嘱饱含着深情厚谊与对友人前路的担忧。思念亲人的文章中，妻子的担忧暗含着整个时代下人们对远征游子的牵挂与担忧。虚写边关之况、实写心中之情，这超越了一般意义上的离愁别绪，送别不再是简单的仪式，相思并非为一般的情绪，而是承载了明人对命运、对时局的复杂情感，成为时代苦难的缩影。

（三）辉光熠熠的女性创作

从中国古代长城诗歌产生起，长城诗的作者几乎被男性垄断。这主要由于中国古代女性因为身份、家庭、观念等各种限制，很少能够亲身去往边塞，女性创作中对边地书写也比较陌生。进入明代，由于边关战事频发等，这一现象得到一定程度的改变。明代女性以独特视角与细腻笔触书写边地，她们的诗作，或抒发离情别绪，或寄寓家国情怀。屈安人，总督漕运右副都御史屈直次女，山西左参议韩邦靖妻。“君往燕山去，弃妾洛水旁。洛水向东流，妾魂随飞扬”（《送夫入觐》）[50]，情意缠绵、委婉动人，将离别的不舍刻画得淋漓尽致。但“丈夫轻离别，壮志在四方。努力事明主，肯为儿女伤”（《送夫入觐》）[51]，又希望丈夫能够建功立业，体现出她的大局观，在个人情感与家国责任间已做出抉择。方维仪，明代著名学者、大理寺少卿方大镇之女。身处明朝末年，社会动荡，内忧外患。她的“辞家万里戍，关路隔风烟。赋重无余饷，边荒不种田。小兵知有死，贪吏尚求钱。倚赖君王福，何时唱凯旋”（《出塞》）[52]，描写了繁重的税赋与连年的战争造成边地的荒芜，士兵与贪官形成对比，诗人在忧心边地时暗含讽刺。另一诗作中，“盗贼侵南甸，军书下北关。生民涂炭尽，积血染刀镮”（《旅秋闻寇》）[53]，则展现了战乱中百姓的悲惨遭遇，流露出诗人对战争的批判和对和平的渴望，反映出女性对保家卫国的关注，突破了传统女性创作局限于闺阁的藩篱。与官宦之女笔下的边地书写不同的是，风尘女子的边地书写仍囿于闺怨的范围之内，但情感真挚自然、耐人寻味，朱无瑕的“闻道玉门千万里，秋来何处寄寒衣”（《秋闺曲》）[54]，羽孺的“玉关频折赠，离思断人肠”（《柳》）[55]，言写边地之景，意在边地之人，用细腻的笔触表达了对远在边地之人的思念。这些女性作者，虽身份各异，生平经历不同，但她们的边地创作，为明代长城诗边地书写的创作主体与情感表达，增添了别样光彩。

三、家国情怀表达

家国情怀是边地书写的精神内核，也是明长城诗边地书写的核心驱动力。诗人对家乡亲人的思念，让他们在描写边地生活时，融入了浓浓的乡愁。对国家命运的关怀，促使他们关注边地的军事形势和边防建设，从而在诗中描绘战争场景、表达对英雄的期盼，饱含着对国家安危的担忧和对人民苦难的同情，也使家国情怀具有了更深层次的内涵和价值，按照内容主要分为离人之思、爱国之情与和平之愿。

（一）欲归不能的离人之思

征人远戍边关，游人出走他乡，边地多艰而身不由己。明人对亲朋、故乡的思念之情，因战乱阻隔而愈发浓烈，这种离别不仅是地理上的距离，更是心灵上的煎熬。边疆的自然环境恶劣，战争频发等多重因素导致征人的痛苦。杨彩写“寒沙惨白日，北风摧朱颜。封侯讵非愿，王事顾多艰。丈夫志四方，兹游何时还”（《雁门述怀》）[56]，雁门郡地势险要，环抱万山，恶劣的气候让戍边之人容颜憔悴。即便心中有封侯的壮志，可在繁重的军务面前，归家成了奢望。最后饱含着对归乡的期盼与迷茫，在艰难的戍边环境下，离人之思被无限放大。除了戍边将士，因各种原因漂泊异乡的游子同样饱受欲归不能之苦。李梦阳作为被贬游边的典型，“西人习鞍马，而我惮孤征”“裹疮新罢战，插羽又征兵。不到穷边处，那知还戍情”（《环县道中》）[57]，一个“惮”字，尽显征人远离家乡、独自征战的恐惧与无奈。后两句描绘出战乱不断的景象，士兵刚从伤痛中恢复，又要奔赴新的战场，归乡遥遥无期。他们在穷边之地，渴望归乡却被战事束缚，离人之思在残酷的战争背景下愈发浓烈。冰檗禅师以“十年游子在天涯，一夜秋风又忆家。恨杀叶榆城上角，晓来吹入小梅花”（《榆城听角》）[58]，写十年漂泊，秋风乍起，思乡之情瞬间涌上心头。榆城上的号角声，吹进小梅花的曲调，更是刺痛游子的心。交通的不便和社会环境的不稳定，让思乡之愿因欲归不能的现实而愈发浓重。小家之苦亦为国之一殇，无论是边角声中的历史回响，还是烽火连天里的家书难寄，都共同构成了明代士人精神世界的重要维度——在忠君与思乡、责任与情感之间，他们永远在经历着难以调和的撕裂与挣扎。

（二）心怀天下的爱国之情

多事之秋，硝烟接连不止，挑战诸多而志在报国。在这样的历史背景下，明代文人以诗歌为载体，表达了他们强烈的报国之志和对国家命运的深切关怀。茅大方“自嗟出塞春光少，谁道临关月色多。顾我鹤形非燕颔，立功万里定如何”（《塞门至银州关道中》）[59]，表达了诗人虽有报国之心，但自感力不从心的无奈。叶盛则通过“戎衣脱却下萧关，坐对环泉半日闲。未是老来筋力倦，马蹄归自贺兰山”（《曲子驿》）[60]，展现了其虽年事已高，但仍心系边疆的豪情壮志。何景明以“将帅俱分阃，朝廷再剖符。选徒皆虎士，战马尽龙驹。直指黄河外，长驱碧海隅。感恩须此辈，万一为捐躯”（《观兵》）[61]，展现了明朝军队强大的战斗力，同时也表达了诗人对国家军事力量的信心。面对边疆危机，诸多诗人表达出深切忧虑。李东阳回顾历史上十六州的割让，“三十万绢未足惜，一十六州空弃掷。遂令宋统成偏安，中原以北无幽燕”（《十六州》）[62]，借古讽今，指出边疆战略要地丧失对国家的严重影响，流露出对明代边疆局势的担忧。倪岳“烽火边城鼓角悲，黄沙漠漠北风吹”（《新春感事》）[63]，描绘出边城烽火连天、鼓角悲戚的景象，展现出边疆战事的紧张，体现出诗人对国家边疆安危的关切。这些诗作反映出明代边疆面临的严峻挑战，诗人们以笔为剑，警醒世人重视边疆问题。这些凝聚着血性与忧思的诗作，超越了文字的局限，构筑起明人精神世界的长城，诗中有保家卫国的壮志豪情，亦有边事何停的深沉忧思，描绘了一个民族面对外患时的集体心灵图景：先有国而后有家，家国同构。

（三）真挚美好的和平之愿

面对残酷的现实，明长城诗中不乏对战争的批判与反思，并且在诗作中流露出对和平的祈愿。王以旗“穹庐远向西番徙，烽火无劳内陆忧。四野牛羊随处牧，千家禾黍满场收。喜看安阜叨清宴，醉倚黄花插白头”（《九日登长城关楼》）[64]，在诗人的笔下，没有战争的生活是四野广袤无垠，牛羊可以自由自在地吃草，家家户户的庄稼迎来丰收，打谷场上堆满了金黄的谷物。人们在和平安定的环境中，享受着丰盛的宴席，老人醉意微醺，随意地将黄花插在头上。这是一幅宁静、和谐、繁荣的画面，充满了生活的烟火气，展现出和平年代人们幸福的生活状态，也表达了诗人对这种和平生活的无限向往。钱宰同样表达了对和平的期盼，“愿言崇明德，无为终弃捐。高台何巍巍，参差与云平。玉绳临双阙，长河流无声”（《拟古》）[65]，诗人希望人们能够崇尚美好的品德，摒弃战争与暴力，让国家长治久安。诗中的高台巍峨耸立，与云平齐，玉绳星照耀着宫殿的双阙，长河静静流淌，没有战争的喧嚣与纷扰。这美好的景象，是诗人心中和平世界的象征，他借此寄托了对和平的殷切期望，呼吁人们珍惜和平，共同营造安宁的生活环境。明长城诗中的这些作品，无论是对战争的批判与反思，还是对和平生活的憧憬，都反映了当时人们在战争阴影下对美好生活的追求，它们穿越时空，至今仍能让人感受到那份对和平的执着向往。

结语

明长城诗的创作是一幅全景式画卷，创作主体下至征人闺妇，上达王公大臣，参与群体多元广泛；创作内容近写山川风物，远记战争苦难，涵盖边地生活全貌；创作情感外有离别愁绪，内含家国之思，意蕴多层丰厚深邃。其独特的边地书写，为诗歌创作开辟了新的领域，丰富了明代诗歌的题材和表现形式。边防政策、军事制度、战争情况以及民族关系等的记录，为研究明代历史提供了珍贵的资料。诗歌也反映了当时社会的经济状况、人民的生活水平以及文人的思想心态，为全面研究明代社会生活与人文风貌提供了多维度的视角。

“长城凝聚了中华民族自强不息的奋斗精神和众志成城、坚韧不屈的爱国情怀，已经成为中华民族的代表性符号和中华文明的重要象征。要做好长城文化价值发掘和文物遗产传承保护工作，弘扬民族精神，为实现中华民族伟大复兴的中国梦凝聚起磅礴力量。”[66] 当今时代，无论长城还是长城诗早已成为中华民族精神载体并具有重要意义，作为历史记忆的活态保存与家国一体的文学建构，时刻提醒着世人，无论时代如何变迁，对国家的热爱与责任始终是每个中华儿女心中不变的信念，而重视边疆稳定、维护国家领土完整，更是不容推卸的使命。中华儿女要像守护家园一样守护好长城，弘扬长城文化、讲好长城故事、挖掘长城价值，让长城在新时代焕发新的生机和活力！

注释

[1] 中国长城学会编：《长城百科全书》，吉林人民出版社，1994 年版，第 3 页。

[2] 明朝九个军事重镇，分别为辽东镇、蓟州镇、宣府镇、大同镇、山西镇、延绥镇、宁夏镇、固原镇、甘肃镇。

[3] “土木堡之变”指发生于明正统十四年（1449 年）明英宗第四次北征时，明朝军队在土木堡败于瓦剌军队的事变，又称“土木之变”或“己巳之变”。

[4] [清] 朱彝尊录：《明诗综》，朱竹坨太史选本，六峰阁藏版，卷二十四。

[5] [清] 朱彝尊录：《明诗综》，朱竹坨太史选本，六峰阁藏版，卷十六。

[6] [清] 朱彝尊录：《明诗综》，朱竹坨太史选本，六峰阁藏版，卷七十五。

[7] [清] 朱彝尊录：《明诗综》，朱竹坨太史选本，六峰阁藏版，卷十五下。

[8] [清] 朱彝尊录：《明诗综》，朱竹坨太史选本，六峰阁藏版，卷二十四。

[9] [清] 朱彝尊录：《明诗综》，朱竹坨太史选本，六峰阁藏版，卷二十四。

[10] [清] 朱彝尊录：《明诗综》，朱竹坨太史选本，六峰阁藏版，卷四十一。

[11] [清] 朱彝尊录：《明诗综》，朱竹坨太史选本，六峰阁藏版，卷一下。

[12] [清] 朱彝尊录：《明诗综》，朱竹坨太史选本，六峰阁藏版，卷四。

[13] [清] 朱彝尊录：《明诗综》，朱竹坨太史选本，六峰阁藏版，卷七。

[14] [清] 朱彝尊录：《明诗综》，朱竹坨太史选本，六峰阁藏版，卷三十五。

[15] [清] 朱彝尊录：《明诗综》，朱竹坨太史选本，六峰阁藏版，卷一下。

[16] [清] 朱彝尊录：《明诗综》，朱竹坨太史选本，六峰阁藏版，卷二十七下。

[17] [清] 朱彝尊录：《明诗综》，朱竹坨太史选本，六峰阁藏版，卷十五下。

[18] [清] 朱彝尊录：《明诗综》，朱竹坨太史选本，六峰阁藏版，卷十八下。

[19] [清] 朱彝尊录：《明诗综》，朱竹坨太史选本，六峰阁藏版，卷二十四。

[20] [清] 朱彝尊录：《明诗综》，朱竹坨太史选本，六峰阁藏版，卷三十五。

[21] [清] 朱彝尊录：《明诗综》，朱竹坨太史选本，六峰阁藏版，卷三十三。

[22] [清] 朱彝尊录：《明诗综》，朱竹坨太史选本，六峰阁藏版，卷二十四。

[23][清]朱彝尊录：《明诗综》，朱竹垞太史选本，六峰阁藏版，卷二十四。
[24][清]朱彝尊录：《明诗综》，朱竹垞太史选本，六峰阁藏版，卷六十八。
[25][清]朱彝尊录：《明诗综》，朱竹垞太史选本，六峰阁藏版，卷四十九。
[26][清]朱彝尊录：《明诗综》，朱竹垞太史选本，六峰阁藏版，卷二十五。
[27][清]朱彝尊录：《明诗综》，朱竹垞太史选本，六峰阁藏版，卷二十九。
[28][清]朱彝尊录：《明诗综》，朱竹垞太史选本，六峰阁藏版，卷二十。
[29][清]朱彝尊录：《明诗综》，朱竹垞太史选本，六峰阁藏版，卷四十一。
[30][清]朱彝尊录：《明诗综》，朱竹垞太史选本，六峰阁藏版，卷九。
[31][清]朱彝尊录：《明诗综》，朱竹垞太史选本，六峰阁藏版，卷二十九。
[32][清]朱彝尊录：《明诗综》，朱竹垞太史选本，六峰阁藏版，卷十八下。
[33][清]朱彝尊录：《明诗综》，朱竹垞太史选本，六峰阁藏版，卷六。
[34][清]朱彝尊录：《明诗综》，朱竹垞太史选本，六峰阁藏版，卷六。
[35][清]朱彝尊录：《明诗综》，朱竹垞太史选本，六峰阁藏版，卷七。
[36][清]朱彝尊录：《明诗综》，朱竹垞太史选本，六峰阁藏版，卷十三。
[37][清]朱彝尊录：《明诗综》，朱竹垞太史选本，六峰阁藏版，卷二十。
[38][清]朱彝尊录：《明诗综》，朱竹垞太史选本，六峰阁藏版，卷三十。
[39][清]朱彝尊录：《明诗综》，朱竹垞太史选本，六峰阁藏版，卷三十九。
[40][清]朱彝尊录：《明诗综》，朱竹垞太史选本，六峰阁藏版，卷四十七。
[41][清]朱彝尊录：《明诗综》，朱竹垞太史选本，六峰阁藏版，卷二十七下。
[42][清]朱彝尊录：《明诗综》，朱竹垞太史选本，六峰阁藏版，卷四十三。
[43][清]朱彝尊录：《明诗综》，朱竹垞太史选本，六峰阁藏版，卷八十下。
[44][清]朱彝尊录：《明诗综》，朱竹垞太史选本，六峰阁藏版，卷七十四。
[45][清]朱彝尊录：《明诗综》，朱竹垞太史选本，六峰阁藏版，卷九十五属国。
[46][清]朱彝尊录：《明诗综》，朱竹垞太史选本，六峰阁藏版，卷四十八。
[47][清]朱彝尊录：《明诗综》，朱竹垞太史选本，六峰阁藏版，卷七十七。
[48][清]朱彝尊录：《明诗综》，朱竹垞太史选本，六峰阁藏版，卷七十七。
[49][清]朱彝尊录：《明诗综》，朱竹垞太史选本，六峰阁藏版，卷四十四。
[50][清]朱彝尊录：《明诗综》，朱竹垞太史选本，六峰阁藏版，卷八十六闺门。
[51][清]朱彝尊录：《明诗综》，朱竹垞太史选本，六峰阁藏版，卷八十六闺门。
[52][清]朱彝尊录：《明诗综》，朱竹垞太史选本，六峰阁藏版，卷八十六闺门。
[53][清]朱彝尊录：《明诗综》，朱竹垞太史选本，六峰阁藏版，卷八十六闺门。
[54][清]朱彝尊录：《明诗综》，朱竹垞太史选本，六峰阁藏版，卷九十八妓女。
[55][清]朱彝尊录：《明诗综》，朱竹垞太史选本，六峰阁藏版，卷九十八妓女。
[56][清]朱彝尊录：《明诗综》，朱竹垞太史选本，六峰阁藏版，卷四十四。
[57][清]朱彝尊录：《明诗综》，朱竹垞太史选本，六峰阁藏版，卷二十九。
[58][清]朱彝尊录：《明诗综》，朱竹垞太史选本，六峰阁藏版，卷九十五属国。

[59]［清］朱彝尊录：《明诗综》，朱竹垞太史选本，六峰阁藏版，卷十六。
[60]［清］朱彝尊录：《明诗综》，朱竹垞太史选本，六峰阁藏版，卷二十。
[61]［清］朱彝尊录：《明诗综》，朱竹垞太史选本，六峰阁藏版，卷三十。
[62]［清］朱彝尊录：《明诗综》，朱竹垞太史选本，六峰阁藏版，卷二十二。
[63]［清］朱彝尊录：《明诗综》，朱竹垞太史选本，六峰阁藏版，卷二十二。
[64]［清］朱彝尊录：《明诗综》，朱竹垞太史选本，六峰阁藏版，卷三十四。
[65]［清］朱彝尊录：《明诗综》，朱竹垞太史选本，六峰阁藏版，卷七。
[66] 引自 2019 年 8 月习近平总书记在嘉峪关考察时的讲话。

AR 技术在长城国家文化公园（河北段）多语种智能导览中的应用研究 *

潘地　赵志刚 **

摘要：本研究旨在探讨在碎片化学习时代，如何利用增强现实技术实现博物馆导览方式的革新，以及如何应用多语种优势提升博物馆知识传播的娱乐性和吸引力。以长城国家文化公园（河北段）为案例，本文围绕 AR 多语种智能导览理论基础和多语种翻译理论展开深入研究，旨在为博物馆在数字化时代的展示方式提供理论支撑。

关键词：增强现实技术；长城国家文化公园；多语种智能导览

一、引言

随着信息技术的飞速发展和社会变革的加速推进，文化遗产保护与传承面临新的挑战和机遇。在数字化时代，博物馆作为文化传承和教育的重要场所，需要不断创新展示方式以适应现代社会的需求。现阶段，游客在游览博物馆时对于互动性、娱乐性和多样性的期望逐渐增加，而传统的博物馆导览方式已经难以满足碎片化学习和个性化体验的需求。与此同时，全球文化交流日益频繁，外国游客的来访也逐年增加，对于多语种信息传达的需求愈发迫切。本研究旨在以长城国家文化公园（河

* 课题项目：本文系河北省社会科学发展研究课题“长城国家文化公园（河北段）建设背景下增强现实技术多语种智能导览应用研究”项目（编号：20230304025）阶段性研究成果。

** 作者简介：潘地，燕山大学外国语学院讲师；赵志刚，博士，燕山大学外国语学院教授。

北段）为案例，来探讨增强现实（AR）技术在博物馆导览中的应用，特别是多语种智能导览系统的构建。

二、AR 多语种智能导览理论基础

（一）AR 技术在博物馆导览中的应用现状

随着增强现实技术的不断发展，它在博物馆导览领域的应用正日益受到关注和探索。AR 技术通过将虚拟信息叠加到现实世界中，为游客创造了更为丰富、互动性更强的博物馆体验。AR 技术目前在博物馆导览的应用主要体现在以下方面：（1）虚拟展览与增强展示。AR 技术允许博物馆在有限的空间内展示更多的文物、艺术品和历史信息。通过 AR 眼镜或手机应用，游客可以看到虚拟的展品、场景和人物，丰富了展览的内容和形式。（2）互动式学习体验。AR 技术可以将游戏化元素融入导览过程中，使游客参与度更高。游客可以通过解谜、任务和互动式展示与展品互动，深入了解文化和历史。（3）沉浸式历史重现。利用 AR 技术，博物馆可以呈现历史事件、场景和人物的沉浸式重现。游客可以亲身体验古代战役、历史时刻等，加深对历史文化的理解。（4）多语种解说和翻译。AR 技术可以提供多语种解说和翻译功能，使外国游客也能轻松了解展品信息。游客可以通过设备或应用选择自己的语言，获得即时翻译和解说。（5）个性化导览。基于 AR 技术，博物馆可以根据游客的兴趣和需求，提供个性化的导览体验。游客可以定制导览路线、主题和内容，增强游览的针对性。（6）虚拟讲解员。利用 AR 技术，博物馆可以创造虚拟的历史人物或专家，为游客进行讲解和互动，使导览更加生动有趣。（7）数字化交互展示。AR 技术可以将展览内容与数字化互动相结合，例如使用 AR 应用扫描展品上的二维码，获取更多信息、图像和视频。

AR 技术为博物馆导览带来了前所未有的创新和变革。然而，在应用过程中，仍需考虑技术稳定性、用户体验、内容创意等因素，以确保 AR 技术能够真正增强博物馆的展示和传播效果。

（二）游戏化学习和沉浸式理论在博物馆 AR 导览中的理论基础与应用

1. 游戏化学习理论

游戏化学习理论自 2011 年被提出以来，一直受到教育工作者的关注，其主要研究也都集中在教育领域，在博物馆导览中的应用和研究相对较少。但随着信息技术的日新月异，游戏化学习正在成为博物馆学习的重要组成部分，在欧美很多博物馆中也已经有了大量的探索和应用，用来提高游览者的游览体验。但是在我国，游戏化学习在博物馆游览中的应用还处于初步阶段，其应用范围还不够广泛，典型案例不够丰富[1]。

游戏化学习将游戏设计的元素与教育目标相结合，通过创造具有挑战性和奖励机制的学习体验来提高参与度和学习效果。基于自主学习理论和情景学习理论，游戏化学习强调学习者在愉悦和沉浸的环境中主动探索和学习。在长城博物馆 AR 导览中，游戏化学习理论可以通过以下方式得到应用：（1）互动式任务和解谜。设计与展品相关的任务和解谜，鼓励游客积极参与。游客可以通过解答问题、收集线索等方式深入了解展品背后的知识。（2）积分与奖励机制。设立积分系统，根据游客的参与度和表现给予奖励，例如解锁虚拟勋章、收集展品徽章等，增加学习的乐趣和成就感。（3）角色扮演与情景重现。创造角色扮演的情景，让游客亲身体验历史时刻或文化场景。通过虚拟人物的引导，增强游客的情感共鸣和参与感。（4）互动式竞赛和合作。安排游客之间的竞赛或合作任务，激发参与者之间的竞争和合作精神，促进知识交流和共享。（5）个性化导览路线。根据游客的兴趣和喜好，设计个性化的导览路线和挑战，让游客根据自己的喜好进行探索和学习。（6）即时反馈与评估。提供即时的反馈与评估，帮助游客了解自己的学习进度和成绩，激励持续学习和参与。（7）数字化收集和分享。让游客可以在 AR 导览过程中收集虚拟物品或信息，与其他游客分享自己的收藏和成就。

通过将游戏化学习理论与增强现实技术相结合，博物馆可以打破传统导览的单一模式，创造出更具吸引力和娱乐性的展览体验，同时提升游客对文化和历史的深入理解。这种创新的导览方式将吸引更多年轻一代游客，促进博物馆的可持续发展。

2. 沉浸式学习理论

沉浸式学习理论起源于 20 世纪 60 年代的西方，起初作为一种语言学习理论，强调通过把多种教学手段相结合，为学生打造真实的语言环境，使学生达到一种“沉浸”式的学习状态，从而提高学生学习兴趣，提高语言学习能力[2]。随着智慧博物馆概念的提出，利用 AR 技术为游览者打造沉浸式的游览环境，提升游览者的游览体验，正成为越来越多博物馆的研究课题。

沉浸式学习通过创造身临其境的环境，使学习者沉浸其中，从而更深入地理解和体验学习内容。增强现实技术为沉浸式学习提供了有力支持，使学习者可以在虚拟和现实世界之间无缝切换，提升学习的现实感和参与度。沉浸式理论在博物馆 AR 导览中具有重要的价值，它可以创造更为身临其境的学习和体验环境，从而提升游客的参与度、吸引力和深度理解。沉浸式体验让游客感觉自己置身于虚拟的历史场景或文化背景中，能够增强学习的现实感和情感共鸣，帮助游客更深入地理解展品和文化内涵。通过沉浸式体验，游客可以与历史人物互动、参与重要事件，从而产生情感共鸣，增强对历史和文化的情感联系，提升参与度和投入感。此外，沉浸式体验能够激发游客的兴趣和好奇心，使他们更愿意深入学习，主动探索和互动，培养创造性思维和解决问题的能力，使游客成为文化和历史的积极参与者。

在长城博物馆 AR 导览中，沉浸式理论的实践可以从如下几个方面展开：（1）虚拟历史场景还原。利用 AR 技术，将历史场景以虚拟的方式还原在游客眼前，让他们仿佛置身于古代的文化背景中，深入体验历史时刻。（2）互动式角色体验。创建虚拟历史人物或角色，让游客通过与虚拟角色互动，参与历史事件的决策，从而亲身感受历史的变革和影响。（3）多感官体验设计。结合声音、视觉、触感等多种感官元素，创造更真实的沉浸式体验，让游客全身心地融入历史和文化之中。（4）情节化导览。设计富有情节性的导览内容，将展品和文化信息融入到一个连贯的故事中，引导游客在沉浸式的情节中进行导览。（5）情感引导与故事叙述。通过情感引导和精彩的故事叙述，激发游客的情感共鸣，让他们更加深入地理解文化和历史的价值。（6）参与式活动和互动。在沉浸式体验中融入参与式的活动，让游客参与解谜、任务和互动，从而深化学习和体验。

综合运用上述实践策略，博物馆可以创造出更具吸引力和教育意义的沉浸式导览体验，提升游客对文化遗产和历史文化的认知和体验。这种沉浸式的展示方式有助于吸引不同类型的游客，提升博物馆的知名度和影响力。

（三）自主学习理论与情景学习理论在 AR 导览中的融合与创新

自主学习理论曾在 20 世纪 80 年代受到国内外教育学者的大量关注，其中美国教育学家齐莫曼最具有代表性，他从“提出以能力、行为和自信为三大核心要素的自主学习定义，到后续发表基于‘自我—环境—行为’的三元交互自主学习循环模型”[3]，对自主学习理论的发展作出了巨大贡献。情景学习则注重知识与情景之间相互作用的过程，它认为学习者在情境中通过活动进行学习[4]，从而掌握知识，也就是说，学习是具有情境性的[5]。自主学习理论和情景学习理论在长城博物馆 AR 导览中的融合与创新可以为游客提供更富有深度和个性化的学习体验。将两者融合，可以在情景营造中激发游客的自主学习欲望，让学习过程更加贴近游客的兴趣和需求。通过创新的导览设计，可以促使游客在沉浸式情境中主动探索、学习和解决问题。

自主学习理论和情景学习理论作为教育领域的两大重要理论，在长城博物馆

AR 导览中的融合与创新，能够为游客提供更具有深度和个性化的学习体验。通过将这两个理论有机结合，可以在导览过程中创造出引人入胜的情景，激发游客的自主学习欲望，让学习变得更具互动性和富有启发性。其在长城博物馆 AR 导览中的优势主要体现在：（1）情景营造与自主探索。在 AR 导览中，通过情景营造将展品和文化背景融入具体情境中，创造出仿佛置身其中的感觉。同时，鼓励游客根据自身兴趣进行自主探索，从而获得更深刻的学习体验。（2）个性化学习路径。结合自主学习理论，设计可以自由选择学习路径的导览方案。游客可以根据自己的兴趣，在情景营造的环境中选择感兴趣的展品或主题，实现个性化的学习体验。（3）问题驱动学习。引入情景中的问题或挑战，激发游客的好奇心和求知欲。游客可以通过自主探索和学习，解决情景中的问题，实现对文化和历史的更深入理解。（4）反馈与互动。在情景营造中融入实时反馈和互动机制，鼓励游客在自主探索的过程中不断调整和完善自己的学习路径，增强学习的积极性和效果。（5）情感体验与意义共鸣。利用情景营造和自主学习，引导游客从情感角度去体验文化和历史，从而与展品建立更深刻的情感联系，实现情感共鸣和深度参与。

融合自主学习理论和情景学习理论，长城博物馆 AR 导览不仅可以提供沉浸式的学习体验，还可以激发游客的主动学习欲望和探索精神。这种创新的设计将使博物馆导览更加个性化、趣味化，更好地满足不同游客的需求。随着技术的不断发展，融合自主学习和情景学习的 AR 导览有望进一步优化，为文化传承和教育提供更有力的工具和平台。

三、多语种翻译理论研究

（一）多语种解说系统在博物馆中的重要性与现状

多语种解说系统在博物馆中的应用具有重要意义。首先，博物馆作为文化遗产的宝库吸引了来自世界各地的游客，因此提供多语种解说系统能够满足外国游客对文化和历史的兴趣，促进国际文化交流。其次，多语种解说系统能够显著提升游客的参观体验。通过使用自己熟悉的语言了解展品信息，游客可以更深入地理解文化内涵，从而增加游客的满意度，进而有助于提升博物馆的口碑传播。此外，多语种解说系统还有助于知识传播，将文化知识传递到更广泛的受众中，不仅让游客了解展品，还能够传递历史、艺术和科学等方面的知识。最后，多语种解说系统还具有教育功能，为学校和教育机构的参观活动提供支持，为学生提供更全面的学习资源，加强对历史和文化的认知。

然而，多语种解说系统目前还存在一些限制和挑战。主要表现在多数博物馆的多语种解说系统主要以英语为主，对于其他语种的游客支持不足。虽然一些大型博物馆可能提供多种语言的解说系统，但仍然无法覆盖所有潜在的游客语种[6]。技术发展尽管为多语种解说系统的实现提供了可能，但技术成熟度和翻译质量仍然是需要解决的问题。虚拟导览应用的引入虽然提高了游客的自主参观便利性，但在涵盖更多语种和保证翻译质量方面仍有待突破。

随着技术的进一步发展，多语种解说系统在博物馆中的应用将更加普及和多样化。机器翻译和语音合成技术的不断提升，将为更多语种的解说服务提供高质量保障。同时，博物馆应该根据自身特点和游客需求，灵活选择合适的语种组合，以确保提供更好的参观体验。多语种解说系统的广泛推广和应用，将进一步促进文化传承与交流，推动博物馆在国际文化交往中发挥更大的作用。

（二）中外交流背景下的多语种翻译策略

在当今经济全球化和国际交流日益频繁的背景下，多语种翻译策略成为促进跨文化交流、合作和理解的关键要素。在中外交流中，以下多语种翻译策略显得尤为重要。

首先，文化适应与转化是一个至关重要的方面。翻译不仅涉及语言的转换，还需要考虑到不同文化背景和习惯。在翻译过程中，必须进行文化适应，确保译文在目标文化中更易被接受[7]。适当的文化转化可以帮助信息更好地传递，避免因文化差异而引发误解。其次，翻译质量的优先性不可低估。在跨文化交流中，翻译的准确性和质量至关重要。尤其在专业、法律、科技等领域，确保翻译的准确性是确保信息传递有效的基础。在选择语气和语调方面，不同语言和文化拥有独特的表达方式。因此，根据情境和受众，选择合适的语气和语调显得尤为重要，以确保翻译的恰当性和有效性。第三，避免直译也是一项重要的策略。直译可能导致句子结构不自然，甚至在目标语言中无法传达出原文的含义。为确保翻译的通顺和流畅，需要避免过度依赖机械的直译方式。第四，根据受众需求选择语种也是一个关键策略。根据不同国家和地区游客的语言背景和需求，选择适当的语种进行翻译，确保翻译服务能够覆盖主要受众[6]。第五，使用本地化策略能够增强翻译的亲和力。通过将文化、习惯和风俗融入翻译内容，可以使翻译更贴近目标受众的生活和习惯[8]。在选择翻译方式时，不同的媒介可能需要不同的策略。根据交流形式的不同，如口译、笔译、字幕翻译等，选择合适的翻译方式能够更好地传递信息。第六，结合人工翻译与技术支持也是一种有效策略。尽管机器翻译和自然语言处理技术可以提高翻译效率，但在保证翻译质量的前提下，仍需要人工翻译的参与。第七，在翻译中保留原意与适应目标文化之间的平衡至关重要。在确保翻译准确性的同时，也要考虑到目标文化的特点，进行适度调整，以确保译文在目标文化中更易理解。

中外交流背景下的多语种翻译策略需要综合考虑语言、文化、受众和情境等多种因素，以实现信息的准确传递和文化交流的有效推动。这些策略不仅有助于促进文化多样性的尊重与理解，也为跨文化交流的成功奠定了坚实基础。

（三）多语种解说系统设计原则

在长城博物馆中，多语种解说系统的设计必须考虑到广泛的受众，涵盖多样的语言和文化背景。设计多语种解说系统需要遵循一系列关键原则与实践。

首先，用户体验应被置于首位。除了确保语言的准确性外，解说系统的界面设计和互动方式也应满足用户的需求，以提供流畅直观的参观体验。多语种支持是设计的核心。解说系统应该支持多种主要语言，并根据不同受众的语言背景提供翻译选项，以确保尽可能多的游客能够理解和参与。其次，精准翻译是不可忽视的要素。翻译必须准确地传达原文的意思，特别是在解释艺术品、历史事件等内容时，需要确保信息的准确性和完整性。第三，文化适应也是关键的考虑因素。在进行翻译时，应考虑目标受众的文化背景和习惯，避免文化冲突和误解的出现。在必要的情况下，可以进行文化适应和转化，以更好地融入目标文化。第四，宜采用渐进式信息传递策略。解说系统应提供不同层次的信息，从简要介绍到深入解释，以满足游客根据兴趣和理解水平选择获取信息的需求。第五，互动性与参与度的提升至关重要。通过提供互动功能，如问答、互动任务等，鼓励游客的参与，从而增加他们的参观兴趣和学习体验。第六，注重多媒体元素的综合应用。通过整合图像、音频、视频等多种媒体元素，以多样化的形式呈现信息，进一步丰富游客的参观体验。

多语种解说系统的设计需要平衡技术、文化和教育等多个因素，以实现信息传递的最佳效果，为游客提供深入、丰富的参观体验。这样的设计不仅能促进跨文化交流，还为文化遗产的传承与理解提供了有力的支持。

结语

本研究深入探讨了在碎片化学习时代，如何利用增强现实技术进行博物馆导览方式的创新，以及如何应用多语种优势提升博物馆知识传播的娱乐性和吸引力，以长城国家文化公园（河北段）为案例，揭示了数字化时代博物馆展示的前景。

随着科技不断进步，增强现实技术为博物馆导览带来新的参观体验。虚拟展览、互动式学习、沉浸式历史重现等应用将加深游客与文化遗产的互动，使历史和艺术焕发生机。同时，多语种解说系统为跨文化交流提供有力支持，让外国游客也能深入了解博物馆呈现的文化内涵。然而，在 AR 技术融合中，我们也需认识到技术稳定性、用户体验和文化适应的挑战，设计多语种智能导览系统需要跨学科合作，将技术、教育和文化融合，以实现更高效和有影响力的效果。

本研究为长城博物馆在数字化时代寻求吸引力、互动性和跨文化传播的展示方式提供了理论和实践支持。通过构建多语种智能导览系统，长城博物馆能更好地满足不同游客的需求，促进文化遗产的传承和传播，为未来文化交流和教育奠定坚实基础。

注释

[1] 吴镝、谢颖：《我国博物馆游戏化学习研究综述》，《科学教育与博物馆》2020 年第 3 期，第 160—166 页。

[2] 余璐、周超飞：《论我国高等教育中的沉浸教学模式与实践》，《河南社会科学》2012 年第 20 卷第 6 期，第 78—80 页。

[3] 王宁、汪梦林：《齐莫曼自主学习理论启示下的智慧教学探索》，《黑龙江教育》2023 年第 5 期，第 44—46 页。

[4] 张振新、吴庆麟：《情境学习理论研究综述》，《心理科学》2005 年第 28 卷第 1 期，第 125—127 页。

[5] 刘晓年：《情境学习理论应用探讨》，《青海师范大学学报》2008 年第 3 期，第 145—147 页。

[6] 王群洋、徐迪：《博物馆跨文化传播效果问题与对策实证研究——以陕西历史博物馆为例》，《未来与发展》2015 年第 12 期，第 59—62 页。

[7] 朱睿：《跨越中外文化边界——基于跨文化适应理论的文物话语英译研究》，《文教资料》2023 年第 5 期，第 1—4 页。

[8] 陈文、王宏军：《“中国文化走出去”语境下翻译规范与翻译策略》，《海外英语》2019 年第 6 期，第 17—18 页、第 22 页。

长城文化带之河套方言的发展演变研究

——基于民族交融的历史维度

吕波 *

摘要：长城作为横亘河套地区 2000 余年的重要文化标识，留下的故事和遗迹不可胜数。随着历史的发展演变，河套历经数十次大变迁，征战、和亲、移民、戍边、筑城、边贸互市、商贾流通等多元互动，逐步形成了融汇“晋陕蒙冀鲁豫甘宁藏”方言文化独特的语言文化生态圈。本研究通过历史文献考证与河套方言田野调查，系统梳理秦汉至明清时期军事屯垦、边境贸易、民族迁徙等历史活动对河套方言的塑造过程。长城不仅是军事屏障，更成为语言融合的文化带和边界线。这种在民族交融中语言互渗的现象，在民间戏曲、佛教活动、边塞文学、饮食文化等方面均有鲜明体现，最终孕育出具有古韵与边塞气息特质的河套方言体系，为理解中华民族多元一体格局提供了语言维度的重要实证。

关键词：长城文化带；河套方言；民族交融；方言文化；中华民族多元一体

长城文化是中华民族共同创造的具有深厚凝聚力和向心力的文化类型。它和燕山文化、阴山文化、黄河文化、草原文化等区域性文化一脉同源，共融共存，共同融入了中华民族传统文化的大熔炉中，形成了长城沿线特有的线性文化带。从地理上讲，长城线性文化带是指国家认定全国 15 个省（自治区、直辖市）404 个县（市、

* 作者简介：吕波，内蒙古乌拉特前旗北疆文化发展研究中心编审，内蒙古长城保护研究会学术委员会委员。

区）长城沿线的文化形态；从文化特征上讲，长城沿线的民间文化都与长城有着深厚的联系。自战国至明清2000多年间，匈奴、鲜卑、契丹、女真等游牧民族通过战争、戍边、筑城、互市、和亲、归附、商贸流通等多元互动方式与中原文明在此交汇，各民族的政治、经济、文化、军事、意识形态在此碰撞交互。长城修筑对抑制民族战争频发，维护民族和平稳定，开发边疆生产，扩大民族交融范围，促进各民族经济发展和文化交互，具有巨大的屏障作用和保障功能，为中华民族“大一统”文明形成，起到了不可磨灭的作用。

一、长城文化带概说及乌拉特前旗长城文化带简述

长城作为中华民族的精神象征，不仅是军事防御工程的典范，更是农耕与游牧文明交融的历史见证。近年来提出的“长城文化带”概念[1]，突破了传统点状保护的局限，强调以长城为核心，整合沿线自然生态、历史遗存与经济社会资源，形成系统性保护与发展的新模式。本文基于乌拉特前旗秦汉长城（图1）与赵长城等地的实践案例，探讨长城文化带的内涵、实施路径及其当代价值。

图1　乌拉特前旗小佘太秦汉长城（吕波摄）

秦汉长城位于乌拉特前旗小佘太增隆昌水库北，该段长城在乌拉特前旗域内长约80千米。西汉武帝时期又在此基础上进行修缮加固，北魏、西夏时期仍在沿用，故称为秦汉长城。城墙就地取材，全部用山上的片石垒成，主要是石英石，呈铁青色，远远看去，发着紫青色的光泽，令人联想到“紫塞”的传说。晋崔豹的《古今注·都邑》里说，“秦所筑长城，土色皆紫，汉塞亦然，故称紫塞焉”。虽然不知文中所指具

体位置，但秦汉长城被称为紫塞，这是肯定的。这里说“土色皆紫”，大略是远望而已，但秦汉长城只有石墙垒砌的段落，才呈现紫青色，夯土垒砌的段落呈黄白色。故“土色皆紫”应指石墙长城段落，这里面就包括了固阳秦长城和小佘太秦长城等段落。这是秦汉长城的形制特征。

另外，在小佘太秦汉长城之北 600 ～ 800 米处，分布着 4 个岩画群落，计有 80 余幅岩画（图 2）。画面内容主要有日、月、星、人、神面像、猎牧活动、文字、图形、动物、毡帐等，形成了独特的长城文化与阴山文化相融合的实证。秦汉长城的脚下还坐落着一座光禄塞城，遗址清晰可辨，略隆起于地面的夯土围成一方土城。这方土城中至今还可以见到汉代的瓦当和陶罐碎片。民间还流传着王昭君出塞曾经在光禄塞住过八年的传说。

图 2　乌拉特前旗小佘太秦汉长城北 800 米左右山顶上的部分岩画（乌拉特前旗旅游局提供）

距今已有 2300 多年历史的战国赵长城，为战国时期赵武灵王二十七年（前 299 年）修筑，夯土筑造，俗称赵北长城（图 3）。该长城东起河北蔚县，经山西雁北转入内蒙古，沿阴山山脉东端的大青山南麓，蜿蜒经包头进入乌拉特前旗域内乌宝力格嘎查，西至乌兰布拉格沟口蓿亥村一带渐渐消失，在乌拉特前旗域内总长约 53 千米。《史记 · 匈奴列传》中有记载：“赵武灵王亦变俗胡服，习骑射，北破林胡、楼烦。筑长城，自代并阴山下，至高阙为塞。而置云中、雁门、代郡。”另外还有汉外长城的南线、北线，这两段通过乌拉特中旗域内，与乌拉特前旗域内的秦汉长城、赵北长城形成夹峙，如此一来，河套东部地区便处在了这几道长城的夹缝地带，构成了游牧与农耕文化交融的典型的长城文化带特征，为河套方言文化的发展演变，提供了地缘基础、语言基础和文化基础。这些长城不仅是军事防御工程，更是文化交流的桥梁，见证了不同民族间的长期交往与融合。赵北长城的夯土筑造，显示了古代劳动人民的智慧与勤劳，而汉外长城的南线、北线，则进一步强化了这一地区的防御体系，同时也促进了文化的交流与传播。在长城文化带的夹峙下，河套地区逐渐形成了独特的方言文化，这种方言文化的演变，既包含了农耕文明的中原气质，又融入了游牧文明的粗犷与豪放，形成了独具特色的语言风貌。这种交融与碰撞，不仅丰富了河套方言的内涵，也为中华民族多元一体格局的形成与发展，提供了活化石般的实证。

图 3　乌拉特前旗战国赵长城（乌拉特前旗旅游局提供）

乌拉特前旗赵长城处于乌拉山南麓，是乌拉特前旗最南端的长城，而秦汉长城则处于旗域最北端，由南向北约 60 ～ 100 千米，直线距离 85.5 千米（图 4）。其地貌为“三山一海一河滩，两川两原三城垣”，总面积为 7478 平方千米。“三山”：乌拉山、查石太山、白音察汉山，山地占地面积 2303 平方千米，约占总面积的 30.8%，最高山为乌拉山，主峰大桦背海拔 2322 米。“一海”：乌梁素海，水域面积达 300 万平方千米，是全国八大淡水湖之一。“一河滩”：蓿荄滩，黄河流过的冲积平原。“两川”：明安川、小佘太川，占地面积 889 平方千米，占总面积的 11.9%。“两原”：后套平原和阿拉奔草原。“三城垣”：赵长城、秦汉长城、明安川汉长城。现辖 11 个苏木镇（其中农区镇 8 个，牧区苏木镇 3 个）、5 个农牧场、93 个嘎查村、48 个农牧分场。

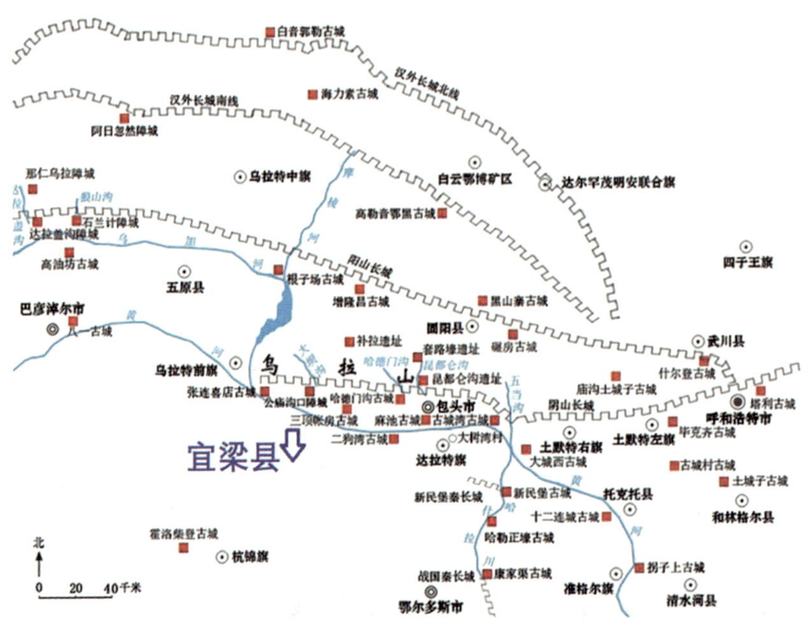

图 4　乌拉特前旗长城分布示意图（牛长立提供）

从以上地貌可以看出，该旗几乎所有的行政村都处于南北长城文化带之中。从地名和村镇名字可以看出，大部分地名属于蒙古语的转译，由于转译不够准确，形成了蒙汉杂混的地名文化现象。比方说，大佘太、小佘太、明安、蓿荄都属于蒙古语地名，但转译的时候，由于蒙汉语系巨大差异，就转译成为现在这个以汉语发音为主，蒙古语含义为背景的地名。受固阳、包头旅蒙商的主要商贸活动影响，明安川的地名里有不少以汉文化命名的村名，如毛家圪堵、五千营子、三百营子、高家村、义和店、银匠窑子、榆树塔等，从这些村名看出，汉文化与蒙古文化一直在互相渗透和影响，且在潜移默化中，汉文化强大的渗透能力，逐渐占据了地域文化的核心地位，蒙古语逐渐处于了从属地位。这与晋陕冀鲁豫甘宁藏等地大量汉民涌入河套地区，形成强大的汉族方言文化带，有极大关系。汉语系统一直在吸纳各民族的文化和习俗，但从未被汉语以外的少数民族改变语言，这种历经 6000 多年 [2] 都不能被异化和改造的语言系统，充分证明了汉语文化独一无二强大的生命力和融合力。即使作为边塞地区的河套，数千年间，历经了少数民族羌狄、匈奴、林胡、鲜卑、突厥、回鹘、党项、契丹、蒙古等语系的统治和延续，但依然没有把汉语排除在外或者改造、异化，反而促进了汉语语系更加稳定、成熟、有序的发展。语言接触学理论认为，当两种或多种语言在同一社会空间长期共存时，会产生词汇借用、结构重组甚至语言更替等复杂现象。以鲜卑魏孝文帝汉化改革为例，虽然统治者自上而下推行汉语，但北方汉语中留下不少少数民族语言的痕迹。金元时期，汉语吸收了蒙古语中的词汇，如“胡同”（蒙古语借用为汉语“水井”）、叨啦（蒙古语借用为汉语“聊天”）、圪团儿（蒙古语借用为汉语“蜷缩成一团”）、骨伦（蒙古语借用为汉语“整体肉身，羊骨伦”）等，融入日常生活而浑然不觉。这些外来元素非但没有破坏汉语体系，反而成为其词汇库的有益补充，展现了汉语的包容性机制。所以，研究长城文化带的文化现象，研究方言的演变是一个很好的角度，从中可以窥测文化演进过程中，长城文化对汉语发展的影响，及汉语对其他少数民族语言的吸纳、同化和改造的现象。

河套方言在乌拉特前旗所在的长城文化带区域内的形成和发展，正是中华民族多元文化长久交融互鉴的有力印证。这种语言上的交融互鉴和互化凝结，推动了长城文化的演变发展。长城不仅是军事防御的象征，更是民族交融的纽带，它见证了汉族与蒙古族等少数民族在语言、文化上的相互渗透和影响。这种影响不仅体现在地名上，更深入到人们的日常生活、习俗、信仰等各个方面，共同塑造了河套地区丰富多彩的文化景观。因此，研究长城文化带对河套方言的影响，不仅有助于我们深入理解河套方言的形成和发展，更能揭示出民族交融在历史进程中的重要地位和作用。

二、河套方言源流的多元体系和文化形态

1987 年《中国语言地图集》把晋语分为七片：并州片、吕梁片、上党片、五台片、张呼片、邯新片和志延片。巴彦淖尔地区方言属于晋语五台片，主要包括包头市、鄂尔多斯市、乌海市、巴彦淖尔市、乌兰察布市、呼和浩特市和锡林浩特市西部等地有入声的方言，其中又可划分为西方言片、中方言片、东方言片三个次方言区，近年来也有人称之为“内蒙古晋语”[3]。本文所研究的河套方言（也称后套方言），主要是以乌拉特前旗为中心，包括临河区、磴口县、杭锦后旗、乌拉特中旗、乌拉特后旗、乌海等地区都属于五台片中的内蒙古区域。这一区域，也属于长城文化带的范围。为了行文方便，本文以下以“后套方言”替代“河套方言”。

后套方言是典型的长城文化带与黄河文化带交融混杂而成的方言体系。宋和平和高晓梅新著《长城拥抱黄河》（远方出版社，2024 年 3 月第 1 版）对长城文化与黄河文化互为表里的血脉关系进行了深入的研究。其中对“塞”这个字专门做了研究和阐释[4]。塞北是指河套地区大部及呼包鄂乌等地。塞，就是长城与黄河两种文化血濡交汇拥抱的关口，也是长城文化带与黄河文化带的集中生成区域和表达区域，更是各地方言文化集中交汇的区域。边塞文化饱含着劳苦人民为求生存而不畏艰辛、

勇敢进取的精神，这与长城文化和黄河文化的精神内质一脉相承，也是边塞文化的集中体现。

目前有不少学者对河套方言进行了大量研究，有关文献约有 100 多篇（甚至更多）。笔者身为后套人，对后套方言有深厚的濡染和深刻的体会。将后套方言简单地划入五台片区，其实是不准确的。后套方言是晋陕蒙冀鲁豫甘宁藏等方言集中糅合起来的一种方言体系，尤其受晋陕蒙方言影响最大。借用翟禹教授的论点，内蒙古黄河文化是“多元交融、自成体系”[5]的。它既包含了上古方言语系，也容纳了多民族方言语系。如父亲的称呼“大（dā）”这个字，其实是“龘（dā）”，意思是龙形的澡盆。因为在母系氏族社会，实行的是部族群婚，或者走婚，孩子（特别是男孩）生下来后，人们只清楚母亲是谁，无法确定父亲是谁。生了孩子要在龙形的澡盆洗浴，孩子从哪边出来，就属于哪个部落，由于没有具体的父亲，只好以“龘”这个器具为父，所以中华民族是龙的传人，称父亲为“龘”。《玉篇》曰：“龘而育之，不为天乎。”当今称呼父亲为“龘”的地区，依然十分广泛，主要有晋陕蒙冀鲁豫甘宁等地。

还有“去”，在后套方言里至今仍然读作“kè”，如“去（kè）哪个兰了？”这与《诗经》“逝将去（kè）汝”古音相同。再如“圪蹴（蹲）”“饸饹（面食）”也是上古语系的词汇。河套方言也包含了多民族语系。如陕北话中的前后鼻音不分，在后套方言里也是同样，大量的词汇与陕北方言的词汇发音、含义雷同。比方说“日粗”，意思是说大话。其延伸词“日粗倒楞”，意思是“说大话，骗人”。十冬腊月、脚板子、圪里圪崂、圪里旮旯等等，与陕北方言完全一样。[6]晋陕语中“一”“七”读入声，女婿的“婿”读xì，这与河套方言读音和意思完全重合。其中“圪字头”的词汇与晋陕语中词汇也是完全一样。如圪瘩（起包）、圪堆（大土堆）、圪塄（土垄）、圪洞（深穴）、圪拉（缝隙）、圪拧（来回转动）、圪躺（仰卧休息）、圪溜（散步）、圪卷（卷起来）、圪吵（互相说话）等。

蒙古族音译词被河套方言吸纳改造后，在后套方言中存在蒙汉合璧词，如“扬风搅雪”、“忽拉盖”（蒙语hūlāgài，指盗贼）与汉语词缀结合构成“贼忽拉”“哈喇（变质）”“海得儿混”“胡搅胡，汉搅汉”“圐圙（库伦）”“圐圙套系”“圪堵”“圪崂”“脑包”“营盘”“眼儿乌”等词汇，生动印证了长城文化带多民族语言的深度互渗。[7-8]

后套方言还与元曲中的词汇渊源甚深。如“饸烙”“和（huò）和饭”“窟酹（厚烙饼）”等河套方言都在元曲中出现过。“和和饭”和“窟酹”本是一般平民尤其是农民吃的，做法粗放简单，在元曲中也有所见，例如，正末云：“是甚饭？”

徕儿云："和和饭。"正末云："着你娘做些窟酹来，又是和和饭来。"（《村乐堂》第三折）还有"行（hàng）"这个字，表示这儿、那儿、这里、那里。后套方言有："你家行，我家行。"元曲："我去那师父行赔了些下情，则要你功课上念得滑熟。"（关汉卿《陈母教子》第二折）"当初谁在老夫人行说来？"（《西厢记》第四本第二折）"她去那公婆行持孝服，她将亲夫主才埋殡。"（石君宝《神奴儿》第四折）……[7]

在巴彦淖尔方言中，"行（hàng）儿"用得很多，比如，邀请一个人去自己家，就说："走哇，去我家行儿。"再如，"我们家娃娃在你们行不？"再如，"地行儿""村行儿""家行儿""水行儿"等等，这里的"行"读音已经"儿"化，在语音表达的时候，起辅助作用。[9]

后套方言还与民歌民俗有着密切关系。流行于后套地区的爬山调、信天游、杭哈民歌等民歌深受老百姓喜爱。后套民歌深受晋陕蒙民歌传统影响，其中反映"走西口大移民"这一历史事件的歌曲特别丰富，艺术成就也非常高。如："头一天住古城/走了七十里整/路程不算远/跨了三个省//第二天住纳林/碰见几个蒙古族人/说了两句蒙古族话，甚也听不懂//第三天翻霸梁/两眼泪汪汪/想起家中人/痛痛儿哭一场……"这里的"纳林""霸梁"都是鄂尔多斯的地名。民歌真切地反映了当年山西人民走西口到河套地区的艰辛情景。再如："大青山那个高来呀/乌拉山那个低/马鞭子那个一甩/我就回呀么回那口里//水流呀那千里亲亲/归呀归大海/走西口那个哥哥/我就折呀么折回来//"[10]二人台《方四姐》中于老太婆对四姐外貌的描述："四方脑袋平顶顶，妨爷害娘穷种种"，刻画了于老太婆的狠毒刻薄，以及她从精神上对方四姐的欺压和迫害。

后套方言还借鉴了宁甘藏方言。如："王迷汤方"实际上是指"阿弥陀佛"，是由藏传佛教传过来的，成为河套民间方言用语。"喇嘛哥哥"则是暗含了佛家弟子与当地女子的爱情交往。在乌拉特前旗有不少藏传佛教的庙宇，如梅力更庙、点布斯格庙、衍庆寺（公庙）、续灯禅寺等，历史上藏传佛教在乌拉特草原上一度盛行。甘肃方言"衩衩裤""倒衩衩""胡龙系统（咽喉）""打比兜（扇耳光）""泼烦打瓦（烦躁）""作甚个了"等词汇皆与后套方言相同。还有平凉方言"下（hà）""前后晌""受应""夜来"等词汇，与河套方言基本相同，这些词汇都是古汉语中的词汇。宁夏方言中的"迻兰（丢弃）""扑稀赖亥""鞋（hā）拔子""乃还（那是）"等词汇也在后套方言中经常使用。[11-13]

后套方言还与东北话有一定渊源。如：东北话"撒么撒么"，意思"寻找、瞅谋"，这个词在河套方言也有，而且含义相同。再如"膈应""嘚瑟""五迷三道""秃噜”“尕（dū）蛋（臀部、屁股）”“尕丢（慢慢挪动屁股）”等词，都在后套方言里屡见不鲜，而且是相同的语音和含义。

后套方言中的熟语方言，更是集中了中华各民族的智慧和方言习俗积淀而成的方言精华。比如歇后语、谚语、成语、俏皮话、串串话（顺口溜）等方言，生动形象，富含哲理，糅合外埠方言精华，也有本地创造的至理名句。这些闪耀着劳动者智慧的乡间俚语，构成了长城文化带最生动鲜活的文化载体。

1. 后套方言的歇后语

二圪旦压骡子——颤也不颤，“二圪旦”指旧时播种跟在牲口和耧后面的压土的石头做的轮子，当播种的耧滑过土层，二圪旦就压过耧铧的浅沟，掩埋了种子。因为小巧分量轻，骡子拉起来轻松，所以就颤也不颤，意为毫不在乎。二圪旦跑在个耧头前——反了天了，意思是耧永远在二圪旦前面，这个顺序不能变。近视眼喝拌汤——只看见鼻子底下几个面圪蛋，指目光短浅。不吃馍馍吃花卷儿——专捏几个圪褶褶，指挑剔做作。圪绦虫挖奔子——威威不动，“圪绦虫”是指一种类似蚕蛾的虫子，幼虫白胖蠕动，行动极其迟缓。“挖奔子”是方言词，普通话意为奔跑。“威威不动”是方言词，意为行动迟缓。白萝卜扎刀子——不是那出血的，指小气没钱，吝啬鬼。火烧皮条——两头圪就，指双方互相谦让，达成共识。公鸡头上一块肉——大小是个冠（官）。[14]

2. 后套方言的成语

圪低圪洞（坑坑洼洼的高低不平，一般形容道路不平），海打呼噜（指做事马马虎虎），松死破肚（指人的穿着不精干，也指包捆得不紧），圪料马趴、圪料撵胯（不顺手，不平整），圪溜把弯、圪溜板担（不直溜、不顺当），灰菜旗杆（比喻出头闹事的人，泼皮无赖），灰不溜秋、灰土麻生（指颜色不正，蓬头垢面），急火流星（着急匆忙）……

3. 后套方言的惯用语

点儿点儿些儿些儿（形容很少一点），拉圪旦（指找别人的麻烦或惹下麻烦），低口下牙（指低声下气地说话央求别人），半飞二跳（指走路做事蹦蹦跳跳、风风火火），单膀孤人（指只有一个人，没有帮手），圪卷卷，圪卡卡，圪挠挠，圪晃晃，圪尖尖……

4. 后套方言的谚语

（1）一天南风三天暖，一天北风三日寒。（2）云往东，一场空；云往西，淋死鸡；云往南，水推船；云往北，打烂石头沤烂铁。（3）早穿皮袄午穿纱，抱上火炉吃西瓜。（4）娃娃勤，爱煞人；娃娃懒，狼吃没人管。（5）立夏不起尘，起尘活埋人。（6）外甥是狗，吃了就走。（7）娃娃一天一个本事，老人一天一个不是。（8）做甚的务甚，讨吃子务棍。（9）说话听音嘞，锣鼓听声嘞。（10）哪有牛犊不顶母的？（11）男人是耙耙，女人是匣匣，不怕耙耙没齿齿，就怕匣匣没底底（指过日子的学问，男人赚钱养家，女人省钱持家）。[15]

中华各民族长期聚居于河套地区，在多元共存的交往过程中，逐步融合了蒙古语族、突厥语族、维吾尔族、藏族等民族的语音特征，并吸收晋陕冀鲁豫甘宁藏移民带来的中原官话元素，形成独特的河套方言体系。这种多民族语言基因的交织，使后套方言兼具农耕文明的细腻表达与草原文化的粗犷豪放的特质，如同民谚“早穿皮袄午穿纱”般呈现出鲜明的过渡地带特征，形成了河套地区长城文化带的独具个性的文化特色和人文现象。

三、长城文化带对后套方言形成发展演变的作用及意义

语言是社会生活和社会意识的一面镜子。河套方言俗语是河套民俗的索引，是河套民俗文化的镜像。[12] 多元文化的渗入和激荡相融，为河套方言的形成奠定了厚重的文化基础。究其根本仍然是以中华民族传统文化为重要的基础。方言的融汇与长城的修筑、移民、征战、和亲、饮食、信仰、语言、文字、生态、服饰、艺术、民俗等都有着密切的水乳交融的联系。而长城沿线“茶马互市”形成的民族交往与混合，更使“掌柜”“伙计”“褡裢”“套缨”“滚肚”“票号”“叨拉”“拉股”等商业词汇突破民族界限，成为长城文化区域通用的交际用语。长城文化带促进了后套方言的形成和发展，并形成了各民族方言深度交融的底蕴。[16]

长城文化带对后套方言的影响具有双重意义：其一，通过人口迁移、商贸往来和军事活动，塑造了方言的混合性与开放性，促进了民族理解和民族沟通，为民族交融发展奠定了一定的基础；其二，语言融合深化了民族间的文化认同，使方言成为中华文化多元一体的微观缩影，为民族共同体的最终形成打下了坚实的精神基础，使中华民族百万年的人类史、一万年的文化史、五千年的文明史，呈现出赓续传承、连绵不绝、波澜壮阔的历史脉络和文化气象。

巴彦淖尔市域内长城总长 1020 千米，烽燧 530 座，障城 119 座，约占全区长城长度七分之一。其年代跨战国、秦汉，还有部分历代城垣遗址、遗迹，如战国时期赵国西安阳古城遗址、汉代河目县、北魏沃野镇、隋唐时期的天德军城、拂云堆等，在乌拉特前旗域内就有 139 处之多。这些建筑遗迹充分体现了古代先民的疆域理念与建筑智慧，是反映我国历史时期各民族交融与发展的历史见证，是建设长城文化

带的基础资源和理想备份。丰富的长城遗址遗迹，为河套文化的生成发展提供了时空上的屏障和区域分隔，历代郡治变更和战火频仍，使得农耕文化与游牧文化不断加深交往，相互渗透。长城关隘不仅是军事屏障，更演变为民族语言交换互通的生命线。遥想当年，戍边将士的屯垦歌谣、商旅驼队的行话暗语、边塞诗人的唱和之作、民歌民俗的熏染谱写，各民族汇聚交往，共同构成民族语言交融的“历史源流”。这种跨时空的多民族语言互动交融，最终使河套方言成为沟通历史文化的语言化石和接通多民族交往障碍的语言通道，更是成为“铸牢中华民族共同体意识”理论精髓的最鲜活的文化实证。

注释

[1] 马保春、朱江颂：《长城文化带保护和建设的现状、问题与对策》，李建盛主编：《北京文化发展报告（2018 年 · 首都文化卷）》，社会科学文献出版社，2018 年版。

[2]《中国语言学研究首登〈自然〉杂志，复旦大学金力团队揭示：6000 年前，汉藏语系起源于中国北方》，《文汇报 · 综合公告》，2019 年 4 月 25 日。网址：https：//dzb.whb.cn/html/2019-04/25/content_783721.html。

[3] 朱红雨、张明辉：《河套方言研究综述》，《呼伦贝尔学院学报》2019 年第 3 期。

[4] 翟禹：《推动内蒙古黄河文化与长城文化的互动互促研究》，《地方文化研究辑刊》2023 年第 2 期，第 237—241 页。

[5] 宋和平、高晓梅：《长城拥抱黄河》，远方出版社，2024 年版，第 43 页。

[6] 王六：《了不起的陕北话》，陕西人民出版社，2022 年版。

[7] 赵婧：《河套方言歇后语的隐喻认知探究》，《名作欣赏》2021 年第 33 期，第 118—120 页。

[8] 雒鹏：《甘肃方言词汇》，中国社会科学出版社，2021 年版。

[9] 张简：《元曲中的巴盟方言举例》，《内蒙古电大学刊》1992 年第 1 期，第 17—22 页。

[10] 王世佑：《河套方言大全》，团结出版社，2020 年版。

[11] 李茹：《巴盟方言熟语的修辞特点》，《语文学刊》2014 年第 2 期，第 16—19 页。

[12] 黄风、徐茂斌：《黄河岸边的歌王》，北岳文艺出版社，2013 年版。

[13] 林涛：《宁夏方言概要》，宁夏人民出版社，2012 年版。

[14] 那日苏：《以阴山地区为中心的旅蒙商路探析》，包头师范学院硕士学位论文，2024 年 6 月。

[15] 章也：《释“库伦”——兼论上古汉语的复辅音问题》，《内蒙古社会科学（文史哲版）》1988 年第 5 期。

[16] 张海玲，高意如：《内蒙古巴彦淖尔市长城保护对策研究》，《河北地质大学学报》2021 年第 3 期，第 139—142 页。

长城保护与文旅融合研究

试论明代早期宁夏民族交往兼及宁夏镇花马池长城关互市与民族融合

佟建鑫 *

摘要：明代早期宁夏就有大量的游牧民族和善于经商的回族人居住在沿边一带，明朝廷将归附的游牧部落也安置在宁夏周边地带，宁夏的民族交往和融合由来已久。在宁夏东路的花马池一带一直是明代与游牧部落对峙的前沿，但在相互对峙的过程中，通过互市贸易促进了民族的交往和融合，最终形成了民族的融合和和平相处。

主题词：明代；宁夏；长城关；互市；民族；交流

明代自建立以来，就对宁夏加以管理，接纳沿边地带归降的蒙古部落以及俘获的残部，朝廷把这些游牧民族大都安置在了宁夏沿边地带，有的甚至安置在了固原一带，明朝把这些居住在沿边地带的游牧部落称为“土达”。这些游牧部落的少数民族与当地农耕民族生活在一起，并逐渐融合在一起，沿边屯田的营堡和墩台成为边地人民交易往来的聚集点，在数百年的交易和往来中，慢慢地形成了集市和城镇。花马池就是西三边最为有名的军事营堡，而在花马池营北六十步外的长城关下，蒙汉贸易的互市持续了几百年。互市贸易的开放，也促进了边地民族的融合。

* 作者简介：佟建鑫，宁夏盐池县长城保护学会会员。

一

明代宁夏早期的马市交易就是伴随着民族的融合逐步发展起来的，宁夏河东花马池大小盐池盐业的发展促使边地经济的发展，吸引了来自各地的商人和不同民族的人群。

洪武三年（1370年），明朝廷户部就对宁夏地区的盐湖进行直接管理，《明实录》载："户部言：'陕西察罕脑儿之地有大小盐池，请设盐课提举司、捞盐夫百余人，蠲免杂役，专事煎办。行盐之地，东至庆阳，南至凤翔、汉中，西至平凉，北至灵州。募商人入粟中盐，粟不足，则以金银、布帛、马驴牛羊之类验直准之。如此，则军储不乏，民获其利。'从之。"[1]

可以看出，早在明廷建立之初，就在宁夏的大小盐池经营盐业，并以盐交换各类物资，特别是交换少数民族的马牛羊之类，且察罕脑儿的大小盐池处在今盐池县域内，大盐池当属旧花马池（在今盐池县花马池镇沙边子南一带的盐碱滩内）一直到定边一带的盐湖，小盐池当属今盐池县惠安堡一带盐湖。所以说盐池县自明代之初就开始了以盐交易的贸易往来，但这仅限于官方的交易，对个人严加限制任何贸易往来。

洪武四年，中书省言："陕西灵州盐课提举司大盐池夫八十人，小盐池夫三十九人，宜日给米二升以为工食。"[2]盐业的管理，促进了商贸的交易和人员的往来，各地的商人纷纷前来牟利，逐步促进了商品的交易和人员的往来交流。

在加强管理盐业和贸易中，明初在宁夏的贸易往来也有了新的突破。洪武二十四年，"西域哈梅里王兀纳失遣使请于延安、绥德、平凉、宁夏以马互市，陕西都指挥使司以闻。上曰：'夷狄黠而多诈，今求互市，安知其不觇我中国乎？利其马而不虞其害，所丧必多，宜勿听。自今至者，悉送京师。'"[3]

经过交流和交往，明代宁夏与少数民族的贸易往来也逐步开始了，在以马互市还未在边地实施之前，已经有了市马的交易，逐渐边地也具备了条件，在随后的发展中，以马互市就在边地很多地区开启了交易，促进了各民族人员的相互来往交流。

永乐年间（1403—1424年），明廷的政权基本稳定下来，朱棣夺取政权后，改藩王守边为天子守边，把都城迁到了北京，这一举措也促进了边地的交流和民族的融合，对于沿边地带特别是西三边的宁夏地区的民族融合起到了促进作用。

洪武三十五年（惠帝建文四年，1402年）陕西行都司奏："回回可古思于宁夏市马，请官市之，以资边用。上从之。命有司偿其直。上马每匹给绢四匹、布六匹；中马绢三匹、布五匹；下马绢二匹、布四匹；驹绢一匹、布三匹。军民私市者禁之。""回回有来市马者，听。须立官市于城外，定其价，官与收买。为长久之法，仍严出境之禁。凡诸事务，悉宜慎察。”[4]

马市在宁夏开始实施，主要是官市，回族是马市的主要参与者，这也是民族交往和民族融合的开端，在不断地交往中慢慢地促进了民族的融合。

永乐四年（1406 年）宁夏总兵官都督何福奏：“按视陕西所属平凉等府勘牧马之地十有八处：宁夏之察罕脑儿、铁柱泉……命吏部各立苑名，设官理之。”[5]

这是明代在今盐池之地开始管理牧马的记载之一。由此可以看出当时花马池（今盐池县）的察罕脑儿、铁柱泉之地的牧马者，来自边地的游牧民族和农牧交错地带的各民族都在这里养马和从事农耕生产。

二

当官方的互市被朝廷堵住后，南下抢掠成为游牧部落的常态；当交易不能为最底层的老百姓提供所需物质资料时，民间的私下交易就出现了，走私成为民间交往和交易的一种补充手段，这种私下交易最直接地促进了民族融合。

马市交易为官方行为，但随着交易的进一步扩大，走私贸易也随之而产生，民间交易在农耕游牧交界地带或是更远的游牧地带都有发生。这种私下的交易持续了有明以来的二百多年，长年累月的交易，普通牧民和农耕地区的人们也结下了一定的友谊，有的地方形成了固定的交易对象，世世代代地相传下去，有的还结下了亲戚。

自正统年间（1436—1449 年）“土木堡之变”后，游牧部落开始进入河套地区，在整个河套沿线明军防守十分困难，沙漠旷远，无险可守。随着形势的变化，游牧部落开始在河套地区驻牧，给明廷造成了巨大的压力，游牧民族在得不到中原农耕产品的补充时，就开始伺机南下抢掠，而且越来越频繁，给沿边地带的人民带来了极大的危害。

正统元年（1436 年）总兵官都督同知史昭等奏：先奉敕云“宁夏达官指挥韩当道驴有马二千余匹，牛羊一万余头，在哈剌兀速、完者秃等处草地放牧，及灵州千户所达军别黑的等家，马多者千余匹，少者七八百匹，牛羊动经万计，俱在花马池等处山东一带草地放牧”。[6]

花马池一带在正统年间成为少数民族驻牧的场所，有的已经长期地驻扎了下来。“马达达军余就于各山居住，至冬又不拘入营堡，只恐私通外境，透泄边情，或遇贼入境虏掠。”[7] 这样的驻牧也得到了官方的认可，只要不惹麻烦，就可以在此长期游牧。“令臣等体实明白，如果于边务无碍，听其放牧，如或有所妨，即公同计议斟酌区处。”[8] 放牧和农耕依然融入一起，人民交流和交往也随之增加，相互信任和合作也多了起来。但明廷还是有很多的疑虑，主要担心内外勾结，泄露边情。

正统元年“宁夏总兵官都督同知史昭奏：‘宁夏城池、屯堡、营墩俱在黄河之外，备御西北一带，其河道迤东至察罕脑儿直抵绥德，沙漠旷远，并无守备，拟于来春相地于花马池筑立哨马营，增设烟墩，直接哈剌兀速马营。’从之”。花马池开始建设并逐步地成为边地的中心。

游牧部落在补充不到生活必需品时，就会南下抢掠，花马池一带是游牧部落南下抢掠的最佳地带，平漫空旷，利于骑兵通行，为了能阻止游牧部落进一步南下抢掠，明政府只能增设营堡和烟墩，加强防御。

花马池哨马营建成后的第三年就开始在这里进行以盐易马的贸易活动。正统三年“宁夏总兵官都督同知史昭奏：‘宁夏边军缺马骑操者众，今访知延、庆、平凉等处官军民之家养马成群，宜出榜招之，令将马匹赴官中盐，验马以定引数。奏下行在户部、兵部会议；上马一匹与盐百引，中马一匹与盐八十引，听于陕西地方鬻之。其马匹送总兵官都督史昭、参赞军务右佥都御史金濂处公同验收。’从之”。[9] 这是有记载的宁夏最早的以盐易马贸易活动，就此开启了花马池边地的交易，在以盐易马的过程中，各路商人汇聚到花马池，形成了初步的人员往来和民族的交往。

以盐易马，据《嘉庆定边县志》载，天顺年间（1457—1464 年）复以盐易马，故称之为花马池。在此之前，就已经有了花马池这一名称，花马池出现最早为明宣德年间朱旃著《宁夏志》中记载，大小盐池，还有孛罗池、花马池……等。

“土木堡之变”后，河套地区的形势也发生了很大的变化，游牧部落南下抢掠十分频繁，特别是天顺年间已有大规模的游牧部落南下抢掠，在沿边花马池一带的入侵更多，为了有效阻止游牧部落的南下抢掠，成化十年（1474 年），都御史宁夏巡抚徐廷璋、都督范瑾奏筑了河东墙，自黄河岸边的黄沙嘴起，至定边营的盐场堡，共计 370 千米的边墙。河东墙的修筑对于游牧部落的南下抢掠起到了一定的防御作用，但随着蒙古游牧部落在河套的驻牧增多，拆墙南下抢掠的事件也时有发生，甚至越来越多，成化年后的弘治年间、正德年间，游牧部落拆墙南侵已经是家常便饭了，所抢掠之地几乎进入了关中地区。

这种对峙的局面主要原因就是双方没有达成贸易互市的结果，明早期还有朝贡，“土木堡之变”之后朝贡的大门关上了，马市也取消了，这就给游牧部落的生产和生活带来了极大的困难，唯一的生产生活物资来源就是抢掠，别无他法。

在明代中期的这一段时期，沿边的交流只有蒙古游牧部落主动的南下抢掠和明廷的被动防守，大量的人口也被抢掠到草原地区，这些农耕民族的人民在草原上除了放牧别无经营，只能随部落逐水草而居，但这些人的到来，对于草原游牧民族的生产生活改进还是起到了一定的作用。

在这样的情况下，沿边地带的军事防御不断地增强，营堡、墩台、烽燧在不断增加。但明代中后期建造的这些营堡和烽燧，基本成为边地民族交往和私市贸易的场所，很多部落都有约定俗成的私下商贸交易点，要么是游牧部落主动过来，要么是明军夜不收直接送货上门到蒙古族游牧的草场。

嘉靖年间（1522—1566 年），明朝廷朝贡和互市的大门始终紧紧关闭，游牧部落为了生存只能铤而走险南下抢掠。但有一条民间的走私道路却在长城沿线的两边早就开通了，也就是说自有了长城，就有了长城两边底层的民众互相交往和互换商品的机会。其在更早的永乐年间就已经萌芽和产生了，那时候的民间交往少之又少，可毕竟已经出现。

自天顺年间以后，明蒙之间关系逐渐恶化，正常的朝贡互市贸易在弘治后期完全中断，特别是嘉靖年间，由于明世宗顽固执行绝贡政策，一再拒绝蒙古通贡互市的合理要求，招致蒙古频繁地大规模地攻掠，明蒙之间兵连祸结，正常的经济交流的渠道被人为阻断，蒙古经济需求得不到满足。在这样的形势下，民间私市贸易更加兴盛。沿边地区，边兵边民出境与蒙古牧民进行交换，或是蒙古游牧部落进入边内交易，私市交易更加紧密了边地人民的互相信任，有的结为几代交好的亲戚。

在长城沿线的一些地区，蒙汉人民通过私市建立起来了密切关系。花马池一带的墩哨军“分账之买卖”，说明日久天长墩兵与牧人间往来惯熟，有了固定的主顾，结下了友谊。在这里，蒙汉彼此不怀戒意，真正成为“胡越一家”了。在蒙古方面，因“沿边关塞，驻牧达子叩关索乞盐米，而架炮夜不收反出其外。驻牧日久，渐习华风，熟知要害，为患非轻”[10]，私下交易已经成为普遍的现象，而且通过交往牧区民众已经被汉化了很多，夜不收成为这种交易的主要参与者，已经没有敌情可言了，就是纯粹的贸易交往了。

三

一旦形成了互市，就会产生强大的凝聚力和向心力，以长城关下为中心的延、宁互市，对整个沿边地带的经济和社会发展起到了推动作用，长城关不但成为宁夏东路的军事防御中心，也成为边地互市交易的中心，更成为边地民族融合的中心。

经过几十年的对峙，“二道边”年久倾圮严重，起不到防御的作用，加之边墙距离营堡较远，“今城去军营远，贼至不即知”。[11] 所以在嘉靖九年（1530 年）到嘉靖十年，三边总制王琼又重修了一道边墙，兴武营以西沿用了“二道边”，自兴武营向东逐步向南移十余千米，称之为“深沟高垒”，也就是今天老百姓所说的“头道边”。“头道边”修筑得高大厚实，且在两边还挑挖了20米宽的壕堑，“深沟高垒”足为宁夏东路金汤。同时在“深沟高垒”之上修筑了雄伟的长城关，长城关在花马池北60步，成为宁夏东路最为高大和雄伟的关隘，是明代长城上所修关隘中唯一以长城命名的关隘。

长城关成为标志性的关隘，《嘉靖宁夏新志》载“东关门，在花马池城东（北）六十步，即尚书王琼弃长城所筑之沟垒也。延长五十四里，墩铺五十座。关门上有楼，高耸雄壮，颜以‘深沟高垒’及‘朔方天堑’‘北门锁钥’‘防胡大堑’等字”。佥事孟霦诗：

关楼大风号古木，楼外连天荒草绿。
降虏时骑白马来，胡营只在黄河曲。
百战沙场鸟不飞，朔云羌笛晚凄微。
长城戍卒鸣刁斗，夜夜清霜上铁衣。[12]

明嘉靖十年，督修深沟高垒的佥事、指挥副使齐之鸾，在完成任务后，撰写了《东关门记》，详细地记述了头道边修筑的整个过程，对于长城关的记述更是浓墨重彩。“在花马池营东（北）者，为喉噤总要，则题曰‘长城关’，高台层楼，雕革虎视。凭栏远眺，朔方形势，毕呈于下，可以折冲樽俎。”[13]

长城关建成后，一直担负着防守的中坚力量，同时也对外宣示着不战而屈人之兵的高大形象。直到嘉靖三十年长城关又有了新的使命。在沿边官员的再三上书要求下，明朝廷同意延、宁两镇的马市设在花马池长城关下，这实现了明蒙互市贸易的正常化，也开启了边地各民族互相交往和融合的新时代。

延绥镇巡等官张愚等言：“本镇自国初以来未经开市，法宜慎始。且东西相拒千五百里，无边墙为限，而镇城北距大边红石峡仅九里，外即虏巢，虽定边墙而地多平漠，于此立市恐召虏侮。矧延、宁两镇所与市者，惟套虏一部。花马池界在二镇之中，有边城三百余里可以为据，宜合延、宁二镇同此立市，限以日期，先后互异。总督大臣用防秋例驻此，以便调度。两镇抚、镇各带兵马，分布防御，庶事体归一，气象可观。”[14]

可以说花马池长城关下的互市交易，见证了边地民族的融合和发展。虽然官方的互市时开时停，但民间的贸易往来和私下交往却一直未间断，延续传承了200

多年，形成了花马池长城关下集市贸易的盛会，一直延续到今天，成为花马池最大的骡马大会，最终形成了今天的物资交流大会，民间称之为七月会（农历）、盐池县七月会。

明代长城沿线九镇各处贸易市场的名称，或叫“马市”“关市”，或叫“大市”“月市”“小市”，或叫“官市”“私市”“民市”等等，不一而足。马市大致可区分为官市、民市和私市。但长城关的互市则基本是民市，来自天南海北的商人在这里云集，集市最高峰的时候，在长城关向北数里之外都是交易的市场，集中交易的七月十四、十五、十六日更是云集了数万人和数万头牲畜以及各类土特产品，十分繁华。交易完成后，游牧民族乘着月色连夜返回驻牧地方。

长城关互市的兴起和发展进入了一个新的时期，隆庆和议后，互市有了多元化的发展，由一开始的官市，逐步发展成为民市。官市，主要是在明朝政府与少数民族的领主之间进行，这种互市老百姓参与不了，远远不能满足广大农牧民及各地商人的经济需求，于是在基层农牧民的强烈要求下，又开设了民市。民市每月开设一次，所以又称月市，有指定的场所，商人、边民可以在这里自由互市。老百姓对每月一次的民市，觉得相隔时间过长，甚感不便，于是便又出现了数日一次或随时互市的小市。小市一般也有指定的地点，不限规模，买卖频繁，人皆称便。尤其是在每年春天，贫苦牧民缺粮少米。“愈见狼狈，有畜者每次于巡边各口，求官权易。一牛易米豆石余，一羊易杂粮数斗。无畜者或驮盐数斗，易米豆一二斗；挑柴一担，易米二三升。或解脱皮衣，或执皮张马尾，各易杂米充食。其瘦饿之形，穷困之态，边人共怜之。”[15]长城关互市在发展中，各种互市都有，形成了约定俗成的集市贸易。

在不断的交易和人民的自发努力下，民市逐渐地取代了官市，加之朝廷对于民市只收税款（抽分），别的不干涉，实际上是得到了朝廷的默认。“客商岁得虏货之利，将源源自至。”这种有广泛民众性的，由民间商人经营的民市是互市贸易发展中最具有生命力的。民市由土特产品和奢侈品为主的贸易变成以民生用品为主的贸易，铁器等生产资料也大量进入交换市场。由“马易盐米”发展到“马匹并土产杂物”与铧犁、铁锅等生产、生活资料交换，表明贸易性质发生变化。民市贸易规模日益扩大，交易基本起到了互通有无与平等互利。在开市日期上，也打破原来月市一两次和每次四五天的成规，两边商民随时都可入市贸易。可见民市规模的扩大，真正标志着互通有无与平等互利贸易的兴起，也标志着民族交往和融合已经进入了一个新的水平和阶段。

四

长城关互市的兴起和持续发展，促进了边地民族的进一步融合，沿边一些营堡、墩台逐渐形成了集镇和村落，这些地方积聚了来自天南海北的长城戍边者和边内边外的农耕游牧者，他们共同成为村落集镇大家庭的新成员。

在长城关北一步之遥的边外，盐池县今天称之为“外手”的鄂尔多斯地区，在数百年的交往中，已经形成了一种特殊的关系。沿边的边内汉人和边外蒙古人往往有几家世交，祖祖辈辈结下的交情，世代友好往来，形同一家。长城关东西的沿线上因长城关互市交易和明蒙各族人民的往来，逐渐地形成了各具特色的村落，这些村落都带有明显的游牧文化的色彩，也具有一定的农耕文化色彩，这就是民族融合的一种最完美的诠释。今盐池县域内二道边和头道边聚集的村落大都很有游牧部落和中原农耕的气息，从村落的名称中也能感受到边塞的味道。在盐池县花马池镇的西北侧，二道边边墙两侧的村庄的名称都很耐人寻味。最西北的一个村子高利乌苏，这个村名是以蒙古语直译成汉语的，意思是山高，沟内有清水；芨芨沟村的青羊井是明代的一座墩台，名称一直保留到现在；还有李华台、硝池子、柳杨堡、八岔梁、德胜墩等地名，都是沿用了明代烽燧、驿站、城堡的名称，这也是民族融合的一个有力的见证。

清代康熙年间（1662—1722 年），再一次对花马池长城关的互市予以明确和加强，《清实录》载：“鄂尔多斯贝勒松阿喇布奏：向准臣等于横城贸易，今乞于定边、花马池、平罗城三处，令诸蒙古就近贸易。”康熙三十六年（1697 年）重新开辟了花马池互市，黄河以东就有了两处互市地点。“东长城在河东旧边墙……有长城关，在花马池城北六十里（步），下设暗门外立市场，横城堡暗门一，亦通市。”由原来的每年一次到每月三次，到“俱十日交易一次”。

长城关的互市交易自明代嘉靖三十年始，一直延续到今天的盐池县物资交流大会，其间的各族人民和天南海北的商人在这里云集，长城关成为边地民族融合和交流的历史见证者，见证了沿边地带各族的交往和友好相处。

注释

[1][2][3][4][5][6][7][8][9][14] 杨新才、吴忠礼主编：《明实录宁夏资料辑录》，宁夏人民出版社，1988 年版。

[10][明] 陈子龙等选辑：《明经世文编》，中华书局，1962 年版。

[11][明]王琼：《王琼集》，山西古籍出版社，1991 年版。

[12][13][明]胡汝砺纂修，管律重修，陈明猷校勘：《嘉靖宁夏新志》，宁夏人民出版社，1982 年版。

[15] 余同元：《明后期长城沿线的民族贸易市场》，《历史研究》1995 年第 5 期。

明清长城要关民族贸易文化交流再探究

——以杀虎口、张家口为中心

王泽民*

摘要：明清长城要关民族贸易在中国商业史上占有重要地位，留下了辉煌的一页，对推动中国北方民族地区的经济发展和文化繁荣发挥了重要的作用。明清时期杀虎口、张家口地区社会文化风貌的变化，是蒙汉长期交往及两种文化融合之必然。该地区既有中原农耕文化传统，又有草原游牧文化特色，新型地域文化的形成，突出体现了北疆城镇商贸文化多元汇聚、一体化发展的总趋势。本文借鉴前人研究成果，从历史学、民族学、档案学角度探究明清时期长城要关民族贸易中的文化交流，民族贸易不仅仅注重自身的文化积淀，更注重商贸中的文化内涵，无论是自然产品，还是人工产品，不仅仅是丰富和改善蒙汉人民的物质生活，更重要的是互相传递着民族文化信息。

关键词：明清时期；长城边口；民族贸易；文化交流

明清时期，长城重要关口民族贸易的兴盛，对相关区域城镇的兴起和发展有着密切的关系。由晋商参与的民族贸易，直接推动了北部边疆地区城镇建设的发展，此后北部边疆地区城镇的繁荣与否，很大程度上也取决于民族贸易的盛衰。作为民族贸易重要形式的杀虎口、张家口贸易也在相关城镇的兴起和发展过程中起到了重要的促进作用。从北部边疆民族贸易的发展状况来看，晋商既是牛羊、皮货、青盐、

* 作者简介：王泽民，山西省朔州市右玉县文联研究员。

矿产品及其他牧区特产等输往内地的供货商，又是布匹、鞋帽、麦面等商品输入牧区的进货商。晋商的经贸活动开发了北部蒙古牧区的各类资源，促进了当地经济的发展，提高了牧区居民的生活质量。他们深入蒙古地区和中俄边境进行商品交换活动，同时伴随着相应的人员流动和文化传播，促进了北部边疆城镇的商业、手工业的发展，也增进了内地与北部边疆地区之间的文化交流，进而推动了北部边疆地区社会发展。在促进塞外蒙地社会经济发展的同时，对边疆地区的民族文化产生了重要的影响。本文运用民族学理论，结合历史地理学、档案学、文献资料法、分类比较法等，探析明清时期北部边疆地区民族贸易中的多元文化发展演变情况及其对北方民族文化社会经济发展的影响。

一、明代长城要关马市贸易市场的设置

张鑫先生曾在一篇文章里指出，明蒙马市贸易是研究蒙汉民族关系的一个非常重要的方面，在多部涉及明代蒙古的论著中，都记载有明蒙马市贸易的相关情况。[1]此外，还有大量专题性论文，涉及贸易地点、贸易规则、交易商品、贸易性质、贸易对象、贸易形式、互市影响等各个方面。[2]张鑫先生认为，国内学者对马市关注和研究大体分为三类，即宏观性论述、历时性论述、从其他侧面论述。[3]宏观性论述，主要以时间为序梳理宣大山西三镇马市的具体位置，以及由兴起到衰落直至最后关闭的全过程，较为直观地反映了明代晋北地区明蒙互市贸易的情况。历时性论述，主要关注某一时段的明蒙互市贸易，如隆庆、万历年间的蒙汉互市贸易，对嘉靖之前的互市情况研究略显不足。从其他侧面论述，多是围绕马市贸易中商品交换种类分析。民族学学者主要通过研究明代蒙古内部的状况，探讨开展明蒙贸易的必要性；经济学学者主要通过分析马市贸易中交换的物品来把握其中蕴含的经济关系，以及对经济发展的影响。[4]

由于草原游牧民族与中原农耕民族之间自然生态环境和文化方面存在着巨大的差异，导致了两个民族之间展开了密切的交往，表现为频繁的军事冲突和经济文化的交流。生活在不同生态环境中的各民族，根据特定的自然环境决定各自不同的生计方式，其中最基本的内容之一，就是如何获取以及获取什么样的生活资料。草原游牧经济的不稳定性和脆弱性，决定了草原游牧民族必须与中原王朝进行经济文化交流。从马市上进行的交易产品来看，游牧民族所获得的是日常消费品和生产用品，向汉族输出大型牲畜，极大地提高了农耕民族的综合实力，大量的马匹增强了他们的军事力量。农耕民族输出的主要是粮食和衣料，其次是手工业产品和日常生活消

费品，如茶、盐等，尤其是铁器，除了生计方式的差异，也与蒙古族的有限的社会发展水平有关，或者说是与实际开采能力有关。这些生产和生活用品的引进，能够有效地促进游牧民族经济的发展。

1368 年，明朝军队攻取大都，即今天的北京，摧毁元朝在中原地区的统治。但退出中原的蒙古人依然“引弓之士不下百万众也，归附之部落不下数千里也”[5]，他们保持着强大的军事力量，威胁着中原地区，甚至有恢复元朝统治的野心。明太祖朱元璋为了抵御元朝残余势力南侵，曾派军队北伐，但始终无法消灭元朝残余势力，只得派遣藩王驻扎在北方边疆的 9 个防御区，统辖漠南诸卫所，这成为明朝北方边境防御体系的雏形。永乐年间，朱棣为了保障京师安全，一边出兵打击北元残余势力，一边重新构建防御蒙古的军事体系，不仅迁走了其他守边的藩王，还修筑长城并设置军镇。“元人北归，屡谋兴复。永乐迁都北平，三面近塞。正统以后，敌患日多。故终明之世，边防甚重。东起鸭绿，西抵嘉峪，绵亘万里，分地御守。初设辽东、宣府、大同、延绥四镇，继设宁夏、甘肃、蓟州三镇，太原总兵治偏头，三边制府驻固原，亦称二镇，是为九边。”[6] 宣府作为明朝初始的四镇之一，设置于永乐七年（1409 年）。20 年后，在宣府镇的西北方向，明朝建起一座新城堡张家口堡，张家口自此始建。[7]

“土木之变”后，明王朝在军事上转向全面防御，而蒙古鞑靼的势力日渐崛起，明蒙长年战争的危害，促使明蒙统治集团开始改变策略，互市贸易逐渐成为明蒙统治集团的首要选择，也就是说，马市贸易是历史的必然。嘉靖年间，位于草原的蒙古各部由于经常缺乏粮食和生活用品等，对明朝的威胁比以往更大。而明朝对蒙古各部极为敌视，实行经济封锁，俺答汗曾多次要求明廷允许其入贡，但均遭拒绝。这导致俺答屡次进犯明朝，明朝的北方边疆几乎到了年年烽烟的地步。嘉靖三十年（1551 年），趁着明朝边将作战不力，蒙古军队攻至北京附近，大肆劫掠，明朝廷再次受到威胁。为了维护京师安全，防止蒙古军队再次进犯，明廷一度开启了和蒙古的互市，但很快双方便产生摩擦，互市随后关闭。

隆庆四年（1570 年），明朝与蒙古之间发生一起突发事件，成为改变明朝和蒙古之间形势的契机，这就是“俺答孙把汉那吉率其属阿力哥等十人来降”[8]。明蒙双方随后为交还把汉那吉的问题展开接触，同时由于明朝在军事上逐渐占优，蒙古军队的南侵变得越来越困难，因此俺答汗在把汉那吉被送还蒙古后，再次向明廷请求册封和入贡，“总督王崇古言俺答孙后遣使来谢且乞表式请封”[9]，明朝宣大总督王崇古在上奏俺答汗的请求后，建议朝廷接受这一请求：“总督尚书王崇古等奏上虏酋乞封贡便宜，其略言‘今日之事不当以马市例论。嘉靖中俺酋拥众入犯蓟镇，执马房内臣杨淮等，胁以奏开马市……故臣等酌时势、稽典制以为许封贡使，使因条为八事以闻：一议锡封号官职。诸虏行辈，惟俺酋为尊，或可锡以王号，颁给印信，如忠顺王及西番诸国例，俾号召其弟侄子孙，为国藩篱；其余大枝，如老把都及吉囊长子吉能、俺答长子黄台吉，俱宜授以都督职衔，如三卫故事；其他弟侄子孙如兀慎打儿汉等四十六枝，虽众寡强弱不齐，俱宜授以指挥职衔；其俺答诸婿十余枝各湏授以千户，如把汉那吉阿力哥近例。皆赐冠服，俾知臣礼。是假名器以臣服强胡，在朝廷无大烦费，而大小酋首可使无复犯边。一定贡额，夷虏入贡，名虽效顺，而实希赏。今宜定制岁许一贡’。”[10]“（蒙古人）生锅破坏，百计补漏用之，不得已至以皮囊贮水煮肉为食……盖广锅生铁不受炼炒，行之已久，此可效行。”[11]王崇古结合边境形势和蒙古情况给出建议，即分封俺答及其部下，允许其入贡，并用贸易抑制其侵扰行为，这也成为后来明朝对蒙政策的基础。尽管对蒙古人的敌视和畏惧仍然存在，但明朝军队战斗力的下降与边疆严峻的形势，促使明廷最终同意这一建议。

隆庆五年，明朝与鞑靼部达成著名的隆庆和议，明朝册封俺答汗为顺义王，并规定其在每年二月向朝廷入贡，同时对贡使人数严格限制，对马匹的价格也作了规定。明廷在长城沿线的军镇与蒙古部开展互市，其中包括张家口地区。互市于每年五月初开市。在开市时，蒙古和明朝共同维护市场秩序，监督市场交易。蒙古可通过互市换取内地的商品，而明朝则可获得来自蒙古草原地区的牲畜。张家口堡从此开始了由武城到商城的转变，并将在马市贸易中发挥重要作用。

随着互市贸易的发展，互市的商品种类越来越多，互市的限制也越来越小，铁锅也不再是违禁物品。尽管依然有数量的限制，但是贸易的多样性依然促进了互市市场的繁华。由于在互市贸易市场上，王崇古遵循“务使客商有利，夷价无亏”[12]的定价原则，因此，蒙古各部落“赴市日众，市马日多”。[13]在民市上，当时交易的产品除了马、骆驼之外，还有骡、驴、牛、羊、毡、裘、马尾、盐、碱、柴草、木材等。互市过程中，“汉人以缎绸、茶叶、布绢、棉花、针线索、改机、梳篦、米盐、糖果、梭布、水獭皮、羊皮盒，易虏马、牛、羊、骡、驴及马尾、羊皮、皮袄诸种”。[14]而当时张家口堡的民市贸易交易量依然在九边市口中占有重要地位。表1以隆庆五年的明蒙互市数量为例：

表1　隆庆五年的互市状况一览[15]

互市时间地点	互市对象	市场性质	交易物品	交易数量	价银（抚赏费）
大同得胜堡：5月28日—6月14日	顺义王俺答部	官市	马	1370	10545两
		私市	马骡牛羊	6000	981两

（续表）

互市时间地点	互市对象	市场性质	交易物品	交易数量	价银（抚赏费）
大同新平堡：7月3日—7月14日	摆腰、黄台吉、兀参部	官市	马	726	4253两
		私市	马骡牛羊	3000	561两
宣府张家口堡：6月13日—6月26日	昆都力哈、永邵和大成部	官市	马	1993	15277两
		私市	马骡牛羊	9000	800两
山西水泉营：8月4日—8月19日	多罗土蛮、委兀慎和俺答部	官市	马	2941	26400两
		私市	马骡牛羊	4000	1500两
合计		官市	马	7030	56475两
		私市	马骡牛羊	22000	3842两

从表1中不难看出，张家口堡的民市贸易相当活跃，且张家口堡与其他三镇相比，民市贸易量是最大的，由此可见，当时张家口堡互市市场十分繁荣。

张家口堡属宣府镇万全右卫。该堡东至羊房堡20里，西至万全右卫20里，南至宁远站堡20里，北至市口5里。宣德四年（1429年）初建，城高3.5丈，周长4里，开东门、南门，曰“永镇门”“承恩门”。成化十六年（1480年）展修关厢，高2丈，周长5里。嘉靖八年，开“小北门”。万历二年（1574年），包砖。万历九年，增修城堞及阙楼。初设操守，后改守备。驻旗军1295名、马匹450匹头。[16]堡地当要塞，在对蒙作战中从没有失守过，亦称“武城”。清人陈逢衡称赞“欲把舆图求胜概，张城第一塞垣冲”。张家口马市在该堡北5里的边墙下，位于东西太平山之间，地势险要。

隆庆五年所开张家口堡马市既有政治意义，也有经济意义。政治方面，马市是明蒙关系由对立走向和平的产物，而马市的发展又进一步促进了民族融合，巩固了和平，增强了蒙古族对中原王朝的向心力，为入清后蒙古内附奠定了基础。经济方面，除了满足交易双方的直接经济目的外，马市既具官方性质，又有民间性质，对带动长城沿边民市发展有重要作用。[17]

隆庆和议后，明朝根据蒙古各部落所在位置，“择其边外近地”[18]，设立市场，开展马市贸易，同时组织官兵守市、监市，调集商贾，筹备物资等。隆庆五年至万历末年，明蒙边界既有互市开始设置的大市场，也有以后陆续开设的中小市场。侯仁之先生的《明代宣大山西三镇马市考》[19]，余同元先生的《明后期长城沿线的民族贸易市场》[20]《明代马市市场考》[21]，姚继荣先生的《明代宣大马市与民族关系》[22]等论文都有较为详细的研究，曹永年先生撰《明后期长城沿线的民族贸易市场考误》[23]，对余同元先生《明后期长城沿线的民族贸易市场》一文中所列63处市场作了考辨订误。

明代长城是历代以来最长、最坚固的长城，同时也是有效阻挡草原游牧民族南下中原的军事屏障。也许正是长城的这种阻挡的作用凸显，被阻挡的双方对交流的需求也就变得更加迫切。于是在这种迫切需求的催生下，明代长城沿线出现了贸易地点、贸易对象、贸易方式等相对稳定的边口贸易市场。实际上，准确地说，长城沿线的贸易并不局限于边口贸易，还有边堡贸易。区别主要在于二者的贸易对象不同，“边堡贸易”的对象是沿线守军及其家眷。[24]

在明朝立国的200多年中，马市贸易对明代影响深远。它结束了长期以来明王朝与北元蒙古诸部贵族之间的战争，给北部长城沿边各族人民带来了一个相对安宁的生产和生活环境。北疆蒙古一直是困扰明廷上下的最为重要的边疆民族问题，双方时战时和，对明朝政治、军事乃至社会经济都产生了深刻的影响。

明代的长城“边堡贸易”市场为边口互市提供了商品来源渠道，集聚了商业信息，培育了商人群体，为边口贸易的顺利举行提供了条件和保障。“边口贸易”的主要对象是长城外的边疆民族集团，就明代而言，包括东北的女真、兀良哈三卫、北方的鞑靼、西北的瓦剌诸部。在长城内外双方政治势力的努力下，明代200多年间，在东起辽东，西至肃州的长城沿线，出现了各种形式的交易地点：辽东开原庆云堡马市，辽阳长安堡木市，广宁镇夷堡木市，义州大康堡木市，广宁团山堡广宁马市，锦州大福堡木市，宁远兴水堡木市，宁远中后所高台堡木市；蓟州除了北京至喜峰口三卫贡使沿途贸易外，石门、台头、燕河、太平、喜峰、松棚、马兰、曹寨、古北、石塘均为抚赏地点；宣府张家口堡马市；大同新平堡马市，守口堡马市，得胜堡马市，助马堡市场，杀虎口市场，云石堡市场，迎恩堡市场，灭胡堡市场；山西水泉营马市；延绥红山墩边墙暗门马市；宁夏清水营马市，平虏马市，中卫马市；甘肃高沟寨和铧尖墩市场，洪水堡扁都口马市。自东向西，排列在数千里长城线上。[25]

明代长城沿线的明蒙马市贸易市场正是建立在双方迫切的经济需求的基础上，承载了明蒙经济、文化等方面的流通活动。“市场的空间布局，除了遵循贸易市场选址的基本原则外，自东向西，随着地理环境和军事防御地位的差异，东、中、西三大区域有着自身鲜明的特点。”[26] 作为明代长城军事防御体系的组成部分，市场的空间布局也受到长城边墙和军事聚落的分布和变迁影响，而长城防御体系的封闭防御性与开放互通性也在此得到了辩证的统一。

长城沿线明蒙马市贸易自明初已始，以辽东地区为主，但贸易点分散不固定，交易量小。正统（1436—1449年）至嘉靖（1522—1566年）年间，明蒙边境局势动荡，互市贸易几经波折，“土木堡之变”“庚戌之变”等重要事件的发生成为互市贸易多次关闭的直接促因。隆庆和议后，明蒙之间的经济渠道敞开，明蒙互市贸易发展到繁盛期，交易地点相对稳定，并有了明确的市场管理制度及贸易规则。

明代的边口互市被概括为“马市”和“茶马互市”，典型地揭示出明代长城内外商品交易的形式和特点。《明史·食货五》云：明代“东有马市，西有茶市”。茶市主要是指政府主持的与甘、青、藏、川、康等地藏族、撒拉族等人民进行的以茶叶换取马匹的贸易，马市主要指与塞北、东北的蒙古、女真进行的“以货市于边”，即以货币和农产品、手工业品向蒙古、女真换取马匹的贸易。马市又分官市和民市，官市是官方贸易，以收购马匹为主。每年九边各镇对所购马匹的数量和价银都有限额[27]，所需银两除兵部拨发外，其余由各镇客饷、桩朋、商税等项内支出。官市结束后，允许牧民、商人、百姓、士兵互相贸易，是为民市。即“设藁街于边城，毋令入都市。虏以马、杂畜、皮毛，我以银、布、彩缯诸货。官市毕，听民私市”。[28]明朝对马市贸易的日期、市场管理、马匹价格、互市税额均有严格的规定。开市有日，每年一两次，每次时间三至十五日，时限严格。货物有禁，对互市的物品有严格的限制，“各夷止将马匹并土产货物，赴彼处委官验放入市”。[29]要求蒙古各部挑选好的马匹入市，“督抚预置马牌，立为号印，令其悬带赴市”。入市物品也要先到牙行定价。明朝规定，凡朝贡、互市皆有抚赏，并确立“以市税充抚赏”的原则。实际上随着局势的变化，“抚赏”成为明朝牵制蒙古的手段。

明蒙边境设置的若干市场，按其规模分类，有官方组织的定期开放的大市场，也有不定期开放的小市场，还有为某种特殊需要临时设立的市场。大市属官市性质，由明蒙官方出面组织。大市只能满足酋长的贸易需要，而贫苦牧民则难得入市。因此蒙古以“富者以马易缎帛，贫者亦各以牛羊毡裘易布匹针线，不谓无利。顾一岁市数日，焉能遍及”[30]为由，提出续市。明朝决定“比开元、海西月市事，月令巡边夷同欲市夷各以牛羊皮张，具告参将，听赴暗门外，军民得以布货变易，汉固税其物以充抚赏，间不过一二日而止”[31]。这样，明朝又开设了小市。小市主要是为了解决蒙古下层牧民的买卖需要。封贡互市之后，每年大市只开一次，下层牧民没有足够的产品入市，不能换回一年的生活所需，于是出现了贫苦牧民一见到明朝巡边出塞的兵民，就请求用畜产品换取生活必需品的现象：牛，市米豆石余；羊，市杂粮数斗；无畜者用柴盐数斗易米豆一二斗；柴一担易米二三升。有的甚至脱下皮袄，或持皮张马尾，请求市易，以解饥困。每月一次的小市就是针对蒙古下层民众开设的，并且允许进行粮食贸易。史载：“边外复开小市，听虏以牛羊皮张马尾易我杂粮布帛。关吏得税其物以充抚赏。”[32]

二、清代长城要关民族贸易中的税关文化

清政府为了加强对蒙古诸部的笼络牵制，早在入关前，就采取了满蒙联姻联合抗明的策略。太宗天聪五年（1631 年）七月，在六部内都设置了蒙古承政员，太宗崇德元年（1636 年），专门设立了蒙古衙门，为了争取漠南蒙古土默特部，皇太极于崇德二年特令满洲贵族大臣率领商队，携带大批绸缎茶布等物到归化城进行贸易。次年六月，又将蒙古衙门改为理藩院，专门掌管蒙古诸部的事务。顺治元年（1644 年），清政府入关后，初期对朝贡往来、民间贸易和"边禁"政策，基本上沿袭明代旧制。继续"禁止民人出边""禁止蒙汉通婚""禁止蒙古人越旗放牧、耕种"，民间贸易仍限于边塞地区。对于蒙古诸部进京朝贡，清廷起初限定"三年一贡"，"使团人数百数十人为限"。[33] 后经蒙古各部恳请，清政府允诺"岁岁来朝"，一年一贡。入贡商队多在三五百人，有时多至千人。进贡时，清朝皇帝一般都要召见使臣，并由礼部款待，回赐金银、彩缎、衣物，有时为了表示亲近，还向朝贡王公赠送清廷的御用点心、瓷器及玻璃、珐琅制品等。

为了接待进京使团，清政府在京城御河西岸专设了里馆，在德胜门外设立了外馆。里馆和外馆附近商铺众多，各货齐备，便于使团贡后进行贸易。贡后贸易分为官市与商市，官市由礼部告示地方官吏以清政府拨给的库银和绸缎、布匹、茶货等物，与使团交换所需物品；商市则由清政府招集富商大贾与使团商队进行互市贸易。清代的贡后贸易，是明代贡市的继续，但规模和时限超过了明代。

为了防范马匹落入反清义军手中，清廷入关初期曾对蒙古驼马贸易实行严格限制。顺治七年明确规定：凡章京 [34] 以下，披甲兵以上，若无驼马，每次只许购买一匹，商贩及不属披甲者一概不准购买，违者以"贼律"问罪。为了解决军需良马，清廷针对蒙古民族对茶的需求，沿用了明代末期以茶易马的茶马互市，[35] 商贩经营茶叶，必须向清廷官府请领茶引，征课后方可凭引经销贩运，并在限定的互市地点换购马匹。

然而，后来因军马需要增多，康熙十三年（1674 年），开始逐渐放松对驼马贸易的限制，允许自由交易，甚至蒙古驼马进张家口、杀虎口的课税也予免除。但是，随着漠南漠北蒙古各部陆续归附清廷，进京使团增多，所带商队也越来越大。厄鲁特等部进京使团一年不止一次，商队有时多达数千人，沿途经常发生扰民和与地方的纠纷事件。为此，康熙二十二年曾敕令进京使团不得超过 200 人，并规定除厄鲁特等四大台吉的商队可入京贸易外，其他各小台吉的商队，一律限定在归化、张家口等边镇进行贸易，不准入京。蒙古各部出于互通有无的需要，虽然不能入京，派

出的商队仍未减少，从而使沿边各镇逐渐成为蒙汉集中进行互市贸易的地方。蒙古王公经常约集商队进入边镇，内地商贾也蜂拥而至，开店设点，招揽生意，以其所有易其所需，南来北往，交易繁忙。固定城镇市场的形成与繁荣，逐渐取代了明代限定的官办马市，扩大了边塞地区的民市贸易，入市交易货物范围也进一步放宽。魏明孔先生在《西北民族贸易述论——以茶马互市为中心》一文中对茶马互市作过精辟的论述："清代西北地区茶马互市的发展并非一帆风顺，早在康熙年间就已经出现了'无马可中'的局面，这一方面因为随着国家边境的确立与国内战事的明显减少，而政府开辟的牧场又有所发展，对于少数民族地区马匹的获得，已经显得不及过去迫切；另一方面，随着商品经济的发展与政府的民族交往限制的相对减少，清政府对于民间正常茶马互市的控制也就不如以前严厉，这使得在官府直接控制的茶马互市萧条的情况下，民间贸易却有了长足发展。在西北官府控制的茶马互市萧条的同时， 兰州地区茶马互市的地位却在迅速提高。随着商品经济的发展，到乾隆时期，商人自行贸易的状况非常普遍，政府难以直接垄断茶马互市，而且不管从政治上还是经济上考虑， 这种垄断已经没有必要了。这样一来，清政府不得不改弦易辙，其所关心的只是如何向商人征收税收了。"[36]

清代户关所征货物税，根据用途可分为衣物税、食物税、用物税、杂货税等，但是杀虎口税关又有一些因地制宜的税种和办法，还兼征牲畜税、木税、盐税、落地税等。杀虎口税关最早设置于清顺治七年，"顺治七年定独石口、杀虎口差满洲笔帖式收税"。[37]"杀虎口税关，系各衙门保送司员，由户部带领引见派往。"[38]又定张家口、杀虎口专差满洲、蒙古官例。"康熙元年，移设河西务于天津，更名天津关。更定各关兼差满、汉官笔帖式各一，由六部咨送轮掣，停蒙古、汉军差。其张家、杀虎二口，专差满、蒙官、二年……又裁古北口差归密云县管理，惟两翼、张家口、杀虎口如故。只差户部司员，申令直省关刊示税则。罢崇文门出京货物税。"[39]此后，专由满洲官员与蒙古官员一同负责征收过关米谷百物等税。

康熙三十八年设河保营，差满洲官督收大青山木税。康熙四十一年裁河保营，大青山木税归并杀虎口兼辖。"三十八年，上恐各关差苛取瘠商，停罢额外盈余银。设河宝营，差满官督收大青山木税。四十年，裁陕西三原县商税，归潼关、龙驹寨、大庆关兼收。裁通会河分司，通州木厂归永道管理。四十年，大青山木税归并杀虎口兼辖。"[40]

除外藩贡物免征其税，其余各省贡物皆征其税。"各省贡物，令承办官开单行文各关查验，按例纳税。该监督将验过数目出具印文，交解差持赴京城该衙门查对。押运官役隐匿夹带者从重治罪。外藩进京贡物及蒙古王公台吉人等来京所带进贡物件，并钱粮茶叶骑驮马驼食羊及自京带回恩赏俸禄缎布，均照例查验放行，免其纳课。若有余物，仍令按则输税。”[41]

清初的税则（表2），主要是沿用明代流传下来的相关则例和清初草创的税则，这些税则在使用中经常出现种种缺陷和混乱，为此，清代诸朝都在不同程度上进行了厘定税则，删除烦琐冗杂的条目，力求划一货税则例，改订货税则例中不适用的部分，同时开列减征和免征税则，以示对商民的体恤，从而使改订后的税则更加健全和适用。但是各关监督为了充实税源，遇到此类货物，通常不照杂货例课税，依据“引比征收”的原则，将新货品类比正税则例上同类货品的税率课税。[42]

表2　杀虎口、张家口、归化城关税表[43]

榷关名称	建置年代	正额银	盈余银	备注
杀虎口	顺治七年	16906两	15410两	银两均解交山西藩库，再由藩库上交中央户部。
张家口	顺治十三年	20000两	40561两	
归化城	乾隆二十六年	15000两	1548两	

清代各关的管关人员主要是督抚、监督等，但是各关具体的情况，在前期和后期，在不同的口岸都有很大的不同。《中国税制史》称：税关由“总督、巡抚、将军等，依中央政府之命而监督之；与其下置道台监收、知府监收、同知监收、知州监收、知县监收，令管理之”。[44]郭蕴静在《清代商业史》中称：“在顺治、康熙两朝，关津差官多由‘钦差专辖，或令督抚监理’。两种办法交替使用，没有固定的要求。雍正二年（1724年）遂规定，‘关差归并巡抚兼管’，但以后也有变化。”[45]有清一代，尤其是同治朝之前，各关人事管理的相关制度主要是在乾隆时期确定下来的。清代税关的主要管理者可分为两类，一是专差，如各关监督；二是兼差，如督抚兼管、将军兼管等。专差官员一般又称“监督”，是清朝中央政府驻各地的收税官员。[46]

清代税关的专差监督，由两部分人组成：一种是司官，即监督；一种是笔帖式。顺治初年只有司官，无笔帖式。笔帖式作为税关专差始于顺治七年，当时在独石口、杀虎口差满官笔帖式收税。[47]顺治十一年定各关兼差户部满汉官笔帖式例，[48]即在派出满汉司官的同时，也派出笔帖式，这是首次由中央向各省关派出主管官员时，同时派出委员。但是不久，即顺治十三年，派往各关的笔帖式又取消了，只在“两翼差笔帖式，张家口、杀虎口各关”在差遣满汉官的同时，仍派出笔帖式一人。[49]到康熙元年，又将张家口、杀虎口的做法推广到各关，而且笔帖式的选拔与满汉官一样，六部咨送，轮掣使用。但是康熙三年，又恢复顺治十三年的做法：“各关停差笔帖式，两翼、张家口、杀虎口，仍照旧例。”[50]直到康熙二十三年，在扩大司官的选拔范围的同时，对于笔帖式的差遣也作了详细的规定。[51]

“张家口为上谷要地，即古长城为关，关上旧有市台，为南北交易之所，凡内地之牛马驼羊多取给于此。”[52]雍正初年，张家口、宣化府、居庸关三处税务俱系张家口监督管理。雍正五年署直隶总督宜兆熊奏请交地方官管理，雍正皇帝以张家口为“小税”及满司官专管，降旨“不必，照旧”。乾隆三十年（1765 年），裁潘桃口监督缺，所有税务归并张家口监督管理，其潘桃口所管六小口改归通永道征收。潘桃口木税令多伦诺尔同知管理。张家口税口中边口、通桥、居庸关征收税银，东门、南门、马市、水门、古北口设役巡查。张家口税务向以南茶并恰克图皮毛等货为出入两大宗，其次为进口牲畜，均系内地商贾往来兴贩，是以税课丰旺。[53]及至俄国通商后，所有大宗茶货俱由俄商自行贩运，照章免税，内地商贾渐多歇业。[54]张家口原额银 10000 两，康熙二年减 4000 两，十六年增 6000 两，十七年增 763 两，二十四年增 2236 两，康熙二十九年之前为 15000 两。[55]后定正额银 20000 两，盈余银 40561 两。雍正十三年“议定张家口居庸关已经收税之各货无得于宣化府重征，设居庸关税课大使一员。户部议准兵科给事中尚德疏奏关税事宜。宣化府为南北通衢，凡有货物已经张家口居庸关上税过府之时，张家口监督复委家人书吏照数重收，以致小民肩挑背负无不邀拦收税，民情甚为不便，且家人书吏征多报少，究非实裕国课，嗣后南北商货若已在张家口居庸关上税者，请敕部定例宣府不许重征，刊刻木榜竖立各门，如有违禁横征者，严加参处。居庸关收税之所离张家口三百余里，监督势难躬亲，每差亲信家人协同书役，携带印单收税，而家人识见卑鄙，辄为关役利诱，私用小票隐漏偷肥。嗣后请委附近州县不时查考。但昌平延庆二州离关稍远，请设立税课大使一员，给以钤记，令收商税银两，按月转解监督”。[56]

清代榷关税收最终绝大部分要解送户部，一方面被用于兵饷、百官俸禄、养廉以及河工开支等方面，另一方面则主要用于对内务府与皇帝的进贡。因此，清代榷关税收的分配对于国家财政与皇室财政均有着特殊的作用和意义。在清代汉蒙民族贸易和中俄恰克图贸易发展过程中，以杀虎口、张家口和归化城为代表的北部边疆榷关逐渐成为进出口商品的“转运站”、重要的货物集散地以及著名旅蒙商商号的据点和商业依托城镇。虽然其年征关税的数额与沿海、沿江及运河沿线榷关存在一定差距，仍被称为所谓“小关”，但其对于国家财政和皇室财政的意义却不能因此而被抹杀，原因就在于财政上取得的好处在一定程度上会支配着政策趋向。

表 3 中张家口实存盈余具体分配的数据仅集中于乾嘉年间，从中仍然可以看出，张家口在乾嘉年间上交内务府的税银基本处于不断上升的状态。事实上，中俄恰克图贸易于 1762—1768 年之间出现了闭关罢市，作为中俄恰克图贸易主要集散地的张家口，其贸易量必定会受到强烈的冲击，关税下降也就成为势在必然。与之对应，

嘉庆年间解交内务府的实存盈余能够始终保持在 40000 两左右，表明嘉庆年间张家口贸易流通的繁荣稳定。[57]

表 3 张家口实存盈余解交内务府及监督受赏统计表[58] **单位：两**

时间	解交	受赏人	监督赏银	抽赏比例
乾隆二十三年	内务府 20000	旌额	2741	7 ∶ 1
乾隆二十四年	内务府 19000	博藏	1229	151
乾隆二十五年	内务府 20000	多善	2158	9 ∶ 1
乾隆二十六年	内务府 17000	丁松	356	47 ∶ 1
乾隆二十八年	内务府 9000	七十一	1018	9 ∶ 1
嘉庆六年	圆明园 40300	兆杰	368	110 ∶ 1
嘉庆七年	圆明园 39450	成熙	229	172 ∶ 1
嘉庆八年	圆明园 41300	惠湘	394	105 ∶ 1
嘉庆九年	圆明园 39700	哲克僧额	307	129 ∶ 1
嘉庆十年	圆明园 41500	瑞祥	207	200 ∶ 1

从监督赏银来看，张家口呈现波动趋势。即乾隆年间虽然实存盈余的数量较少，但监督赏银的数量却最为可观，平均达到约 1500 两。然而，从嘉庆六年（1801 年）开始，张家口的监督赏银未能超过 500 两，且其与解交内务府的盈余银之间形成了异常悬殊的抽赏比例。张家口是内务府特供的重要来源，在这些榷关的实存盈余逐渐上升的情况下，内帑对其的占有欲也越来越强烈。

如前所述，张家口还为内务府武备院收购羊毛，雍正年间，此项解送羊毛马匹费银 2000 两，[59] 俟至嘉庆年间，该项费银已达 4500 两。[60] 除此之外，张家口还为内务府变卖皮张，价银解交内务府广储司。乾隆二十一年共变卖马驼皮 32069 张，共变价银 1203 两有奇。据时任张家口监督高恒称："据照时价，与上年卖价相符，应请照例解交广储司银库。"[61] 至嘉庆四年，该项变价银已达 5896 两有奇。[62] 这些资料都说明张家口的此项贡献也并非偶然为之。

三、清代长城要关民族贸易中的城镇文化

清朝时期，张家口是全国有名的皮毛集散地，仅经营毛皮的商号就有几千家。大境门外的西沟街，是繁华的皮毛交易市场，街道两旁商号林立。张家口皮毛加工系统主要向纵横两方面延伸、扩展。横向是各种毛制品和皮制品的生产，纵向是从皮子鞣制到下脚料的综合利用。张家口的制碱业属于民办官商性质，须经官府授权，才允许民间经营。鸦片战争以后，随着洋碱逐渐充斥国内市场，张家口制碱业便开始走下坡路。张家口的制革业主要分为三类：白皮行、黑皮行和皮鞍业。白皮行以

生产各种皮条和车马挽具为主，张家口的皮条铺主要集中在边路街，北起玉带桥，南至深沟口；车马店和骆驼店都在西沙河、三合店巷、元台子、长胜街、福兴里一带。张家口黑皮行的数量比较多，产品主要是黑熟底皮、白熟底皮等，主要集中在元台子、沙院、通兴巷、福兴里、宋家大院、隆昌巷一带开设手工作坊。张家口的皮鞍业，以生产皮马鞍为主。所生产的皮鞍通过旅蒙商运销到蒙古牧区以及内地官衙骑兵和商贾各界，供马鞍上装配使用。蒙民需要的蒙靴数量比较多，在清代时张家口的蒙靴生产达到兴盛。靴铺机构，有的独资经营，有的合伙经营。大境门内外的几十户大商民，在外蒙古地区都有座庄外号，每年运往库伦的蒙靴约有 20 多万双。[63] 清朝时期，张家口的崛起是以中俄贸易、汉蒙贸易的发展为契机的，它既是清代北疆贸易发展之必然，也是清政府特殊政策作用的结果，这一贸易的繁荣一直持续到清末，它促进了张家口商业城市的崛起，奠定了近代张家口城市发展的基础。

旅蒙晋商集中进行购销贸易的重要场所，主要是草原牧区的庙会和每年夏末秋初的那达慕[64] 大会，这也是蒙古民族进行宗教活动、文化娱乐和物资交流的特有形式。清康熙、雍正、乾隆年间，在辽阔的内蒙古地区兴建了许多寺庙，例如，海拉尔市（今海拉尔区）西南的甘珠尔庙，科右前旗洮儿河东岸的葛根庙，库伦旗的兴原寺，克什克腾旗经棚北山的庆宁寺，锡林浩特市北的贝子庙，西乌珠穆沁旗的王盖庙，苏尼特左旗的贝勒庙，多伦县的汇宗寺、善因寺，达茂旗的百灵庙，巴彦浩特市的延福寺等，都是当时牧区宗教活动和物资交流的中心。寺庙每年都要定期举行各种形式的法会，蒙古民族传统的那达慕大会，也多与庙会同时进行。届时赶庙会的蒙古王公贵族、牧民群众和各路商客云集，寺庙周围商户帐篷和牧民蒙古包沿街林立，牲畜皮毛、布匹绸缎、茶酒烟糖，百货汇集，还有赛马、摔跤、射箭比赛。人来车往，有买有卖，玩耍娱乐，盛况空前。形成了集宗教活动、文化娱乐和物资交流为一体的草原集市。寺庙的兴建和商贸的繁荣，促进了塞外手工业、交通运输业、饮食服务业等各行各业的发展和城镇的形成。

归化城，始建于明万历九年，在清代中期发展成为商店林立，各行各业齐全，东通京津，西去新疆，南入中原，北达外蒙古的塞外商城。地处口外坝上的多伦县，在清道光至光绪年间，商铺多达 4000 余家，仅清真糕点铺就有 40 多家，有制作铜器的手工匠人近千人，是号称“南迎中华福，北接蒙古财”的漠南商埠。历史上被誉为水旱码头的包头市，在清道光十八年（1838 年）就已形成了商业、手工业、饮食服务业等门类众多的九行十六社，成为沟通西北与华北的粮食、皮毛、药材中转集散中心。东北部的海拉尔（古称呼伦城），在乾隆年间已有好多家旅蒙晋商号，到光绪年间商铺发展到百余家，成为达斡尔、鄂温克、鄂伦春等少数民族牧业、林业和猎业产品集散的中心城市。西北端的阿拉善地区，也是当时旅蒙商活动的中心。与大同毗邻的丰镇，在清代末期，已发展成为商铺众多、客商云集的绥东商贸重镇，仅从事往返漠南漠北运送茶叶、皮毛货物的板车运输业，就拥有牛车2000余辆。在内蒙古地区曾流传着许多有关商业与城市形成的民间谚语，如“先有复盛公，后有包头城”“先有万合隆，后有丰镇城”“先有祥泰隆，后有定远营”“晋商大盛魁是半个归化城”[65]等等，说明商业的繁荣发展对城市的形成起到了重要作用。

清代北部边疆地区民族间的通商贸易，是北方民族关系中的一个重要组成部分。蒙汉人民由于劳动生息在相毗邻的土地上，民族关系历史悠久，民族间的通商贸易为各民族人民生产生活所必需，是各族人民共同的愿望，绝非统治者们能限制的。清代蒙古高原与中原地区的贸易关系，主要是通过旅蒙晋商在草原上的活动而发展建立起来的。最初，旅蒙晋商是通过随军贸易的形式为清朝统治者服务的。康熙中叶，在征讨噶尔丹期间，清政府组织一部分汉族商贾进行随军贸易，他们深入蒙古草原贩运军粮、军马等军需品，同时兼做生意。从此，以山西为主的一部分汉族商人，便开始在蒙古地区流动经商。

除官方组织随军深入到蒙地贸易的汉族旅蒙商外，还允许部分山西商人在杀虎口、张家口、归化城、多伦诺尔和西宁等沿边城镇进行民族贸易。蒙古牧民日常生活所需的粮食、布匹和生产所需的各种工具，完全依赖于中原地区，所以这种有限的交换关系，是远远不能满足牧民需求的。清朝时期西北边疆地区农业经济与牧业经济之间天然的互相依赖性使各民族和地区之间的商业贸易显得十分重要。清政府在商业贸易方面， 主要是尽可能地动用国家机器职能， 实行商业贸易垄断， 控制与哈萨克、布鲁特之间的绢马贸易和茶马贸易， 以之作为控制、羁縻少数民族的手段。对民间商人所从事的各民族之间的直接民间经济交往的贸易， 尽量予以限制， 以达到最终稳定社会的目的， 这种贸易限制政策直接影响到了西北边疆地区的经济发展。[66]康熙二十八年中俄《尼布楚条约》签订，清政府第一次以条约的形式明确了同俄国的贸易关系，使俄国商队来华贸易获得条约依据。康熙三十年，清政府召集喀尔喀三部和内蒙古四十九旗的王公贵族在多伦诺尔会盟时蒙古王公一致向康熙帝要求，请清政府派遣更多汉族商贾深入到蒙古地区进行贸易。起初清政府对旅蒙晋商控制很严，出塞必须请领票照，[67]限期一年返回。请领票照，必须注明商号名称、掌柜姓名、赴蒙人数、货物品种数量、经商地点及入蒙和返回日期等。清政府还明确规定：不准在蒙地建筑固定店铺，不准携带家眷留居，不准与蒙女结婚，不准进入限定以外的蒙旗，等等。同时敕谕驻蒙的都统大臣和蒙旗王公进行监察，对违反上述规定的旅蒙商人，要处以罚金，没收货物，驱出蒙境。对包庇隐匿无照旅蒙商的蒙旗王公官吏，也要一并查处。

有清以来，清政府以边禁政策来对旅蒙晋商贸易实施严格监督和管理。康熙三十五年，康熙帝亲征噶尔丹后，废除了明朝的“马市”，只开辟了杀虎口、张家口、多伦诺尔等几个贸易中心点。稍后，也许可商人请领票照在蒙古各地进行流动贸易，但限制相当严格。雍正六年《恰克图条约》签订，开辟恰克图作为中俄边境贸易地点。这使俄国实现了他们多年来梦寐以求的扩大来华贸易的愿望，为两国贸易关系的发展创造了条件。中俄恰克图边境贸易历时近200年，经历了发展、繁荣、衰落三个阶段。从1728年恰克图贸易开始到18世纪末，是恰克图贸易的发展时期。这一阶段，由于受俄国政府对华贸易垄断政策和清政府“以商制夷”政策的影响，贸易未显出它的优势，发展极其缓慢。19世纪上半叶，是恰克图贸易的繁荣时期。中俄两国吸取上个时期的经验教训，开始致力于对恰克图贸易的经营、管理，使贸易呈现出飞速发展的势头；与此同时，茶叶成为中俄交易的最重要商品，而国内茶叶的贩运造就了晋商的崛起。[68]恰克图贸易发展和兴衰，是中俄两国之间不断交流、碰撞的产物，同时也与中方主要贸易力量——晋商的积极参与密不可分。恰克图贸易时兴时衰也成为衡量中俄关系的重要尺度之一，极大地促进了中俄两国经贸的发展。在当时的中国出现了与南方广东十三行相对应的中国北方对外贸易窗口——恰克图。二者构成了清代陆上和海上、一南一北两大对外贸易通道。山西地处中国南北之交通要道，在恰克图贸易的中后期更是成为货物流通的交通枢纽，便利的区位优势使得晋商在参与恰克图贸易的过程中获得了先机。再加上晋商敢为人先的拼搏精神，推行“掌柜制”“伙计持股制”等富有创新性的经营措施，经过一个多世纪的经商活动，晋商最终成为中俄恰克图贸易中占有主导地位的商业群体，是推动中俄恰克图贸易走向繁荣的关键因素之一。[69]恰克图贸易的发展在促进中、俄两国经济发展的同时，对蒙古地区的经济文化产生了重要的影响。[70]

到了乾隆年间，随着清政府统治的稳固和边关的安定，“边禁”逐渐放宽。乾隆八年，清政府曾密谕边口官兵“若有贫民出口者，门上不必拦阻，即时放出”。[71]乾隆十一年，鉴于口内连年歉收，内地破产农民、手工匠人、商贩不断“走西口”“闯关东”，涌向塞外逃荒谋生，要求出边迁居者日益增多。清政府为了减轻内地饥荒的压力和加强对蒙古地区的统治，对自发流入蒙地的移民采取了默许和鼓励的态度，实行所谓“借地养民”的政策，不再严加限制。对旅蒙晋商出塞管理，也随之逐渐松弛，请领票照出边经商者越来越多。乾隆中期已逐渐发展形成了遍及大漠南北的各路旅蒙商帮，完全取代了明清政府开设的贡市、马市和边塞民市的有限贸易，把商贸活动由沿边集镇扩展到了广阔的草原牧区。商路纵横，商旅如流，牛车驼队往来不断，每年有百万头（只）牲畜，几十万张各类皮张，数十万斤绒毛和大批药材、蘑菇等土特产品，通过旅蒙商人运销到山西、河北、东北、河南、山东和京津等地。同时，江浙的丝绸、河北的土布、湖北的砖茶、山西的生烟以及京津等地的糖酒和火柴等日用商品，又通过旅蒙商人源源不断供应到蒙古各地。解决了蒙地畜牧产品长期无人收，生活用品无处买，牧民需要长途跋涉到边塞进行互市交换的困难，也解决了内地农业需要的耕役畜，工业需要的皮毛等原材料和城市居民肉食等的需求。旅蒙晋商的产生与发展，是蒙汉民族互通有无的客观需要，也是适应内地与塞外不断扩大物资交流，在经济上同济互补的必然趋势，在北部边疆地区民族商贸发展史上，具有重要的历史地位和作用。

乾隆五十四年颁布的《理藩院则例》“边禁”条对旅蒙晋商贸易作了些原则规定，在发放经商票照时，又有一些不成文的具体要求和限制。凡不持票照的商人，不许进入蒙旗；实际人数超过票照上的人数时撤销票照；不按票照的指定路线和地点进行贸易的予以处分；禁止贩卖铁器；商人在蒙逗留期限为一年，当地王公务须一年内勒限催回票照，免其在外逗留生事；禁止商人同蒙古妇女结婚；禁止将大量的白银贷给蒙古人。官方对于旅蒙古商号的总数及其从业人员的总数，掌握得特别严格，最初在蒙古经商的几家主要商号，都是随营贸易性的。由于行之年久，这些限制就不免逐渐松弛，山西商人趁机流入蒙古的络绎不绝，蒙汉之间的贸易日益发展。

旅蒙晋商在将中原的茶叶输入蒙古各地的同时，还把草原上的土特产品运到中原各地，从而为中原各地农耕、运输业提供大量畜力，为军事用途提供了畜力，为手工业生产提供了原料。另外，旅蒙晋商在走屯串营流动贸易时，还把中原的中草药和针灸等医药知识，带往缺医少药的蒙古草原，他们在与蒙古牧民做买卖的同时，遇到蒙古人生病和牲畜疾疫，还用针灸、中药为牧民治疗一些常见病，为病畜提供医疗，这样不仅有利于人畜的健康，同时也加深了蒙汉民族间的感情沟通。晋商还将中原地区的书籍带到草原牧区，传播了中原文化。同时，旅蒙晋商为便于与蒙古人做生意，必须不断学习蒙语和蒙古文字，通晓蒙古人的生活习惯和风土人情，学习与畜牧业有关的经验和技术，然后又带回内地交流，从而促进蒙、汉诸民族之间文化、经济交流发展。

在旅蒙晋商民族贸易活动的冲击下，一部分牧民、猎民逐渐增强了商品交换意识。旅蒙商在草原牧区不仅收购马、牛、羊、驼和毛皮，也收购马鬃、马尾、牛角、羊肠等，从前被蒙古人视为无用的东西，变成了可以交换生产和生活用品的有用之物。人是文化的载体。清代农耕文化的北上是以内地汉人迁往蒙古为标志的。在山西商民改变蒙古地区文化面貌的同时，他们自己也在不同程度上被打上了当地固有文化之烙印，如尽管蒙汉通婚为法令所禁，但仍有不少山西商民习蒙语、行蒙俗、入蒙籍、娶蒙妇。尤其是蒙古人信奉关帝者为数不少，但也有不少汉族商民信奉喇嘛。正是这种文化间的相互依存、相互补充、相互作用，使清代的蒙古地区，既接受中原农耕文化，又保持自己独有的地区特色，兼收并蓄，以丰富多彩的面貌出现在人们面前。

旅蒙晋商在其发展过程中，针对蒙古地区以牧为主，经济单一，游牧分散，交通闭塞的特点，形成了不同于内地商业的经营方式和商路。他们多以流动贸易为主，自带牛车驼队，购销运输一揽子经营。清代中后期，有些旅蒙晋商虽然在北部边疆地区建立了固定店铺，但仍以“出拨子”，派帐篷，下草地，赶庙会，串蒙古包，从事流动购销为主。他们经营的范围很广，既收购牲畜、皮毛、药材、蘑菇等牧区的特产，又供应棉布、绸缎、砖茶、生烟、白酒、红糖、火柴、针线等牧民生活必需品。有的还兼营运输、货栈、旅店、餐馆、手工作坊以至钱庄票号等，购销合一，多种经营。他们的经营方法，多是以销换购、赊销放账，春放秋收，息利兼得，获利丰厚。他们利用每年冬春牲畜瘦弱，牧业青黄不接，牧民手中无钱的困难，采取以高价赊销砖茶布匹等工业品，以低价预购牛羊和畜产品，并以购小还大、购大带小等放账计息手段牟取高额利润。如预购的是幼畜，按口齿计息，到期归还大畜；预购的是大畜，则按孳生的幼畜计息，到期除归还大畜外还要带上繁殖的幼畜。赊销预购的越多，放账计息的期限越长，他们获得的利润也就越滚越多，牧民的债务负担则越背越重。为了保障按期收回债务，旅蒙商赁借清廷发给的龙票，依仗盟旗王公贵族的权势，印发盟旗盖印担保的放账印票（债据），写有“父债子还、夫债妻还，死亡绝后，由旗公还”等强制条款。旅蒙晋商大盛魁在清代中后期，已发展成为拥有资本超过白银千万两，除经营牲畜皮毛行业外，兼营茶庄、绸缎庄、钱庄、票号、驼运、货栈、牧场等多种行业，在天津、武汉、外蒙古的库伦、乌里雅苏台、科布多和恰克图等地设有联庄分号，称雄塞外左右蒙古地区经济的垄断性商贸集团。他们以归化、包头、张家口、多伦、经棚（今赤峰市克什克腾旗府所在地）、海拉尔等沿边城镇为基地，沿着古驿站、古盐道开辟了纵贯大漠南北的多条商路，穿越大草原，北上可远涉外蒙古的库伦（乌兰巴托）、乌里雅苏台、科布多和恰克图；西行可达新疆的迪化（乌鲁木齐）等地。近者几百里，远者数千里，往返少则三个月，多则半年以上，常年在外从事长途贩运。晋帮旅蒙商大盛魁曾炫耀：一年三百六十五天，天天路上都有他们的骆驼队。

旅蒙晋商在长期经营中，积累了适应在草原牧区长途赶运活畜和运载各种货物的方法和经验。旅蒙晋商每年从外蒙古贩运活羊百万只。采取按羊只强弱分群，沿有水草的路线，拉开距离分群赶运，或清晨早走，午后慢行，或昼放夜行等办法，赶运数月，行程几千里，不掉膘，不死亡。他们每年向外蒙古运销砖茶 3 万多箱（每箱 108 斤）、生烟 2000 多囤（每囤 180 包，每包旧秤 10 两），以及瓷器、木碗等大量日用商品，甚至每年冬季加工冷冻饺子，春节前运到外蒙古。装运时对不同商品分类包装，捆扎上驮，按驮分组，专人负责，运输数千里，沿途起卸上百次，坚持做到不损不坏。为了适应常年在外从事草地生意的需要，旅蒙商对所属员工建立了严格的培训和管理制度。各行帮的正式员工，均为本乡本土，一般不用外乡人。学徒进店，要求十二三岁，身体健康，能吃苦、会识字、懂礼貌，并有可靠店铺担保推荐。进店后，由老员工传授业务知识和从业要求。从打算盘、练写字、记账簿、学习少数民族语言开始，进而学习看牲畜的口齿膘度、皮毛的路分、各种商品的包装捆扎上驮等基本业务技术。学徒三年只供食宿，不发报酬。三年满徒始发给少数劳金，并派往草原进行实地考察锻炼，学习骑马、赶车、熟悉商路，了解少数民族的风俗习惯和各种礼节。为了密切与蒙古民族的交往，还要穿蒙古袍子、靴子，取蒙古名字。进店满十年以后，根据其业务熟练程度和对商号贡献大小，评定身股（即顶生意），成为商号的正式“伙友”，并按身股多少分配相应的职务，年终按比例分给红利。把员工的个人利益与商号的经营效益连在一起。同时，还规定所有在店员工（包括掌柜）一律不准携带家眷，不准兼营店外业务，不准以店接待个人的亲戚朋友，不准给财东掌柜送礼，甚至有的规定进店不满十年不准回乡探亲等一整套严格的店规。

从杀虎口“吉盛堂”发展成为称雄塞外的晋商大盛魁，经营历史长达 200 余年，号称“半个归化城”。传说它的资本超过 2000 万两白银，从业人员有 1500 多人，设有分庄小号 20 家，常年雇用各种工人达 5000 多人。除经营牲畜、皮毛、药材等蒙古地区的特产外，“上自绸缎，下至葱蒜”无不经营。还投资自办茶庄、绸缎庄、钱庄、票号、牧场、驼队，形成了范围很广的经营网络。在乌里雅苏台和科布多设有很大的分庄，除经营漠北的购销业务外，还设有饲养驼马羊的牧场，仅乌里雅苏台就有 3000 峰骆驼，科布多有 5000 多峰骆驼。在汉口设有马庄，每年赶马季节，从归化到汉口的路上，连续 20 多天都有大盛魁的马群通过。在天津设有盛记毛庄，与出口商联系皮毛业务。在北京设有协盛昌、协盛公、协盛裕三家京羊庄，经营羊的销售。在归化除总号外，还设有天顺泰绸布庄、德恒魁牲畜店、东盛昌发货店、裕盛厚钱庄、通盛远银号等。此外，还在山西祁县设有大盛川票号和三玉川茶庄，在张家口设有鸿盛久银号。大盛魁每年从漠北贩运的羊多达 20 多万只、马 2 万多匹，还有大量的狐狸皮、猞猁皮、扫雪皮、貂皮等野生贵重皮张和鹿茸、麝香、羚羊角、枸杞、贝母等贵重药材。每年收购的鹿茸就有 2000 多斤，运销砖茶上万箱、生烟 2000 多囤、绸缎 4000 多匹、洋布 6000 多匹、炒米 3000 多担、白酒 3 万多斤，各种木匣装的点心约 10 万斤。甚至每年冬季供应漠北王公贵族的饺子万余斤，做肉馅的绵羊就需 400 多只。大盛魁销往漠北的货物，是按派出的房子计算，总号派出的每顶房子，带有 14 把子骆驼（每把子 14 峰），共约 200 峰。按每年派出 15 顶房子计算，约共需 3000 峰骆驼。按每峰骆驼驮重 400 斤计算，每年运输的货物至少有 120 万斤，仅护群护场的狗就养有 1000 多条。[72] 年营业总额超过白银 1000 万两，三年分一次红利就需白银 30 多万两。其中总号经理的红利上万两，年均红利相当于当时绥远城将军年俸（1233 两）的三倍。交纳的税金，占清政府归化关（后改塞北关）税收总额的 30% ～ 40%。大盛魁的总盈利，众说不一，无从查考。仅茶、烟、绸布、糖等四项商品的年利润，就近白银 20 万两。为了买通官府，维护它的经营特权，每年支应蒙旗王公晋京当差等各项花费的印票放账总额多达白银 10 万两（这些债务王公都转嫁给所管辖的牧民偿还）。在清廷开了"捐例"（即可以花钱买官）以后，大盛魁驻北京、乌里雅苏台、科布多等处的坐庄掌柜，都买了清政府的官职头衔，总号的经理还买到了"候补道"的顶戴。清光绪年间，由于张家口至北京的路上，农田很多，羊路窄小，农民怕毁坏禾苗，阻挡羊群通过。为此，清廷曾下令把羊路开宽 3 丈 6，给大盛魁的进京羊群放行。可见它的经营特权受到了清朝政府的保护。民国十三年（1924 年）蒙古国成立后，没收了旅蒙商的印票和在外蒙古的财产。晋商大盛魁因此遭到的损失，多达白银 200 多万两。其驻科布多分庄就有 15000 多峰骆驼，2 万多匹马和 20 多万只羊的债权未能收回。1929 年，在塞外称雄 200 余年的晋商大盛魁终于宣告歇业。[73]

张家口边堡因其独特的地理区位和军事地位而建，隆庆和议后成为蒙汉互市之所，北疆民族商贸兴起后发展为九边大市所在。随着汉蒙民族关系的改变，清政府边关贸易政策的推行和张家口厅的设立，张家口交通的发展，以及晋商的推动，开启了张家口汉蒙民族贸易发展的新时期，突破了边堡军事贸易的范畴，张家口成了汉蒙贸易的中转中心和货物集散地，开始向市镇转变。"中俄恰克图茶叶中转贸易的兴起，使张家口逐渐发展为对蒙俄的陆路商品集散地和中转站。乾嘉时期，张家口商贸达到鼎盛，张家口发展成为著名的塞外商城。"[74]

康熙四十七年，清廷批准以色楞格—库伦—张家口的商道为俄国商队往返之官道。[75] 从此，张家口成为中俄贸易的重要枢纽之一。乾隆二十年，清政府停止俄国官方商队入京贸易之例，将中俄贸易统归于恰克图一地。乾隆三十年发生桑斋多尔济等走私贸易后，三十三年重订《恰克图贸易章程》，包括定货品的种类、官员联合商人与俄国人议价等，由政府主导贸易，让商人获取最大利润。[76]

嘉庆四年蕴端多尔济奏称：查得恰克图地方与俄罗斯贸易之店铺，有正式部票者 32 家，无部票者 34 家，小商贩 30 家，共 96 家店铺。还有往乌里雅苏台、库伦行商者，并无定数，此内除小商贩外，其大铺之商民，每年人数不等，皆照例由察哈尔都统衙门领票往恰克图贸易。[77] 笔者从档案中找到了这 32 家商号，分别是：广发成记、永合成记、兴泰和记、广隆光记、世和荣记、增隆永记、兴盛高记、万盛隆记、世禄安记、德义永记、合盛兴记、兴顺公记、日升如记、祥发成记、万顺德记、万源发记、合盛永记、兴盛辅记、四合全记、合盛全记、德盛玉记、美玉公记、永兴泉记、美玉德记、兴玉中记、丰玉成记、万德悦记、合裕安记、广和兴记、协和公记、宏泰裕记、长发成记。[78] 这些商号为 19 世纪与俄国贸易的主要商号。[79] 嘉庆十年，察哈尔都统佛尔卿额等奏明，将市圈八旗驻防官兵房间租与商民居住者，原为该商民领票出口贸易换回货物存贮，圈内纳税易于稽查。照票查验放行，及至换货回口市圈，则由大境门进口纳税。[80] 清政府在张家口、库伦等地设官管理票照，又将商人编入保甲制度。

山西商人前往恰克图与俄罗斯贸易，必先造具花名册，呈送张家口理事同知，详报管理察哈尔都统，由都统派员赴理藩院，请领恰克图部票。到张家口散给各商收存，出口贸易时将随带货物，开单呈送察哈尔都统等衙门。每票准带货 12000 觔之数，翻写清字（满文）货单粘贴票尾。钤印发给。张家口北口守口官兵，于该商运货出口。

刘选民《中俄早期贸易考》言，“中俄陆路贸易，向不抽税，惟于各该国境内关口则征卡税。……中国于张家口设关，内地商人往来恰克图、库伦贸易者征税于此”。[81] 据方观承乾隆二十四年的奏折称，查赴恰克图、库伦贸易商民，多在张家口设有铺房。其中资本较厚者 60 余家，依附于票商的散商约有 80 余家。[82] 稍后的记载则称，“张家口买卖城可以说是中国对俄贸易的集中点，几乎全部俄国呢绒和各种绒布以及俄国出口的全部毛皮制品都是先运到张家口买卖城的货栈，然后批发给下堡，最后再运到中国本土”。[83] 可见从乾隆中叶开始，张家口即成为中俄恰克图贸易最重要的转运枢纽。[84]

张家口的对蒙贸易、对俄贸易的商品种类经历了一个不断发展变化的过程。由俄、蒙输入张家口的商品以毛皮、纺织品、牲畜、土碱为大宗。由俄国输入的商品种类繁多，其中输入毛皮数量最多。熊皮、狼皮、海獭皮、狐皮是较为贵重的毛皮。数量居第二位的商品是纺织品。在 19 世纪 20 年代以前，各类贸易货物中所占比例最高的是毛皮类产品。从 1820 年开始，毛皮类产品所占的份额才开始下降，纺织品所占比例逐渐增多。由晋商在牧区市场收购并贩运内地的牲畜是蒙古输入内地的大宗商品，每年由蒙古经张家口运往内地的马、牛、羊数量达数百万头。土碱也是从蒙区输入的大宗商品，张家口碱商在察哈尔正蓝旗和镶白旗的牧地收购土碱，运回张家口进行再加工，清除杂质，制成碱砖，运销京、津，再转售各地。经张家口流转输出的主要是对俄贸易货物，货物的种类主要有棉织品、丝绸、茶叶等。最初，中国向俄国出口的主要是棉织品和丝绸商品。从嘉庆七年开始，棉织品输出比例不断下降，茶叶输出比例不断增加。茶叶输出额最终超过棉布、丝绸输出额，占据中俄商品贸易的主体。

据道光年间阖圈[85]商民以茶兑换俄罗斯货物茶银数目清册记载，顺义诚记任大昌由张家口请领部票三张随带货物开列于后：君眉茶300件，每件2箱，每箱银36两；白毫茶600件，每件2箱，每箱银24两；旧存君眉茶2件，每件2箱，每箱银38两8钱；旧存白毫茶5件半，每件2箱，每箱银24两。4宗共合元银50819两2钱。买过俄罗斯货物开列于后：正板水皮200张，每银4两；黑香牛皮1000张，每银2两；元青回绒20000尺，每银3钱；黑羔子皮3000张，每银7钱；哦噔绸720块，每银28两；黑香羊皮10000张，每银7钱；杂烩灰鼠皮95000张，每银7分；回回布20000尺，每银2钱；白长脖皮6000张，每银2钱；黄狐皮200张，每银1两5钱。10宗共合元银50210两，除出净存货元银609两2钱。双源盛记赵德明由张家口请领部票2张随带货物开列于后：君眉茶400件，每件2箱，每箱银36两；白毫茶200件，每件2箱，每箱银24两；旧存君眉茶5件，每件2箱，每箱银32两；旧存白毫茶半件，每件2箱，每箱银26两。4宗共合银38746两。买过俄罗斯货物开列于后：黑羔皮3040张，每银6钱；黑猫皮8000张，每银1钱7分；沙狐皮6240张，每银3钱；代尾黑灰鼠皮30000张，每银1钱1分；无尾黑灰鼠皮30000张，每银9分；公达什狐皮2100张，每银4钱2分；青回绒11936尺，每银2钱5分；青哦噔绸1172块，每银20两。8宗共合银38362两，除出净存货元银384两。[86]

由此可见，中国出口的物资主要以茶叶为主，布匹和绸缎次之。俄国出口的则是毛皮、毛织品、皮革、镜子，哦噔绸、元青哦噔绸、青哦噔绸、色哦噔绸、金花缎、倭缎、回子绒、回子布等，且数量相当多。19世纪上半叶，俄罗斯狩猎业年复一年地衰弱，毛皮变得更加稀珍。中国人寻找其他的服饰衣料，转而使用呢子和棉布。莫斯科的商人用相当低廉的价格把呢子卖给中国人，使中国人喜欢上呢子。呢子比毛皮便宜，市场上价格低廉，是它广受欢迎很重要的因素。[87] 18世纪的中俄恰克图贸易，中国输出大量的蓝京布、上海梭布等，俄罗斯则输出毛皮。19世纪中国的布匹输出量减少，而茶叶成为主要输出品。俄罗斯方面，毛皮产量减少，转而将普鲁士和波兰毛织品输往中国，由于俄罗斯纺织工业发展，生产大量的毛织品和布匹输往中国，“回绒多达数百万俄尺，回布也有数十万俄尺，俄罗斯的纺织品遍及中国北方各城市”。[88] 清朝政府还规定蒙古王公年班围班请安时，全部穿上石青马褂，亲王文武官员也要求穿石青马褂，甚至连广东巡抚等高官在庆典场合都郑重地穿上俄国呢子制作的袍子。俄罗斯进口的回回布也用于骑射用具和包装器物。

四、清代长城要关民族贸易中的戏曲文化

充满生机的中俄贸易构成了清代北疆民族商贸流通的一种律动，推动其不断向前发展，中蒙俄各民族友好交往，和睦相处，相互尊重对方的宗教信仰和生活习俗，各民族之间多元文化的交流也潜移默化地进行。以不同形式出现的商品除了丰富和改善人们的生活以外，更是直接传递了不同文明的文化信息，在更深层次的领域对人们的理念和情感产生重要的作用。可以说，中西各民族文化的交流，在很多方面是通过北疆民族贸易完成的。随着张家口地区的商道逐渐发展完善，各民族文化相互融汇，共同发展，留下了许多宝贵的文化遗产，成为一条各民族友好合作、文明传承的文化之路。当然，这里除了地域文化的因素外，在张家口从事贸易和票号经营的晋商，他们具有勇于开拓、善于创新的传统，具有敏锐的商业嗅觉，讲究经营谋略，这使其能够在商业竞争中不断壮大自己，进而占据张家口商人群体的主体地位。张家口商贸的发展进一步带动了当地金融业、手工业以及商品经济的发展，这种良性的互动效应使得明清时期张家口城市的人口不断增加，城市的功能不断丰富。

旅蒙晋商在鼎盛时期几乎垄断了整个蒙古地区的贸易与金融，对蒙古地区的经济文化及蒙古族生产生活方式、思想文化产生了深远的影响。例如著名旅蒙商号大盛魁、元盛德的经营活动对蒙地的影响；跟随迁徙的“走西口”移民力量的壮大以及形成的蒙汉民族融合趋势；商贸城市的出现和发展等。有清一代，旅蒙晋商群体对内蒙古地区的影响主要是晋商文化。旅蒙晋商的商业经营活动增强了蒙古牧民的商品和货币意识，带动了蒙地中小城镇的兴起和发展，激发了蒙古地区蒙人经商群体的出现，引起了蒙古族传统生活文化的变迁。大量的山西商民进入蒙地后，与蒙民通婚、杂居，蒙汉两族文化融合加快，形成了农耕与游牧并存的蒙汉交汇区，促进了交汇区经济文化的发展，带动了北疆城镇的兴起。[89]

这方面最显著的例证便是清代山西“归化七厅”地区。大批山西商民的北上，不仅带来了农耕技术与定居的生活方式，还将自己的风俗、语言也都带到了塞外，实际造成了山西文化区域的向外延伸，在相当长的一段时间里，这片区域成为山西

文化区所属的一个颇具特色的文化亚区。

晋商文化对北疆地区影响最为明显的一个方面，便是地方戏曲，而这同样是山西商民的贡献。山西号称“中国戏曲的摇篮”，山西各地百姓更以酷爱戏曲著称，大批“走西口”的山西商民也不例外。现在内蒙古自治区的戏曲剧种有晋剧、二人台、山曲儿、漫瀚调、大秧歌等，其中与山西商民关系最密切的莫过于晋剧、民歌、二人台、大秧歌。上述剧种流行范围与内蒙古晋语区大致一致。[90] 现代研究者认为：内蒙古自治区的晋剧实为山西中路梆子，但艺人多是演北路梆子的，因而在中路梆子的唱腔中夹蕴着北路梆子的痕迹。其活跃地区遍及自治区中西部。[91] 其实，这种分析局限于当时内蒙古晋剧的某些特征，而没有考虑到晋剧自身发展的历史。清咸丰以前，山西中路梆子与北路梆子原为一个剧种，晋北、晋中统称大戏，外地称山西梆子。[92] 清代归化城土默特与晋北、晋中同属一个政区，当地艺人在这些地区往来奔波，为广大喜爱晋剧的山西群众服务，正是他们的不懈努力，使山西梆子的影响越来越广泛。就内蒙古而言，如果没有成千上万的山西商民的支持，晋剧也不会在当地生根开花。“走西口”使大批山西移民来到了塞外，也使大秧歌传到了内蒙古地区，并成为深受当地群众喜爱的民间戏曲之一。移民在大秧歌北上中起到的重要作用，已为现代研究者所共认。[93]

也许是清代归化土默特地区与今天的山西省同属一个行政区，不分彼此，大批山西移民更使两大地区紧紧联系在一起，两大地区的戏曲共同走过了极其相近的发展道路，故而在两大地区分治之后，不可避免地产生了一些难以裁决的问题，二人台的起源问题便是一个较典型的事例。晋蒙两地的戏曲研究者都有较充分的理由，将二人台定为本地土生土长的地方戏曲。如《中国地方戏曲集成·内蒙古自治区卷》前言中称：“二人台是本自治区土生土长的剧种，它是在‘小曲坐腔’的基础上，吸收了蒙古族民歌与汉族‘社火’的歌曲形式而产生的。”而《中国戏曲志·山西卷》则将二人台称为“河曲二人台”，不过说法较为委婉：“二人台形成于晋西北、陕北、内蒙古西部三省区毗邻地区，后流行于整个晋北、内蒙古及河北、甘肃、青海的部分地区。”该志同样明确指出了“走西口”对二人台推广与演变所起到的至关重要的作用：“山西河曲县素有‘民歌之乡’之称，清代同光年间，河曲县有职业、半职业二人台班社三十余个，广泛活动于晋、陕、内蒙古交界地界。半个多世纪以来，二人台深受蒙汉人民喜爱，民间有句俗话：‘走不完的西口，打不完的樱桃’，表明群众非常喜爱《走西口》《打樱桃》等百看不厌的优秀剧目。”[94] 二人台的发展史充分证明：一个优秀剧目对于某一剧种的发展往往起到了至关重要的作用，《走西口》与二人台之间的关系就是最好的例子，在某种程度上，《走西口》已成为二人台的代名词，正是《走西口》广受欢迎，才使二人台久盛不衰。

《走西口》选取了“离别”的特殊场景，环环相扣，情感表达细致入微，跌宕起伏，玉莲的悲泣，太春的苦涩，婉转凄绝，回肠荡气，余音萦绕，久久不绝，令观者无不为之掬一把同情的泪水。对于那些与剧中人物有相似境遇的观众来说，《走西口》能使他们回忆起那令人心酸的往事，那种共鸣与震撼难以用语言来表达。这一剧目本身表现的是无数山西移民生离死别的悲惨遭遇，抒发了他们对故乡、对亲人的无限深情，抒发了他们沉郁胸臆中的复杂情感，从而激起了他们强烈的共鸣。一曲高亢悲壮缠绵的山西民歌“走西口”流传了一二百年，它唱出了贫苦老百姓走口外谋生的无奈和艰辛，它承载着一部厚重的山西人口流迁史，它是近现代北方影响较大的“走西口”人口迁移现象的佐证。“走西口”对内蒙古的经济和社会发展格局影响深远。它不仅改变了迁入地的经济、商贸、人口分布以及城市的分布等，而且极大地影响了当地的语言、信仰、生活习俗、文化教育以及社会结构等，在文化人类学上意义十分重大。研究“走西口”既可把握今天内蒙古与山西的历史渊源，研究山西的优秀历史文化在这些地区的传播和影响，亦可探寻山西移民与晋商文化的关系，还可动态地反映“华夏文明看山西”这个深刻主题。

“走西口”是山西人口迁移史的重要组成部分，也是一部移民对边地的开发史。关于“走西口”的界定与研究内容，如移民类型、人口流迁路线、迁移规模、迁入地范围以及对经济的影响等，前人已经做过很多有益探索，并有不少优秀成果问世，本文将不再赘述。列宁说过：“不造成人口的流动，就不会有人口的发展……”人口迁移是人类文明的加速器。历史上的每一次人口迁移，对整个社会的文明进步都起到了无法估量的推动作用。有效的人口迁移，势必促进人类自然史和人类文明史之间的协调发展。山西地处黄河中游，是中华民族的发祥地之一。山西历史文化脉络清晰，框架完整，文明进程从未间断。山西历史从史前旧石器时代发端，历经尧舜禹和夏、商、周数千年的演进，到晋国时期已经形成有别于其他地域文化的显著特征。秦汉以来，山西历史文化更加灿烂辉煌。山西历史文化的完整性、先进性以及艺术性，对中华民族的精神、信仰、礼仪、教育以及生活习俗的形成产生了重要作用，对华夏五千年文明史产生了巨大的影响力和渗透力。就动态景观而言，历史上山西民众的每次迁徙，都把三晋思想和三晋文化带到北部边疆地区，与当地文化密切结合并深深打上自己的印记，推动了当地经济的发展与社会的进步。[95]“走西口”这个剧种在晋、内蒙古、陕、冀交界处家喻户晓、人皆传唱、广为流传，其朴实的语言、细腻的风格和荡气回肠的唱腔，悲怆、缠绵、高亢、真切，脍炙人口，给人们留下了极其深刻的印象。“走西口”又叫“走口外”“跑口外”

或“走场子”。它是长城以里的晋西北、雁北和陕北地区的劳动人民到塞外边疆地区谋生经商的社会活动。“走西口”不仅改变了成千上万山西人的命运，而且对于改善塞外人口结构，促进塞内外文化经济的交流和发展产生了巨大的影响。从历史和现实的双重角度来看，开展“走西口”与晋商文化的研究，不论是对丰富西口内外地方文化资源的内涵，还是对推动地区间文化的交流，促进地方经济的振兴与发展，都具有重要的意义。[96]

一场大的移民运动往往伴随着大的社会变迁，引起移入区与移出区人口结构、经济结构及文化结构的调整、重构与更新。汉族向边疆移民过程中的文化交融是多重性的，既有汉族与少数民族的融合，又有各地汉族移民之间的融合。在“走西口”移民运动中，晋陕蒙三地在文化上出现了一次大碰撞、大交流，发生了明显的吸收融合与共铸新质现象。以《走西口》为代表的晋陕蒙三地统一民歌圈的生成和“二人台”戏曲的出现，就是这种融合共铸的重要成果。

晋西北山曲、陕北信天游、绥远爬山歌的一体性首先在民间习称上就反映出来。“山曲”不单单是晋西北河曲、保德一带人这样叫，陕北人和内蒙古人也称自己的民歌为“山曲”。[97] 信天游，在与内蒙古接壤的地区叫“顺天游 ”，在神木、府谷一带叫“山曲”。[98] 同时，晋北又有人把山曲叫“爬山调”。[99] 另外，陕北人和河曲人经常说：“唱上个酸曲解心宽”，在口头上称信天游和“山曲”为“酸曲”。这些都表明三地老百姓认为他们所唱民歌都是一样的，其界线并不像山曲、信天游、爬山歌三个不同名词所标识得那样清楚。晋陕绥三地民歌属于同一类型的民歌体，反映在形式体例、表现手法、语言特色和歌词内容等四个方面。从形式体例看，一般都是采用两句一组，构成两行一段体。两段体可以好几段连缀起来，形成篇幅较长、情节完整的歌曲。三地传唱的有名曲目都属这种多段体，如《走西口》《蓝花花》《三十里铺》《羊肚子手巾三道道蓝》《绣荷包》等等。夸张、反复、排比、重叠、对称、双关、对比等表现手法在三地民歌中也是经常运用的。就夸张法来说，三地有不少模式相同的夸张用句。如在表达男女迫切想要相见的心情时，陕北信天游有这样的词句：“三天没见哥哥的面，大路上的人马都问遍。”河曲山曲则说：“房背后等了多半夜，满天的星宿都数遍。”“大路上的人马都问遍”和“满天的星宿都数遍”在句式及表达效果上是很相近的。再如，在表达男女难舍难分和极度相思之情时，爬山歌和河曲山曲都对“泪蛋蛋”极尽夸张之能事：“谁说妹妹不想你，泪蛋蛋刮走沙圪堆”；“瞭得哥哥上了川，泪蛋蛋抛得刮动船”；“站在烟洞上瞭不见你，泪蛋蛋好比连阴雨”；“你还说妹妹不想你，泪蛋蛋好比连阴雨”。“刮走沙圪堆”与“刮动船”的蕴义是相同的，而后两段的“泪蛋蛋好比连阴雨”则完全一致了。

另外，在一些复杂句式排列上，陕北的信天游与绥远的爬山歌也是相同的。陕北信天游有“刮了一场风，下了一场雨，小妹妹瞭你湿了我的衣”。[100]绥远爬山歌则有“租上人家地，套上人家牛，打下粮食不够人家抽”。[101]三地民歌语言具有鲜明的同地域方言特色。三地民歌主要使用方言口语，而不少方言是共用的，如红火（热闹）、阳婆（太阳）、搭伙计（当地也叫嫁野汉，即找情人）、刮野鬼（在外边浪荡）、旮旯（角落）、毛眼眼、荞面圪垛、莜面窝窝、泪蛋蛋、命蛋蛋、眊（看）、孤哨（孤单）等等，这些方言只有陕北、晋西北及内蒙古一带的人才能听得懂。同时，用于起兴的事物也都是本地所特有及共有的，像荞麦、莜麦、胡麻、山药蛋、沙蓬、枳萁、红柳、糜子、二饼子牛车等等，无一不带有塞北高原质朴的乡土气息。三地人民吃同样的莜面窝窝，拉同样的二饼子牛车，他们的生活本来就是息息相通的。三地民歌的第三个语言特点是惯于使用衬字衬词，以增强节奏感、音乐感。由于三地民歌有如此多的相似性，有的人说信天游就是内蒙古的爬山歌，爬山歌就是陕北的信天游，再加上河曲山曲，三种民歌在艺术上是孪生三姐妹。

有学者说，“山曲、信天游 、爬山歌好像黄土高原一个母亲所生的三姐妹，只是出嫁的地方不同，实际上有着很密切的血缘关系”。[102]山曲、信天游、爬山歌组成一个单独的民歌圈，有其独特的题材来源和表现风格，像《走西口》《五哥放羊》《打樱桃》《苦伶仃》《割莜麦》《三十里铺》《墙头上跑马》等曲目都是东部平原地区所没有的。一首完整的民歌，实际上就是一段真切的社会生活史。在这一意义上，晋陕蒙毗连带所传民歌的同类性，又进一步指向该地带地域文化上的一致性，折射出这里属于一个共同的文化圈。《绥远概况》载，“绥远客籍之农户，多来自晋北，春来秋返多不携家眷”。[103]永久性移民在迁移活动中家人是团聚的，别离的对象是乡土祖茔和族人故友，引起的情感反应主要是回忆和留恋。对于雁行人来说，别离不单是“背井离乡”，更重要的还意味着抛妻丢子，告别双亲，“撂下村子撂不下人”，由此产生的思念是刻骨铭心的，其情绪变动强度远超过前者。河曲山曲、陕北信天游、绥远爬山歌，这些独具一格的民歌体裁，就是由塞外移民创造出来的。爬山歌、山曲、信天游之所以能形成如此大的规模和阵势，正是与晋西北、陕北人群的雁行生活密切联系在一起。“走西口”对于在家的亲人和外出者自己来说，均是一件十分痛苦的事情，对双方都会产生强烈的心理触动与震颤。在外的人思念在家的人，在家的人又何尝不牵挂在外的人。“当年的西口路，是一条唱不完苦情歌、演不完苦情戏的路。这从陕北的‘信天游’、内蒙古的‘爬山歌’、晋西北民间的‘河曲小调’中都可以看出，走西口曾是他们共同的主题歌。”[104]在晋陕蒙三地民歌中，反映离别相思的曲目不仅占有较大数量，并且在整个民歌体系中占据重要位置。《走西口》《绣荷包》等晋陕蒙三地民歌精品，全系这类离别曲和相思调。由走西口引起的离别思念，不是一般意义上的儿女情长，而是代表着一种沉重的情感压力。正如晓星在《河曲的“山曲”与生活》一文中所说，“走西口”之所以会造成极为凄婉而深沉的情绪，“那是因为‘走西口’并不单单是男女双方在感情上的依恋，它牵涉到一个广泛的社会问题，即山西移民在口外受着地主的经济剥削，妇女在家乡过着贫苦无靠的生活”。[105] 这里的相思者不是无牵无挂的痴男怨女，而是一群为生计而奔波的丈夫和妻子。“走西口”不是个别人的行为，而是晋北陕北人们的一种普遍的生活方式。河曲山曲里唱道：“守住了妹子倒也好，挣不下银钱过不了；再不要难活再不要哭，谁家的亲人常守着。”河曲县“单是一个南沙洼村，总共只有一百五十多户人家，每年却有一百多个男人走口外”。[106] 在周期性的走西口生活中，夫妻之间的“离别—眷念”变成一根解不开的链条。它不停地创设“唱上个酸曲解心宽”的契机，为民歌创作注入不竭的活力和动力，推动离愁别恨之歌在量上不断扩张，在质上也不断提升，结出精品。李季在谈及《走西口》《绣荷包》这两首民歌的源起时所说的：“他们走了口外，他们的妻子儿女都还在三边（指陕北的靖边、定边和安边三县），于是‘捎书带信’，‘绣个荷包带’就成了他们维系感情的主要形式的工具。”[107] 其实，《走西口》《绣荷包》《贵姐捎书》等反映两地思愁的经典作品，正是经历了上面一番群众民歌竞赛后确定下来的。反映离别相思的民歌分男女两重身份和口内口外两种背景，其中以口内妻子口吻出现得最多。如：《一拉一扯好难活》则以极其朴实的语言诉说了妻子不愿丈夫离去的为难心情：“刚刚回来又走哇，实心实意扔我呀；担起担担你走呀，扔下妹妹怎活呀？”“走西口”的人一般只能与家人团聚两三个月的时间，对于年年望夫归来的妻子来说，这点时间是很短暂的，所以她们感叹道：“刚刚回来又走哇！”山曲《摊下枕头短下一个人》刻画了丈夫走西口后，妻子晚上在家独守空房，孤独难耐的景况：

大雁回家孤雁飞，
你走在口外扔下小妹妹。
阳婆一落点着灯，
灯看我来我看灯。
十月里狐子冰滩上卧，
提起你走口外我心难过。
人家回来你不回，
你在那口外刮野鬼。

大青山山上卧白云，
难活不过人想人。
你在东来我走西，
天河水隔两头起。
一对对枕头话顶顶，
一床床盖头半床床空。
提起盆盆顶住门，
摊下枕头短下一个人。
你走在口外只管了你，
扔下了妹妹无人理。
西包头红火人又多，
顾了你红火忘了我。
上畔畔葫芦下畔畔瓜，
娶下了媳妇守不成家。
万般出在无其奈，
扔下小妹妹走口外。

“走西口”的男人苦，男人走后的女人更苦。她们除了经受感情上的折磨，还要承受生活上的重压。丈夫出走后，妻子便要挑起一副沉重的家庭负担，上老下小，家里地里，都要靠她来维持。甚至村里死了人抬棺材、打墓坑、埋死人都成了女人们的事。[108] 所以，当地人都说女人的命苦到了瓜把上。“走西口”生活的一些伴生现象在三地民歌曲中也有大量反映。“走西口”生活还造成口内外婚姻生活的变异。由于夫妻长时间远离，“于是他们或由于感情的空虚，或由于生活无法维持，乃有‘为朋友’‘搭伙计’情况的产生”。[109]“为朋友”“搭伙计”实际就是找情人的意思。有了这种特殊的爱情生活，也就有了载录它的民歌，使“搭伙计”成了晋陕北部及内蒙古人人皆知的一个词。山曲、信天游、爬山歌里都有很大比例反映“为朋友”“搭伙计”内容的情歌，如“山头上盖庙还嫌低，娶老婆不如搭伙计”“黄牛黑牛耕坡地，娶不下老婆搭伙计”“买不起马子买一头牛，娶不起老婆为朋友”等等。[110]

有清一代，由于大批山西商民的“走西口”，使晋西北和内蒙古西部地区的经济、文化生活得到普遍的交流，蒙汉两族的民歌也相互发生影响，内蒙古西部地区流传的汉族民歌，不仅普及绥远境内，甚至流传到陕西、甘肃等地，成为这一片广阔地带的汉族人民的共同民歌。

结论

明清长城要关的贸易往来、人口流动和文化交流，形成了当今内蒙古地区的多民族人口共存及社会经济、文化和谐发展的格局。人口的流动，带动了文化的传播，而文化的传播，拉近了地区间的距离。通过蒙汉民族间的人们密切联系和长期交往，多元并存文化相互借鉴、取长补短和互相影响，不同文化间的共同成分就会越来越多，最后逐渐形成了具有多民族文化特点的晋商文化。清代晋商在北部边疆茶马贸易的发展过程，既为晋蒙文化的交流与融合创造了条件，同时也为通过万里茶道推动山西文化信息走向世界作出了一定贡献。山西商人在清代北部边疆贸易不仅带动了当地相关产业的发展，而且优化了地区资源配置，促进了经济结构的调整以及完善了相关基础设施，为边疆民族地区经济持续、健康和稳定发展创造了有利条件，也带动了当地及周边地区的城镇化建设。旅蒙晋商作为清代官方贸易主导下的，活跃于北部边疆地区各商业城镇贸易大军中的主力，其历史地位不容忽视。

旅蒙晋商民族贸易往来，促进了蒙古牧民畜产品运输业的发展，在漠北蒙古地区的库伦、乌里雅苏台、科布多等城镇附近，都有许多蒙古人经营骆驼和勒勒车运输的专业户，也有提供驿马为商旅服务者。还有些蒙古、达斡尔人专营家庭手工业生产，制作车辆、马具，为交通运输提供工具；亦有专门维修道路，为商店、货栈搬卸货物者，成为从牧业生产中分化出来的雇工。

随着旅蒙晋商贸易的发展，蒙地牧民们的商品交换意识逐步增强。旅蒙晋商在牧猎区收购的商品不仅有马牛骆驼和贵重毛皮及畜产品，而且也收购马鬃、马尾、牛角、洋肠、蘑菇等，从前被视为无用而被抛弃的产品，彼时也成为可以出售或换取生产生活所需的商品，从而增强牧民的商品价值和文化价值意识。特别是许多偏僻地区的牧民，过去打猎取皮而衣，取肉而食而已，通商后他们知道鹿茸、鹿胎、熊掌等都是宝贵的财富。于是将这些产品精心处理，妥善保存，同旅蒙晋商进行交换，获取生产、生活用品，因此促进了游牧狩猎经济向更深层次发展，进一步促进了北部边疆地区畜牧业的商品化进程。旅蒙晋商在北部边疆地区的商业贸易活动，使北部边疆地区与内地的距离迅速缩短，使内地农耕文化与北部边疆草原文化互为补充，相互促进，边疆地区也因民族贸易的发展而得到进一步的开发和发展。

清代长城要关民族贸易中的北疆文化，是中原农耕经济文化与塞外游牧经济文化交流、交融的一座桥梁，通过这座桥梁，使草原游牧文化与中原农耕文化有了进一步联系、碰撞、融汇、贯通，相互补充，共同发展，形成以贸易交往为纽带的“谁也离不开谁”的密切关系。在客观上起到了消除民族隔阂、加强民族之间理解和团结的作用，进而增强了北方兄弟民族与中原地区的凝聚力。

清代长城要关民族贸易中的北疆文化，是北方各民族共同创造的文化，是北方民族文化宝库的瑰宝，是中华文化的一颗璀璨的明珠。虽然社会经济发展，全球经济一体化的大趋势，导致多民族文化急剧消亡和流变，但也促使人们开始关注本土文化，关注人类自己生存的根基，关注人类文化不同的精神存在。由于北部边疆地区社会经济形态和自然环境差异大，文化发展不平衡，因此研究清代长城边口民族贸易中的北疆文化任重而道远。

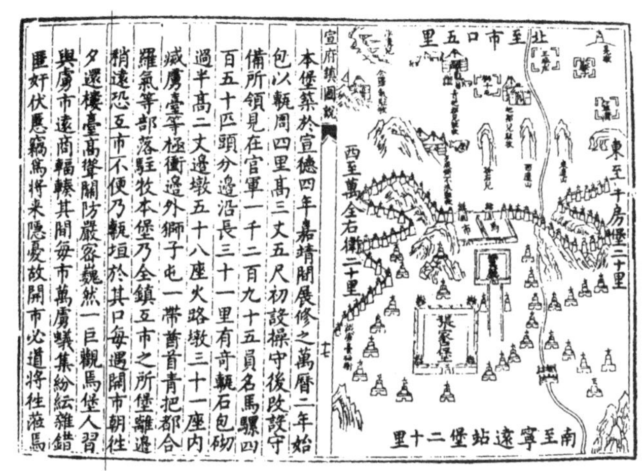
宣府鎮圖說

本堡築於宣德四年嘉靖間展修之萬曆二年始包以甎周四里高三丈五尺初設操守後改設守備所領見在官軍一千二百九十五員名馬騾四百五十匹頭分邊沿長三十一里有奇甎石包砌過半高二丈邊墩五十八座火路墩三十一座内憾虜臺等極衝邊外獅子屯一帶酋首青把都合羅氣等部落駐牧本堡乃全鎮互市之所堡離邊稍遠恐互市不便乃甎垣於其口每遇開市朝往夕還樓臺高聳關防嚴密巍然一巨觀馬堡人習與虜市遠商輻輳其間每市萬虜蟻集紛紜雜錯匿奸伏慝竊窺将来隱憂故開市必道将往涖馬

附图 1　张家口堡[111]

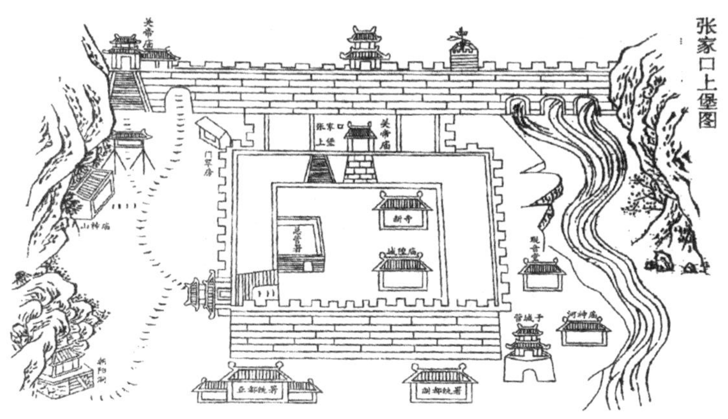

附图 2　张家口上堡图

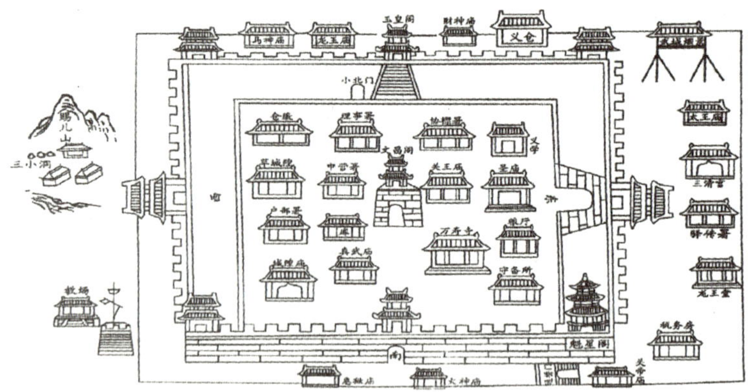

附图 3　张家口下堡图 [112]

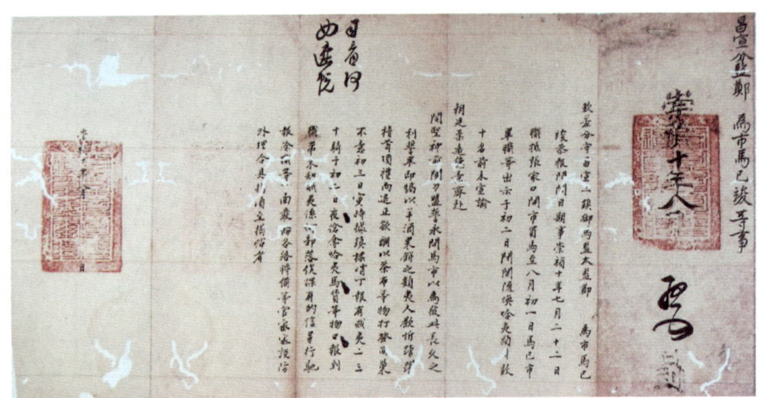

附图 4　崇祯十年张家口开市买马及闭市日期等事揭帖 [113]

附图 5　张家口城门 [114]

附图 6　道光二十四年中国商民以茶兑换俄罗斯货物清册封面[115]

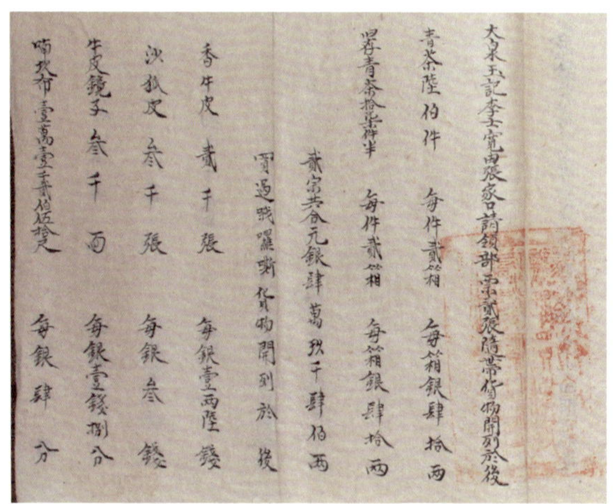

大泉玉記李士寬由張家口請領部票貳張隨帶貨物開列於後
青茶陸佰件　每件貳箱　每箱銀肆拾兩
[illegible]青茶拾柒件半　每件貳箱　每箱銀肆拾兩
貳宗共合元銀肆萬玖千肆佰兩
買過俄羅斯貨物開列於後
香牛皮　貳千張　每銀壹兩陸錢
沙狐皮　叁千張　每銀叁錢
牛皮鏡子　叁千面　每銀壹錢捌分
哈[illegible]布　壹萬壹千貳佰伍拾疋　每銀肆分

附图 7　中国商民李士宽由张家口请领部票两张随带货物开列于后

附图 8　土谢图汗等省偿还大盛魁商铺债务的清单[116]

附图 9　中国商民与俄国人茶叶贸易大院，2009 年 7 月作者拍摄于恰克图

附图 10　呼和浩特现存晋商元盛德旧址

附图 11　呼和浩特现存晋商大盛魁旧址

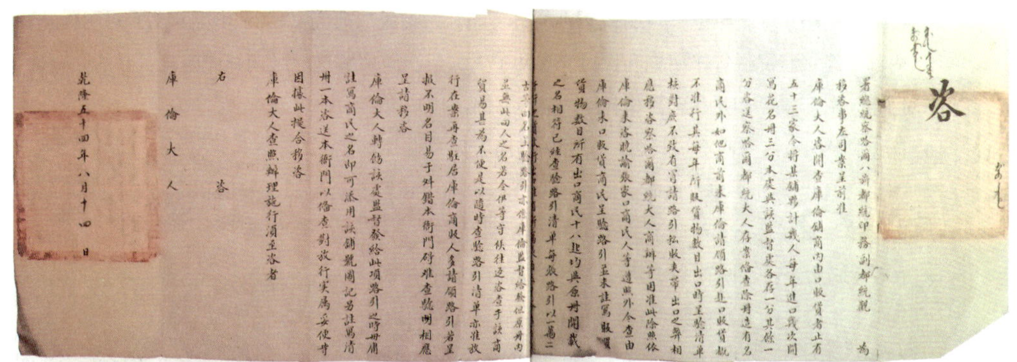

咨

署總統察哈爾八旗都統印務副都統觀　為
移咨事。左司案呈前准
庫倫大人咨開查庫倫鋪商內由口販貨者止有
五十三家，今將其鋪號計幾人每年進口幾次開
寫花名冊三分，本處與該監督處各存一分，其餘一
分咨送察哈爾都統大人存案備查。除對造有名
商民外，如他商前來庫倫請領路引赴口販貨，概
不准行。其每年所販貨物數目，出口時呈驗清單
核對，庶不致有冒請路引，私收夾帶出口之弊。相
應移咨察哈爾都統大人商辦等因。准此，除照依
庫倫來咨曉諭張家口商民人等遵照外，今查由
庫倫來口販貨商民呈驗路引，並未註寫販買
貨物數目，所有出口商民十八起，均與原冊開載
之名相符，已經查驗路引清單，每張路引以一邑二
……路引，亦係庫倫監督給發，但原冊內
並無此四人之名，若令伊等守候往返咨查，于該商
貿易甚為不便，是以隨時查驗路引清單，亦准放
行。在案再查駐居庫倫商販人多，請領路引若呈
報不明，名目易于舛錯，本衙門碍難查驗，相應
呈請移咨
庫倫大人轉飭該處監督，發給此項路引之時，冊內
註寫商民之名，即可添用該鋪號圖記，另註寫清
冊一本，咨送本衙門，以備查對放行，實屬妥便。等
因據此，擬合移咨
庫倫大人查照辦理施行，須至咨者。
右　　咨
庫倫大人
乾隆五十四年八月十四日

附图 12　察哈尔八旗都统印务副都统观为商民造册存案备查“如他商前来库伦请领路引赴口贩货概不准行事咨库伦大臣”（乾隆五十四年八月十四日）[117]

注释

[1] 如中国北方民族关系史编写组《中国北方民族关系史》和杨绍猷、莫俊卿《明代民族史》等都独立章节论述明蒙经济交流，内容涉及贸易市口的变迁、市场管理、交易物品等，但对马市贸易这一独立论题的论述略显零散且深度不够。见中国北方民族关系史编写组：《中国北方民族关系史》，中国社会科学出版社，1987 年版；杨绍猷、莫俊卿：《明代民族史》，四川民族出版社，1996 年版；张鑫：《明蒙马市与蒙汉民族关系——评〈明蒙关系III贸易关系：马市（1400—1600）〉》，《民间文化论坛》2013 年第 2 期。

[2] 参考王苗苗：《明蒙互市贸易论述》，中央民族大学硕士学位论文，2011 年。以时间为序，20 世纪 40 年代，学者对马市的兴起、发展和演变，以及与边政的关系做了初步探讨，如侯仁之的《明代宣大山西三镇马市考》，文章详细论述了嘉靖、隆庆年间宣大山西三镇马市的发展，较为系统地研究了马市的兴起、发展及演变。李光壁《明代茶易马考》（李光壁：《明代茶易马考》，《中央亚细亚》1943 年第 2 期；参见王晓燕、李宝刚：《20 世纪茶马贸易研究综述》，《兰州大学学报》2002 年第 6 期）对明代茶马贸易与边政关系做了探讨。20 世纪五六十年代，有学者对明代马市做专题论述。马金《略论历史上汉藏民族间的茶马贸易》（马金：《略论历史上汉藏民族间的茶马贸易》，《民族团结》1963 年第 12 期），认为茶马互市是为了加强统治和剥削汉藏民族，但是符合两族经济生活的互相依存。20 世纪 80 年代以来，学者们持续关注明代马市，取得了较为丰硕的研究成果。

[3] 张鑫：《明蒙马市与蒙汉民族关系——评〈明蒙关系III贸易关系：马市（1400—1600）〉》，《民间文化论坛》2013 年第 2 期。

[4] 李漪云《从马市中几类商品看明中后期江南与塞北的经济联系及其作用》（李漪云：《从马市中几类商品看明中后期江南与塞北的经济联系及其作用》，《内蒙古师范大学学报》1984 年第 4 期）通过对明蒙互市贸易中丝织品、烟草、瓷器、马鬃、马尾等几类商品的考证和分析得出结论——马市贸易直接促进了江南地区资本主义萌芽的产生和发展；杨绍猷《明代蒙

古经济述略》（杨绍猷：《明代蒙古经济述略》，《民族研究》1985 年第 5 期）对明代蒙古内部的经济状况进行了研究和探讨，有助于更深层次地理解这一时期开展明蒙贸易的必要性。

[5] [清] 谷应泰：《明史纪事本末》，中华书局，1977 年版。

[6] [清] 张廷玉：《明史 · 兵志》，中华书局，1974 年版。

[7] 李昂：《“互市”铺就通衢商道——明代张家口“市圈”的起源、发展和影响》，《河北北方学院学报（社会科学版）》2019 年第 5 期。

[8] [明] 张居正：《明穆宗实录》，中华书局，2016 年版。

[9] [明] 张居正：《明穆宗实录》，中华书局，2016 年版。

[10] [明] 张居正：《明穆宗实录》，中华书局，2016 年版。

[11] [明] 陈子龙等选辑：《明经世文编》，中华书局，1962 年版。

[12] [明] 陈子龙等选辑：《明经世文编》卷三二十，方逢时《为恳乞议处琉通市马疏》，中华书局，1962 年版。

[13] [明] 陈子龙等选辑：《明经世文编》卷三二十，方逢时《为恳乞议处琉通市马疏》，中华书局，1962 年版。

[14] [明] 翟九思撰：《万历武功录 · 俺答列传下》，中华书局，1962 年版。

[15] 黄可润：《口北三厅志 · 世纪下》，乾隆二十三年刊本；董花：《明清时期张家口商贸兴衰研究》，广西师范大学历史文化与旅游学院硕士学位论文，2014 年 5 月。

[16] [明] 杨时宁：《宣大山西三镇图说》，明万历本，台北正中书局，1981 年版。马志宏：《张家口记忆》，现代出版社，2017 年。

[17] 许永峰，高荣荣：《明代长城中三边的马市——以隆庆五年所设五处为例》，《山西大同大学学报（社会科学版）》2018 年第 5 期。

[18] [明] 王崇古：《为北虏纳款执叛求降疏》，《明经世文编》卷三百一十六，中华书局，1962 年。

[19] 侯仁之：《明代宣大山西三镇马市考》，《燕京学报》1937 年第 23 期。

[20] 余同元：《明后期长城沿线的民族贸易市场》，《历史研究》1995 年第 5 期。

[21] 余同元：《明代马市市场考》，《民族研究》1998 年第 1 期。

[22] 姚继荣：《明代宣大马市与民族关系》，《河北学刊》1997 年第 6 期。

[23] 曹永年：《明后期长城沿线的民族贸易市场考误》，《历史研究》1996 年第 3 期；金星：《隆庆、万历年间明朝与蒙古右翼的互市市场》，《内蒙古大学学报（哲学社会科学版）》2011 年第 5 期。

[24] 祁美琴：《论清代长城边口贸易的时代特征》，《清史研究》2007 年第 3 期。

[25] 曹永年：《蒙古民族通史 》（第三卷），内蒙古大学出版社，2003 年版，第 360—361 页；祁美琴：《论清代长城边口贸易的时代特征》，《清史研究》2007 年第 3 期。

[26] 范熙晅，张玉坤：《明代长城沿线明蒙互市贸易市场空间布局探析》，《城市规划》2016 年第 7 期。

[27] 如万历三年规定：宣府每年购马一万八千匹，马价银十二万两；大同一万匹，价银七万两；山西六千匹，价银四万两。（《明神宗实录》卷四十）不过，随着双边贸易的扩大，贸易

额也在增加，万历五年大同镇购马增至一万四千五百匹，价银增至十万两（《三云筹俎考·封贡考》）；万历七年大同购马三万匹，本金达二十余万两。（《明神宗实录》卷八十三）万历四十年，宣、大、山西三镇马价银增至四十一万三百两。（《明神宗实录》卷五百）

[28] [明] 王士琦：《三云筹俎考·封贡考》，万历刻本影印，上海商务印书馆，1937 年版，第 23 页。

[29]《明会典·镇戍四·辽东》。祁美琴：《论清代长城边口贸易的时代特征》，《清史研究》2007 年第 3 期。

[30] [明] 瞿九思撰：《万历武功录·俺答列传下》，《明代蒙古汉籍史料汇编》（第 4 辑），内蒙古大学出版社，2007 年版。

[31] [明] 瞿九思撰：《万历武功录·俺答列传下》，《明代蒙古汉籍史料汇编》（第 4 辑），内蒙古大学出版社，2007 年版。

[32] [明] 瞿九思撰：《万历武功录·俺答列传下》，《明代蒙古汉籍史料汇编》（第 4 辑），内蒙古大学出版社，2007 年版；金星：《隆庆、万历年间明朝与蒙古右翼的互市市场》，《内蒙古大学学报（哲学社会科学版）》2011 年第 5 期。

[33] 内蒙古自治区地方志编纂委员会：《内蒙古自治区志·商业志》，内蒙古人民出版社，1998 年版，第 8 页。

[34] 章京，是中国清朝官名。清代早期为武官的称呼，后不限于称武官。如军机处之军机章京，总理各国事务衙门之总办章京、帮办章京、章京、额外章京，均为协助堂官处理文书等事的文职官员。此外，清政府派驻新疆各地的参赞大臣、帮办大臣、办事大臣下属有印房章京，蒙古各旗札萨克下属有管旗章京、副章京等。在满族官员中，“章京”又成为对上级自称的称谓。“章京”一词是满语“janggin”的音译，而满语“janggin”则来自汉语“将军”。后金时武职以额真为名，清太宗天聪八年规定除固山额真外，皆以“章京”为称。清代八旗武官不论职位高低，世爵大小有无，凡有职守之官皆称“章京”。满洲八旗中的“章京”从高到低依次为昂邦章京（相当于明朝的总兵）、梅勒章京（相当于副将）、甲喇章京（相当于参将）和牛录章京（相当于备御官），这是四个最基本的章京。此外还在巴牙喇营设纛章京和甲喇章京，在蒙古八旗设管旗章京、梅林章京、苏木章京、札兰章京。顺治元年又在八旗左右翼设噶布什贤章京（归噶布什贤噶喇衣昂邦统辖）。清军入关后开始制定各种章京的汉字名称。清世祖顺治八年，定札兰章京汉字称“参领”。顺治十七年定牛录章京汉字称“佐领”，甲喇章京称“参领”，梅勒章京称“副都统”，昂邦章京称“总管”。是年还定巴牙喇纛章京汉字称“护军统领”，巴牙喇甲喇章京称“护军参领”，噶布什贤章京汉字称“前锋参领”（噶布什贤噶喇衣昂邦汉字称“前锋统领”）。如此一来各种章京都有了汉字名称。

[35] 茶马互市起源于唐、宋时期，是中国西部历史上汉藏民族间一种传统的以以茶易马或以马换茶为中心内容的贸易往来。茶马互市是内地与边疆地区商业贸易的主要形式。清代，尤其是乾隆以后，茶马互市作为一种重要制度逐渐从历史上淡出，取而代之出现了边茶贸易制度。由于交通和经济的发展以及汉藏交流的增加，进入茶马古道沿线的商品种类大幅增加。藏族对茶叶的需求有增无减，同时对其他产品如丝绸、布料、铁器以及生产生活资料等商品的需

求也开始增加；而内地对藏区的皮革、黄金以及虫草、贝母等珍贵药材有更大需求。这样，汉藏之间的贸易范围更加广泛，“茶马古道”沿线的民间贸易则益加繁荣。直到清文宗时期，地方马场奉命裁撤，各地军队所需马匹统归自购，官府设置的茶马交易随之停废，延续 400 余年的茶马互市交易自此终止。

[36] 魏明孔：《西北民族贸易述论——以茶马互市为中心》，载《中国经济史研究》2001 年第 4 期。

[37]《清朝通典·食货·关榷》，见王泽民：《杀虎口与中国北部边疆》，内蒙古大学出版社，2007 年版，第 187 页。

[38]《清会典·户部》，见王泽民：《杀虎口与中国北部边疆》，内蒙古大学出版社，2007 年版，第 187 页。

[39]《清史稿·食货六·征榷》，见王泽民：《杀虎口与中国北部边疆》，内蒙古大学出版社，2007 年版，第 188 页。

[40]《清史稿·食货六·征榷》，见王泽民：《杀虎口与中国北部边疆》，内蒙古大学出版社，2007 年版，第 188 页。

[41]《清会典·户部》，见王泽民：《杀虎口与中国北部边疆》，内蒙古大学出版社，2007 年版，第 189 页。

[42] 祁美琴：《清代榷关制度研究》，内蒙古大学出版社，2004 年版，第 201、220 页。

[43] 根据《古丰识略》《清朝通典》《清代通史》整理，见卢明辉主编：《清代北部边疆民族经济发展史》，黑龙江教育出版社，1992 年版，第 375 页；见王泽民：《杀虎口与中国北部边疆》，内蒙古大学出版社，2007 年版，第 189 页。

[44] 吴兆莘：《中国税制史》下册，商务印书馆，1998 年版，第 72 页。

[45] 郭蕴静：《清代商业史》，国家图书馆出版社，2018 年版，第 56 页。

[46] 祁美琴：《清代榷关制度研究》，内蒙古大学出版社，2004 年版，第 155 页。

[47] 中华书局影印：《清会典事例·户部 / 关税》，中华书局，1991 年版，第 779 页。

[48] 中华书局影印：《清会典事例·户部 / 关税》，中华书局，1991 年版，第 779 页。

[49] 中华书局影印：《清会典事例·户部 / 关税》，中华书局，1991 年版，第 779 页。

[50] 中华书局影印：《清会典事例·户部 / 关税》，中华书局，1991 年版，第 780 页。

[51] 祁美琴：《清代榷关制度研究》，内蒙古大学出版社，2004 年版，第 166—167 页。

[52] [清] 秦武域：《闻见瓣香录·甲卷“张家口”》，上海书店出版社，1994 年版。

[53] 祁美琴：《清代榷关制度研究》，内蒙古大学出版社，2004 年版，第 28—29 页。

[54] 中国第一历史档案馆藏：《光绪朝朱批奏折》，中华书局，1996 年版，第 246 页

[55] 康熙《大清会典·户部十八·课程三·关税》，康熙二十九年（1690 年）内府刻本。

[56] [清] 刘锦藻编纂：《清朝文献通考·征榷一》，浙江古籍出版社，1988 年版。

[57] 丰若非：《清代北部边疆榷关税收分配考察——以杀虎口、张家口和归化城为中心》，《中国社会经济史研究》2013 年第 3 期。

[58] 该表数据依据中国第一历史档案馆藏宫中朱批奏折·财政类·关税和军机处录副奏折整理而

得。参见丰若非：《清代北部边疆榷关税收分配考察——以杀虎口、张家口和归化城为中心》，《中国社会经济史研究》2013 年第 3 期。

[59] 中国第一历史档案馆编：《雍正朝汉文朱批奏折汇编》，江苏古籍出版社，1991 年版，第 832 页。

[60] 宫中朱批奏折，嘉庆五年八月初十日，张家口监督绵仲“奏报张家口收支税银并驼马等项变价银两数目折”，中国第一历史档案馆藏，档号 04-01-35-0360-016。

[61] 台北故宫博物院：《宫中档乾隆朝奏折》，台北故宫博物院，1982 年版，第 146—147 页。

[62] 宫中朱批奏折，嘉庆五年八月初十日，张家口监督绵仲“奏报张家口收支税银并驼马等项变价银两数目折”，中国第一历史档案馆藏，档号 04-01-35-0360-016。丰若非：《清代北部边疆榷关税收分配考察——以杀虎口、张家口和归化城为中心》，《中国社会经济史研究》2013 年第 3 期。

[63] 王飞：《清代张家口经贸与商帮研究》，山西大学博士学位论文，2020 年 6 月。

[64] 那达慕，蒙古语，娱乐或游戏的意思。相传 1225 年，成吉思汗战胜花剌子模，为庆祝胜利，举行过隆重的那达慕盛会，是流传至今的蒙古民族的盛大集会。《内蒙古大辞典》编委会：《内蒙古大辞典 · 语言民俗篇》，内蒙古人民出版，1991 年版。

[65] 内蒙古自治区地方志编纂委员会：《内蒙古自治区志 · 商业志》，内蒙古人民出版社，1998 年版，第 13 页。

[66] 牛海桢：《试论乾隆以后清朝对西北边疆少数民族的贸易政策》，《兰州商学院学报》2008 年第 4 期。

[67] 清代蒙古票照制度，是清朝统治者对出入蒙地人员进行有效管理的一种制度。这一制度是清朝统治者对蒙古地区实施封禁政策的产物。它的推行对强化蒙古地区的控制，阻止汉人大规模流入蒙地产生过重要作用。吕文利先生在《清代蒙古地区票照制度初探》一文（载《中国边疆史地研究》2007 年第 4 期 ）中，就票照制度的相关规定、产生的作用等方面对票照制度做了较为系统的探讨。此外还有一些研究票照制度的论著，主要有张杰先生的《柳条边、印票与清朝东北封禁新论》，马汝珩、成崇德等主编的《清代西部开发》以及乌云毕力格、成崇德、张永江等著的《蒙古民族通史》（第四卷）。

[68] 郝玉凤：《中俄恰克图边境贸易述论》，东北师范大学硕士学位论文，2007 年 5 月。

[69] 杨军：《论中俄恰克图贸易与晋商发展的关系》，黑龙江省社会科学院硕士学位论文，2019 年 6 月。

[70] 塔日：《中俄恰克图贸易对蒙古地区经济文化的影响研究》，中央民族大学硕士学位论文，2013 年 5 月。

[71] 内蒙古自治区地方志编纂委员会：《内蒙古自治区志 · 商业志》，内蒙古人民出版社，1998 年版，第 10 页。

[72] 参见内蒙古自治区政协编著：《旅蒙商大盛魁》，内蒙古文史资料第十二辑，1984 年版。

[73] 内蒙古自治区地方志编纂委员会：《内蒙古自治区志 · 商业志》，内蒙古人民出版社，1998 年版，第 8—14 页。

[74]董花：《明清时期张家口商贸兴衰研究》，广西师范大学硕士学位论文，2014 年 5 月。

[75]姚贤镐编：《中国近代对外贸易史资料（1840—1895）》（第一册），中华书局，1962 年版，第 105—118 页。

[76]赖惠敏：《清政府对恰克图商人的管理（1755—1799）》，《内蒙古师范大学报（哲学社会科学版）》2012 年第 1 期，第 39—66 页。

[77]蕴端多尔济的奏折提到未领票的人，应查封其货物。“今年未领部票，径自先来之商民金廷璜之流，理应不准贸易，惟一等车载什物甚多，难于驱赶，又恐为俄罗斯所疑，奴才商议，今暂准其贸易，后续所来无票者亦准贸易，但由俄罗斯换得什物，该员暂且查封，不准运回。至于擅自先来之人及未领部票者，皆应惩处示儆，如何惩处，由部裁定，训示遵行。”《军机处满文录副奏折》，嘉庆四年九月二十五日蕴端多尔济奏折。转引自孟宪章：《中苏贸易史资料》，中国对外经济贸易出版社，1991 年版，第 151 页。也可参见赖惠敏：《十九世纪恰克图贸易的俄罗斯纺织品》，《近代史研究所集刊》 2012 年第 79 期。

[78]《库伦买卖商民事务衙门查明恰克图有票无票之商民有无私行出货事》，《中华民国蒙藏委员会藏蒙古共和国国家档案局档案》，编号 022-016，第 64—65 页。附件嘉庆四年春秋二季请领部票铺户，第 66—69 页。

[79]赖惠敏：《十九世纪晋商在恰克图的茶叶贸易》，“中央研究院”历史语言所主办“第四届国际汉学会议”（2012 年 6 月 20 日）宣读论文。

[80]中国第一历史档案馆藏：《宫中档硃批奏折》，编号 04-01-01-836-007。道光二十九年十一月十四日。

[81]姚贤镐编：《中国近代对外贸易史资料（1840—1895）》（第一册），中华书局，1962 年版，第 105—118 页。

[82][俄] 阿・马・波兹德涅耶夫著，刘汉明等译：《蒙古及蒙古人》（第 1 卷），内蒙古人民出版社， 1989 年版，第 701、711 页。

[83][俄] 阿・马・波兹德涅耶夫著，刘汉明等译：《蒙古及蒙古人》（第 1 卷），内蒙古人民出版社， 1989 年版，第 701、711 页 。

[84]许檀：《清代前期北方商城张家口的崛起》，《北方论丛》1998 年第 5 期。

[85]这里的“阛圈”，就是指中方的“买卖城”，也即“商人营子”。习惯上，也称之为“市圈”。

[86]蒙古国国家档案局藏，清道光二十四年秋至二十五年春，阛圈商民以茶兑换俄罗斯货物茶银数目清册，杜心宽先生提供。

[87][俄] 阿. 科尔萨克（A. Korsake）著，米镇波译：《俄中商贸关系史述》，社会科学文献出版社，2021 年版，第 174 页。也可参见赖惠敏：《十九世纪恰克图贸易的俄罗斯纺织品》，《近代史研究所集刊》 2012 年第 79 期。

[88]赖惠敏：《十九世纪恰克图贸易的俄罗斯纺织品》，《近代史研究所集刊》 2012 年第 79 期。

[89]郭英嘎：《旅蒙晋商与清代内蒙古经济文化变迁》，山东大学硕士学位论文，2014 年 5 月。

[90]内蒙古自治区文化局编：《中国地方戏曲集成・内蒙古自治区卷》，中国戏剧出版社，1959 年版。

[91] 内蒙古自治区文化局编辑：《中国地方戏曲集成·内蒙古自治区卷》，中国戏剧出版社，1959 年版。
[92] 中国戏曲志编委会：《中国戏曲志·山西卷》，文化艺术出版社，1990 年版。
[93] 内蒙古自治区文化局编：《中国地方戏曲集成·内蒙古自治区卷》，中国戏剧出版社，1959 年版。
[94] 内蒙古自治区文化局编：《中国地方戏曲集成·内蒙古自治区卷》，中国戏剧出版社，1959 年版。
[95] 高胜恩：《对山西“走西口”人口流迁现象的文化人类学分析》，载《纵论西口》，山西春秋电子音像出版社，2006 年版。
[96] 张利：《“西口”诠释》，载《纵论西口》，山西春秋电子音像出版社，2006 年版。
[97] 韩燕如、郭超：《爬山歌论稿》，内蒙古人民出版社，1983 年版，第 1 页。
[98] 王克文：《陕北民歌艺术初探》，中国民间文艺出版社，1986 年版，第 231 页。
[99] 骝骑：《浅谈学习民歌》，载《汾水》1980 年第 2 期；韩燕如、郭超：《爬山歌论稿》，内蒙古人民出版社，1983 年版，第 33 页。
[100] 严辰：《信天游选》，海燕书店，1951 年版，第 48 页。
[101] 韩燕如：《爬山歌选》，人民文学出版社，1960 年版，第 12 页。
[102] 蒋菁：《中国音乐文化大观》，北京大学出版社，2001 年版，第 404 页。
[103] 内蒙古自治区图书馆藏：《绥远概况·农业》，绥远省政府编印，1933 年版，第 5 页。
[104] 张存亮：《“西口”河灯会》，山西省文史研究馆编：《汾晋遗珠》，上海书店，1994 年版，第 238 页。
[105] 中央音乐学院中国音乐研究所编：《河曲民间歌曲》（调查研究专辑），音乐出版社，1956 年版，第 16 页。
[106] 中央音乐学院中国音乐研究所编：《河曲民间歌曲》（调查研究专辑），音乐出版社，1956 年版，第 164 页。
[107] 李季：《顺天游》，上海杂志公司，1950 年版，第 270—271 页。
[108] 秉荣、原鲁：《九死一生“走西口”》，载《山西社会大观》，上海书店出版社，2000 年版，第 56 页。
[109] 中央音乐学院中国音乐研究所编：《河曲民间歌曲》（调查研究专辑），音乐出版社，1956 年版，第 169 页。
[110] 闫天灵：《汉族移民与近代内蒙古社会变迁研究》，民族出版社，2004 年版，第 394—404 页。
[111] [明] 杨时宁：《宣大山西三镇图说》，上海古籍出版社，1995 年版。
[112] 附图 2、3 道光《万全县志》，万全县档案史志局。王飞：《清代张家口经贸与商帮研究》，山西大学晋商学研究所博士学位论文，2020 年 6 月。
[113] 王征：《崇祯十年张家口开市买马及闭市日期等事揭帖》，《历史档案》2019 年第 2 期。
[114] 小方、石万里摄：《东方杂志》1937 年第 11 期。
[115] 蒙古国国家档案局藏，清代中国商民赴恰克图进行商业贸易的部分档案，杜心宽先生提供。

[116] 附图 7、8 蒙古国国家档案局藏，土谢图汗等省偿还大盛魁商铺债务的清单（道光二年九月二十三日），杜心宽先生提供。参见代林、马静主编：《大盛魁闻见录》，内蒙古人民出版社，2011 年版。

[117] 附图 12，参见蒙古国国家档案局、内蒙古自治区档案局编：《旅蒙商档案集萃》，内蒙古大学出版社，2009 年版。

甘肃长城旅游的发展现状与非遗融合路径*

王志翔**

摘要：甘肃地处丝绸之路黄金段，东西跨越1600多千米，是华夏文明的重要发祥地之一，有“河岳根源、羲轩桑梓”之誉。在42.58万平方千米的土地上，先民建造了大量长城，并发展出丰富的非物质文化遗产。甘肃长城的总里程位居国内第二，国家级非物质文化遗产共计83项。拥有悠久历史和深厚文化底蕴的甘肃，曾在2017年荣登亚洲最佳旅行目的地榜首，展示出甘肃具备的旅游潜力。近些年来，随着长城国家文化公园的建设和国家对非物质文化遗产的重视，甘肃在发展文化和旅游时理应整合相关资源，以“文化遗产综合体”为创新模式，完善相关旅游机制，从文旅融合发展的角度着力，协调发展物质文化遗产和非物质文化遗产，为新时期甘肃非遗、长城与旅游融合发展作出新的贡献。

关键词：甘肃；长城；非遗；旅游；文化

2017年12月，《孤独星球》杂志发布了“2017年亚洲最佳旅行目的地榜单”，甘肃荣登榜首，成为旅行者热衷的最佳亚洲旅行目的地。尽管地处中国西北内陆，但甘肃拥有森林、草原、雪山、冰川、戈壁、沙漠等多样化的自然景观，也拥有自神话传说中的伏羲、女娲到明清以来的悠久历史。这些资源能够给游客带来多元化的旅游体验和深层次的感官冲击。在这里，自然遗产、物质文化遗产和非物质文化遗产交相呼应，甘肃因此也成为我们今日在传承弘扬中华优秀传统文化和发展旅游

* 课题项目：本文为甘肃省省级人才项目“甘肃非遗与旅游融合发展对策研究”（项目批准号：2025QNGR08）的阶段性研究成果。

** 作者简介：王志翔，西北师范大学文学院副教授、硕士生导师。

时理应关注到的重要地区。从中国目前的旅游发展现状来看，群众通常热衷于感受各类文化底蕴深厚的景点，可以说，文化是旅游的灵魂，旅游是文化发展的重要途径。在当前，文化旅游已经走入民众的视野，并成为旅游产业的重要类型。作为继农业、工业之后发展起来的第三产业新模式，文旅融合发展对国民经济的升级和结构转型有着重要的意义，开展文化旅游已经成为当今社会发展旅游业、调整经济结构、提高经济效益、协调区域发展、弘扬中国文化的重要举措，是故需要得到重视。在甘肃，各类文化遗产和非物质文化遗产数量众多，但目前的旅游现状多呈现出重资源轻内涵、重景观轻叙事等问题，需要我们加以关注。以长城国家文化公园的建设来看，当下我们不应仅仅局限在搜集长城数据、考察长城资源等基础性的工作中，而是有必要将以长城为代表的物质文化资源和其他具有代表性的非物质文化遗产资源进行融合，通过数字化重构、非遗场景活化等路径，探索长城遗产保护与非遗传承的协同发展机制，从而打造出甘肃文化旅游的新符号，开发有创意的文旅产业和文旅路线，让更多的人认识甘肃，了解甘肃。

一、甘肃长城资源的基本情况

在中国，长城东西长度超过 2.1 万千米，跨越了 15 个省区市。今天的甘肃省共计有 14 个地级行政单位，其中有 11 个地级行政区有长城遗存。从保存现状看，甘肃长城的类型丰富，体系完整，是非常重要的文化遗产资源。甘肃长城始建于战国时期，一直延续到明朝末年，其主体的绝大部分是由战国秦、汉、明三个时期修筑的，现存长城总长度达 3654 千米，占全国长城总长度的近五分之一，居全国第二。尤其是甘肃的明长城，总长度达 1738.3 千米，为全国之冠。从当前的资源调查情况以及学者的研究成果看，战国秦、汉、明长城的西端起首皆在甘肃域内，为甘肃长城赋予了特殊的文化价值和旅游意义。下文根据国家文物局主编的《中国文物地图集》，对甘肃历代长城资源的基本情况做一说明。

甘肃长城的主体分为战国秦长城、汉长城、明长城以及烽燧等其他防御设施，分别修筑在甘肃省的庆阳市、平凉市、定西市、白银市、兰州市、临夏回族自治州、武威市、金昌市、张掖市、酒泉市、嘉峪关市等地。其中，战国秦长城是文献记载中甘肃域内最早修筑的长城，汉长城是中原王朝向西开拓的前沿阵地，明长城为明代国家边防及经济的发展作出过重要贡献。

从战国秦长城来看，对于该段长城的筑造年代，曾有过秦昭王时和秦始皇时两种说法，经过学者们的长期论证，目前的主流观点倾向于该长城为秦昭王时修筑。

在商鞅变法之后，秦王嬴政“奋六世之余烈”，先后灭韩、赵、魏、楚、燕、齐六国，完成统一大业，并于前221年称“始皇帝”，进而修筑长城。秦朝的疆域，东到大海，西到陇西，北到长城一带，南到南海，其广袤程度远超前代。《史记·蒙恬列传》中记载：“秦已并天下，乃使蒙恬将三十万众北逐戎狄，收河南。筑长城，因地形，用制险塞，起临洮，至辽东，延袤万余里。……是时蒙恬威震匈奴。”[1]《史记》中的文本记载了秦始皇时期修筑的万里长城，这也是中国历史上的第一条万里长城。多方面的证据表明，秦始皇时期修筑的万里长城是在原先战国秦长城、赵长城、燕长城三国长城的基础上修建贯通的。从长城的具体修建时间看，陇西秦长城的修筑时间其实更早。据《史记·匈奴列传》：

> 秦昭王时，义渠戎王与宣太后乱，有二子。宣太后诈而杀义渠戎王于甘泉，遂起兵伐残义渠。于是秦有陇西、北地、上郡，筑长城以拒胡。而赵武灵王亦变俗胡服，习骑射，北破林胡、楼烦；筑长城，自代并阴山下，至高阙为塞，而置云中、雁门、代郡。其后燕有贤将秦开，为质于胡，胡甚信之。归而袭破东胡，东胡却千余里。与荆轲刺秦王秦舞阳者，开之孙也。燕亦筑长城，自造阳至襄平。……后秦灭六国，而始皇帝使蒙恬将十万之众北击胡，悉收河南地。因河为塞，筑四十四县城临河，徙适戍以充之。而通直道，自九原至云阳，因边山险堑溪谷可缮者治之，起临洮至辽东万余里。[2]

从上述引文来看，陇西地区的长城，早在秦昭王时就已经开始修建。在同一时期，北方的赵国、燕国也先后开始修筑长城。就秦国来看，秦昭王是秦国历史上在位时间最长的君主，他为秦国能够统一六国奠定了坚实的基础。攻灭义渠是昭王任内发生的一件极为重要的事件。义渠原本为活动在陇西和陇东高原地区的民族，他们与秦人之间长期处于敌对战争状态。昭王时期，他的母亲宣太后用计诈杀义渠戎王，从此结束了义渠隐患，并且消除了秦国的后顾之忧。陇西秦长城的修建正是基于这一背景，距今已有近2300年的历史。[3]也就是说，陇西域内的秦长城由战国时的秦昭王修筑，历史更为悠久。

甘肃域内的汉代长城即河西汉塞。据文献记载，在汉武帝元鼎六年（前111年），为了反击匈奴、凿空西域，武帝下令修筑令居塞。令居为河西首县，是汉武帝元鼎二年所建。令居塞起于今兰州市河口的黄河北岸，沿庄浪河过乌鞘岭，经武威、张掖、酒泉，至酒泉市临水乡北的北大河（讨赖河）东岸。在元封四年（前107年），汉王朝开始修筑酒泉塞，起于今金塔县东北的天仓乡，西经金塔、玉门、瓜州、敦煌等地，止于疏勒河下游盆地。在太初三年（前102年），汉王朝又修筑了居延塞和休屠塞。居延塞由金塔县南之正义峡起，至金塔县双城乡北的金关遗址，之后一路向北进入内蒙古地区。另一条长城从黑山开始修建，沿大西河东南岸向北，最终至休屠泽。汉长城在甘肃域内共计约 1500 千米，至今有大量遗迹留存。

明边墙是甘肃域内明长城的早期名称。在明代，西北地区有固原镇和甘肃镇，固原镇承担黄河东部的边防，甘肃镇承担黄河以西直至嘉峪关地区的边防。明长城在甘肃域内约有 1800 千米，分布范围极广。其主线西起嘉峪关，经酒泉、张掖、武威等地。到武威之后，明长城分两条路线修筑，一条经白银沿黄河南岸过榆中、皋兰、城关、西固等地，至临夏回族自治州永靖县；一条经古浪和安宁到今日甘肃省的兰州市区。除此之外，甘肃庆阳也有属于明代“固原内边”的长城遗迹。

从上列长城的基本信息来看，尽管对战国秦长城的西起首的问题略有争议，但目前的研究成果表明，学者们基本能够认同战国秦、汉及明长城的西起首皆在甘肃域内。此外，甘肃域内还有晋及其他时期修建的一些塞防设施，因数量少且保存不佳，故在本文中暂不赘述。可以说，长城在甘肃有着悠久的修建历史，是重要的文化遗产资源。

二、甘肃长城旅游的发展现状

尽管甘肃拥有丰富的长城资源，但目前甘肃省内对长城的保护和开发利用仍然非常有限，一些比较明显的问题需要我们去关注并解决，以便进一步拓展当下文化和旅游发展的空间，从而推动甘肃省内文化和旅游深度融合发展。

在国家各个层面的大力支持下，甘肃省已经对全省的长城资源做了基本的数据统计、文献整理、本体保护、监测管理、展示利用等工作，这些举措有效改善了甘肃长城的保存状况。目前，省内开发较好的长城资源有嘉峪关市的长城景区，其主体包括万里长城第一墩、嘉峪关关城、悬壁长城以及嘉峪关长城博物馆。早在 1961 年，嘉峪关关城就被国务院公布为第一批全国重点文物保护单位。在 2007 年，嘉峪关文物景区又入选为全国首批 5A 级旅游景区，成为长城保护及文旅开发的代表地段。敦煌市域内的玉门关和阳关也是开发比较成功的景点，吸引着国内外大量游客前往参观，有效带动了敦煌市的经济发展。近些年来，甘肃省还先后组织了对战国秦长城临洮段、汉长城玉门段、明长城古浪段等长城遗迹的保护与修缮工作，这些项目对甘肃域内局部地区的长城做了抢险加固，有利于长城的保存。另外，甘肃长城长征国家文化公园建设发展研究中心的设立，也为甘肃省长城资源的保护与开发提供了学术研究平台。

尽管甘肃长城在局部地段的保护与开发中取得了一些成就，但这些成就与甘肃长城的总体数量相比，仍然规模较小。从前期的调研情况来看，截至目前，继敦煌和嘉峪关之后，甘肃临洮、陇西、天祝、古浪、山丹、高台等地也都陆续修建了长城博物馆、展览馆或其他相关设施，这些工程的开展，凸显出国家对长城资源的保护与关注，具有积极的意义，是国家推动长城与旅游融合发展的重要决策。但是，目前就相关设施的利用现状和使用效果来看，甘肃各地对长城资源的利用基本都是以直接展示为主，兼及部分文物陈列，这一现象与国内开发的其他重要长城景点之间还是存在着一定差距的。

根据《长城国家文化公园（甘肃段）建设保护规划》，甘肃立足战国秦长城、汉长城和明长城，要打造出 3 个核心展示园，即“河西汉塞”“明代雄关”“陇右屏障”。“河西汉塞”有阳关和玉门关，“明代雄关”有嘉峪关，但对“陇右屏障”这一主题的长城展示，目前尚未达到理想的效果。除此之外，《规划》中还提及要建设“居延古道”“甘凉咽喉”“陇中脊梁”3 个风景道示范段和临泽、永昌、民勤、凉州—古浪、开祝、景泰—靖远、环县、华池等 8 个各具特色、异彩纷呈的长城特色资源展示点。通过园、带、点结合，秦、汉、明呼应，形成全方位、多层次、特色鲜明的国家文化公园主题展示体系。从《规划》来看，这一计划具备可实施性，且有助于推动甘肃长城资源的保护与宣传，但就目前省内长城的实施现状看，相关地带的开发仍然面临着一定的瓶颈。

举例来看，定西市临洮县域内有学术界关注的战国秦长城的西起首，在这里，今日还能够看到历经 2000 多年风雨的战国秦长城，并且当地也修建了长城风景步道、临洮战国秦长城国家文化公园游客中心等文旅融合工程。2023 年 10 月，我们对临洮战国秦长城做了调研，调研结果表明，当地已经打出了战国秦长城西起首的招牌，并且修建了游客中心，但由于经费和工程规划等方面的问题，目前已竣工的游客中心展览馆内尚缺乏具体展出的文物，也缺乏相应的展示平台。这些不足无疑会限制长城文化在民间的宣传，难以让百姓去了解长城、热爱长城，在参观当地长城景点之后去保护长城。

图 1　战国秦长城临洮段[4]

图 2　临洮战国秦长城国家文化公园游客中心[5]

与临洮相距不远的定西市陇西县同样保存着战国秦长城，但目前当地保护长城的工作以监测巡视为主，尚未建立专门的文旅机构对长城资源进行保护与开发，与长城相关的部分文物主要依托陇西县博物馆保存。

图 3 战国秦长城陇西段 [6]

与陇西县相似，根据近年的调查，尽管战国秦长城在甘肃经过临洮县、渭源县、陇西县、通渭县、静宁县、镇原县、环县、华池县，在甘肃域内拥有400多千米的长度，但并非所有地区都有针对长城资源的保护与文旅开发计划。

再看汉长城的保护，目前，张掖市的山丹县和高台县都修建了汉明长城保护中心，这些设施的修建是当地为推动长城旅游所做的努力。其中，山丹长城国家文化公园游客中心的各类设施相对比较完备，并且升级改造了山丹县汉明长城博物馆，但该景区所处位置相对偏远，公共交通资源的匹配欠缺，因此鲜有游客慕名前往，吸引游客的效果并不佳。高台县域内也有长城资源，并且修建了汉明长城游客服务中心，但该中心对长城的展示主要以长城摄影图片为主，缺乏实物资料和对长城实体的开发，不能让群众在参观时更为深入地了解长城、认识长城。

就明长城而言，2023年11月，笔者对武威明长城天祝段和古浪段做了调研。其中，天祝长城以“雪域长城”作为宣传标语，突显着当地的自然风貌。明长城古浪段的保存状况相对较好。明长城民勤段地处腾格里沙漠，可以突出“大漠长城”这一主题。

整体而言，尽管这些地区的长城资源在近些年都得到了世人的关注，但要开发为成熟的旅游景点，在配套设施、景区管理、文旅宣传等方面仍有不足。尤其是相关展示区缺乏对特定区域的文物展示和文化宣传，这些都是能够通过后期工作加以弥补的地方。

图 4　汉长城山丹段 [7]

图 5　高台县汉明长城游客服务中心 [8]

图 6　明长城民勤段 [9]

通过以上论述可知，目前甘肃的长城资源以嘉峪关关城、悬臂长城、敦煌玉门关遗址和阳关遗址的开发最为成熟，其中的文物陈列、公共交通、长城展示、游客体验区等，是其他地区在建设长城国家文化公园时可以借鉴的重要方向。继敦煌和嘉峪关之后，战国秦长城临洮段和汉明长城山丹段也已对公众开放，成为甘肃长城资源旅游开发的第二梯队，但相关配套设施仍然需要进一步发展。除此之外，甘肃长城的其他地段则主要为自然开放的形式。通过对甘肃各地长城资源的考察可知，当前甘肃长城在资源保护与利用方面存在的问题具体如下。

其一，目前开发较完善的景区旅游项目主要集中在城墙观光，现有的旅游开发主要以点状展示为主，游客的体验维度单一，对长城及甘肃文化的利用率低，未结合与长城相关的军事文化、屯垦文化、商贸文化进行立体展示，难以充分展现甘肃长城资源的特定价值和特点。

其二，除了敦煌、嘉峪关、山丹等地之外，甘肃域内的大量长城仍然是自然开放的状态，缺乏精准的监测保护机制和配套设施，遗产地附近民众对长城保护的参与度低，长城旅游和居民收入之间没有形成良性的发展关系，没有很好调动群众的积极性，让他们参与到文化遗产的保护中来。

其三，从文化传承传播的角度看，现今甘肃长城在文旅开发时涉及的内容多局限在开发长城本体，解说系统基本停留在描述建筑形制和长城修建历史等方面，缺乏对“长城精神”的价值诠释，导致出现文化解码失语的现象。

其四，还需要注意的是，目前在开发长城旅游时没有很好地搜集利用长城周边以及与长城相关的非物质文化遗产资源。就这一方面而言，目前对甘肃域内的长城传说收集不全面、宣传不到位，对口头文学作品的展示不充分，也是需要注意的问题。

其五，现今对学术界关于甘肃长城研究成果的普及也有待强化。学术界对甘肃长城的研究成果较多，涉及文物、考古、民族、军事、政治、历史、地理、移民、防御、保护等多个方面，并且出版过《临洮县长城》[10]《临洮战国秦长城、山丹汉长城调查报告》[11]《河西汉塞调查与研究》[12]《肩水金关汉简》[13]等与长城相关的研究著作，讨论过诸如“战国秦长城的西起首”[14]等问题，但是，将这些成果运用在文旅开发中的成效还有不足。

三、长城沿线的非遗及融合路径

从前期的文旅开发情况来看，除了早期规划的长城景点能够依托既有的长城遗迹发展旅游，并取得了相对成功之外，甘肃省内其他区域的绝大部分长城资源其实仍然没有进入群众的视野中，甚至部分地区的群众对长城的历史价值、文化价值和经济价值的认识不到位，保护长城的观念也有待提升。搜集近些年有关长城的新闻报道，我们不难发现，在国家主张大力保护长城的同时，部分地段的长城仍然遭受着人为的破坏。例如，在 2015 年 8 月 20 日，国家文物局官网就对甘肃省景泰县明长城遭到严重破坏一事做了报道，中国政府网转发了这一新闻 [15]；在 2017 年 2 月 8 日，人民政协网也对明长城景泰段的破坏做了报道，说“甘肃明长城遗址遭农田啃噬，有的成农户羊圈院墙” [16]；2023 年 9 月 4 日，光明网报道了一件破坏长城的事件，称二人为了抄近道，挖断明长城，对明长城造成了不可逆的损害 [17]；在 2023 年 12 月 22 日，光明网报道称，明长城甘肃省景泰段遗址遭矿企违法侵占，历时数年未完成整改。[18] 这些破坏长城的现象在近些年仍然存在，说明尽管长城已经被列为全国重点文物保护单位，但一些地区的长城资源其实长期以来并没有得到应有的保护，当前国内保护长城的形势依然相当严峻，保护工作任重道远，需要加大保护力度。但是，作为横亘在中国北方的古代历史文化遗存，对体量巨大的长城进行保护，并非仅凭几份政策文件或几个政府单位就可以实施，最重要的是应该调动地方群众，让群众作为地方文化的持有者，参与到长城守护中来，并逐步发展，形成文化遗产、遗产地居民、旅游收益三者之间的良性关系。让群众能够自觉融入到保护长城的群体中，就需要提升群众对长城的认识，加强群众保护长城的意识。同样，保护长城也需要我们积极吸纳多方面的意见，出台具有可操作性的保护方案，这样既能够对长城予以保护，提高群众保护长城的思想观念，又能够开发长城旅游资源，发展地方经济。

在重视文化与旅游融合发展的今天，在甘肃，与长城旅游能够有效结合并且能够让群众积极参与进来，就需要在文旅融合发展时有理论突破，其中的一个重要方向是将长城与非遗进行融合发展，从原本的“物质驱动”转向“文化叙事”。

非遗即非物质文化遗产的简称，是指文化遗产组成部分的各种传统文化表现形式，以及与传统文化表现形式相关的实物和场所。这一概念是在联合国教科文组织保护人类文化遗产的实践过程中逐步形成和明确的。[19] 甘肃省内的非物质文化遗产数量众多，且有不少当前尚未被世人关注到的重要项目，长城沿线的非遗便是其中的重要内容。与长城相关的仪式、习俗、传说故事在民间长期存在，具有较高的文化价值，理应得到我们的关注。在保护长城的同时，如果能够通过非遗调动地方群众，并以此提高群众的保护意识，从而发展地方经济，无疑是一种有效的方式。

如若按照地理区域进行划分，甘肃省通常可以以黄河为界分为河东和河西地区。这不仅是基于自然地理因素划分的结果，也是整合甘肃文化资源的一个方向。从文化层面看，甘肃的不同地区在历史上也具有一定特色，比如河东地区的长城主体为战国秦长城，河西地区以汉明长城为主。就非遗而言，甘肃省的非遗资源丰富，颇具特色，现拥有联合国教科文组织人类非物质文化遗产代表作名录项目 3 项，其他国家级、省级非物质文化遗产代表性项目多项。[20] 在河东地区，涉及长城的市县有庆阳市镇原县、环县，平凉市的静宁县，定西市的通渭县、陇西县、渭源县、临洮县，这些地方在历史文化层面也具有高度相似性，可视作同一文化圈。作为战国秦长城穿越的地带，这一区域的共同非遗有秦腔、皮影戏、道情、剪纸、春节、社火等项目，是故可以组合发展文旅产业。河西地区同样如此，例如可以打造明长城非遗旅游文化带，通过永登苦水高高跷等非遗展演，重现明代戍边士兵的瞭望场景，结合非遗中的夯筑技艺，让游客亲身体验明长城的修筑过程。诸如此类，皆能够将现有非遗作为开发长城旅游时的文化解码工具，助力文化旅游融合发展。

此外，通过实地调研及资料整理可知，甘肃的长城沿线还保存着大量与长城相关的古村落，这些村落中保存着与长城有关的名人轶事、农耕传统和民俗节庆活动，是珍贵的非物质文化遗产。但是，目前在发展旅游时，尚未重视这些非遗资源，尤其是对甘肃域内长城传说的搜集宣传不到位，这无疑是一大遗憾。在本文中，我们要对相关非物质文化遗产的情况进行说明。鉴于非物质文化遗产是百姓最为熟悉的文化资源，而长城对很多百姓而言是历史遗迹，是故可以从非遗入手，通过百姓最熟悉的文化，讨论长城的开发与保护。

也就是说，除了对长城本体的旅游与保护开发之外，长城沿线的非遗尤其是相关民间传说故事也可以作为重要的内容纳入到长城保护的资源中。在调研时，我们搜集到一些长城故事，举例如下。

以河东地区来看，定西市临洮县的杀王坡烽燧、望儿咀等处就有长城传说。在《史记·陈涉世家》中，司马迁借陈胜之口写到了秦始皇长子扶苏之死，陈胜说："吾闻二世少子也，不当立，当立者乃公子扶苏。扶苏以数谏故，上使外将兵。今或闻无罪，二世杀之。百姓多闻其贤，未知其死也。"[21] 对于扶苏之死，在《史记·李斯列传》中也有比较详细的记载，是说扶苏之死与胡亥、李斯、赵高相关。赵高和李斯密谋立胡亥为太子，写书信赐死了扶苏。《李斯列传》文曰："封其书以皇帝玺，遣胡亥客奉书赐扶苏于上郡。使者至，发书，扶苏泣，入舍内，欲自杀。蒙恬止扶苏曰：'陛下居外，未立太子，使臣将三十万众守边，公子为监，此天下重任也。今一使者来，即自杀，安知其非诈？请复请，复请而后死，未暮夜。'使者数趣之。扶苏为人仁，谓蒙恬曰：'父而赐子死，尚安复请！'即自杀。蒙恬不肯死，使者即以属吏，系于阳周。"[22] 在《史记》中，司马迁写到扶苏死于上郡，蒙恬押于阳周。但在民间的传说中，长城沿线的甘肃临洮也流传着扶苏的故事。例如，在临洮的杀王坡，当地传说认为“杀王坡”的名称来源于民间流传的扶苏故事。临洮县长城文化研究院院长杨海东说：“杀王坡这个地名很特殊，为什么叫杀王坡呢？传说秦时扶苏和蒙恬率兵作战，在秦始皇死后，李斯秘不发丧，下圣旨让扶苏自杀，这里正是民间传说中扶苏被杀害的地方。老百姓数千年来在此地流传了这一故事，就把这个地名叫作杀王坡。”[23]

这是说秦始皇长子扶苏被派遣至临洮与蒙恬共筑长城，最终被杀。临洮县长城沿线的望儿咀，民间传说中是秦军将士的母亲等待他们归来的地方。杨海东院长说：“在民间传说中，扶苏和蒙恬当时率兵与匈奴作战的地点就在这个地区。当士兵出去打仗时，他们的母亲担心孩子们的安全，就在这个地方守望，希望他们能够凯旋。”类似传说在战国秦长城沿线流传较多，比如在陇西县福星镇的长城梁上有一处“泉湾堡”，陇西博物馆的张军说：“古代在秦长城沿线驻有部队，保护国家安全。由于这个堡子距离福星镇的泉湾村最近，所以在对长城普查时将之命名为泉湾堡。不过，泉湾堡对于当地老百姓来说，更为耳熟能详的原名叫‘望儿台’。为什么叫这个名字呢？在修建战国秦长城的时候，当时征了很多从军的士卒和服徭役的民夫修筑长城，他们在修筑长城时长期不能回家，百姓盼望着家里的孩子能够早日回家，老人们便会站在这个地方眺望远方，盼望家人早日回来，过上和平安稳的日子。”[24]

再以河西地区来看，历史上的河西主体为河西四郡，为世人关注到的重点非遗有武威、张掖、酒泉的河西宝卷以及蒙古族、裕固族等民族的服饰和婚俗。此外，长城传说也应当纳入需要关注的非遗中。河西地区与长城相关的传说，在民间有“选址建关”“定城砖”“冰道运石”“山羊驮砖”“燕鸣关城”等，皆具有代表性。“选址建关”的传说与明初大将冯胜相关，讲的是冯胜遵照太祖朱元璋旨意，在肃州选险要之地筑建嘉峪关之事。陈宗德讲述说：“关城修起来了，冯胜心中留下了一个解不开的谜：究竟是谁移动线桩的呢？于是派人四处明察暗访，也毫无结果。后来有人说是关云长显灵，移动了关址。后人就在关城附近，又修了一座关帝庙。”[25]“冰道运石”讲的是人们对嘉峪关内长约六尺、宽一尺五寸、厚约一尺的青石石条来源的考察。“定城砖”讲的是负责嘉峪关修建总工程师丁玺和雇来的瓦匠师傅崔伏之间就关城修筑发生的事。诸如此类传说，在嘉峪关景区当前的旅游开发中已经有所运用，但尚不全面。这些传说能够让景区的旅游资源更为丰富，让游客的体验更加充实。在河西地区的金昌市，还有一个与长城和天波杨府相关的传说，是当地结合非遗发展长城时应该关注的材料。讲述者耿培基说：“万里长城从甘肃的嘉峪关往东，沿着河西走廊，弯曲起伏经过酒泉、高台、张掖、山丹，来到永昌。有名的长城要塞河西堡就坐落在这里。相传，北宋神宗时，天波杨府杨文广的女儿杨满堂镇守河西，她的大营就扎在河西堡的营山坡上。至今，河西堡还留有不少杨满堂的遗迹。”[26]

上面梳理了甘肃长城沿线与非遗相关的一些传说，作为甘肃民间的重要文化资源，将它们作为发展长城旅游的素材，无疑能够扩展长城文化的内涵。可以说，以传说为载体的非遗和让人们能够实际感知的长城遗址，对长城研究和旅游开发具有重要意义。

结语

有学者指出：“‘文化遗产保护’始终是一个动态变化的过程，其意义和重要性也在不断延展。”[27] 通过剖析甘肃长城的基本情况和旅游现状，我们能够明显地看出在敦煌和嘉峪关等地，长城已经成为旅游开发的重要资源，并且已经成为重要的文化品牌，为当地创造了良好的经济收入。但与全省庞大的长城规模相比，目前在保护与开发甘肃长城资源的过程中仍然面临着较多的问题，涉及文化解码失语、体验维度单一、民众参与断裂等方面。这些问题的存在，皆需要我们在发展甘肃长城旅游时注重提质升级，突破传统的文物保护范式，关注特定区域文化旅游系统的整体性打造。具体路径有以下几点：其一，关联物质文化遗产和非物质文化遗产，将非遗作为文化解码的工具，转变原先单纯展示长城本体的“物质驱动”旅游方式，突出“文化叙事”的重要性。具体可以按照不同地区的长城修筑年代，以历史时间线为参照，设置戍卒换防仪式展演，或从空间维度复原长城驿传系统，结合甘肃出土的简牍文书为游客打造长城沿线的沉浸式旅游路线，丰富长城旅游的内涵。其二，将长城周围的非遗融入到对长城的文旅宣传中去，让长城成为激活所在地非遗和文化生态的一把钥匙。在此方面，还需要根据长城的本体特征发展线性旅游，通过以点带面，让已经成熟的长城景点带动其他地区的文化旅游，发展出长城旅游文化带，为线性文化遗产的可持续发展提供理论支撑，从而形成文化旅游新模式，为文化保护与经济创收作出贡献。其三，积极发展非物质文化遗产相关的产业，创新开发模式，建设长城沿线的非遗矩阵。例如，可以通过“长城＋非遗”主题组织开展相关研学活动，比如在长城所在地举办边塞诗词、传说故事等非遗展演或比赛活动，让游客通过长城及长城沿线的非遗体验多重文化。设计“长城＋非遗”文旅融合工作坊，开发出别具一格的非遗文创产品。其四，从制度层面完善民众的参与机制，尽可能以最大程度调动民众的参与积极性。比如将与长城相关的民俗仪式进行再现，由非遗传承人进行展示和教授；认定一批长城沿线的非遗传承村落，设立旅游收益专项基金，用于以非遗为主的传统工艺振兴。其五，打造长城文化遗产旅游生态系统，将长城的物质本体、周边的非物质文化遗产以及当地自然地理环境视为有机整体进行组合发展，组织构建城墙本体、长城军事体系以及地域非遗旅游模型，重视长城沿线各种文化资源和文化要素的交融发展，开发出有持续文化创造力的长城资源。

要之，在甘肃长城与非遗资源的保护和传承中，当前要重视非遗与文化遗产的融合发展，响应国家文化公园建设的战略，实现长城资源与非遗活态传承的双重目标，为丝绸之路文化遗产廊道的建设提供新的样本。

注释

[1]［西汉］司马迁：《史记》，中华书局，2014 年版，第 3113—3114 页。

[2]［西汉］司马迁：《史记》，中华书局，2014 年版，第 3490—3491 页。

[3] 从秦昭王三十五年（前 272 年）秦灭义渠至 2025 年，约 2300 年。

[4] 战国秦长城临洮段照片为 2023 年 10 月 12 日笔者在甘肃省定西市临洮县调研时拍摄。

[5] 2023 年 10 月 12 日，笔者在甘肃省定西市临洮县调研时拍摄。

[6] 2023 年 10 月 13 日，笔者在甘肃省定西市陇西县调研战国秦长城时拍摄。

[7] 汉长城山丹段为 2023 年 11 月笔者在甘肃省张掖市山丹县调研时拍摄。

[8] 该照片为 2023 年 11 月笔者在甘肃省张掖市高台县调研时拍摄。

[9] 明长城民勤段照片为 2023 年 11 月笔者在甘肃省武威市民勤县调研明长城时拍摄。

[10] 杨海东主编：《临洮县长城》，江苏凤凰科学技术出版社，2023 年版。

[11] 甘肃省文物局、甘肃省文物考古研究所著：《临洮战国秦长城、山丹汉明长城调查报告》，甘肃人民出版社，2007 年版。

[12] 甘肃省文物考古研究所、吴礽骧：《河西汉塞调查与研究》，文物出版社，2005 年版。

[13] 甘肃省文物考古研究所、甘肃简牍保护研究中心：《肩水金关汉简》，中西书局，2014 年版。

[14] 一些观点认为："秦长城始筑于公元前 214 年，当起首今岷县西 20 里，沿洮河南岸，经今岷县、卓尼、渭源、临洮、永靖等县，再沿黄河南岸，经兰州市、榆中、皋兰、靖远等县，进入宁夏回族自治区，于中卫县渡黄河，北经贺兰山，入内蒙古自治区，与秦长城北段相接。在甘肃省域内，秦长城主要利用洮河、黄河两岸的高山峡谷为天然屏障，沿河修筑城障、烽燧，以为塞防。个别地段则利用地形，外削内埋，以增强防御。今沿黄河东岸的部分明代墩台，有可能是利用秦燧改造而成。"参见国家文物局主编：《中国文物地图集》（甘肃分册上），测绘出版社，2001 年版，第 108 页。

[15] https：//www.gov.cn/xinwen/2015-08/23/content_2918330.htm。

[16] https：//www.rmzxw.com.cn/c/2017-02-08/1327793.shtml。

[17] https：//baijiahao.baidu.com/s?id=1776123602257262739&wfr=spider&for=pc。

[18] https：//baijiahao.baidu.com/s?id=1785979601224706986&wfr=spider&for=pc。

[19]2001 年 5 月 18 日，联合国教科文组织宣布第一批 19 项“人类口头和非物质文化遗产代表作”名录获得通过，从此，“非物质文化遗产”作为一个特定的概念进入人类文化话语体系中。2003 年 10 月 17 日，联合国教科文组织第 32 届大会通过了《保护非物质文化遗产公约》，标志着世界范围内对“非遗”形成共识。在中国，非遗引起关注是在 2001 年“昆曲”进入联合国教科文组织公布的第一批“非遗”项目之时。参见程金城、周奉真主编：《甘肃省非物质文化遗产辞典》，商务印书馆，2022 年版，前言。

[20]数据参见程金城、周奉真主编：《甘肃省非物质文化遗产辞典》，商务印书馆，2022 年版，前言。

[21][西汉]司马迁：《史记》，中华书局，2014 年版，第 2366 页。

[22][西汉]司马迁：《史记》，中华书局，2014 年版，第 3096 页。

[23] 2023 年笔者调研临洮战国秦长城时采访杨海东院长，由杨海东院长讲述。

[24] 2023 年笔者调研陇西战国秦长城时采访陇西博物馆馆员张军，由张军讲述。

[25]《选址建关》，参见宋孟寅、董侃编：《万里长城传说》，燕山大学出版社，2017 年版，第 396—398 页。

[26]《杨满堂镇守河西堡》，参见宋孟寅、董侃编：《万里长城传说》，燕山大学出版社，2017 年版，第 387—389 页。

[27]柴荣、郑伊可：《文化遗产保护的国际视野与中国实践——〈文化遗产法：中国与世界〉评述》，《中国非物质文化遗产研究》2025 年第 1 期，第 128 页。

基于 GIS 的长城沿线体育非遗空间分布特征与旅游路线规划研究 *

吴琼 孟林盛 岳兆慧 张璐 冯俊波 李世琦 **

摘要：在长城国家文化公园建设与非物质文化遗产保护的战略背景下，研究长城沿线体育非物质文化遗产的空间分布特征，并规划旅游路线，对保护与传承体育非物质文化遗产、推进长城沿线文旅融合发展具有重要意义。本文基于 Arc GIS 空间分析技术和 SPSS 数理统计方法，对长城沿线 15 个省（自治区、直辖市）670 项体育非遗项目进行系统梳理与空间分布特征分析，并在此基础上规划五条以长城旅游景区为核心节点的体育非遗文化旅游线路。研究表明：（1）长城沿线体育非物质文化遗产整体具有空间聚集的分布态势，形成以河北为中心的高密度核心圈和 2 个次级密度核心圈。（2）长城沿线体育非物质文化遗产类型、级别和数量的空间分布受到了长城沿线区域的自然地理与长城的军事功能因素综合影响。（3）结合公路、铁路等交通网络，规划了 5 条以长城旅游景区为核心节点，体育非遗为文化内涵支撑的旅游线路。（4）在推广策略上，提出推动“体育非遗 + 长城旅游”融合，延伸价值链条，打造多层次、多平台的长城体育非遗传播体系，强化传承保障机制，推动非遗活态发展三条建议，助力长城文旅产业高质量发展。

* 课题项目：本文系教育部人文社会科学研究规划基金项目“山西古代壁画中体育图像的整理与研究”（编号：22YJA890015），山西省高等学校人文社会科学重点研究基地（长城文化生态研究院）项目（编号：SDCC2025001），山西省高等学校哲学社会科学（思想政治教育专项）一般项目（编号：2022zsszsx165）阶段性研究成果。

** 作者简介：吴琼，山西大学体育学院博士研究生；孟林盛，山西大学体育学院副院长、教授；岳兆慧，山西大学体育学院博士研究生；张璐，山西大学体育学院硕士研究生；冯俊波，山西大学体育学院硕士研究生；李世琦，山西大学体育学院硕士研究生。

关键词：长城；体育非物质文化遗产；GIS 空间分析；旅游路线

党的十八大以来，党中央高度重视长城文化价值发掘和文物遗产传承保护工作。2019 年 8 月，习近平总书记在甘肃嘉峪关考察时强调："长城凝聚了中华民族自强不息的奋斗精神和众志成城、坚韧不屈的爱国情怀，已经成为中华民族的代表性符号和中华文明的重要象征。要做好长城文化价值发掘和文物遗产传承保护工作，弘扬民族精神，为实现中华民族伟大复兴的中国梦凝聚起磅礴力量。"[1]这一重要论述为新时代长城文化遗产保护与传承指明了方向。纵贯北疆的万里长城，以巨龙之姿承载着中华文明的精神图谱，其沿线区域在历史积淀中孕育了丰富多样的体育非物质文化遗产，展现出鲜明的地域特色与文化魅力。北京"抖空竹"、河北"吴桥杂技"、山西"挠羊赛"、蒙古族"搏克"等项目，既承载着深厚的民族记忆，也是新时代弘扬中华优秀传统文化、培育文化自信的重要载体。为系统推进非遗保护工作，2021 年中共中央办公厅、国务院办公厅联合印发《关于进一步加强非物质文化遗产保护工作的意见》，特别强调促进非遗资源与旅游产业的协同发展[2]。在资源禀赋与政策导向的双重驱动下，长城沿线体育非遗正逐步展现出激活区域文旅融合的潜在动能，成为推动区域经济与社会发展的重要文化资源。

当前学界关于体育非物质文化遗产的研究，主要集中在其保护机制的文化阐释[3-5]与活态传承路径的构建上[6-8]，整体上仍以文化本体论视角为主。近年来，随着数字技术的引入，部分学者开始采用 GIS 技术对体育非遗的空间分布进行量化分析。已有学者运用空间聚合、核密度分析等方法，对黄河流域、大运河沿线、成渝双城经济圈等区域的体育非遗资源的分布格局及其与自然地理、社会经济等因素的关系进行了实证探索，取得了重要进展。[9-14]与此同时，关于长城文化带的研究多集中于历史文化价值的阐释、精神象征的建构等方面[15-19]，以往研究为本研究提供了重要的理论基础与方法论。基于此，本研究响应《国家文物局关于进一步加强长城保护工作的通知》中提出的"进一步深入研究长城的历史文化价值和时代精神"要求，系统整合长城沿线区域国家级、省级体育非遗数据库，运用 GIS 空间分析方法，探讨其空间分布特征。并结合长城旅游资源、交通体系、5A 级景区等多种元素，规划以体育非遗为核心的旅游路线，力图在资源保护与旅游转化之间构建有效的耦合机制，为激活长城文化遗产功能、增强体育文化软实力、助力体育强国建设提供理论依据与实践路径。

一、数据来源与研究方法

1. 数据来源

国家文物局将春秋战国时期至明代各时代修筑的长城城墙、敌楼、城堡、烽火台等相关历史遗迹认定为长城资源，中国各时代长城资源分布于北京、天津、河北、山西、内蒙古、辽宁、吉林、黑龙江、山东、河南、陕西、甘肃、青海、宁夏、新疆 15 个省（自治区、直辖市）[20]。本文涉及的长城沿线并非自然地理意义的河流流域范围，考虑到行政区划的完整性和统计数据的可获取性，故将长城资源分布的 15 个省（自治区、直辖市）作为研究区域。

本研究的数据为国家级和省级的“传统体育、游艺与杂技”类非遗项目、我国长城旅游景区清单和 5A 级景区。涉及的体育非遗项目包含两部分：列入中国非物质文化遗产网非物质文化遗产名录中的 1 ～ 5 批“传统体育、游艺与杂技”类；15 个省（自治区、直辖市）的人民政府部门官网公布的所有批次的省级非物质文化遗产名录中“传统体育、游艺与杂技”类。旅游景区数据来源于文化和旅游部公布的 5A 级景区名录和国家文物局公布的长城资源遗存。截至 2025 年 4 月 23 日，长城沿线 15 个省（自治区、直辖市）的体育非遗资源共收集到 670 项，5A 级景区 128 个，各类长城资源遗存 43721 处（座 / 段）。

本研究体育非遗项目的确定：将收集到的长城沿线我国 15 个省（自治区、直辖市）的传统体育、游艺与杂技项目中的杂技类项目去掉，比如戏法、魔术等；将省级项目中在后期被列入国家级的项目删去[21]。地理坐标位置的确定：位于景区内部的体育非遗资源，地理坐标位置为景区入口的坐标位置；位于景区外部的体育非遗资源，地理坐标位置为申报单位所在地的坐标位置。

2. 研究方法

GIS 空间分析法是地理信息科学以地理位置和空间特征属性为基础，进行空间数据运算和专题地图编译的一种研究方法[22]。本研究运用 Arc GIS 10.7 来分析长城沿线体育非遗（国家级、省级）数目、类型的省域分布特征，并进行地理集中指数、最邻近指数和核密度的估算。

（1）地理集中指数

地理集中指数通常用来衡量研究对象的集中程度[23]。本文用来度量体育非遗在长城沿线的空间分布状况。地理集中指数的数学表达式为：

$$G = 100\sqrt{\sum_{i=1}^{n}\left(\frac{X_i}{T}\right)^2}$$

其中，G 为地理集中指数，X_i 为长城沿线第 i 个省内的体育非遗数量，T 为长城沿线体育非遗总数，n 为省份总数。G 的取值介于 0 ～ 100 之间，G 值越大则说明长城沿线体育非遗的分布越集中，反之则说明分布越分散。假设 G_0 为长城沿线体育非遗平均分布于各省（自治区、直辖市）时的地理集中指数，若 $G>G_0$，说明长城沿线体育非遗呈集中分布，反之说明呈分散分布。

（2）最邻近指数

本文用最邻近指数来表明长城沿线体育非遗的空间分布类型。最邻近分析是根据每个要素预期最近要素的平均距离，将体育非遗所在地在空间地理上抽象为点状要素，点状要素有随机、均匀和凝聚三种空间分布类型[24]。最邻近指数的数学表达式为：

$$r_E = \frac{1}{2\sqrt{M / A}} = \frac{1}{2\sqrt{D}}$$

$$R = \frac{\overline{r_1}}{r_E} = 2\sqrt{r_1 D}$$

其中，R 为最邻近点指数；r_1 为每个点与其最邻近点之间的距离，取这些距离的平均值 $\underline{r_1}$；r_E 为理论最邻近距离；M 为点数；A 为区域面积；D 为点密度。若 $R<1$，则为凝聚型；若 $R=1$，则为随机型；若 $R>1$，则点要素为均匀型。

（3）核密度

核密度估算法（kernel density estimation，KDE）是指地理事件可以发生在空间的任何位置上，但发生在不同位置上的概率是不一样的，点密集区域的事件发生概率高，点稀疏区域的事件发生概率低[25]。核密度估算的数学表达式为：

$$f_n(x) = \frac{1}{h}\sum_{i=1}^{n} k\left(\frac{X - X_1}{h}\right)$$

其中，k（x）为核函数；$h>0$ 为带宽；（$x—x_i$）表示估值点 x 到非遗点 x_i 的距离。

二、研究结果

1. 长城沿线体育非物质文化遗产的类型分布特征

以崔乐泉教授体育非物质文化遗产的分类体系为准[26]，长城沿线体育非遗主要包括武艺武术、民俗游乐、棋类、角力、御术马术、球类活动、射箭、练力与举重、冰雪、保健养生、田径等 11 类，见表 1。从整体数量来看，覆盖我国 15 个长城沿线省（自治区、直辖市）的体育非遗共计 670 项，类型多样、分布广泛。从具体数量来看，武艺武术类最多，共 399 项，占比 59.55%，其中包括 53 项国家级和 346 项省级项目，涵盖太极拳、八卦拳、猴拳、沧州武术、通背缠拳等多个传统武术门派，显示出传统武艺在非遗体系中的核心地位。民俗游乐类为 111 项占比 16.57%，包括沙嘎游戏、狮子舞、风火流星等项目，普遍与节庆习俗紧密结合，承载着丰富的群众生活文化。此外，棋类和角力类分别为 42 项（6.27%）和 40 项（5.97%），前者以民族智力竞技为主，如蒙古族鹿棋、藏棋，后者则体现出力量与仪式的结合，如蒙古族搏克、藏族摔跤等。御术马术类 32 项（4.78%），多集中在北方草原地带。球类活动、射箭、练力与举重、冰雪运动、保健养生及田径类合计 46 项，单类占比均在 3% 以下，虽然数量相对较少，但类型独特，文化价值不容忽视，如冰上阿日嘎、珍珠球、射箭竞技等项目多与特定民族、地理和气候条件密切相关。值得注意的是，部分项目体现出少数民族鲜明的传统体育特色，如蒙古族搏克、鄂温克鹿棋、满族珍珠球等；另一些则具有明显的季节性或节庆属性，仅在特定时段开展，如冰雪撑橇运动、蒙古族那达慕等。

表 1　我国长城沿线体育非物质文化遗产的主要类型

类别	国家级	省级	合计	占比
武艺武术	53	346	399	59.55%
民俗游乐	19	92	111	16.57%
棋类	3	39	42	6.27%
角力	11	29	40	5.97%
御术马术	5	27	32	4.78%
球类活动	7	13	20	2.99%
射箭	2	8	10	1.49%
练力与举重	1	6	7	1.04%
冰雪	0	6	6	0.90%
保健养生	0	2	2	0.30%
田径	0	1	1	0.15%
总数	101	569	670	

2. 长城沿线体育非物质文化遗产的省域分布概况

从省域分布概况来看（表 2），长城沿线各省（自治区、直辖市）体育非遗数量差异显著。河北省体育非遗项目数量最多，共 144 项，在整体分布中居于首位；

陕西省数量最少，仅 10 项。从等级结构分析，长城沿线各地区的体育非遗普遍呈现出“省级多于国家级”的特点。其中，河北省国家级体育非遗项目达 24 项，占全国总量的 23.76%；相比之下，宁夏尚未拥有国家级体育非物质文化遗产项目。

表 2　长城沿线我国体育非物质文化遗产数据

地区	国家级	省（区、市）级	合计
河北省	24	120	144
山东省	14	88	102
内蒙古自治区	9	58	67
河南省	9	41	51
天津市	7	36	43
山西省	6	32	38
新疆维吾尔自治区	9	28	37
甘肃省	1	35	36
黑龙江省	1	30	31
吉林省	5	20	25
北京市	10	14	24
青海省	3	19	22
宁夏回族自治区	0	21	21
辽宁省	2	17	19
陕西省	1	9	10

3. 长城沿线体育非物质文化遗产地理空间分布概况

（1）地理集中指数

长城沿线现有的体育非遗总量 T=670，省份总数 n=15，通过地理集中指数的计算公式，计算出长城沿线体育非遗的地理集中指数：G=26.57。假设 670 项体育非遗项目平均分布于各个省份，则每个省份的体育非遗数量约为 44 项，则此时的地理集中指数 G_0=0.75。$G>G_0$ 说明从省域尺度分析，体育非遗资源在长城沿线呈现出一定程度的空间集中分布，并非完全均衡，部分地区（如河北、山东等）体育非遗项目数量明显多于其他省份，构成了资源分布的高密度区域。

（2）最邻近分析

将长城沿线体育非遗资源坐标导入 Arc GIS 10.7 空间分析平台，利用 Spatial Statistics Tools 中的 Average Nearest Neighbor 工具对长城沿线体育非遗分布进行最邻近分析。整体来看，实际最邻近距离平均值 r_1 为 17.07 km；理论最邻近距离 r_E 为

56.44 km，最邻近指数为 R=0.302462<1，（p<0.01），由此可以判断出长城沿线体育非物质文化遗产的空间分布类型为凝聚型 [27]。

（3）空间分布集聚区域分析

利用 Arc GIS 10.7 软件中 Spatial Analyst Tools 里的 Kernel Density 工具对长城沿线体育非遗的空间分布密度进行分析，经过多次试验，确定带宽（search radius）为 400 km，长城沿线 15 个省（自治区、直辖市）的体育非物质文化遗产在空间分布上呈现出三个明显的圈层结构：以河北为中心的高密度核心圈、陕甘宁次级核心圈和东北地区次级核心圈。

以河北为中心的高密度核心圈，辐射范围包括河北、山东、山西、河南、天津和北京，共拥有体育非遗项目 402 项，是长城沿线非遗资源最为密集的区域。其空间集聚的形成，既受地理环境的影响，也与地域的文化传统与历史背景密切相关。华北平原地势开阔，交通便利，人口密集，自古便是中国农业文明的核心腹地，频繁的人类活动、相对稳定的生存环境为体育非遗的形成与传播提供了有利条件。与此同时，作为儒家文化和中原文明的重要发源地，该区域历来强调礼仪教化，孕育出太极拳、形意拳、通背拳等体系完备的武术武艺。此外，该地区是长城修筑最早的区域之一，不仅推动了武术武艺与军事训练的高度融合，也促进了民间自卫武装的发展，使武术类体育非遗在社会生活中广泛存在并代际传承，形成了扎实的群众基础。同时，北京、天津等城市作为中国近现代政治与文化的中心，在非遗文化宣传与传播推广方面起到重要作用，进一步增强了该区域体育非遗的普及。

陕甘宁次级核心圈，覆盖陕西、甘肃、宁夏、青海和新疆，共计 126 项体育非遗项目，主要分布于黄土高原、西北高原等地区。该区域地势辽阔，人口密度较低，以高原、草原为主，干旱少雨，为开展赛马等依赖广阔空旷场地的体育非遗项目提供了优越的自然基础。这些项目强调身体力量与技巧的结合，契合当地粗犷质朴的生活方式。此外，作为古代丝绸之路的重要通道，多民族共居也是该区域的重要特征。汉、回、藏、维吾尔等多民族长期在此交融共生，形成了丰富多元的体育文化体系。民族间的交往交流交融催生了具有混合特质的体育非遗形态，一些项目兼具竞技性与表演性，如麦积高抬、鱼尾剑、藏棋等，融合了游牧文明的攻击性与农耕文明的仪式性，展现出文化杂糅下的体育文化。同时，陕甘宁次级核心圈的体育非遗通常在宗教仪式、节庆庆典中展开，体现出强烈的社会功能与文化象征意义。

东北地区次级核心圈，包括辽宁、吉林、黑龙江和内蒙古，体育非遗项目 142 项，类型多样，民族色彩浓厚。东北地区冬季漫长、降雪量大，天然的冰雪环境为冰上体育项目的生成提供了坚实基础。冰上龙舟竞技、冰雪撑橇等活动，体现出了独具地域特色的冰雪体育传统。这里还是我国少数民族重要的聚居地之一，满族、朝鲜族、达斡尔族、鄂温克族等民族长期生活在此，形成了朝鲜族掷柶游戏、满族珍珠球等内容丰富、风格多样的民族体育非遗项目。

三、长城沿线体育非遗空间分布的影响因素分析

体育非物质文化遗产作为地域文化的重要表征，其空间分布格局并非自然生成，而是在特定历史地理背景下形成的文化生态系统[28-29]。因此，将从长城沿线区域的自然地理条件与长城的军事功能两个维度，解析长城沿线体育非遗的空间形成机制。

1. 长城沿线自然地理条件：决定体育非遗的空间分布与项目特点

自然地理条件是影响体育非遗空间分布最根本的因素之一，直接决定了非遗项目的生存环境和表现形式[30]。长城横跨高原、平原、山地、戈壁与森林等多种地貌类型，不同的自然地理条件孕育出不同特点的体育非遗项目。地势平缓、人口密集的华北平原区域为武术类非遗提供了稳定的传播土壤。以河南焦作市陈家沟为核心发源地的太极拳，是长城沿线最具代表性的体育类非遗项目之一。陈家沟地处黄河中下游地区，地势开阔平缓，交通便利，是典型的中原农耕文明腹地，这类自然环境适宜村落长期稳定聚居，有利于太极拳等武术武艺类项目的持续传承。在此基础上，太极拳逐步实现由陈家沟“拳宗源地”向周边地区的网络式辐射，当前在河南、河北、山东、北京、天津等长城沿线省市均有不同形式的太极拳非遗项目。

长城西段地区以戈壁荒漠、高原丘陵为主，人口密度低，属于典型的游牧地带，体育非遗项目则体现出明显的游牧特征。赛马是这一区域最具代表性的体育非遗项目，最初源于游牧民族的生产生活与军事训练，随着社会的不断发展，成为各民族节庆仪式中的重要活动形式。在甘肃、新疆、宁夏、青海等地，不同形式的赛马活动都被列为非物质文化遗产，如新疆的哈萨克族传统赛马、甘肃甘南州骑马捡哈达、青海玉树赛马会等。尽管各地赛马在技法细节、竞赛形式上略有差异，但均结合速度竞技与节庆活动，体现出体育文化与族群记忆的深度融合。

2.长城的军事功能：推动体育非遗的缘起

众多传统体育项目的历史渊源，往往与军事训练、战争密切相关[31]。长城作为古代最庞大的军事防御工程，塑造了沿线区域体育非遗的起源。长城的军事功能塑造了骑射、摔跤等战技型体育非遗项目。挠羊赛是山西省忻州市盛行的群众性体育活动，2008 年被确定为第二批国家级体育非遗，其历史渊源可追溯至春秋时期晋国的军事技艺。《国语》卷十五，晋语九记载：“少室周为赵简子之右，闻牛谈有力，

请与之戏，弗胜，致右焉。简子许之，使少室周为宰，曰：知贤而让，可以训矣。（韦昭注：戏，角力也）”此处所述角力，即为古代摔跤形式。因此，山西域内的摔跤技艺在春秋末期便作为军事训练内容广泛流行。“春节习俗跑马排”，发源地位于万里长城的重要关隘——娘子关。史料记载，当时唐代守关驻军每年要举行“军傩祭祀”活动，其中信使骑马飞驰穿越长城隘口传送军情是重要的表演活动。随着时代发展，这种军事文化逐渐演变为民间的春节娱乐活动，成为长城沿线地区独具特色的体育非遗。

四、长城沿线体育非遗文化旅游路线规划

1. 空间叠加分析：旅游线路构建的地理可行性分析

交通路线在推动区域经济发展和文化传播中发挥着不可替代的作用[32]。河流、国道与铁路等交通路线，历来是文化传播的基础载体。基于此，本文运用 GIS 空间分析平台，以中国公路与铁路线分布图为底图，沿主要交通线建立 10 千米缓冲区叠加体育非遗项目，共有 528 项体育非遗资源分布在缓冲区内，占总量的 78.81%，这也表明，交通基础设施在无形中支撑了非遗项目的传播，为“非遗 + 旅游”的融合发展提供了地理条件保障。

河流是文明的发源地，影响着人们社会生活的各方面，河流也为文明的形成、发展、融合提供了场所[33]。为了更直观地分析长城沿线体育非物质文化遗产与我国河流分布的关系，根据《中国基于 DEM 提取的二级流域空间分布数据集》，利用 GIS 软件，沿河流以 50 千米为半径建立缓冲区，再与长城沿线我国的体育非遗资源点进行叠加，经统计共有 284 项体育非遗资源在河流的缓冲区内，占总数的 42.39%，说明体育非物质文化遗产在河流缓冲区内有大量分布。因此，从地理环境角度看，河流、公路、铁路为长城沿线体育非遗旅游线路的规划奠定了空间可行性。

2. 路线规划：多条线路串联文化精华

结合长城沿线体育非遗的分布圈层以及成熟的交通网络，构建以长城旅游景区为核心节点、以体育非物质文化遗产为文化内涵支撑的旅游线路。本文规划了五条覆盖面广、文化特色突出、资源匹配度高的旅游路线，见表 3。

路线一：黄崖关长城景区（天津）→八达岭长城（北京）→居庸关长城景区（北京）→山海关景区（河北）→青山关景区（河北）→雁门关景区（山西）→娘子关景区（山西）。该路线以明长城的战略关隘为主轴，贯穿京津冀晋四地，覆盖山海关、

八达岭、居庸关、娘子关、雁门关等长城的重要节点，串联太极拳、通背拳、跑马排、挠羊赛等典型体育非遗项目。

路线二：诸城齐长城景区（山东）→大峰山齐长城旅游风景区（山东）→泰山风景区（山东）→魏长城文旅融合区（河南）→嵩山少林景区（河南）→楚长城遗址景区（河南）。该线路以战国时期齐魏楚三国长城遗存与儒释道融合的武学资源为核心，体育非遗涵盖肘捶、孙膑拳、少林功夫、太极拳等拳种，结合武术朝圣体验、体育非遗工坊等活动，形成独具特色的旅游体验。

路线三：榆林红石峡（陕西）→镇北台长城景区（陕西）→钟山石窟历史博物馆→（陕西）→秦始皇帝陵博物馆（陕西）→麦积山石窟（甘肃）→镇北堡西部影城（宁夏）→明长城水洞沟景区（宁夏）→宁夏长城博物馆。该线路聚焦陕甘宁地区长城景区与博物馆，体育非遗以民俗性强为显著特征，包括藏棋、鱼尾剑、踏脚、高空耍狮子、万人扯绳赛等项目，配合石窟艺术、博物馆与影像展示平台，构建融合视觉审美与身体实践的文化体验路径。

路线四：清水河老牛湾国家地质公园（内蒙古）→克什克腾世界地质公园（内蒙古）→明长城九门口景区（辽宁）→明长城虎山长城景区（辽宁）→通化汉长城（吉林）→哈尔滨市太阳岛景区（黑龙江）→金界壕碾子山旅游区（黑龙江）。该线路以东北地区的长城景区为依托，体育非遗资源集中于冰雪类项目与民族竞技活动，包括撑橇、雪地摔跤、欻嘎拉哈、传统冰嬉、达斡尔族曲棍球、蒙古族搏克等。通过长城景区、边疆地貌与民族体育文化的互动叙事，展现出东北地区体育非遗与自然环境融合的旅游特色。

路线五：明长城天祝藏族自治县乌鞘岭风景区（甘肃）→明长城大通回族土族自治县段大通娘娘山景区（青海）→明长城嘉峪关景区（甘肃）→敦煌莫高窟（甘肃）→天山大峡谷景区（新疆）→克孜尔尕哈烽燧（新疆）。该线路贯通河西走廊至天山北麓，是古代丝绸之路的核心地带，拥有嘉峪关、乌鞘岭、克孜尔尕哈烽燧等重要长城文化遗产。区域体育非遗体现游牧文化的技艺特征，以射箭、叼羊、马术表演、骑马捡哈达等项目为主，兼具仪式性与竞技性，折射出草原社会的实战传统与节庆精神。

五条旅游线路既覆盖了长城沿线主要体育非遗圈层，又充分依托长城旅游景区，形成了功能复合、文化突出、体验丰富的旅游路线。这种“以景带遗、以遗强景”的融合模式，能够有效提升长城景区的文化附加值与游客文化参与度，助力长城文旅融合实现高质量发展。

表 3　长城沿线体育非遗文化旅游路线

路线编号	所在体育非遗圈层	涉及区域	建议天数	主题特色	长城文化景观	特色体育非遗
一	河北中心高密度核心圈	天津 北京 河北 山西	6～7天	明长城精华段＋体育非遗文化体验	黄崖关长城、八达岭长城、居庸关长城、山海关、青山关、雁门关、娘子关	太极拳、永良飞叉、八卦掌、通背拳、燕青拳、梅花拳、形意拳、挠羊赛等
二		山东 河南	5～6天	齐魏楚三国长城文化＋中原武学资源	诸城齐长城、大峰山齐长城、魏长城、楚长城遗址	肘捶、孙膑拳 、少林功夫、太极拳等
三	陕甘宁次级核心圈	陕西 甘肃 宁夏	7～8天	石窟艺术＋长城博物馆＋民族体育非遗融合	榆林红石峡、镇北台长城、镇北堡西部影城、明长城水洞沟、宁夏长城博物馆	甘南藏棋、回族武术鱼尾剑、回族踏脚、甘水坊高空耍狮子、万人扯绳赛等
四	东北地区次级核心圈	内蒙古 辽宁 吉林 黑龙江	7～9天	北疆长城＋草原文化＋冰雪非遗	清水河老牛湾国家地质公园、克什克腾世界地质公园、明长城九门口、明长城虎山长城、通化汉长城、金界壕碾子山	蒙古族搏克、传统冰上游艺、冰雪撑橇运动、满族欻嘎拉哈、达斡尔族传统曲棍球竞技等
五	陕甘宁次级核心圈	甘肃 青海 新疆	8～10天	明长城西段＋烽燧遗址＋骑射非遗	明长城天祝藏族自治县乌鞘岭、明长城大通回族土族自治县段大通娘娘山、明长城嘉峪关、克孜尔尕哈烽燧	玉树赛马会、南山射箭、维吾尔族叼羊、骑马捡哈达、金银滩马术等

3. 路线运营与传承机制：推动体育非遗与长城旅游的可持续融合发展

在体育非遗与长城文化旅游深度融合的实践中，构建稳定、可持续的运营机制，是实现文旅协同与社会效益共赢的关键路径。本研究从运营模式、参与机制与制度保障三个方面入手，构建体育非遗与长城旅游的可持续融合发展路径。

（1）推动“体育非遗＋长城旅游”融合，延伸价值链条

体育非遗的传播不能停留在看，更应实现体验和消费[34]。在各长城旅游景区设置“体育非遗互动体验区”“体育非遗小剧场”等，引入本地传承人开展现场教学与演艺活动，如太极晨练、蒙古族搏克擂台、朝鲜族摔跤表演等，提升旅游参与性。

在商品化方面，应推动体育非遗 IP 的转化开发，推出相关文创产品、主题纪念品，如迷你拳谱、传统弓箭模型等。

（2）打造多层次、多平台的长城体育非遗传播体系

传播体系的多元化、平台化是提升资源可见度与公众参与度的关键路径[35]。应充分利用传统媒体与新媒体的协同优势，推动体育非遗在长城旅游中的活态展示与跨区域认知。

在传统渠道方面，可与电视台合作推出“长城体育非遗系列”专题片，围绕各条旅游线路中的代表性项目与传承人物展开叙事，结合长城关隘、城堡等实地场景，增强视觉感。在新媒体方面，应依托抖音、快手、哔哩哔哩等平台组建“长城体育非遗”内容矩阵，通过短视频、主题 vlog 等形式，嵌入游客实地体验与项目讲解，实现非遗传播的沉浸化与生活化。围绕线路节点开发“体育非遗地图”微信小程序与数字展馆系统，为游客提供路线导览、景区介绍、非遗打卡、互动答题等功能，推动传统技艺从鉴赏到体验。

（3）强化传承保障机制，推动非遗“活态发展”

非遗的核心在于人，体育非遗尤需依赖技艺的口传身授进行传承[36]。因此，应建立区域性的“体育非遗传承人保护名录库”，为传承人提供培训、扶持与展示平台，提升其收入水平与社会地位。同时，在长城各旅游节点设置“非遗研习所”“体育文化工作坊”等，吸引游客与青年群体参与互动学习，促进技艺传播。此外，应推动非遗与高校体育学、旅游管理学、历史学融合，设立相关课程体系，培养后备人才。

结语

长城不仅是一道横贯东西的宏伟防线，更是承载民族精神与文化记忆的中华文化符号。其沿线分布的体育非物质文化遗产，是中华传统体育文化与地域文化相融合的重要结晶，不仅具有文化传承价值，也具备重要的文旅转化潜力。本文基于 GIS 空间分析技术，对长城沿线 15 个省（自治区、直辖市）的体育非遗进行了系统梳理与空间分布特征解析，发现长城沿线体育非遗在以河北为中心的高密度核心圈、陕甘宁次级核心圈与东北地区次级核心圈呈现出较为典型的区域集聚现象。在此基础上，本文进一步结合公路、铁路及河流运用空间叠加方法分析体育非遗与交通路线的耦合机制，并规划了 5 条以长城旅游景区为核心节点，体育非遗为文化内涵支撑的旅游线路。通过“点—线—面”的融合布局，不仅提升了传统旅游线路的文化深度，也为体育非遗的活态传承与产业化利用提供了可行路径。在推广策略层面，

提出了构建多平台传播网络、推动“体育非遗＋长城旅游”融合、健全传承人支持机制等建议，旨在真正实现体育非遗“融入生活、走向市场、延续传承”，助推长城文化带文旅融合高质量发展。

注释

[1]《习近平在甘肃考察时强调坚定信心开拓创新真抓实干 团结一心开创富民兴陇新局面》，2019 年 8 月 22 日，https：//www.gov.cn/xinwen/2019-08/22/content_5423551.htm。

[2]《中共中央办公厅 国务院办公厅印发〈关于进一步加强非物质文化遗产保护工作的意见〉》，2021 年 8 月 12 日，https：//www.gov.cn/zhengce/2021-08/12/content_5630974.htm。

[3] 袁进业、马廉祯：《体育非物质文化遗产保护何以有效？——基于全国 30 个案例的扎根理论和定性比较分析》，《体育科学》2024 年第 10 期，第 25—37 页。

[4] 孟峰年、李颖侠：《民族传统体育非物质文化遗产保护：属性、分类及路径选择——基于对丝绸之路甘肃段的观照》，《西安体育学院学报》2020 年第 3 期，第 335—342 页。

[5] 白晋湘、万义、白蓝：《乡村振兴战略背景下村落体育非物质文化遗产保护的治理研究》，《北京体育大学学报》2018 年第 10 期，第 1—7 页。

[6] 廖涛：《我国体育非物质文化遗产保护与传承的价值及策略》，《体育文化导刊》2023 年第 2 期，第 56—61 页。

[7] 王舜、程美超：《传统体育非物质文化遗产的传承与创新发展研究——基于习近平总书记关于文化遗产深刻论述的分析》，《体育与科学》2020 年第 4 期，第 1—6 页、第 37 页。

[8] 崔家宝、周爱光、陈小蓉：《我国体育非物质文化遗产活态传承影响因素及路径选择》，《体育科学》2019 年第 4 期，第 12—22 页。

[9] 何涛、杨丽芳：《成渝地区双城经济圈体育非物质文化遗产空间聚合与协同传承的实现路径研究》，《成都体育学院学报》2023 年第 1 期，第 58—65 页。

[10] 王舜、布浩淇、高方磊等：《大运河流域体育非物质文化遗产空间分布特征及影响因素》，《淮北师范大学学报（自然科学版）》2025 年第 1 期，第 68—72 页。

[11] 李萍、袁芳、张健等：《京津冀体育非物质文化遗产空间分布及影响因素》，《北京体育大学学报》2020 年第 9 期，第 36—47 页。

[12] 殷鼎、史兵、陈小蓉：《我国体育非物质文化遗产旅游资源空间分布研究——基于 GIS 空间分析》，《北京体育大学学报》2018 年第 11 期，第 116—122 页。

[13] 左逸帆、胡天弄、陈小蓉：《基于 GIS 的湖南省湘江文化圈体育非物质文化遗产的空间分布特征研究》，《沈阳体育学院学报》2017 年第 6 期，第 125—131 页。

[14] 马冬雪、江芸、朱明勇：《基于 GIS 的中国体育非物质文化遗产空间分布研究》，《体育科学》2015 年第 6 期，第 19—24 页。

[15] 彭健、石雨诺：《长城国家文化公园文化价值阐释与传播研究》，《河北学刊》2023 年第 1 期，

第 210—214 页。
[16] 邹统钎：《长城国家文化公园精神价值的锚定与具化机制探索》，《河南大学学报（社会科学版）》2022 年第 6 期，第 27—34 页、第 153 页。
[17] 李西香、高爱颖：《国家文化公园视域下齐长城的文化内涵与时代价值》，《济南大学学报（社会科学版）》2021 年第 6 期，第 26—31 页、第 173 页。
[18] 刘菽、赵杰：《山西长城的价值与保护开发》，《晋阳学刊》2020 年第 5 期，第 123—126 页。
[19] 杜地：《论长江、长城、长征的精神价值及新时代意义》，《江西社会科学》2018 年第 4 期，第 239—245 页。
[20] 国家文物局：《中国长城保护报告》，http：//www.ncha.gov.cn/art/2016/11/30/art_1946_135711.html。
[21] 李雨蒙：《非物质文化遗产信息资源分类——以传统体育、游艺与杂技类为例》，《图书馆论坛》2020 年第 2 期，第 8 页。
[22] 黎夏、刘凯：《GIS 与空间分析：原理与方法》，科学出版社，2007 年版，第 6—7 页。
[23] 谢志华、吴必虎：《中国资源型景区旅游空间结构研究》，《地理科学》2008 年第 6 期，第 748—753 页。
[24] 冯亚芬、俞万源、雷汝林：《广东省传统村落空间分布特征及影响因素研究》，《地理科学》2017 年第 2 期，第 236—243 页。
[25] PHILIPP KJ：《数据之魅：基于开源工具的数据分析》，清华大学出版社，2012 年版，第 19 页。
[26] 崔乐泉：《从文化到遗产：体育非物质文化遗产例说》，中国体育科学学会（China Sport Science Society）主办：2015 第十届全国体育科学大会论文摘要汇编（一），2015 年。
[27] 张超、杨秉赓：《计量地理学基础》，高等教育出版社，1991 年版。
[28] 常媛媛、赵馨、刘耀龙：《黄河流域体育非物质文化遗产空间集聚特征与影响因素分析》，《北京体育大学学报》2021 年第 11 期，第 137—150 页。
[29] 程乾、凌素培：《中国非物质文化遗产的空间分布特征及影响因素分析》，《地理科学》2013 年第 10 期，第 1166—1172 页。
[30] 吴清、李细归、张明：《中国不同类型非物质文化遗产的空间分布与成因》，《经济地理》2015 年第 6 期，第 175—183 页。
[31] 丛密林、邓星华：《中国北方游牧民族骑射传统形成考略》，《体育学刊》2020 年第 5 期，第 27—34 页。
[32] 王学实、王骞：《基于 GIS 的武汉城市圈体育产业空间战略布局》，《武汉体育学院学报》2013 年第 10 期，第 34—38 页。
[33] 鲁春霞、谢高地、成升魁：《河流生态系统的休闲娱乐功能及其价值评估》，《资源科学》2001 年第 5 期，第 77—81 页。
[34] 朱江华、刘继志、王三：《文化 IP 赋能太极拳非遗活态传承的逻辑机理与实现路径研究——基于河南温县打造特色文体旅“太极 IP”的实证考察》，《体育与科学》2024 年第 3 期，第 69—76 页。

[35] 王爱萍、朱云：《新媒体环境下传统体育非遗传播策略研究》，《传媒》2024 年第 7 期，第 72—74 页。

[36] 程馨、李守培、曹雪莹等：《体育非物质文化遗产传承核心要素的若干问题论述》，《武汉体育学院学报》2024 年第 10 期，第 66—72 页，第 96 页。

长城学学科建构研究

再谈加强长城学的学科体系构建研究

董耀会 *

近些年长城研究取得了显著成果，研究团队和学者构成也进一步得到了优化提升。在此基础上，重新提出加强长城学的学科建设，特别是锚定多学科协同发展的方向，促进优势明显并可持续发展的多学科联合互动，以提升长城研究成果的整体水平，使得长城学科的组织架构更加合理。加强长城学的学科建设，其意义在于系统性提升长城研究，强化长城学术服务国家文化和经济社会发展战略。长城学的学科建设发展，首先离不开长城研究领域重大科研成果不断涌现，且以研究方法的创新促进长城学基础的发展。

三十多年前，我和罗哲文先生曾提出长城学的问题，并合作完成了《关于长城学的几个基本理论问题》一文，那时各种条件都不成熟。今天参与长城研究的科研人才越来越多，长城研究的学科队伍建设已经足以支撑学科的进一步发展。这也是为什么重提长城学的学科建设的基础，下一步最为关键的是要做好长城学的学科平台建设，保障长城学发展的创新能力能够得到不断提升。

长城学学科建设和人才培养在提高长城研究成果质量、推动长城研究学术创新等方面都具有重要作用。长城学的学科发展和人才培养任重道远，不仅要依靠大学及科研机构，发动学术机构、科研机构的长城研究专家学者参与，还要动员长城区域各地方基层的从事长城研究的专家学者和产业发展的专家学者团队一起参与进来。

长城学要对长城研究相关学科的联系模式做出基本的描述，这标志着长城学科发展的方向。长城学的发展方向至关重要，既有推动长城学科发展的正向作用，但把握得不好也有阻碍长城学科发展的反向作用。因此，我们在认识长城学及建构长

---

* 作者简介：董耀会，中国长城文化研究中心主任、中国长城学会原常务副会长。

城学研究组织或营造学科共同体的时候都要尽可能做到正向发展，尽量避免反向作用的影响。

当然，长城学的学科发展根基是长城研究成果和长城研究队伍，其本质是进一步在现有长城研究成果和科研队伍的基础上，在学科层面形成学科发展的认识理论，并以此推进长城学科发展的理论建构。

一、打造长城学的学科发展基地

为更好地落实长城学的学科建设工作，要根据长城研究和应用的结构特性，集中力量打造依托高等院校和科研机构的长城学的学科发展基地。长城学的发展是一个大目标，建立基地的目的是要通过一个个基地实现以点带面的作用，并通过一段时间的努力实现在全国建立起一个充满活力的组织体系。充分利用高校和科研单位的长城研究力量，让具有较高学术造诣且有丰富实践经验和广泛影响力的专家作为长城学发展的学科带头人，全面推动长城学的学科建设和发展。

今天长城学的学科建设亟待加强，实事求是地讲，总体上长城研究成果距离真正意义的一流水平还有很大的差距。我们这一代人虽然做了许多基础研究工作，也仅仅是开了一个头，做了一定的学术积累。属于我们的阶段基本上也就这样了，在很多的长城研究学术领域需要中青年学者，做出具有原创性质的重要工作，需要相关长城科研单位的科研人员做出艰苦的努力。

我这几年一直联合大学推动长城学术机构的建设，大学的科研力量是长城学科建设最基础的力量，当然长城学科的建立也为大学的学科发展注入了新的生命力。大学的发展又为长城学科的发展起到了重要的推动作用。长城学能彰显大学科研的核心力量，也能够构成大学科研的基本内容。认识长城发展的历史规律与历史逻辑，审视长城的历史作用和当下的时代意义，都是长城学科发展的需要。让长城学科的发展成为大学变革与发展的动力，并以此为核心建立科研机制是研究长城学的方向与基本目标。

各大学的长城研究机构都是由相关专业的学术群落组成，长城研究的相关学科需要不同的学科载体融合发展。长城学各学科相对独立的知识体系，构成以不同知识为内容的学科研究，就必然要遵循其原学科的严格科学逻辑。长城学要在不同学科的理论基础上，建立跨领域跨学科的融合；还要在拓宽各相关学科边界的情形下，以激发创新思维的广泛认同作为基础，这种认同的基础应该是对长城学知识系统的认同。这样就可以逐步做到按照知识门类进行系统的学科划分，做好长城学发展的主体内容建设。

二、努力提升长城学机构和学者的研究能力

此前我虽产生了发展长城学的愿望，也做了一些将长城学发展目标转化为现实的努力。但从客观上来说那时候条件不具备，没有形成长城学的研究机构和学者的合力，发展长城学的主体需求也还没有真正在社会实践中形成；从主观上来看自己也不具备这方面的研究能力。所以，长城学在那个时候还不能成为一种推动长城研究进步的力量。

长城学每一个相关学科都是独立的学科，但长城学的整体则体现出综合学科发展的内涵。这一点必须给予足够的重视，长城学的学科发展旨在提升长城学科高质量及可持续发展的能力。长城学的发展既涉及长城研究诸多主题，也涉及社会发展包括文化经济发展的需要，文化发展和学术发展是相辅相成的关系。长城学的发展具有特定方向、特定的社会发展需求。长城研究是对长城这一特定研究对象的形成、类型、应用范围的研究。

长城学作为特定的学术研究在社会发展中具有很强的稳定性，为实现其目标需要提高相关机构和学者的长城学研究能力，也要做好优化长城研究的跨学科融合的工作。从这个意义上说，落实长城学的学科交叉发展理念至关重要，这也符合国家对高等院校学科建设的方针。国家教育战略强调重点支持交叉学科发展，如何破解长城研究过程中学科交叉体制造成的问题，在学科交叉体制机制改革中走出一条以长城学推进学科交叉融合共享的新路意义重大。

长城学的学科建设也不可能一蹴而就，任何学科的形成和发展都需要循序渐进的努力。长城学术研究机构学术能力的高低，受机构学者多少和机构学术资源高低的影响，也受学术环境好坏和学术组织能力等因素的影响。各机构之间存在差异性是正常的，长城学的学科发展就是要整合各种资源，形成各机构各因素的组合中的合力。大家相互合作，在实现信息互通交流中做到学术能力的整体提高。

提升长城学机构和学者的研究能力，还有一个重要的方面就是长城研究需要各类信息的交换。每个人的研究工作受主观意志的影响较大，长城学系统内部进行多方向的、全方位的、相互交叉关系的信息交换对长城学的学科发展产生重要作用。学科组织对推动长城学的学科发展起到了凝聚目标和使命的纽带作用。

长城学的学科发展是大学长城研究学科发展水平提高的必然，也是长城研究成果和长城研究者能力提高的体现。大学的长城研究机构也体现了大学的办学特色，

能够在一定程度上提高大学的办学水平，培养创新型学术人才。大学设立长城研究机构，取得好的研究成果对本学校的学科建设能够起到带动作用，符合高等院校打造优势学科和特色学科的建设要求。同时也提高了学校的科研质量，并通过长城科研成果和人才培养提高学校的知名度。

长城研究的学术能力，无疑是长城学科发展力的核心支撑。一个学校长城研究的科研实力，既包括学术带头人的实力，也包括学术组织的实力，还与学术环境及学术氛围有关。目前培养跨学科人才的教育体系尚待完善，下一步还要争取纳入专业设置和课程体系，开创长城学这门人文社科类学科的人才培养机制，这也将是长城学机构和学者提升研究能力需要努力的方向。

我们将进一步做好推动长城研究学科交叉合作的工作，建立长城研究跨学科学术交流的平台，为长城研究学者提供内容和形式都更为丰富的跨学科合作交流机会。整合学科资源，搭建学术平台，制订科研计划，培育科研项目都需要一起联动，将为此做好相关的服务。长城学发展要打破学科壁垒，要培养一批多学科融合发展的复合型人才。

三、长城学术研究的路径与方法

强调要重视长城学术研究的路径与方法，是因为长城学的学科建设需要构建结构合理、特色鲜明、优势突出的学科布局。长城学的学科优化布局，要通过形成学科合力为提高长城研究水平提供支持。长城学的学科优势就来自长城研究的跨学科融合，多学科交叉和跨学科的融合是必须给予足够重视的长城学术研究的路径与方法。

长城学是交叉学科，各学校的长城研究机构在校内已经形成了不同学科深入交流的长城研究学术共同体。下一步的工作重点是推动各学校长城研究机构和长城研究者，围绕长城学科建设及国家战略需求和社会发展需要设置长城研究的计划，集中打造聚焦长城研究领域跨学科的长城研究成果。长城研究机构携手联动是长城研究创新的载体，不同学科的交叉议题将以多学科交叉协同方式，推进长城学术研究服务于中国式现代化建设，服务于长城区域文化经济的可持续发展。

在大学开设长城学等课程还需要做很多的工作，但在相关课程中融入长城学的内容是可行的。我们已经在河北地质大学和燕山大学开设了长城学的通识课，也在艺术学科的课程中开设了长城课。围绕为学生的艺术创造，提供多元学习方案而增加的长城专门课程对学生的帮助很大。这种尝试为培养学生制订个性化创造计划和科研计划，提供了交叉学科的知识拓展。各相关学科交叉融合要在各阶段做好有机衔接，才能够做到不断提高多学科交叉研究实际效果。

大学的长城研究机构的研究能力及其学科发展对社会的适应能力至关重要。从长城学的学科内部发展来讲，要明确发展方向和学科结构布局，要突出重点学科的建构，要产出满足地方政府及有关部门重大需求的科研成果，要有具有特色和超强研究能力及解决问题能力的学科群。从长城学学科发展外部环境来讲，要能和社会需求形成共生的长城学的学科发展观。长城研究者既是学科资源的驾驭者，也是学术资源的创造者和提供者。

长城学的学科布局是学科建设的先导，实现长城学的学科体系建设需要提出长城学的学科布局问题。长城学学科布局包括学科结构设置、学科水平提升两个主要方面。长城学的学科结构指长城学各组成要素及学术研究规划构成的方式。长城学的学科布局是调整优化长城学发展的依据，也是长城学获得发展空间的路径。长城学是一门新学科，长城研究很多的领域也是新领域，所以需要确定很多的研究新方向，只有如此才能实现长城学的发展和壮大。

推动各大学长城研究机构联合形成学科发展合力，构建大学内长城研究机构与学院之间的共生共存的关系，可以从整体推动长城学的学科建设。大学内设的长城研究机构，多以同一研究方向为基础，研究者的学科分布、学科覆盖较为单一。而不同大学的长城研究机构，学科设置则呈现不同的学科分布。学者的学术水平也为该学科的设置提供了支持，联合优势是将不同水平不同层次的学科能力，调整和优化到满足学科发展需要的结构和水平。

长城学的学科布局优化，要以学科发展为依据。谈到长城学术研究的路径与方法，需要重点强调野外调查和考古的研究方法。认识长城的历史，需要有目的、有计划、系统地搜集有关长城历史和现状材料，野外考古调查是长城研究最常用方法。

四、满足服务社会发展的需要

长城学作为一门研究长城的学科，一个重要的任务是服务于国家的文化和社会发展战略。这是长城研究者的使命之一。长城研究要重视历史文化学术研究工作，也要重视为长城沿线文化和经济发展提供学术服务。从目前长城区域发展建设的实际情况来看，越来越多的地方有这方面的服务需求。

长城文化经济带建设，为长城学科建设提供了广阔的发展前景。长城学的学科发展要紧紧结合社会发展的需求，在重视基础学术研究的同时，要足够重视社会发展的需要，只有这样才能更好地促进长城沿线的文化经济发展。

长城研究工作要做得更加扎实、深入，当前要面向长城国家文化公园建设这样的重大社会需求。近些年面向文旅融合发展和农文旅发展的实际应用，已经产出了越来越多的成果。在数量提升的同时，质量也有非常明显的提高。但我们也要认识到，目前的长城研究成果与社会发展的需要相比，还有很大的差距。

要做好服务社会发展的需要，就体现在长城学的研究成果对社会发展做出时代性和实践性的回应。长城学的建立实质上是在推进长城研究相关学科的交叉融合发展，长城学要以学科建设为抓手，以学科交叉融合为手段，优化长城研究各学科的优势并构建打破学科壁垒的路径。长城研究不仅是知识的研究，不仅要强化学科建设，还事关为以中国式现代化全面推进中华民族伟大复兴发挥重要作用。因为长城发展的历史，在两千六七百年之中始终陪伴着中华民族。

长城学研究要聚焦文化遗产保护与利用，但更要在乡村振兴的国家战略领域加强力量投入以求探索出一条文科创新发展之路。长城学要以多学科交叉的科研创新，落实推动长城区域发展的产学研融合创新平台建设。这是面向国家战略整体布局做出的努力，也是推动高等院校和科研机构建设长城专题研究院等机构的主要任务之一。长城学的发展需要积极运用不同学科的新方法和新技术，切实为解决长城相关基础学科等领域的关键问题，拿出我们的解决方案。

长城学的学科发展一定要适应社会发展的需要，这是长城学的学科发展生命力之所在。我们这些长城研究者也好，长城学术研究机构也好，要主动融入社会发展的需要中。之所以强调主动是避免那种被动的适应。在新的社会环境中有社会发展的新需要，我们要有适应新情况的意识。这种满足社会需要的适应性，本质是学术主体与社会环境的和谐共生。

长城研究个体要能够更好地融入社会环境，也是长城学科作为一个独立学科的社会需要。各大学的长城研究机构是学术组织，其成长过程中应该对社会的发展和变革作出贡献。长城学所表现的学科属性及其与内部和外部互动，所形成的内生能力是其发展的基础。社会各时期发展对长城研究的需要，为长城学的学科发展提供了新契机，也是长城学的学科发展的重要内容。

强调长城研究成果要实现科研与社会发展之间的双向促进，但也要认识到这种学科发展对社会发展的推动作用也并非无限大的。长城研究必须保持学术自身的稳定性，长城研究机构要通过组织的协调寻找科研和社会发展之间的平衡点。毫无疑问，这种平衡点需要从学科建设和社会需要多个方面来加以考量。

长城学做好服务社会发展的工作，一个重要的方面是长城文化的弘扬。文化的力量，不同于自然力作用于实物对象，也不同于政权或政治力量作用于社会。文化的力量强调改造人类自身，文化是在人类发展过程中形成的力量，也是作用于人类本身的力量。长城文化是长期形成的社会文化，其与社会既有直接的联系又相互作用。

长城文化之于中国，完全是国家和民族的灵魂。没有文化底蕴的民族不能成为真正的民族，文化受社会的影响又在一定程度上体现了社会的文化定位。一个民族的文化气质和文化品位，也是其民族影响力等多方面内容的体现。这一点在长城文化方面体现得最为充分，也最有代表性。

构建长城学理论不仅是长城学科发展的需要，更是社会发展的需要。要把长城的科研成果转化为服务社会发展的智力支撑，能否做到这一点是衡量大学设立的长城研究机构价值的重要指标。长城学如果只是注重基础研究，也会在某种程度上弱化长城学的学科价值。当然，长城学的学科建设的内在逻辑及分科发展的逻辑必须要做出长远的思考。所以，服务社会发展的需要也不能成为削弱基础理论研究的理由。理论和应用两个方面，都是做好长城学研究的内在核心动力之一。

五、构建长城学研究的评价体系

如何评价长城学研究，其组织工作要体现组织学术活动的水平，也要以成果体现出研究者和研究机构自身的学术能力。营造长城研究学术环境，包括制定长城学术机构的学术制度。有了评价体系的制度建设，学术活动就能体现出组织的学术能力和研究者的学术水平。

长城学术机构发展的实质是要产生学术成果，学术能力要以学术成果的产生为标准来衡量。机构没有优质的学术成果，其学术机构是缺乏学术创造力的机构。学者没有优质的学术成果，便不能确立其学术水平。组织学术活动的内在动力，依然是产出推动学科发展及服务社会发展的学术成果。构建长城学研究的评价体系，就是要确立长城研究成果及长城学科发展评估的重要指标。

长城学的学术评价体系设置虽然依据不同的专业各有侧重，但各评价体系中始终要以学术研究能力来衡量其学科发展，这一点应该是不变的。各大学长城研究机构及研究者的研究成果评价指标体系，在某种意义上是评价其学术创造能力的体系。这种评价并不是要证明什么，而是要从学术研究的层面来促进长城学的学科发展。大学长城研究机构的学术竞争，是长城研究不断进步的推动力。

做好长城学研究的评价之所以重要，是因为长城学的学术研究是一个很复杂的科学研究，特别是从很少接触或基本没有接触过长城研究的学者视角，领导者或学术带头人能够从长城学的学科系统加以引导至关重要。起初，可能大家对长城研究诸多要素和各子系统的构成了解很少，对长城学系统内部各要素存在错综复杂的关系也认识甚少，这种引领就意味着带领大家走进长城学的学科系统。只有逐渐形成了多种学科不同学术结构的研究队伍，在学术机构内部形成了各学科内部之间，本学科与外学科之间的充分交流和互相补充关系，较为复杂的长城学科交叉的相互帮助和相互依赖关系才能建立起来。

强调要将做好长城学研究的评价体系建设放在重要位置，因为只有这样才能建设高质量长城学的学科发展新格局，只有这样才能脚踏实地地做好长城学科建设工作。还要做好长城研究的发展规划，长城学的学科建设着力点是科研成果，支撑力量是高水准的长城研究人才。

长城研究机构组织能力的大小，可以从软指标和硬指标两个方面进行评价。一个研究内涵丰富的机构，一定会体现出组织的严密和研究的科学。要想稳定地出好的成果，就要从制度上加以完备。长城研究机构内部要有共同的价值追求，组织要有明确的目标并且能够对成员形成较强的吸引力。特别是组织的领导者要能引领研究者，要能从社会需要以及成果的创造方面提供其所需要的精神方面和其他条件的支持。

六、形成各长城研究机构联合优势

我们为什么要在大学推动长城学的学科发展？一是长城研究学术进步需要大学的学术创造力，二是长城学的学科发展需要学术力量的整合。强调大学科研力量在长城研究领域进行学科资源与研究力量的交叉与融合，追求学术成果及学科发展的原创成果积累，能够为长城学的学科发展拓展新的空间。不同学科学术力量的整合，无疑是长城学的学科发展的生长点。各大学的长城研究机构更好地联合，可以加速彼此成果的共享和科研力量的共生，以提升长城学科发展的整体科研能力和科研成果的品质。

在大学设立长城研究机构是大学学科发展的需要，也能为大学的学科发展进步提供支撑。各大学的长城研究机构一定要形成联合优势，大家彼此之间似乎有竞争有矛盾，其实这恰恰体现了长城研究机构和长城研究者之间相辅相成的竞争和共生的关系。要建立一个机制，在各机构乃至各学科之间形成互补和互相促进的联动关系。这一点能否做好，也是衡量长城学的学科建设和发展是否做好的一个标准。

长城学的学科发展首要任务是打造一流的学术研究集群，以此引领长城研究机构的高质量发展。长城学的学科建设要求长城研究者要具有国际视野，这是长城学的学科发展的关键之所在。特别是高校的长城研究机构，做好这一点也符合高等教育学科发展的国家要求。国际化的需求和社会发展趋势是高等教育转型升级的体现，这一点在长城学的科学研究、社会服务等方面都至关重要。

各大学的长城研究机构的设立，并非国家学科系统建设的体系安排，而是各学校做出的自主组织建设。其特质是在大学的学科建设中开展长城研究，基本无法以学科组织形式获取体系内的经费和人员保障。这种长城研究机构的存在形式，与大学体系内设置的院系、专业、教研室等相比运转的困难更大，取得成果更加不容易。我们的经验是机构要以点、线、面整体发展，来构建长城学科发展路线。长城研究机构和长城研究学者，要以不同形态呈现自己的作为。

长城研究机构能不能进入大学院系、专业等的设置体系内？目前来看还比较难做到以学科为依据进入体系内，还需要长城学能够真正地进入国家学科体系之后才有可能。即便如此，并不影响长城研究组织机构能有所作为。作为长城研究的组织机构，可以对长城学的学科发展做出方向引导。不要总是把注意力放在制约作用上，而是要通过组织能力的提高对长城学的学科发展起到促进作用。

长城学的学科发展是一个影响深远的工作，在做好学术引领和提升的过程中，长城学的学科发展始终是一个动态的过程。长城学的发展要不断进行资源整合，要在与其他学科融合发展中找到长城学的学科生长基础。长城学的发展要能不断优化，要形成一个特有的生态系统。长城学的学科系统一定要具有开放性，这是学术能力和学术影响力提高的基础。

长城学要探索长城在历史发展中体现的规律，要建设长城知识体系，这既是长城研究机构和长城研究者的责任，也是长城学的学科发展需要。各学校的长城研究机构，要以长城学的学科要求为指导，要结合各学校既有的特长和特色，结合社会迫切需要解决的问题，拿出优秀的学术研究成果。

大学设立长城研究机构的做法，体现的是大学对精神文化的追求和社会责任的担当。学校给予长城研究机构以组织保障和长城学的学科发展以各方面的支持，使长城研究的主体机构能实现长城研究目标成为可能。长城研究机构要努力整合校内相关院所的研究力量，为产生高质量的学术成果提供保障。长城研究的实践过程是一个较为长期的过程，要充分利用各院系的力量形成学术研究的合力。长城学内各相关学科之间有学术的“血缘关系”，各学科在各自不同学科的基础上通过整合资源使长城研究工作形成强强联合。

我们能发挥作用的地方很多，至少可以体现在如下的两个方面：一是通过平台促进长城研究的不同学科之间的协同。各大学长城研究机构形成共生发展的关系，大家一起努力通过优化平台结构，在各学科比较优势的基础上形成联合，以发挥各自的突出研究优势，推进长城学学科研究成果的集群化发展。二是通过各学校长城研究机构的交流，形成长城学的学科发展的开放性。每一个长城研究机构和研究者，都需要从不同学科中吸收有益的信息，同时也能为其他机构和研究者，提供自己的研究成果以支持整体发展。

我们要理解大学的学术考核要求，这方面做得好可以通过学术考核约束力和引导力，使其成为推动长城学科发展的助力。大学内设的长城研究机构，其工作如果能符合服务于学校的学科发展要求，能对学校的学科发展布局、学科优势发挥及学科潜力提升有帮助，学校在统筹发展要素配置方面就会向长城研究机构倾斜。长城学的学科发展需要提高可持续高质量发展的能力，大学和科研院所的长城研究机构可以服务于这项工作。

长城学的学科发展需要加快构建长城学的学术共同体，需要构建和促进长城学的学科组织建设。在优化长城研究的学科发展布局方面，以其内在价值和外在需求为动力，增强长城学的学科发展动能，在此基础上，形成各大学长城研究机构联合优势。这是我们乐见的，也是我们要努力的方向。

七、长城学科建设是长远发展的事业

强调长城学科建设是长远发展的事业，也是强调长城学的学科建设与发展，要和教育体系的发展及大学变革与发展相融合。长城学并不是追求碎片化的成果，或是简单追求建构某方面的价值阐释。长城学的学科建设具有自身的内在价值追求，这是基于长城学的学科发展需要，也是基于大学教育的整体变革需要。长城学的学科建设，要从学科组织机构建设、学科共同体建设和学科发展整体布局诸方面加以把握。这一点讲起来容易，真的做起来还是有很多困难的。

强调长城学学科建设是长远发展的事业，是因为长城学的学科建构要寻找学科发展的价值，要建构学科发展的共同体。长城学的学科建设和发展是一个过程，实现长城研究特定价值的愿景是大家共同的努力方向。各大学长城研究机构之间虽然并未形成利益整体，但形成长城学命运相连的组织共同体还是需要的。长城学的学科发展需要有一个精细的学科分类，为长城学的学科发展寻找全新的模式而做出探索是一个较长的持续优化的过程。长城学的学科发展既有其迫切性，又不能操之过急。要在不断发展中推动长城学的学科系统，构建学科共同体是长城学发展的基础。所以，我们反复强调要在联合的背景下寻求建设长城研究机构的共同体。这个共同体要加强彼此之间的资源整合，要调整各相关学科的学术方向整合，要增强彼此结构性和协调性的发展。长城学的建设可以打破不同学科之间相对孤立和割裂的状态，通过融合贯通形成学科生态的新系统。新的学科共同体的建构，是长城学的学科共同体建构起来的生态基础，其结果必然为长城学的学科发展创造新空间、开辟新局面。

长城研究要做出相应的规划，要建立以学科为中心的研究所、研究中心、课题组。长城学的学科生态系统既要遵从共同体的联合原则，也要打造长城研究领域新的学科生长点。通过创新，催生学科的交叉和融合，使长城学科共同体具有共同的价值追求。构建长城学的学科共同体将为长城研究提供新的动力和活力，共同体也能对研究成员产生强大的向心力和凝聚力。

促进长城学的学科组织建设，是长城学的学科发展的基础建设。组织可以将不同的学科、不同的研究者联合在一起。大家按照长城学科发展的需要和既定的研究目标，对长城学的学科发展进行资源整合。机构要有意识地培养和发展长城研究者，这是长城研究学科组织的任务。长城研究者以自己的学术成果进行知识的创造和传播以完成自己的使命。从事长城研究的学者是实现长城学的学科建设的主体。他们以自己的知识信息和学术成就，支撑长城学各学科长城研究的开展。研究机构做好长城研究的人才培养，学者则依托长城学的分类开展研究工作。各大学长城研究机构是服务于大学长城研究学者的基层学术组织，长城学的学科组织是长城学的学科发展载体，也是实现长城学的学科使命的平台。

加强长城学的学科体系构建研究，推动长城学的学科体系发展，旨在以创新学科建设为抓手驱动学校的发展。高质量的学科建设要求着力打造一批长城研究领域支柱性的成果。特别是在国家战略的实施过程中能够起到重要作用的研究成果，一定会起到推动学校整体学科质量提升的作用。我们说长城学学科建设是一件长远发展的事业，强调的是组织的制度化的力量。这一点对长城学学科建设的作用是直接且巨大的。长城学术组织的建设与学科系统建设有着演进的密切相关性。长城学的学科系统本身就具有联系的特性，在各组织的联系和作用下学科系统的联系将完成从无序到有序的过程。

长城学的本质、基本特征和价值，完全与高等院校学科发展及大学变革内在的需求一致。二者的关系是紧密且重大的联系，所以长城研究机构在大学的立足为大学学科发展起到了推动作用。目前已经建立长城研究机构的学校，都受益于这种学科发展的推动力。长城研究机构相对单纯，但各大学长城研究机构形成联合体则是一个较为复杂的过程。目前各大学的长城研究组织机构还不够多，需要持久的发展。大学内设的长城研究机构的发展，是长城学建设的动力系统，是推动长城学的学科体系运行和发展的引擎。这也是这些年，我们不断推动各大学建立长城研究机构的原因。